TOP-SPIONE
die Weltgeschichte
schrieben

Frank Fabian

TOP-SPIONE
die Weltgeschichte
schrieben

Bassermann

ISBN 978-3-8094-3970-7

1. Auflage

© 2018 by Bassermann Verlag, einem Unternehmen der Verlagsgruppe
Random House GmbH, Neumarkter Str. 28, 81673 München

Umschlaggestaltung: Atelier Versen, Bad Aibling
Herstellung: Reinhard Soll
Druck und Bindung: GGP Media GmbH, Pößneck
Printed in Germany

Verlagsgruppe Random House FSC® N001967

INHALT

1. GESCHICHTE UND GEHEIMDIENSTE: WAS GEWÖHNLICH VERSCHWIEGEN WIRD

Kein Wissensgebiet klärt mehr auf als das Fach Geschichte, sofern sie richtig dargeboten und ausgewertet wird. Denn Historie versorgt uns mit hochwichtigen Informationen, mit deren Hilfe wir nicht nur die Vergangenheit, sondern auch die Gegenwart besser verstehen.

Aber: Geschichte muss die volle Wahrheit enthalten, alle Fakten müssen auf den Tisch – nicht nur Halb- oder Viertelwahrheiten oder gar Verdrehungen und Lügen. Erst dann steigt Geschichte auf zur Königin der Wissenschaften.

Aber selbst gute Historiker schenken drei Faktoren gewöhnlich zu wenig Beachtung, und das Fach Geschichte krankt bis heute daran, dass zu oft drei Teilgebiete unter den Tisch gekehrt werden, ohne die sich Historie selten vollständig enträtseln lässt. Welche?

GEHEIMBÜNDE UND GEHEIMZIRKEL

Wir können Geschichte nicht vollumfänglich begreifen, wenn wir nichts über die Existenz von Geheimbünden wissen, die fast zu allen Zeiten und Perioden eine bedeutende Rolle spielten. Geheimbünde und Geheimzirkel übten einen unvorstellbaren Einfluss auf den Geschichtsverlauf aus. Das wird in vielen Geschichtsbüchern verschwiegen. Deshalb haben wir ein eigenes Buch zu diesem Thema[1] verfasst, in dem es uns darum geht, Geheimbünden innerhalb der Geschichtsschreibung einen neuen Stellenwert zu geben.

Weder die deutsche noch die französische, weder die englische noch die US-amerikanische Geschichte lässt sich ohne das Wissen um die Existenz von Geheimbünden wirklich begreifen. Bruderschaften und Orden zogen die Strippen hinter den Kulissen und ließen die Puppen tanzen, wie der Volksmund so schön sagt. Kennt man beispielsweise die Freimaurer nicht, die unter anderem die Französische Revolution und die US-amerikanische Revolution beeinflussten, vorantrieben, ja vielen zufolge eigentlich in Szene setzten, tappt man völlig im Dunkeln in puncto der Ereignisse des 18. Jahrhunderts.

Es ist bei Licht besehen nicht vertretbar, über Rosenkreuzer, Illuminaten und Tempelritter nicht unterrichtet zu sein, oder auch über die Assassinen, Opus Dei oder Hitlers Geheimbünde. Berücksichtigt man ihren Einfluss nicht, kann man vielen geschichtliche Ereignisse praktisch nicht auf die Spur kommen. Als Autor von Geschichtsbüchern ist man geradezu dazu verpflichtet, tiefer in das Thema einzusteigen. Andernfalls macht man sich der Geschichtsfälschung schuldig: Die Auslassung ist ja eine Variante der Fälschung.

Versteht man Geheimbünde nicht von ihrem innersten Kern her, bleibt man immer nur an der Oberfläche der Geschichte. Man kratzt ein wenig hie und da an den Fakten, mehr aber nicht. Man wird nie vollständig die Verursacher und die Strippenzieher ausloten können. Und so gelangt man notwendigerweise zu einem falschen oder zumindest unzureichenden Verständnis von bestimmten geschichtlichen Ereignissen.

So weit der erste Faktor. Dasselbe gilt natürlich auch für den Einfluss des ganz großen Geldes.

DIE HOCHFINANZ

Sofern wir Geschichte wirklich verstehen möchten, müssen wir zweitens auch um die großen Finanzströme wissen, insbesondere um die Aktionen der international operierenden Bankiers – die es schon im 16. Jahrhundert gab, denken wir nur an die Fugger. Erst dann verlieren wir unsere Naivität. Dann erkennen wir, dass in der Geschichte nichts „zufällig" geschieht und dass mit Gold und Geld die abenteuerlichsten Kabinettstückchen inszeniert wurden. Plötzlich sind wir hellwach. Wir erkennen, dass das ganz große Geld zahlreiche Ereignisse hinter den Kulissen in Gang setzte. Denken wir nur an den Rothschild-Clan, der eine herausragende Rolle dabei spielte, Napoleon niederzuringen. Die Rothschilds schafften damals säckeweise Geld von England auf den Kontinent, um in Spanien Truppen gegen den kleinen Korsen zu finanzieren. Sobald wir die mächtigsten Finanzströme mitbedenken, verfügen wir gewissermaßen über ein weiteres Wahrnehmungsorgan im Fach Geschichte.

Deshalb müssen wir auch etwas über die Vorgehensweise der internationalen Bankiers wissen, wollen wir nicht – provokant gesagt – dumm sterben. Wenn wir der Geschichte wirklich auf den Grund gehen möchten, dürfen wir das Thema Geld nicht außen vor lassen. Sofern wir ehrlich herausfinden wollen, wie Geschichte tatsächlich verlief, müssen wir wissen, welche Geld-Haifische sich im Schwimmbecken Historie tummelten.

Auch die Hochfinanz manipulierte geschichtliche Ereignisse in einem ungeahnten Ausmaß. Aus diesem Grund schrieben wir ein Buch mit dem Titel „Worüber man nicht sprechen darf: Die internationale Banken-Mafia. Die heimlichen Herrscher auf Planet Erde".[2] Die unglaubliche Macht der international operierenden Bankiers ist vom 16. Jahrhundert bis heute gut sichtbar. Sie lässt sich wissenschaftlich einwandfrei dokumentieren.

Und es gibt einen dritten Faktor.

DER EINFLUSS DER GEHEIMDIENSTE

In unserem Bemühen, der vollständigen Wahrheit geschichtlicher Ereignisse auf den Grund zu gehen, müssen wir drittens auch Wissen über Geheimdienste haben. Sofern wir die Existenz und Einflussnahme von Geheimdiensten nicht in Rechnung stellen, bleiben auch wir Kinder, die nie erwachsen werden. Wir müssen die Themen Spionage und Gegenspionage ausloten, wollen wir historischen Vorkommnissen auf die Schliche kommen. Nur wenn wir hinreichend über Geheimdienste aufgeklärt sind, nur wenn wir eine klare Vorstellung über Kundschafter-Netzwerke haben, können wir Geschichte wirklich verstehen.

Deshalb wurde das vorliegende Buch geschrieben.

Spionage-Organisationen zu untersuchen ist jedoch nicht leicht. Geheimdienste definieren sich ja geradezu durch ihre Unsichtbarkeit und ihre versteckten Aktionen. Sie versuchen wirklich alles, um unentdeckt zu bleiben – nur so sind sie effizient. Ein einmal entlarvter Spion ist wertlos und „verbrannt". Aus diesem Grund erfahren wir gewöhnlich erst mit einer Verzögerung von 50 bis 100 Jahren, was sich bei Geheimdiensten ehemals wirklich abspielte. Die Fakten allerdings sind manchmal so bedeutsam, dass sie eine ganz neue Sichtweise auf bestimmte Ereignisse eröffnen. Geschichte macht mitunter erst Sinn, wenn die Operationen von Tarn- und Spionage-Organisationen klar und deutlich zu Tage liegen. Manchmal muss Geschichte dann völlig neu- und umgeschrieben werden.

Das vorliegende Buch zeigt an einigen Beispielen die Einflussnahme von Top-Spionen und Geheimdienst-Organisationen auf, die (Welt-)Geschichte schrieben.

Sobald wir die Operationsweise und die Einflussnahme von Geheimdiensten im Rahmen historischer Ereignisse begriffen haben, verstehen wir auch die Gegenwart besser. Die wenigsten Zeitgenossen realisieren, dass wir noch immer in einer Welt leben, in der es von Agenten, Spionen und Geheimdienstlern nur so wimmelt. Tatsächlich sind wir in einem unvorstellbaren Ausmaß von Spitzeln, Nachrichtenleuten und Spionen umgeben. Wir leben in einer Welt der Kundschafter und Aushorcher. Sobald wir das erkennen, ändert sich schlagartig auch unser Verständnis und unser Verhältnis zur Realität und Wirklichkeit.

Tauchen wir also ein in die gefährliche Welt der Top-Spione und Geheimdienste. Tatsächlich ist sie noch viel unglaublicher und aufregender, als es uns Thriller glauben machen.

2. VERTRAULICH: WAS ÜBER SPIONE NICHT BEKANNT IST

Es ist schon erstaunlich! Bemüht man sich, den Begriff „Spion" näher zu erläutern, der sich vom germanischen Wort *spehon* (= spähen) oder dem lateinischen Ausdruck *speculari* (= spionieren) herleitet, erkennt man, dass die besten Quellen mehr als 2500 Jahre alt sind.

Der chinesische General und Philosoph Sun Tsu (oder Sunzi, Sun Tse), der um 544 bis 496 v. Chr. lebte, beschreibt schon in seinem Werk „Die Kunst des Krieges" erstmalig fünf unterschiedliche Spionen-Typen – was uns sprachlos macht, weil es diese Typen auch heute noch gibt.

Der erste Typus ist der „eingeborene Spion", wie ihn General Sun Tsu nennt.

TYPUS 1: DER EINGEBORENE SPION

„Eingeborene Spione zu haben bedeutet, sich der Dienste der Einwohner eines Gebietes zu versichern. Im Land des Feindes musst du Leute durch **freundliche Behandlung** für dich gewinnen und als Spione benutzen",[1] rät der alte chinesische Weise.

Wir erkennen hier bereits das taktische und strategische Genie des Generals, der nicht etwa dazu rät, töricht zu morden und Kehlen durchzuschneiden, sondern vielmehr Freunde im Feindesland für die eigene Sache zu gewinnen.

Den eingeborenen Spion gibt es auch heute noch: Denken wir etwa an einen Rekrutierungsagenten aus DDR-Zeiten, der mit der Sekretärin eines hochrangigen BRD-Politikers ins Bett geht, ihr etwas von Liebe ins Ohr säuselt, sie nach allen Regeln der Kunst einseift und möglicherweise vorgibt, überaus glücklich zu sein, weil er endlich seiner Seelenverwandten begegnet ist. Schon verfügt er über eine eingeborene Spionin – aus dem Feindesland. So etwas geschah im 20. Jahrhundert mehr als einmal und ist auch noch im 21. Jahrhundert gang und gäbe. So gehen auch heutige Geheimdienste geradezu standardisiert vor. Spitzelanwerber werden bisweilen regelrecht darauf gedrillt, „freundliche Behandlungen" zu praktizieren, um eingeborene Spione zu gewinnen.

Einigen Autoren zufolge geht das sogar so weit, dass Frauen lernen, sexuelle Wünsche von Männern punktgenau zu erfüllen.[2] Dann spricht man im Geheimdienstslang von „Schwalben" oder „Honigfallen". Dem Autor G. E. Thaller zufolge finden sich in Russland regelrechte Ausbildungslager für angehende Agentinnen, in denen bestimmte Sexpraktiken gelehrt werden, die einen Mann in den siebten Himmel befördern und seine geheimsten Wünsche im Bett wahr werden lassen sollen.[3]

Umgekehrt kann natürlich auch ein gut aussehender, männlicher Agent eine ältliche, schon etwas verblühte Dame aus dem Feindesland, die alles für einen Geliebten oder gar Heiratskandidaten tun würde, so gekonnt um den Finger wickeln, dass sie zu allem bereit ist und für ihn spioniert.

Hinter dem harmlosen Ausdruck „freundliche Behandlung" kann sich also sehr viel verbergen.

Guillaume, der berühmt-berüchtigte Kanzleramtsspion bei Willy Brandt (1913–1992), war bekannt dafür, gern und häufig mit Sekretärinnen das Kopfkissen zu teilen, die eine politische Funktion hatten. Auf diese Weise gewann er einige Spioninnen, die ihm wissentlich oder unwissentlich hervorragende Spitzeldienste leisteten.[4]

Der zweite Spionen-Typus, über den uns Sun Tsu aufklärt, ist eine Klasse für sich, er nennt sie „innere Spione".

TYPUS 2: DER INNERE SPION

„Innere Spione zu haben bedeutet, die Beamten des Feindes zu benutzen. Wertvolle Männer, die degradiert wurden; Kriminelle, die eine Bestrafung hinter sich haben; auch Lieblingskonkubinen, die gierig auf Gold sind; Männer, die verbittert sind, weil sie in untergeordneten Positionen sind oder bei der Verteilung von Posten übergangen wurden; andere, die wollen, dass … sie eine Chance haben, ihre Fähigkeiten und Talente zu zeigen; Fähnlein im Winde, die in beiden Türen einen Fuß haben wollen.“[5]

Sun Tsu rät, im Feindeslager genau nach diesem Typus Ausschau zu halten, ja sie sogar systematisch ausfindig zu machen. Es sei notwendig, ihnen die Hände zu salben und sie zu bestechen, damit sie in der Folge das eigene Land verrieten. Es gehe in diesem Fall nicht nur darum, die Pläne des Gegners in Erfahrung zu bringen, sondern man könne mit ihnen auch die Harmonie im Feindesland stören. Ein solcher Spion werde natürlich nicht darauf hinarbeiten, dass das eigene Volk oder die eigene Gruppe in einem Krieg oder innerhalb einer Auseinandersetzung gewinne.

2500 Jahre später forderte der KGB bei der Anwerbung von Agenten in den USA, nach Amerikanern Ausschau zu halten, die mit der eigenen Regierung im Clinch liegen und verärgert über sie sind, die sich in einer finanziellen Notlage befinden oder habgierig sind oder in der Vergangenheit schon durch gesetzwidriges Verhalten bewiesen haben, dass sie sich für Spitzeldienste hergeben. Besonders Menschen mit charakterlichen Schwächen seien als Spione geeignet, schreiben die Verfasser des Lehrbuches des KGB. Im Originalton hört sich das folgendermaßen an: „Suchen Sie Leute aus, die von der Natur oder vom Schicksal vernachlässigt wurden; Menschen mit hässlichem Äußeren oder Minderwertigkeitskomplexen; oder Ehrgeizige und Einflussreiche, die aber durch ungünstige Umstände nicht weiter vorangekommen sind.“[6]

Der ehemalige CIA-Agent Robert Baer formulierte es ähnlich: „Die allgemeine Regel [ist], dass man sich an die schwächste Person heranmacht – an jemanden, der in finanziellen Schwierigkeiten steckt, der einen tiefen Groll gegen sein eigenes Land hegt oder ein Alkoholproblem hat.“[7]

Wie man rasch erkennt, gleichen sich die Ratschläge auf eine erstaunliche Art und Weise – gestern und heute. So weit zum „inneren Spion".

Betrachten wir übergangslos die nächste Variante.

TYPUS 3: DER ÜBERGELAUFENE SPION

Der dritte Spionen-Typ ist der „übergelaufene Spion". Sun Tsu beschreibt ihn so: „Übergelaufene Spione zu haben bedeutet, die Spione des Feindes zu fassen und sie für eigene Zwecke einzusetzen: Mit großen Bestechungsgeldern und großzügigen Versprechungen müssen sie aus dem Dienst des Feindes gelöst und dazu veranlasst werden, falsche Informationen zurückzubringen und gleichzeitig gegen ihre Landsleute zu spionieren."[8]

Auch diesen Typus gibt es nach wie vor. Man spricht heute von Doppelagenten. Das entspricht zwar nicht exakt der Definition des übergelaufenen Spions, aber zumindest weist es eine gewisse Ähnlichkeit auf. Der berühmteste Doppelagent aller Zeiten war zweifellos Kim Philby (1912–1988), der gleichzeitig für die Briten und die Russen spionierte. Philby studierte zunächst Geschichte, dann Wirtschaftswissenschaft in Großbritannien, wo er früh in Kontakt mit überzeugten Kommunisten kam und sich für Marx, Lenin und Konsorten begeisterte; vielleicht weil es zeitweise schick war, links zu sein und sozialistisch – die Massenmorde des Kommunismus wurden lange sorgfältig unter Verschluss gehalten. Ein Agent rekrutierte Philby deshalb ohne Weiteres für den sowjetischen Geheimdienst.

Philby arbeitete zunächst als Journalist für die Sowjets, bevor er sich 1940 von dem legendären britischen Geheimdienst MI6 anwerben ließ, wo er einige Zeit für subversive Propaganda zuständig war. Nach einer Weile stieg er zum Chef der britischen Spionage-Abwehr in Spanien auf. Auf diese Weise kam er auch in Kontakt mit Agenten des Office of Strategic Services (= OSS, die Vorläuferorganisation des CIA). 1944 wechselte er in die antisowjetische Abteilung des MI6 in London. Man machte den Bock zum Gärtner. Noch heute ist es unfassbar, wie es die Briten versäumen konnten, Philbys kommunistische Vergangenheit aufzudecken. 1949 beförderte man ihn gar zum

Verbindungsoffizier zwischen den britischen und dem US-amerikanischen Geheimdienst. Mit anderen Worten: Philby wusste über das gesamte Spionage-Netzwerk der Briten und der Amerikaner Bescheid.

Aber wie (fast) alle Verräter flog auch er eines Tages auf: Als er versuchte, weitere Spione für die Sowjetunion zu rekrutieren, griff er daneben. Außerdem verdichtete sich der Verdacht, dass sich ein Maulwurf in den Reihen der Briten befinde. Auf angloamerikanischer Seite bemerkte man, dass ein Geheimnis nach dem anderen an die Russen verraten worden war. Doch Philby roch Lunte. 1963 floh der Superspion in die Sowjetunion und beantragte politisches Asyl. Er erhielt die sowjetische Staatsbürgerschaft und eine herausragende Position im KGB, zudem zahlreiche Orden und Medaillen, ja am Schluss sogar ein Heldenbegräbnis – eine besonders hohe Auszeichnung. Philby, dessen Tarnname Parsifal lautete, hatte der Sowjetunion das gesamte britisch-amerikanische Agentennetz verraten …

Neben Doppelspionen gibt es sogar Dreifachagenten und Spitzel, die ihre Informationen in aller Welt verkaufen, sofern nur das Geld stimmt. Philby jedoch war ein Überzeugungstäter, ein glühender Kommunist.

TYPUS 4: DER TODGEWEIHTE SPION

Hier begegnen wir dem „todgeweihten Spion". Sun Tsu informiert uns: „Todgeweihte Spione zu haben bedeutet, gewisse Dinge öffentlich zum Zweck der Täuschung zu tun und zuzulassen, dass unsere eigenen Spione von ihnen erfahren und sie … dem Feind berichten. Diese Dinge sind auf die Täuschung unserer eigenen Spione ausgerichtet und sollen sie glauben machen, dass sie unabsichtlich bloßgestellt wurden. Wenn diese Spione dann hinter den Linien des Feindes gefangen werden, geben sie einen ganz falschen Bericht ab, und der Feind wird sich entsprechend verhalten, nur um festzustellen, dass wir etwas völlig anderes tun. Daraufhin wird man die Spione zum Tode verurteilen."[9]

Tatsächlich werden Spione manchmal mitleidlos geopfert. Spätestens jetzt wird klar, dass das Agentenhandwerk nichts für zarte Gemüter ist. Ein bestimmter Spionen-Typus wird also absichtlich mit falschen Informationen gefüttert und dann hinter die Reihen des Feindes geschickt, damit er geschnappt wird. Man spricht auch von „Pseudo-Spionen". Normalerweise, nicht immer, sind sie sichere Todeskandidaten.

Dieser Spionen-Typus ist nicht der hellste Vertreter seiner Gilde, denn er wird einfach benutzt und weggeworfen. Er wird vollgestopft mit Fehlinformationen, mit denen der Feind an der Nase herumgeführt wird. Man rechnet damit, ja hofft geradezu, dass er gefasst, vielleicht gefoltert und zum Tode verurteilt wird. Vorher aber spuckt er falsche Informationen aus, die den Feind auf eine falsche Fährte locken. Es handelt sich aus der Sicht der Generale um eine Art Bauernopfer.

TYPUS 5: DER ÜBERLEBENDE SPION

Den letzten Spionen-Typ, den Sun Tsu beschreibt, ist der „überlebende Spion".

„Überlebende Spione sind … jene, die Informationen aus dem Lager des Feindes zurückbringen. Dies ist die übliche Klasse von Spionen, die in keiner Armee fehlen darf. Dein überlebender Spion muss ein Mann von überragendem Verstand sein, doch mit der äußeren Erscheinung eines Narren von schäbigem Äußeren, doch mit einem eisernen Willen. Er muss tatkräftig sein, widerstandsfähig, stark und mutig: gründlich gewöhnt an alle Sorten Schmutzarbeit, fähig, Hunger und Kälte zu ertragen und Schmach und Schande auf sich zu laden."[10]

Es ist sehr interessant, dass sich sowohl der Tölpel als auch die Intelligenzbestie, die sich freilich tarnen muss, im Reigen der Spione tummeln.

So weit Sun Tsu. Tatsächlich ist das alles aber nur der Anfang …

TYPUS 6: DER PROPANGADIST

Mittlerweile gibt es einige Spionen-Typen, die die Bedeutung der klassischen Spitzel weit übertreffen. Spätestens seit die Wissenschaft der Public Relations aus der Taufe gehoben wurde, kennt man auch den Propangadisten, den Meister der Schwarzen Propaganda. Er führt die Öffentlichkeit bewusst in die Irre und lügt, dass sich die Balken biegen. Er betreibt Desinformation, wie es im Fachjargon heißt. Er ist ein Experte darin, in größtem Stil die Wahrheit zu verdrehen. Dazu benutzt er Magazine, Zeitungen, das Radio, TV-Sender und inzwischen auch das Internet.

Ein Beispiel: Als in der Bundesrepublik Deutschland in den sechziger Jahren öffentliche Judenbeschimpfungen bekannt wurden und Hakenkreuzschmierereien unverhältnismäßig zunahmen – was hatte das tatsächlich zu bedeuten? Wer steckte dahinter?

Oberflächlich betrachtet könnte man versucht sein, folgendermaßen zu antworten: Bei Anti-Juden-Kampagnen in Deutschland waren Neonazis die Drahtzieher. Richtig? – Falsch!

Hat man das Prinzip der gezielten Desinformation durchschaut und kennt man die Techniken der Schwarzen Propaganda, dann wird man sich als Erstes fragen, wem damals antijüdische Demonstrationen nützten und wem sie schadeten.

Holen wir noch ein wenig weiter aus, es ist zu interessant: 1958 gab ein deutscher Gymnasiallehrer geschmacklose antijüdische Bemerkungen von sich, die wir an dieser Stelle nicht zu wiederholen brauchen. Jugendliche Rowdies stießen Grabsteine auf jüdischen Friedhöfen um. Hakenkreuze wurden an Hauswände geschmiert, jüdische Familien erhielten Drohbriefe. Nazi-Parolen erschienen auf Synagogen und jüdischen Gebäuden – und das in London, Paris, Wien, Kopenhagen, Stockholm, New York und einer Reihe anderer Städte. Selbst in Australien kam es zu Ausbrüchen von Antisemitismus. Eine Epidemie schien um sich zu greifen. Die Weltpresse stand Kopf. Angeblich drohte eine Wiedergeburt des Nationalsozialismus. Westdeutsche Diplomaten wurden geschnitten und mussten sich vor der Weltöffentlichkeit entschuldigen. Englische Kaufleute stornierten Bestellungen. Teile des westdeutschen Handels litten darunter. In Großbritannien zweifelte man, ob man in Zukunft den Deutschen überhaupt noch trauen könne. Zeiten des Zweiten Weltkrieges wurden wach. Was war geschehen?

Nun, es stellte sich heraus, dass dieses ganze Spektakel inszeniert worden war, vom KGB. Westliche Nachrichtendienste klärten das später zweifelsfrei und ohne Wenn und Aber auf. Der KGB hatte erkannt, wie geschockt die Weltöffentlichkeit auf das Thema Nationalsozialismus reagieren würde – nach all den Gräueln, die Hitler begangen hatte. Also wurde dieses Reizthema systematisch genutzt. Es wurde aufgeführt wie ein Theaterstück. Es steckte nichts dahinter – außer der Absicht, Westdeutschland und den Westen zu diskreditieren. Die Aufgabe bestand darin, das System des Feindes systematisch zu unterwandern und den inneren Frieden zu torpedieren.

Abgesehen von der reinen Nachrichtenbeschaffung haben die Geheimdienst-Apparate also längst auch eine politische Funktion. Manchmal überwachen sie nicht nur die eigene Bevölkerung, sondern sie sollen auch den Gegner durch Desinformationen schwächen und bestehende Gegensätze im feindlichen Lager verschärfen. Hierzu wurden ganze Know-how-Pakete im Gebiet der Public Relations und der Propaganda entwickelt. Mit einem klaren Ziel: Es gilt, das Ansehen von Personen, Gruppierungen oder Staaten zu unterminieren oder durch Falschinformationen in Misskredit zu bringen. Auch Zeitungsenten werden von Fall zu Fall lanciert. Im KGB gab es ehemals eine eigene Hauptverwaltung zum Thema Desinformation.

Noch einmal: Mit Desinformation bezeichnet man die Verbreitung von falschen oder provozierenden Informationen. „Zu ihr gehört die Verteilung gefälschter und fingierter Dokumente, Briefe, Manuskripte und Fotos; die Verbreitung irreführender oder verleumderischer Gerüchte und falscher Nachrichten durch Agenten; …; die Durchführung konkreter auf psychologische Wirkungen angelegter Aktionen …"[11] Diese Falschinformationen zielen auf Politiker, Wirtschaftsführer, Journalisten und andere einflussreiche Personen, ja manchmal auf ganze Länder; sie sind oft eingebettet in übergeordnete Schwarze-Propaganda-Strategien, die bisweilen einen Zeitraum von mehreren Jahren umfassen.

TYPUS 7: DER AGENT PROVOCATEUR

Des Weiteren zählen Sabotage und Mord mit einer öffentlichen Breitenwirkung zu den Aufgaben eines bestimmten Agenten-Typus. Auch in dieser Beziehung leistete der KGB Vorarbeit. Das Spiel nimmt sich wie folgt aus: Der Agent versetzt die Bevölkerung in Angst und Schrecken, zum Beispiel durch einen gezielten Mord, der ungeheure Aufmerksamkeit erregt, und schiebt diese Tat dann geschickt einer missliebigen Gruppierung in die Schuhe. Die Presse berichtet nun aufgeregt und empört über dieses Verbrechen.

Wir sprechen hier von dem Agent provocateur, der eigentlich kaum mehr ein Spion ist, obwohl er im Rahmen von Geheimdiensten operiert, sondern eigentlich ein Umstürzler, der politische Zustände oder Machtverhältnisse ändern will.

Ein Beispiel aus den vierziger Jahren, das von den Japanern, genauer gesagt von deren damaligem Geheimdienst, inszeniert wurde: In einer Stadt in der Mandschurei flog im Jahre 1931 eine Brücke in die Luft. Die Japaner schrien Zeter und Mordio. „Die Chinesen! Die Chinesen!", krakeelten sie. „Die Chinesen sind schuld!" In Wahrheit hatte der japanische Geheimdienst seine Finger im Spiel. Die Mitglieder dieses Geheimdienstes sprengten die Brücke. Doch japanische Propaganda verdrehte die Wahrheit. Die Japaner suchten nämlich nach einem Vorwand, die Herrschaft über die Mandschurei an sich zu reißen. Die Öffentlichkeit wurde getäuscht. Man machte ihr weiß, nur die Japaner könnten in der Mandschurei Ordnung schaffen. Also wurde systematisch für Unruhe und Unordnung gesorgt – von den Japanern selbst. Die Medien, die von den Japanern kontrolliert wurden, spielten natürlich mit. Auf diese Weise ließ es sich rechtfertigen, dass mehr und mehr japanische Militärs in der Mandschurei einrückten. Und so steckten sich die Japaner die ganze Mandschurei in die Tasche.

Wir werden den genauen Coup an späterer Stelle noch einmal ausführlicher schildern. Er ist nicht nur ungeheuerlich, sondern verrät uns auch, wie genau Geheimdienste hinter den Kulissen operieren. Die wahre Quelle der Unordnung wird verschleiert – man führt sie selbst herbei. Die Japaner konnten damals in der Mandschurei mit einem Mal hart durchgreifen und mit eisernem Besen kehren.

Im Falle des Agent provocateur steht ein ganzer Staat hinter dem Gesetzesbrecher! Die Aufgabe eines solchen Agenten ist es, systematisch Unruhe zu stiften, chaotische Umstände herbeizuführen und Attentate zu verüben.

Reden wir völlig ungeschminkt: Es existiert ein eigenes Know-how, wie man Bürgerkriege anzettelt, ein Land terrorisiert und eine bestehende Regierung optisch elend aussehen lässt. Das erlaubt es Geheimdiensten, ganze Staaten von innen her auszuhöhlen, um in der Folge die Macht an sich zu reißen. Auch das gehört heute zur Spionage!

TYPUS 8: DER KARRIERESPION

Der Karrierespion ist eine weitere Kategorie im Reigen der Spitzel. In diesem Fall erhält ein Spion die Aufgabe, sich innerhalb des Feindeslandes nach ganz oben zu boxen. Er operiert manchmal jahrzehntelang im Verborgenen. Klammheimlich jedoch erklimmt er eine Sprosse der Karriereleiter nach der anderen, um schließlich in einer gehobenen Position im Sinne seines Auftraggebers tätig zu werden. Er achtet in dieser Position darauf, keine Entscheidung zugunsten des Feindeslandes zu treffen. Außerdem ist er nun mühelos in der Lage, die geheimsten Geheimnisse in Erfahrung zu bringen, denn er hat ja aufgrund seiner Position ungehinderten Zugang dazu.

Der Spion Günter Guillaume, der sich so weit hochdiente, dass er sich zuletzt fast täglich in der Nähe des Bundeskanzlers Willy Brandt befand, war ein klassischer Karrierespion.

Aufgabe des Karrierespions ist es, in politischen und wirtschaftlichen Zirkeln zu reüssieren. In hohen und höchsten Positionen angelangt, kann er manchmal sogar die öffentliche Meinung beeinflussen. Dazu muss er sich vollkommen in das gegnerische System integrieren.

Man spricht in diesem Fall im Fachjargon auch von Beeinflussungsagenten. Durch eine entsprechende Position im fremden Land erhält er ein Mitspracherecht – in Kreisen der Regierung, der Politik, der Presse oder der

Wirtschaft. Auch Gewerkschaften, Künstlerkreise und allgemein einflussreiche Zirkel sind von Bedeutung. „Obwohl Beeinflussungsagenten nebenbei auch Nachrichten sammeln können, besteht ihre Hauptaufgabe darin, die öffentliche Meinung und die Regierungspolitik im Interesse … [des eigenen Landes] … zu beeinflussen."[12] Profilierte Kenner der Geheimdienstszenerie behaupten, dies sei eine der wichtigsten Auslandstätigkeiten der großen Geheimdienste. Manchmal geben sich Beeinflussungsagenten wenig Mühe, ihre Sympathien zu verbergen, manchmal operieren sie im Dunkeln.

TYPUS 9: DER ANALYTIKER

Grundsätzlich unterscheidet man innerhalb der Geheimdienste zwischen den Beschaffern von Informationen und den Analysten oder Analytikern. Gewöhnlich werden die beiden Bereiche innerhalb der Geheimdienste streng getrennt.

Allein der Funk, das Radio und das TV verursachten eine Revolution in der Nachrichtenbeschaffung. Aber auch öffentlich zugängliche Informationen müssen richtig interpretiert werden.

Dieser Spionen-Typ wertet systematisch Magazine, Nachrichten, Fachzeitschriften und Zeitungen aus. Der Analytiker verschlingt mit Heißhunger Statistiken über die Stahlproduktion, Gästelisten für offizielle Empfänge, Landkarten, Tabellen für den Funkverkehr, Eisenbahnfahrpläne, Luftaufnahmen und Telefonbücher – kurz alles, was wirtschaftlich, militärisch oder politisch von Bedeutung sein könnte.

TYPUS 10: DER TECHNIK-FREAK

In diesen Kontext fallen die Möglichkeiten der neuesten Technik. Der erste Spionage-Satellit in den sechziger Jahren begründete in Geheimdienstkreisen eine Revolution. Ihnen standen Wissenschaftler und Spezialisten zur Seite, die in Computer „einbrechen" können (sogenannte Hacker), sowie Technik-Freaks überhaupt. Sie begründen eine neue Spion-Kategorie.

Musterbeispiel hierfür ist die NSA (= National Security Agency), der größte Auslandsgeheimdienst der Vereinigten Staaten von Amerika. Sie überwacht weltweit elektronische Kommunikationen, entschlüsselt sie und wertet sie aus. Auch der Code-Knacker ist hier anzusiedeln – manchmal sind hier regelrechte Genies am Werk.

Heutzutage haben die Lauschtätigkeiten in atemberaubendem Umfang zugenommen. Es existieren ganze Abhörflotten, dazu kommt die Luftraum-Spionage. Antennenwälder an vielen Orten verfügen über Tausende von Ohren. Längst finden sich NASA-Lauschposten in Paris, Madrid, Rom, Prag, Wien, Genf, Frankfurt, Washington, New York, Brüssel und so fort, kurz an allen wichtigen Plätzen der Welt. Mittlerweile können nicht nur einzelne E-Mails eingesehen und überwacht werden, sondern das gesamte Internet. Fortlaufend warden neue Arten von Wanzen entwickelt. Heute ist es nicht mehr notwendig, eine Wanze in der Sprechmuschel eines Telefons zu verstecken oder in einem Kugelschreiber.

Es ist das Verdienst des mutigen Autors Udo Ulfkotte, auf all diese technischen Möglichkeiten öffentlich aufmerksam gemacht zu haben. Ulfkotte klärt darüber auf, dass heute die Kunden von Google, Apple, Yahoo und Facebook genauso ausspioniert werden können wie die Kunden anderer privater oder öffentlicher Dienste. Heutzutage ist es möglich, praktisch jedes Telefon abzuhören, auch jedes Handy. Und damit lassen sich Personen auch noch orten. Selbst Angela Merkels Handy wurde bis 2013 von der NASA abgehört. SMS, Twitter, einfach alles kann ausgespäht werden. Ohne zu übertreiben kann man mittlerweile von einem gläsernen Bürger sprechen. Über seine Hobbys, seine Vorlieben, Freundschaften und Kaufgewohnheiten ist inzwischen alles bekannt. Interessiert er sich für Sex im Internet, kann das zur Erpressung genutzt werden. Selbst Unterwasserkabel, tief im Ozean verlegt, wurden schon angezapft, um geheimen Kommunikationen des Feindes auf die Spur zu kommen. Kurz gesagt: Die Spionage hat neue Dimensionen erreicht. Und sie ist ein prächtiges Geschäft: Die Wirtschaftsspionage, bei der es um Milliarden von Dollars geht, hat sich zu einem eigenen Fachgebiet gemausert. Ständig wird hier nach neuen Verschlüsselungsmethoden gesucht, die in der Folge geknackt (oder von Maulwürfen oder Doppelspionen verraten) werden.

LICHTBLICK UND AUSBLICK

Sollte man angesichts dieser Tatsachen die Flinte ins Korn werfen und annehmen, das Ende der Welt stünde bevor? Bestimmt nicht! Ja, es ist richtig, nicht weiter naiv durchs Leben zu stolpern. Es ist korrekt, die harten Fakten in Erfahrung zu bringen und zu wissen, was hinter den Kulissen vor sich geht.

Auf der anderen Seite sind auch unsere Kommunikationsmöglichkeiten unendlich gestiegen – und damit die Chance, Einfluss zu nehmen. Man kann dieser Manie, alles und jeden ausspähen zu wollen, heute viel entgegensetzen. Abermilliarden von täglichen Kommunikationen ständig auszuwerten ist außerdem völlig unmöglich.

Entspannen wir uns also ein bisschen.

Dennoch tut Aufklärung not.

Tatsächlich sind Geheimdienste dafür verantwortlich, dass das 20. Jahrhundert ganz anders verlief, als es in den braven Geschichtsbüchern üblicherweise dargestellt wird. Ohne ein tieferes Wissen um Spionage kann man heute weder die jüngere Geschichte noch die Politik der Gegenwart wirklich verstehen. Agenten veränderten das Gesicht des letzten Jahrhunderts völlig.

Treten wir nun unmittelbar den Beweis für diese Behauptung an.

3. SPIONAGE GESTERN UND HEUTE

Es ist schier unvorstellbar, welchen Umfang und Aufschwung Spionagetätigkeiten und generell Geheimdienste im 20. und 21. Jahrhundert erreichten – vor allem wenn man sie vergangenen Kulturen und Zivilisationen gegenüberstellt.

Natürlich gab es schon vor Tausenden von Jahren Spionage, wie wir durch den chinesischen General Sun Tsu inzwischen wissen.

Bereits im Altertum existierten die erstaunlichsten Spionen-Typen. Man unterschied fast immer zwischen der Spionage im gegnerischen Lager und der Bespitzelung der eigenen Bevölkerung. Schon vor rund 5000 Jahren im alten Indien ließ ein König regelmäßig seine Untertanen ausspähen. Seine Spione mussten sich unters Volk mischen und genau zuhören, was und wie man über ihn sprach. Beliebt war es auch, sich zu verkleiden und sich zum Beispiel als Kaufmann zu tarnen, obwohl man ein Mitglied der königlichen Familie war, um ungefiltert hören zu können, was die Menschen wirklich über die Regierung dachten. Wir hören sogar davon, dass Herrscher im alten Indien gezielt positive Gerüchte über sich verbreiten ließen, um sich die Sympathie und Zuneigung des Volkes zu erhalten.[1] Die Erfindung der Propaganda ist also nicht neu. Nicht umsonst wird die Spionage deshalb als zweitältestes Gewerbe der Welt bezeichnet.

Tatsächlich ist kein Krieg ohne Spione denkbar, auch nicht im Altertum. Bei den alten Griechen finden wir hierzu ebenso Anmerkungen[2] wie bei den alten Römern. Ihr Spionagemeister war natürlich Gaius Julius Cäsar. In seinem Buch „De bello Gallico" verrät (und prahlt) er, wie er sich selbst des

Nachts klammheimlich in die Reihen der Feinde schlich, um die Stärke der gegnerischen Streitkräfte auszukundschaften. Aber Cäsar hatte auch in Rom seine Spitzel, die ihm vornehmlich während seiner Abwesenheit alles Wichtige zutrugen. Spionage war bei den alten Römern geradezu an der Tagesordnung. Angesichts der zahlreichen Kriege verwundert das nicht.

Auch Kaiser Augustus, der zu Beginn seiner Herrschaft seinen Widersacher Marcus Antonius niederringen musste, bediente sich ihrer. Vor manchen wichtigen Schlachten ließ er von seinen Spähern maßstabsgetreue Zeichnungen von bestimmten Örtlichkeiten anfertigen, um am Tag der Schlacht bestens vorbereitet zu sein. Ja, sein „Spitzelnetz soll so dicht gesponnen gewesen sein, dass er jedes Detail des Privatlebens seiner Gegner in Rom [kannte]."[3]

Offenbar waren die alten Römer bereits recht einfallsreich: „Ein römischer Feldherr ließ die Haare einer seiner Sklaven abschneiden und die geheime Nachricht auf den Kopf tätowieren. Dann ließ er die Haare des Sklaven wieder nachwachsen und schickte den Sklaven zu dem Empfänger. Dieser ließ die Haare des Sklaven wieder abscheren und las die Nachricht."[4]

SPIONAGE IM MITTELALTER UND IN DER BEGINNENDEN NEUZEIT

Auch im Mittelalter und in der beginnenden Neuzeit begegnen wir Spionen zuhauf; es ist fast natürlich, bei all den Scharmützeln, Gefechten und Kriegen. Aber sogar in Friedenszeiten wurde allenthalben spioniert. Der Frauenheld Casanova (1725–1798) etwa, der über 1000 Frauen überredet haben soll, mit ihm das Lager zu teilen, verdingte sich als Spion für Venedig.[5]

Und der geheimnisvolle Graf von Saint Germain (ca. 1710–1784), der angeblich Gold machen konnte, soll für den französischen König, aber auch für Friedrich II. spioniert haben. Er war demnach aller Wahrscheinlichkeit nach ein Doppelspion[6] und zudem in diplomatischer Mission tätig.

In den verschiedenen und zahlreichen Geheimbünden des 16., 17. und 18. Jahrhunderts tummelten sich immer auch Spione, die die eine oder andere Nachricht aufzuschnappen und in Bares zu verwandeln suchten. Überall, wo die Macht zu Hause war, fanden sich Spione. Als „heißestes Pflaster" galten die geheimen inneren Zirkel der Könige und Päpste. In der beginnenden Neuzeit finden wir deshalb auch bei den Jesuiten Späher und Horcher – immerhin waren sie die Beichtväter von Königen.

Im weltlichen Rahmen machten die Freimaurer von sich reden, zu denen unter anderem die Rosenkreuzer und die Illuminaten zählen. Sobald sich ein Geheimbund auf das politische Parkett begab, wurde gleichzeitig auch spioniert. Informationen galten damals wie heute alles.

Kein Potentat eines Landes kam ohne seine Zuträger und Informanten aus, selbst wenn die Spionage noch in den Kinderschuhen steckte. Trotzdem übten Spione manchmal einen immensen Einfluss auf die hohe Politik und das Weltgeschehen aus – was man mit einem konkreten Beispiel belegen kann.

NAPOLEON III. UND DIE SEXFALLE

Wir alle wissen, wer Napoleon III. (1808–1873) war. Er regierte von 1848 bis 1852 als Staatspräsident und von 1852 bis 1870 quasi diktatorisch in Frankreich. Er schwindelte sich auf den Kaiserthron, indem er in zahlreichen Reden auf die *Gloire* aufmerksam machte, also auf den vergangenen Ruhm seines Landes. Gleichzeitig versprach er allen eine goldene Zukunft. Er kitzelte den Nationalstolz der Franzosen, sorgte für einen wirtschaftlichen Aufschwung und hofierte die Konservativen und das Bürgertum. Als er sich jedoch mit Bismarck anlegte, verlor er 1870/71 den Deutsch-Französischen Krieg. Er wurde gefangengenommen, ins englische Exil abgeschoben – und starb.

So viel ist bekannt. Weniger bekannt ist, dass er sich während seiner Regierungszeit nach allen Regeln der Kunst von einer schönen Spionin einseifen ließ, sodass sich am Ende sogar die politische Landkarte änderte. Konkret ging es um die Einigung Italiens, die bestimmte Kreise unter allen Umständen durchsetzen wollten. Deshalb wurde die schöne Virginia di Castiglione regelrecht auf den französischen Kaiser Napoleon III. angesetzt. Sie begab sich 1855 nach Paris, mit dem Auftrag, den Kaiser so lange zu umgarnen, bis er seine Armee gegen Österreich in Bewegung setzte, das der Einigung Italiens im Wege stand. „Erobern und, wenn nötig, verführen!", lautete ihr Auftrag.[7] Doch drehen wir das Rad zunächst noch einmal zurück, um den politischen Hintergrund vollkommen auszuleuchten.

LA CASTIGLIONE, DIE PERLE

Die italienische Adlige Virginia Oldoini (1837–1899), die als eine der schönsten Prinzessinnen Europas galt und von ihren Verehrern nur *La Perla d'Italia* – die Perle Italiens – genannt wurde, heiratete mit 17 Jahren einen di Castiglione und stieg damit zur Gräfin di Castiglione auf. Wegen ihres Aussehens, ihrer verführerischen Blicke und ihrer Reize sprachen viele von ihr auch einfach nur als von „der Göttin".

Oldoini hatte herrliches kastanienbraunes Haar, geheimnisvoll schräg stehende, tiefblaue Augen, volle blutrote Lippen und einen „bemerkenswert großen Busen", wie ein Zeitgenosse scharf beobachtete.[8] Darüber hinaus war sie geistreich, herausfordernd, frech und stolz, aber gleichzeitig auch gerissen, berechnend, manipulativ und käuflich. Kurz gesagt war sie ein Wunder an Schönheit – und ein ausgekochtes Luder.

Sie schlief mit ihrem Gatten möglicherweise nur, um ein Kind zu bekommen und die Ehe zu sanktionieren – pekuniär gesehen kein schlechtes Geschäft, wie sie wahrscheinlich insgeheim kalkulierte. Dann verstieß sie ihn aus ihrem Bett und ließ ihn nie wieder in ihr Gemach. Sie erzählte überall, er sei ein Tollpatsch, und wandte sich fortan anderen Männern zu. In der Folge machte sie durch ausschweifende sexuelle Eskapaden von sich reden. Sie vermochte Männer schneller um den Finger zu wickeln als ein Magier, der seine Zuschauer mit Blitzgeschwindigkeit an der Nase herumführen muss.

Gleichzeitig fühlte sich die Perle Italiens, die Göttin, zu Höherem berufen. Wozu konnte sie ihre Talente nutzen? Da sie ein unerschütterliches Selbstvertrauen hatte und glaubte, die Welt müsse ihr zu Füßen liegen, hörte sie sich sorgfältig in der hohen Politik um.

Das Schicksal klopfte an ihre Tür, als das Grafenpaar eines Tages vom König von Savoyen zu Hof geladen wurde. Das Land Savoyen-Piemont wurde im Norden und Osten von der Schweiz und Frankreich umrahmt und im

Süden und Westen von verschiedenen italienischen Kleinstaaten. Außerdem gehörte Sardinien zu Savoyen (siehe die Landkarte unten). Es handelte sich um ein kleines, aber feines Königreich. Italien dagegen war damals völlig zerrissen, Teile der Lombardei und Venetiens gehörten zu Österreich, innerhalb des Stiefels gab es das Großherzogtum Toskana, den Kirchenstaat, das Königreich beider Sizilien und so fort.

Der König von Savoyen hegte insgeheim hochfliegende Pläne. Er überlegte, wie er seinen Machtbereich ausweiten könne.

La Castiglione, unsere blendend aussehende, charmante Gräfin, fiel ihm und anderen Hofschranzen sofort auf. Ihre Schönheit gepaart mit ihrer Intelligenz und Extravaganz veranlassten schließlich einige savoyenische Politikerköpfe dazu, sie in ihre Pläne einzuweihen. Man träumte in Savoyen-Piemont davon, ganz Italien in einer Hand zu vereinen. Die Zersplitterung in viele Kleinstaaten schwächte die Position der Italiener. Warum sollte nicht ganz Italien von Savoyen angeführt werden?!

Doch Österreich wachte eifersüchtig über seine Besitzungen in Italien und konnte sich für einen derartigen Plan nicht erwärmen.

GROSSMACHTS-TRÄUME

Machtpolitisch gesehen lag folgendes Szenario klar auf der Hand: Savoyen konnte seinen Traum nur dann zu Ende träumen, wenn Frankreich an seine Seite trat. Aber Napoleon III. zeigte keinerlei Interesse, sich mit Savoyen zu verbünden.

Und da kam unsere Perle ins Spiel. In einem intriganten Politikergehirn wurde nämlich der Plan ausheckt, Napoleon III. an seiner schwächsten Stelle zu treffen und davon zu „überzeugen", sich an die Seite Savoyens zu stellen. Die Achillesferse des französischen Kaisers waren … Frauen: junge, knackige, gutaussehende, quicklebendige Frauen. Europaweit wusste man um Napoleons sexuellen Appetit, der offenbar nie zur Gänze gestillt werden konnte. Der Plan sah vor, die Perle, la Castiglione, Napoleon III. auf den Hals zu hetzen. Er sollte, er musste sich unsterblich in sie verlieben und ihm den Floh ins Ohr setzen, gemeinsam mit Savoyen und anderen italienischen Kleinstaaten gegen die Österreicher zu Felde zu ziehen.

Der vorgesehene Coup war ganz nach dem Geschmack unserer Göttin. Sie erklärte sich sofort einverstanden, daran mitzuwirken. Endlich sah sie sich einer echten Herausforderung gegenüber. Als eine Art Karriere-Spionin würde sie einen der mächtigsten Potentaten Europas einwickeln müssen.

Zunächst wurde sie entsprechend vorbereitet. Man weihte sie sogar in eine Geheimschrift ein, in der sie den Verschwörern regelmäßig Bericht erstatten sollte. Danach reiste die Castiglione nach Frankreich, mit dem festen Entschluss, Napoleon III. den Kopf zu verdrehen, bis er ihr aus der Hand fraß.

Napoleon III. hatte in Frankreich zwar schon einen Skandal nach dem anderen heraufbeschworen, aber als die Castiglione eintraf, stellte dies alle früheren Skandale weit in den Schatten. 1855 betrat sie in Paris einen Ballsaal, in dem sich der Kaiser der Franzosen gerade amüsierte. Es ist glaubhaft überliefert, dass der Kapellmeister Johann Strauß jr., der sich zu dieser Zeit in der französischen Hauptstadt aufhielt, mitten im Walzer seinen Dirigentenstab fallen ließ, als die Göttin ihren großen Auftritt hatte. Denn sie war mehr als aufreizend gekleidet. Ein hauchdünner, mehr oder weniger durchsichtiger Stoffstreifen verhüllte knapp ihre Brustwarzen, ihr Rock war fast durchscheinend und nur ein Stoffherz befand sich zwischen ihren Beinen.[9] Napoleon III. konnte seine Augen nicht von ihr abwenden.

Aber die Kaiserin verwies die Spionin zunächst des Ballsaals. Die Perle drehte sich scheinbar gehorsam um, verschwand – und kehrte wenig später frech wieder zurück. Diesmal trug sie ein Kostüm, das sie nackt bis zur Taille zeigte. Nur mühsam wurde ihr Busen von langen, goldenen Ohrgehängen bedeckt.[10]

Verzichten wir auf weitere Details. Kurz gesagt, gelang es der Perle, Napoleon III. brennend für sich zu interessieren und später in eine Liaison zu locken. Eine zweijährige Affäre nahm ihren Anfang. Doch zunächst hielt sich die Schöne klug zurück. Sie wusste, wie man einen Mann weichkocht. Anfangs wies sie seine Anträge ab. Daraufhin verfiel ihr der Kaiser der Franzosen mit Haut und Haaren – er, der alte, erfahrene Lebemann. Er überschüttete sie mit Geschenken, beispielsweise mit einem Perlenhalsband im Wert von 440.000 Francs oder einem Smaragdring, den Kenner auf 100.000 Francs veranschlagten. Er kaufte ihr sogar ein Nobelhaus in einer der besten Gegenden von Paris – aber die raffinierte la Castiglione wartete, bis das Wasser Blasen schlug und den Siedepunkt erreichte. Schließlich sandte er ihr weniger galant als einfallsreich seidene Unterwäsche mit seinem Monogramm. Erst jetzt willigte die Göttin ein, sich verführen zu lassen. Und nachdem der Kaiser der Franzosen das Lager mit ihr geteilt hatte, wusste die Perle, dass sie ihn fest im Griff hatte.

Unauffällig mischte sie sich mehr und mehr in die hohe Politik ein, während sie in der erlernten Geheimschrift Bericht erstattete. Sie traf einige der wichtigsten Politiker Europas, unter anderem Bismarck. Gleichzeitig versäumte sie es nicht, in Frankreich, bei Hof, durch extravagantes Auftreten von sich reden zu machen. Selbst die Linse des Hoffotografen verliebte sich in sie – zahlreiche Bilder von ihr entstanden. Der Hoffotograf machte sie berühmt, überall kursierten ihre Bilder. Daraufhin verzehrte sich der Kaiser nur noch mehr nach ihr.

Während heißer Nächte flüsterte die Castiglione Napoleon III. im Bett ihre politischen Ideen ins Ohr. Sie fielen auch deshalb auf fruchtbaren Boden, weil es Napoleon III., der in Napoleon I. sein Vorbild sah, nach Ruhm dürstete. Auch er wollte auf dem Schlachtfeld glänzen – obwohl er stets seine Generäle vorschickte, wenn es hart auf hart ging.

Kürzen wir die Story ab: Unserer Karriere-Spionin, die ihren Einfluss ihren erotischen Vorzügen und ihrem Aussehen verdankte, gelang es, Frankreich diplomatisch an Savoyen anzunähern. Triumphierend sandte die Perle eine gute Nachricht nach der anderen verschlüsselt nach Savoyen. Mit einem Mal sahen sich die Habsburger, die in Österreich die Fahne hochhielten und bedeutende Gebiete in Venetien und der Lombardei besaßen, einer mächtigen Opposition gegenüber. 1858 schlossen Frankreich und Sardinien-Savoyen-Piemont einen offiziellen Beistandspakt. 1859 marschierten Napoleons Armeen in verschiedenen italienischen Ländern ein, im Gleichschritt mit Savoyen. Das Ergebnis: Noch im selben Jahr wurden die Österreicher in zwei Schlachten besiegt. Der Habsburger Kaiser Franz Joseph wurde zum Frieden gezwungen und musste seine italienischen Besitztümer abtreten.

Die Göttin hatte ihren geheimen politischen Auftrag glänzend erfüllt.

1861 gründete sich das Königreich Italien.

KLEINE BEURTEILUNG

Lehnen wir uns einen Augenblick zurück und betrachten wir das Ganze aus der Vogelperspektive. Zunächst kann man sich herrlich über Napoleons III. Dummheit mokieren. Obwohl es ihm gelungen war, sich Frankreichs Kaiserthron zu erschwindeln, ließ er sich wie ein Anfänger einseifen. Der rhetorisch hochbegabte Kaiser erlag dem Säuseln einer Mätresse! Er, der sich für den Sieger vieler Schlachten hielt, erlag den Schlachten im Bett. Im Kampf gegen schöne, junge Frauen erlitt er eine Niederlage nach der anderen. Immerhin fiel das nicht negativ auf ihn zurück, jedenfalls nicht unmittelbar im politischen Raum.

Aber fataler als seine Gier, junge Frauen ins kaiserliche Bett zu komplimentieren, war seine Sucht nach Ruhm. Als er sich mit Bismarck anlegte, war der Anfang vom Ende gekommen. Nehmen wir mit einem weinenden Auge Abschied von dieser romantischen Geschichte.

SPIONAGE VON HEUTE

Inzwischen hat sich das Handwerk der Spionage unvorstellbar verändert. Zwar gibt es noch immer „Schwalben", deren Verführungskünste systematisch und gezielt im Rahmen gewisser Geheimdienste eingesetzt werden, doch solche Storys sind längst in den Hintergrund getreten. Sie wurden im 20. und 21. Jahrhundert überlagert von ganz neuen Spionagetechniken. Geheimdienste nahmen in einem fantastischen Umfang zu – allein schon in Bezug auf ihre Mitarbeiterzahl, aber auch auf ihre finanzielle Ausstattung und damit ihre Bedeutung. Geheimdienste von heute lassen sich nicht einmal mehr ansatzweise mit den vorangegangen Jahrhunderten und Jahrtausenden vergleichen. Damit sind wir übergangslos bei einem noch aufregenderem Thema angelangt.

4. LENIN ODER EINE NEUE ART VON AGENT

Tauchen wir übergangslos ein ins 20. Jahrhundert, in dem, wie bereits gesagt, die Spionage- und Agententätigkeiten unglaublich zunahmen. Es wurde ein neues Niveau innerhalb der Nachrichten- und Geheimdienste erklommen, dem bis heute selbst Historiker selten vollumfänglich Rechnung tragen.

Der Grund für diese immense Zunahme der Agententätigkeiten: die beiden Weltkriege und der „Kalte Krieg" zwischen den USA und der UdSSR.

Selbstredend spionierten die Weltmächte auch schon vor dem Ersten Weltkrieg, sie bespitzelten sich, wann und wo immer es möglich war. Man beäugte sich wechselseitig misstrauisch. Die Briten trauten den Deutschen nicht über den Weg, die Serben nicht den Österreichern und Frankreich sowie Russland blickten ebenfalls voller Argwohn auf dieses neue Deutschland mit seinem großsprecherischen Kaiser.

Die führenden Köpfe von Großbritannien, Deutschland, Österreich, Russland und Frankreich suchten herauszufinden, was in den Geheimkabinetten der anderen Länder vor sich ging. Sie alle hatten ihre Zuträger, ihre Diplomaten und Botschafter, die ihnen mehr oder weniger zuverlässig mitteilten, was jenseits ihrer Grenzen vor sich ging und gerade ausgebrütet wurde.

Deutlich sichtbar wurde der Einfluss der Spione und Spitzel jedoch erst, als der Erste Weltkrieg begann und sich Europa in ein furchtbares Schlachtfeld verwandelte. Plötzlich schossen die Einsätze der Nachrichtendienste und Agenten in die Höhe.

Aber rekapitulieren wir zunächst, was überhaupt geschah, bevor wir eine spezielle Geheimdienstaktion unter die Lupe nehmen, die für den geänderten Verlauf der Weltgeschichte verantwortlich war.

DER ERSTE WELTKRIEG

Wirklich niemals sah die Welt vor dem Ersten Weltkrieg solche gigantischen Materialschlachten. Und niemals zuvor starben so viele Menschen wie in diesem barbarischen Krieg. Wie lauten die Fakten?

Als am 28. Juni 1914 der österreichische Thronfolger von einem Serben ermordet wurde, der damit die Unabhängigkeitsbestrebungen der verschiedenen Nationalitäten innerhalb Österreich-Ungarns in das öffentliche Bewusstsein rücken wollte, flog das Pulverfass in die Luft.

Deutschland versicherte Österreich-Ungarn sofort, man stünde, sollte es zu einem Krieg kommen, komme was da wolle, an der Seite des deutschen Bruderstaates. Also trat Österreich-Ungarn gegen Serbien in den Krieg ein. Serbien seinerseits war geschützt durch einen Pakt mit Russland, das jetzt ebenfalls mobil machte. Russland wiederum war Frankreich in einem Pakt verbunden – und Frankreich England. Eine Kettenreaktion setzte ein. Mit anderen Worten: England, Frankreich, Russland und Serbien befanden sich plötzlich mit Österreich-Ungarn und Deutschland im Krieg. Später kamen zahlreiche weitere Nationen dazu.

Die Menschen in Deutschland jubelten, als sie in den Krieg zogen. Man nahm an, alles würde ein Spaziergang werden. In den Gewehrläufen steckten Blumen, und hübsche Frauen warfen Kusshände, als Eisenbahnwaggons mit deutschen Soldaten in Richtung Front abfuhren. Auf den Waggons standen flotte Sprüche wie „Auf in den Kampf, mir juckt die Säbelspitze" oder „Nach Paris!" Hunderttausende meldeten sich freiwillig. Der deutsche „Blitzkrieg", der zuerst Frankreich lahmlegen sollte, wurde jedoch jäh vor Paris gestoppt. Dank englischer und französischer Truppen mündete der Krieg schon bald in einen mörderischen Stellungskrieg. Zwei Jahre wurden nun auf beiden Seiten geschossen und gemetzelt, ohne dass sich die Fronten bedeutsam verlagerten. Man warf die komplette Wirtschaftskraft der Völker in die Waagschale, legte kostspieligste Rüstungsprogramme auf und setzte alle Finanzreserven ein. Die Zivilisten wurden ebenfalls in den Krieg hineingezogen, denn sie mussten Waffen und Munition herstellen; selbst Frauen arbeiteten jetzt in

Rüstungsbetrieben. Schon nach relativ kurzer Zeit wurden in Deutschland die Lebensmittel knapp.

Im Jahre 1917 schließlich hagelte es Kriegserklärungen aus aller Welt – gerichtet an Deutschland und Österreich. Zahlreiche Länder traten in den Krieg ein, so etwa Bolivien, Brasilien, China, Kuba, Griechenland, Japan, Liberia, Panama, Persien, Peru, Portugal, Rumänien, Uruguay und noch ein paar Staaten mehr; sie alle ergriffen Partei für die Seite der „Feinde". Ein Weltkrieg entspann sich, in den drei Viertel der Erdbevölkerung hineingezogen wurde.

Als sich sogar die USA einmischten, schien der Anfang vom Ende gekommen. Denn die Vereinigten Staaten waren in wirtschaftlicher und militärischer Hinsicht haushoch überlegen. Doch unversehens flackerte auf deutscher Seite noch einmal Hoffnung auf: An der Ostfront, genauer gesagt in Russland, war es ebenfalls zu inneren Unruhen gekommen. Hunger und Unzufriedenheit hatten auch hier Einzug gehalten, die Menschen murrten wider den Zar. Die russische Wirtschaft war zusammengebrochen, es mangelte an Roh- und Brennstoffen, und selbst auf dem Land fehlte es an Pferden und Bauern. Arbeiter demonstrierten auf den Straßen. Die Revolution stand vor der Tür. Genervt und überfordert trat der Zar zurück.

In Deutschland rieb man sich die Hände.

DER COUP

Hinter den Kulissen und ungesehen von allen kam es zu dem denkbar seltsamsten Bündnis, einem Bündnis zwischen dem deutschen Kaiserreich und einem russischen Agent provocateur und Revolutionär namens Lenin.

Kurz gesagt unterstützte das deutsche Kaiserreich diesen Lenin. Der saß allerdings im Exil in der Schweiz fest. In einer hochgeheimen Aktion erlaubte man Lenin, in einem deutschen Güterzug durch Deutschland über Finnland nach Russland einzureisen, nachdem man ihm die Hände gesalbt, ihn also mit ordentlichen Bestechungsgeldern versehen hatte. Sein Job: für weitere Unruhe hinter den Linien zu sorgen, der neuen russischen Regierung die Hölle heiß zu machen, Öl ins Feuer zu gießen und Aufstände anzuzetteln.

Deutschland half den Bolschewiki hierbei mit Munition und Waffen und insgesamt 26 Millionen Mark, nach heutigem Wert rund 80 Millionen Euro. „Lenins Eintritt in Russland geglückt. Er arbeitet völlig nach Wunsch", drahtete im Jahre 1917 der Leiter des deutschen Nachrichtendienstes in Stockholm an den Generalsstab nach Berlin.

Und Lenin wurde in Russland aktiv, der Berufsrevolutionär sorgte geschickt für weitere Unruhen. Der rhetorisch hochbegabte, scharfzüngige Marxist propagierte unermüdlich seine Parolen und trommelte für die kommunistische Weltrevolution. Deutschland unterstützte ihn nach Kräften. Heimlich wurden weitere Züge aus der Schweiz mit Hunderten von Agenten und Revolutionären nach Russland geschleust. Die zerstörerische Propaganda in Russland erreichte unvorstellbare Ausmaße.

Lenin und seine Helfershelfer forderten lautstark Frieden sowie eine Um- und Neuverteilung des Landes. Die Basis und der Einfluss der Bolschewiki vergrößerten sich, weitere deutsche Gelder halfen Lenin, Leute zu kaufen und Bestechungsgelder in die richtigen Taschen zu stecken.

Was unternahm der Berufsrevolutionär noch?

TECHNIK NR. 1: MORD, MASSENMORD, ATTENTATE UND KILLERKOMMANDOS

Will man einen ganzen Staat schlucken, so gehört Mord und Massenmord genauso dazu wie raffiniert gestrickte Attentate, die von erfahrenen Assassinen oder Killerkommandos ausgeführt werden. Zur hohen Schule zählt es weiter, vor allem Attentate an hochrangigen Persönlichkeiten hernach anderen in die Schuhe zu schieben, idealerweise sogar dem Gegner. Damit bleibt man unsichtbar. Das ist nicht nur wichtig, weil man keinen Vergeltungsschlag fürchten muss, sondern auch aus Propagandagründen: So entgeht man dem Zorn der öffentlichen Meinung, der Wut des Volkes, das wie ein dumpfes Tier leicht in diese oder jene Richtung getrieben werden kann.

Genauso ging Lenin vor. Wahllos wurde sicherheitshalber jeder umgebracht, der eine potenzielle Gefahr für ihn und den Kommunismus darstellte. Dabei wurde nicht lange gefackelt. Darunter waren auch Bauern oder

Arbeiter, deren Interessen Lenin doch angeblich vertrat. Als sie zu protestieren anfingen, ließ Lenin ihre Versammlungen zusammenschießen, Rädelsführer bezahlten grundsätzlich mit dem Tod.

TECHNIK NR. 2: SABOTAGE

Um Unruhen vor einer Machtergreifung zu schüren, sind die Mittel der Sabotage unverzichtbar. Man sprengt in diesem Fall Gebäude, Brücken und so weiter in die Luft. Je auffälliger das Spektakel vor sich geht, umso besser, denn damit schürt man Ängste. Der Effekt besteht darin, das ganze Volk aufzuwühlen und ihm zu beweisen, dass der Kessel gerade überkocht.

Lenin kannte diese Technik. Er wandte sie gezielt und systematisch an, um Angst und Unsicherheit zu verbreiten.

TECHNIK NR. 3: SCHWARZE PROPAGANDA

Ein weiteres unverzichtbares Hilfsmittel besteht darin, Lügengeschichten zu erzählen, falsche Gerüchte in Umlauf zu bringen, Feinde zu diskreditieren und mit Schmutz zu bewerfen, kurz die öffentliche Meinung in eine bestimmte Richtung zu lenken. Systematisch wird gelogen, dass sich die Balken biegen. Die Techniken der Schwarzen Propaganda könnten ein eigenes Buch füllen. Sehr geschickt werden Viertel- und Halbwahrheiten mit Lügen verbunden und als Fakten verkauft.

Auch Lenin schoss aus allen ihm zur Verfügung stehenden PR-Rohren. Man denke nur an seine Zeitung. Das Volk wurde überschüttet mit Propaganda, hinsichtlich des (furchtbaren) Zaren und in Bezug auf den (angeblichen) Segen des Kommunismus. Die Menschen wurden nach Strich und Faden manipuliert. Besonders wichtig dabei waren die pausenlose Wiederholungen bestimmter Leitsätze und das Einhämmern von Slogans. „Friede den Hütten, Krieg den Palästen!", verkündete Lenin. Marx' Slogan lautete: „Arbeiter aller Länder vereinigt euch!"

TECHNIK NR. 4: BESTECHUNG

Auch die hohe Kunst der Bestechung wird rücksichtslos eingesetzt, wenn man sich einen Staat in die Tasche stecken will. Wichtige Persönlichkeiten werden gekauft. Bestimmte Personen, die sich schwer beseitigen lassen, aber für den Erfolg einer Aktion notwendig sind, ködert man mit Unsummen und dazu noch mit Versprechungen. Insgeheim und hinter den Kulissen werden bereits die wichtigsten Pöstchen vergeben – eine subtile Form der Bestechung. Indem auf diese Art die Meinungsführer bestimmter Gruppierungen gewonnen werden, können in der Folge auch Wahlen manipuliert werden.

Lenins Taschen quollen über vor Geld, das ihm die Deutschen zugesteckt hatten. Einige Historiker sprechen von 20 bis 50 Millionen Mark, die ihm zur Verfügung standen, also rund 10 bis 25 Millionen Euro.[1] So konnte er Meinungsführer umbiegen und zahlreiche Freunde und Verbündete gewinnen. Trotzdem vermochte Lenin bei der Wahl nur beschämend wenige Stimmen auf seine Gruppierung zu vereinigen (rund 25 Prozent) – was er durch Gewaltaktionen ausbalancierte und wettmachte.

TECHNIK NR. 5: ERPRESSUNG

… spielt ebenfalls eine Rolle. Wenn bei einer Unternehmung eine Person nicht mit von der Partie ist und sich nicht kaufen lässt, kann man sie unter Umständen erpressen. Dazu muss man die Schwachstellen dieser Person herausfinden. Pflegt sie beispielsweise heimlich homosexuelle Beziehungen oder befleißigt sie sich seltsamer sexueller Praktiken? Damit lässt sich diese Person herrlich unter Druck setzen: Man droht ihr an, alles öffentlich zu machen.

Heute schicken Geheimdienstler gern eine „Schwalbe" ins Bett der Zielperson und zeichnen entsprechend kompromittierendes Videomaterial auf, das sie in der Folge als Erpressungsmaterial benutzen.

Auch Lenin übte gerne Druck aus. Er war bekannt für seinen unbändigen, unkontrollierten Zorn und seine Drohgebärden.

TECHNIK NR. 6: TURBULENZEN, CHAOS, BÜRGERKRIEG

Mit den Mitteln der Schwarzen Propaganda und der Sabotage kann man regelrechte Tumulte anzetteln. Im Idealfall lässt sich sogar ein Bürgerkrieg vom Zaun brechen. Je heftiger und häufiger Turbulenzen einen Staat erschüttern, umso effektiver ist der Agent provocateur. Nichts ist für ihn kontraproduktiver, als wenn der Staat zur Ruhe kommt und Gesetz und Ordnung herrschen.

Deshalb wird alles unternommen, um Chaos zu erzeugen. Und obwohl die Unruhen in der materiellen Welt stattfinden, in der Wirklichkeit also, gibt es einen interessanten mentalen Rückstoßeffekt: Auch in den Köpfen entstehen Unruhen. Die Bevölkerung reagiert panisch. Das führt in einer Kettenreaktion zu weiteren Turbulenzen. Es diskreditiert außerdem die Regierung, die offenbar mit diesem Chaos nicht fertig wird. Jetzt kann man sie verleumden und mit neuen Lügen und Vorwürfen überschütten. Systematisch wird auf diese Weise Verwirrung gestiftet. Der Ruf nach dem „starken Mann" wird laut und nach einer neuen Ordnung.

Lenin war ein Meister darin, Turbulenzen zu schaffen und für Chaos zu sorgen. Der Bürgerkrieg, der ausbrach, war für ihn ideal. In seinem Rahmen konnte er nicht nur jeden beseitigen, der gegen ihn Stellung bezog, sondern auch die Bevölkerung durch Furcht manipulieren.

TECHNIK NR. 7: KOOPERATION MIT GANGSTERN UND GANOVEN SOWIE MIT DER ORGANISIERTEN KRIMINALITÄT

Ferner ist es förderlich, wenn kriminelle Vereinigungen mit von der Partie sind. Sie können gezielt für weitere Morde sorgen, für Diebstahl, Raub und Überfälle und die Bevölkerung noch stärker verunsichern.

Lenin arbeitete hier besonders eng mit Stalin zusammen, der in seiner Frühzeit nichts als ein Räuber war, Züge überfiel und Einbrüche verübte. Er war für Lenin der Mann fürs Grobe.

TECHNIK NR. 8: SOLDATEN, PARAMILITÄRISCHE EINHEITEN, GEHEIMDIENSTE

Will man sich einen Staat einverleiben, sorgt man außerdem für genügend Soldaten oder zumindest paramilitärische Einheiten, die im Notfall eingreifen können.

Oft stehen im Hintergrund eines Putsches gekaufte Offiziere der Gegenseite und/oder paramilitärische Einheiten. Manchmal gibt es hierfür eigene Anwerbe-Aktionen sowie spezielle Ausbildungslager. Diese Einheiten, die am Tag X den Umsturz herbeiführen sollen, werden trainiert, gedrillt, ausgerüstet und immer wieder indoktriniert. Besonders effektiv ist es, die Armee des Gegners zu infiltrieren und zu unterhöhlen. Hohe Offiziere werden bestochen oder mit wolkigen Versprechungen geködert.

Zuständig für das Militär war Trotzki. Er sorgte dafür, dass der Kommunismus schon früh über Tausende Soldaten und Hundertschaften von militanten Bolschewiki verfügte, über sogenannte Militärrevolutonäre. Sie dienten auch als Schlägertrupps und Krawallmacher.

Schon im Dezember 1917 wurde zudem die „Außerordentliche Kommission für den Kampf gegen die Konterrevolutionäre und Sabotage" (Abkürzung: Tscheka) gegründet, in Wahrheit nichts als ein furchtbarer Geheimdienst, mit dessen Leitung Felix Dserschinski betraut war. Dieser Geheimdienst tötete Hunderttausende – politische Feinde, Vertreter der „widerspenstigen" Bevölkerung und Russen, die anderer Meinung als Lenin waren. Auf diese Weise wurde jede politische Opposition im Keim erstickt und durch Gewalt ausgeschaltet.

TECHNIK NR. 9: REVOLUTIONEN

Systematisch führt man dann Revolutionen herbei oder zumindest Aufstände, die sich nach außen idealerweise so ausnehmen, als habe das Volk selbst protestiert und sei mit den gegenwärtigen Zuständen nicht mehr einverstanden. Revolutionen werden fast immer sorgfältig geplant und geschickt in Szene gesetzt. Es handelt sich selten oder nie um „spontane" Empörungen.

Insgeheim existiert ein präziser Schlachtplan, mit einzelnen Stationen und einem genauem Timing.

Gleichzeitig werden die Gegenpartei und die momentanen Machthaber weiter mit allen legalen und illegalen Mitteln behindert.

Und so wird ein Schritt nach dem anderen ausgeführt, eiskalt und mit der Präzision eines Schweizer Uhrwerks.

Lenin ging genauso vor. Er schürte die Unruhen, bis der Topf überkochte. Vor den Ereignissen im Oktober hatte er längst jeden einzelnen Schritt exakt durchgeplant. Es handelte sich also keineswegs um eine Revolution, sondern um einen Staatsstreich.

TECHNIK NR. 10: DIE ÜBERNAHME DER MACHT

Es gibt im Grunde genommen nur fünf Gewalten in einem Staat: die militärische, geheimdienstliche und polizeiliche Gewalt, ferner die Macht der Medien und der Politiker.

Sofern alles entsprechend vorbereitet und bedacht worden ist, kann man die Macht innerhalb eines Landes verhältnismäßig rasch übernehmen. Jede dieser fünf Gewalten muss in Rechnung gestellt werden. Zweifler und Unentschiedene drehen ihr Fähnchen gewöhnlich schnell nach dem Wind, wenn sie sehen, dass eine neue Macht das Ruder übernommen hat.

Lenin schaltete die alten Mächte gezielt aus. Wer nicht zu ihm überlief, wurde umgebracht.

EINE NEUE ART VON AGENT

Und so erkennen wir, dass Lenin im Grunde eine neue Art von Agent war, der sich mit diesen zehn Techniken an Russlands Spitze putschte. Damit haben wir gleichzeitig die gefährlichste Art Agent beschrieben, die es im 20. Jahrhundert gab.

Noch einmal: Lenin war ein ganz neuen Typus eines Geheimdienstlers.

Wir blicken hier dem Experten für einen Staatsumsturz ins Auge, manchmal sogar dem künftigen Diktator.

Im Übrigen kann sich nur eine rabenschwarze Seele dieser zehn Techniken befleißigen. Lenin setzte sie völlig skrupellos und eiskalt ein. Die Methoden beschreiben exakt, wie man einen Staat erbeutet. Es handelt sich um das brisanteste schwarze politische Know-how.

Im 20. Jahrhundert wurde es Hundert Male eingesetzt, wie wir noch sehen werden. Es riss zahlreiche Länder und Nationen mit sich in den Abgrund.

Heutige Historiker sprechen deshalb inzwischen kaum mehr von der Oktoberrevolution, denn das ist ein irreführender Begriff. Wiederholen wir: In Wahrheit handelte es sich um eine Verschwörung, einen Umsturz, einen gezielt herbeigeführten Putsch. Letztlich war es ein Staatsstreich, ein Coup d`etat. Nicht die Bevölkerung stand hinter der Machtübernahme durch die Bolschewiken, sondern es nahmen allenfalls 25.000 bis 30.000 Menschen daran teil, wie Geschichtswissenschaftler später ohne Wenn und Aber feststellten.[2] Das waren lediglich knapp 5 Prozent aller Arbeiter und Soldaten innerhalb einer einzigen Stadt – eine lächerlich kleine Zahl. Aber alles war exakt geplant.

Dieses Ereignis markierte den Anfang einer ganz neuen Ära.

LENIN, DAS ENDE UND DER ANFANG DES KOMMUNISMUS

Wir brauchen Lenins Ende nicht weiter zu schildern. Es ist bekannt, dass er für den Tod von rund 10 Millionen Menschen verantwortlich zeichnet. Und auf Stalins Konto, der Lenin nachfolgte, gehen rund 50 bis 55 Millionen Tote. Mao, der sich vom Kommunismus inspirieren ließ, ist für 80 Millionen Tote verantwortlich. Addiert man die Anzahl der Morde in den verschiedenen osteuropäischen Ländern hinzu – denkt man beispielsweise an Polen, Bulgarien, die Tschechoslowakei und Ungarn, ferner an Kuba sowie viele südamerikanische und afrikanische Länder, in denen versucht wurde, mit Waffengewalt und mithilfe der zehn Techniken den Kommunismus zu etablieren – kommen noch einmal (gefühlte) 10 bis 20 Millionen hinzu, konservativ geschätzt.

Selten oder nie wurde die Machtergreifung durch Lenin als das gesehen, was sie wirklich war: als systematische Anwendung von zehn kriminellen Techniken. In der Folge dienten sie als Vorbild; sie wurden auch in anderen Ländern eingesetzt.

Die destruktive Person im politischen Raum nutzt sie, um in ganzen Staaten die Zügel in die Hand zu nehmen. Für sie sind diese Methoden lediglich Anleitungen zum Umsturz.

Tummelt man sich selbst in der politischen Arena, ist die Kenntnis dieser zehn Punkte überlebenswichtig. In diesem Fall muss man noch über ein überlegenes Know-how verfügen, mit dessen Hilfe man diesen zehn Techniken Paroli bieten kann. Die Entlarvung dieser Techniken ist nur der erste Schritt.

Wir werden die Methoden zur Aushebelung dieses schwarzen politischen Know-hows am Ende dieses Buches vorstellen. Mit den richtigen Aktionen kann man diesen zehn Techniken tatsächlich zu Leibe rücken.

Halten wir hier nur so viel fest: In dieser ungeheuerlichen Größenordnung wurde dieses Know-how erstmalig in Russland benutzt. Es waren nicht die Umstände, die Zeit, die reif war, oder die Massen, als der Zar stürzte. Das sind bereits Lügen und Propaganda. Es war dieses bodenlos infame, schwarze politische Know-how, das Lenin befähigte, sich zum Diktator über Russland aufzuschwingen. Nur einem verhältnismäßig unbedeutenden, kleinen, bösartigen Agent provocateur wie Lenin – ursprünglich nur eine Marionette der Deutschen, der freilich wenig später schon sein eigenes Süppchen kochte – gelang es, den allmächtigen Zar zum Teufel zu jagen und die Herrschaft über eines der größten Länder der Welt anzutreten.

Aber Lenin war natürlich nicht der einzige Spion, der im Ersten Weltkrieg sein Unwesen trieb. Womit wir unversehens bei einer der schillerndsten Figuren der Geschichte sind.

5. MATA HARI:
DIE VERRUCHTE DOPPELSPIONIN

Niemand war im Ersten Weltkrieg in Spionagezirkeln lasziver und geheimnisumwitterter als Mata Hari, die mit bürgerlichem Namen Margaretha Geertruida Zelle hieß, aber – jedenfalls während ihrer Ehe – auch die Namen Marguerite Campell und Lady Gretha MacLeod verwendete. Als Spionin für den deutschen Geheimdienst wurde der Deckname H 21 benutzt.

Die Bücher über diese exotische, exzentrische Tänzerin sind noch zahlreicher als die Verfilmungen. Der aufwendige TV-Vierteiler „Mata Hari", 1981 in Holland gedreht, gilt als die teuerste Produktion in der Geschichte des niederländischen Fernsehens. Und wen wundert es: Wer könnte schon der Faszination einer hübschen Frau widerstehen, die inzwischen als die bekannteste Spionin aller Zeiten gilt?

Es gibt Musicals über Mata Hari, Liedtexte, Balletts, die nach ihr benannt sind, ganze Schauspiele und Songs über sie, ja sogar Videospiele, Getränke, Restaurants und Szene-Bars tragen ihren Namen. Die Legende bemächtigte sich der schönen Spionin, deren Ende völlig unvorhersehbar war. Aber beginnen wir am Anfang.

BIOGRAFISCHER AUFTAKT

Margaretha wuchs unter der Aufsicht ihrer Großmutter und ihres Patenonkels in den Niederlanden auf, da Vater und Mutter schon im Jahre 1891 die

Trennung von Tisch und Bett beschlossen hatten. Ursprünglich hatte man für sie den Beruf der Kindergärtnerin vorgesehen, doch Margaretha fühlte sich zu Höherem berufen. Zwar absolvierte sie immerhin die Schule, aber die Legende (oder ein übereifriger Biograf) will wissen, dass sie eines Tages „halbnackt auf dem Schoß des Schuldirektors angetroffen wurde"[1], sodass sie die Lehranstalt verlassen musste.

Sicher ist nur, dass sie, 17 Jahre alt, zu ihrem Onkel nach Den Haag geschickt wurde, wo ihr das Leben aber nicht genügend Abwechslung bot. Eifrig begann sie deshalb, Heiratsannoncen zu studieren. Und so stach ihr eines Tages eine Anzeige ins Auge, die (aus dem Niederländischen übersetzt) wie folgt lautete: „Offizier, auf Urlaub aus Indien, sucht junge Frau mit liebenswürdigem Charakter zur Eheschließung."[2]

Gerade 19 Jahre jung beschloss sie, sich in das Abenteuer Ehe zu stürzen. Sie heiratete den niederländischen Kolonialoffizier Campell Rudolph (John) MacLeod, der rund 20 Jahre älter war als sie. Die Ehe wurde im Rathaus von Amsterdam geschlossen, die Flitterwochen verbrachte das junge Paar in Wiesbaden. Aber Margaretha war nicht die erste Frau, die erlebte, dass viele Ehemänner anfänglich großherzig, verliebt und freigiebig sind und am Schluss kleinlich, aufbrausend und eine Art Sklavenhalter. John MacLeod war zudem rasend eifersüchtig, während er sich selbst ohne Gewissensbisse permanent mit anderen Damen vergnügte. Unaufhörlich machte er seiner Frau die bittersten Vorwürfe, beschimpfte, prügelte und demütigte sie – gelegentlich sogar in der Öffentlichkeit. Durch den Beruf ihres Mannes landeten sie 1897 in Indonesien. Sie gebar ihrem eifersüchtigen Ehemann zwei Kinder, aber eines wurde durch eine Hausangestellte vergiftet. Die Ehe geriet zur Hölle. Ständig gab es Streit. Und so beschlossen beide im Jahre 1903, sich zu trennen. MacLeod wurde zur Unterhaltszahlungen verdonnert, kam seinen Verpflichtungen aber nie nach.

Und deshalb überrascht es nicht, dass sich Margaretha nach anderen Einkommensquellen umsehen musste. Da sie um ihre Reize wusste, besuchte sie verschiedene feine Etablissements und bot ihre Dienste an. Es gehört nicht viel Fantasie dazu, sich vorzustellen, dass sie ihr Handwerk gründlich erlernte und erfuhr, wie man Männer idealerweise glücklich macht und gleichzeitig um den Finger wickelt.

Gleichwohl suchte sie unaufhörlich einen Ausweg. So hörte sie von diesem aufregenden Paris im benachbarten Frankreich, in dem es offenbar möglich war, selbst in der feinen Gesellschaft nach ganz oben aufzusteigen. Kurzentschlossen packte sie ihre Koffer und zog in die Stadt der Liebe und der Künste. Zunächst versuchte sie, als Mannequin Karriere zu machen, dann bot sie sich als Aktmodell an. Aber all das funktionierte allenfalls in bescheidenem Umfang. Eines Tages kam ihr dann die Erleuchtung, und frech und übermütig inszenierte sie den denkbar unverschämtesten Coup.

KARRIERESPRUNG

Paris war immer auf der Suche nach dem Besonderen, dem neuen Reiz, dem ausgefallenen Kitzel. Es brodelte, blinkte und glitzerte hier überall – in den Shows und Varietés, auf der Bühne, in den Opern und Operetten und in einschlägigen Insider-Clubs, die sich gegenseitig zu übertreffen suchten und dem ausgefallenen Geschmack ihres Publikums stets etwas Mondänes und Exotisches bieten mussten.

Und so verfiel Margaretha auf eine verwegene Bühnenidee. Sie erfand eine komplett zusammenfantasierte Biografie und eine bislang unbekannte Darbietung, die dem überfeinerten, degenerierten Geschmack des Pariser Publikums ihrer Zeit entgegenkam. Sie log sich eine wilde, berauschende Legende zusammen, gab sich für eine indische Tempeltänzerin aus, flunkerte über ihre Herkunft und ihre Beziehungen, die angeblich bis in die höchsten Kreise reichten, und studierte einen Tanzakt ein, wie man ihn noch nie zuvor gesehen hatte. Gleichzeitig behängte sie sich mit allerlei Tand und Schmuck, verbarg ihre Kurven notdürftig unter Gaze und Schleiern, ließ sich ein exotisches Kostüm schneidern und lernte, so lasziv und verführerisch zu tanzen, dass den Männern die Spucke im Mund trocknete und ihre Augen fast aus den Höhlen traten. Während des Tanzes entkleidete sie sich so gekonnt, so extravagant und auf eine derart erotische Art und Weise, dass sich die Pariser Männerwelt überschlug und von nichts anderem mehr reden (und träumen) konnte.

Alles sprach nur noch von ihrem indischen Schleiertanz. Dabei handelte es sich um einen reinen Fantasietanz, den Margaretha jedoch auf äußerst geschickte Weise mit hinduistischen Göttern und der indischen Religion in Zusammenhang brachte, sodass sie wie eine antike Tempelpriesterin vor ihrem Publikum dahinwirbelte. Mit frivolen Bewegungen und in ihrem ausgefallenen Kostüm tanzte sie sich in die Herzen der Zuschauer. Die Pariser Gesellschaft, stets auf der Suche nach Sensationen und nach dem *dernier crie*, dem letzten Schrei, verfiel ihr wie ein Hypnotisierter dem Hypnotiseur. Alle waren fasziniert und hingerissen, sie avancierte zur Königin der erotischen Entkleidung.

Niemand stellte ihre erfundene Biografie infrage, im Gegenteil. Die Gerüchte trugen sogar dazu bei, sie noch exotischer, attraktiver und anziehender erscheinen zu lassen. Andeutungen, Geheimnisse und Rätsel beflügelten schon immer die Fantasie. „So etwas hatte Paris noch nicht gesehen … aus anmutigen Gesten wurden leidenschaftliche Windungen – und am Ende stand vor den entrückten Damen und Herren der Gesellschaft eine nackte Schönheit."[3]

Ein Zeitzeuge, ein Journalist, ließ sich im „Courrier français" zu folgender Beschreibung hinreißen: „Eine große dunkle Gestalt schwebt herein. Kräftig, braun, heißblütig. Ihr dunkler Teint, ihre vollen Lippen und glänzenden Augen zeugen von weit entfernten Landen, von sengender Sonne und tropischem Regen. Sie wiegt sich unter den Schleiern, die sie zugleich verhüllen und enthüllen. […] Das Schauspiel lässt sich mit nichts vergleichen, was wir je gesehen haben. Ihre Brüste heben sich schmachtend, die Augen glänzen feucht. Die Hände recken sich und sinken wieder herab, als seien sie erschlafft vor Sonne und Hitze. […] Ihr weltlicher Tanz ist ein Gebet; die Wollust wird zur Anbetung. Was sie erfleht, können wir nur ahnen […] Der schöne Leib fleht, windet sich und gibt sich hin: es ist gleichsam die Auflösung des Begehrens im Begehren."[4]

Um es abzukürzen: Margaretha schnupperte die Luft des ganz großen Erfolges.

DER SÜSSE DUFT DES RUHMES

Mit Riesenschritten erobert die Tänzerin nun eine Bühne nach der andern. Sie schmückt ihre Biografie weiter aus und behauptet, aus einer heiligen Stadt im Süden Indiens zu stammen und aus der obersten Kaste der Brahmanen. Dort gebe es eine unterirdische Höhle, dem Gott Shiva geweiht.

Shiva oder Schiwa ist im Hinduismus der Gott der Erhaltung und der Zerstörung, aber die wörtliche Bedeutung ist „der Glücksverheißende". Einer seiner 1008 Beinamen ist *Nataraja*, was so viel wie „König des Tanzes" bedeutet. Sie sei, so flunkert Margaretha weiter, schon als Kind im Tempeltanz unterrichtet worden und habe zu Shivas Ehren getanzt. „Sie habe sich in herrlichen Gärten ergangen, sei mit Girlanden aus Jasmin bekränzt worden und habe die Altäre der Götter dekoriert. Sie hätte wohl ihr ganzes Leben an diesem Ort zugebracht, wenn nicht ein bildschöner, junger britischer Offizier sie einmal bei einem solchen Tanz gesehen, sich unsterblich in sie verliebt, sie entführt und geheiratet hätte. Ihm habe sie sodann einen Sohn geboren, Norman, den eine fanatische Dienerin grundlos vergiftet habe. Sie wiederum habe daraufhin – nach indischem Brauch – die Dienerin mit ihren eigenen Händen erdrosselt."[5]

Ein Schriftsteller könnte neidisch werden, so malerisch kann sie flunkern. Wie alle Märchenerzähler wandelt Margaretha ihre Geschichte immer wieder ab. Sie erzählt gelegentlich, die Enkelin eines Sultans zu sein oder eine russische Emigrantin hoher Abkunft. Alles, was Aufmerksamkeit erregt, dient der Karriere.

Ein Siegeszug ohnegleichen nimmt seinen Anfang. Die Männer glauben ihr bedingungslos und verfallen ihr reihenweise. Journalisten überschlagen sich. Sie tritt in den vornehmsten Salons und auf den berühmtesten Bühnen auf. Männer überschütten sie mit Juwelen und anderen Geschenken, und einflussreiche, mächtige Herren der besten Gesellschaft, denen sie nicht nur ihren Tanz zeigt, sondern auch ihre Gunst erweist, zücken ihre Geldbörsen und zahlen unanständig hohe Summen, nur um eine Nacht mit ihr verbringen zu dürfen.

Im Jahre 1905 legt sie sich den Namen Mata Hari zu, *Matahari* bedeutet im Mailaiischen „Auge des Tages" oder „Sonne".

Und so geht die „Sonne" vor den reichen Herren regelmäßig auf. Selbst Baron von Rothschild lässt sich herab, sie zu einer seiner berühmten Soirées einzuladen, genau wie andere Superreiche sowie Politiker und hochrangige Militärs. Mata Hari ist eine Sensation. 1905 verdient sie pro Abend die unweltliche Summe von rund 10.000 Francs. Das „Auge des Tages", die „Sonne", kann sich nun die teuersten Hotels in Paris leisten und allen Schnickschnack, mit dem sich die Reichen umgeben. Geschickt versteht sie es, immer im Gespräch zu bleiben. Einmal lügt sie Journalisten vor, sie werde einen osteuropäischen Fürsten heiraten und sich von der Bühne zurückziehen. Ein anderes Mal schmückt sie ihre indonesischen Erfahrungen weiter aus.

Die großen Varietés schlagen sich um sie, „Ein Engagement jagt das andere, ihr Bild erscheint auf Postkarten, Zigarettenschachteln und Keksdosen."[6] In ganz Europa reißt man sich um sie. Sie hat einen Auftritt nach dem anderen in Paris, aber auch in Monte Carlo und in Berlin, wo sie sogar vor dem deutschen Kaiser Wilhelm II. und seiner Familie tanzt.

Zwischendurch frönt sie der Liebe. Aber sie gewährt ihre Gunst nur den zahlungskräftigsten Aristokraten und Geldbaronen. Das Gerücht geht um, sie pflege gar ein Verhältnis mit dem Sohn des deutschen Kaisers. Sie wohnt in Schlössern, ist eine Weile die Mätresse eines gutbetuchten Bankiers und tanzt sogar in der Mailänder Scala – der Wunschtraum jeder Künstlerin. Bis zum Jahre 1913 sahnt sie ab und genießt diese Bewunderung. Das Leben könnte herrlich sein – wäre am Horizont nicht längst eine tiefschwarze Wolke aufgezogen.

DIE DOPPELSPIONIN

1914 bis 1918 tobt der Erste Weltkrieg. Europa und die halbe Welt taumeln nach der Belle Époque in eine entsetzliche Zeit. Mata Hari befindet sich gerade in Deutschland. Mit Mühe schafft sie es zurück in die Niederlande. Rasch angelt sie sich dort einen anderen Bankier, demgegenüber sie sich als russische Emigrantin ausgibt. Schlagartig erlischt das Interesse des Publikums an ihren indischen Schleiertänzen, denn nun geht es ums nackte Überleben. Die „Sonne" kann zwar nicht mehr scheinen, aber sie kann auch nicht von ihrem aufwendigen Lebensstil lassen. Mata Hari überlegt angestrengt, wie sie erneut zu Geld kommen kann. Schließlich kehrt sie nach Deutschland zurück, wo sie ihre letzten Triumphe gefeiert hat. Dort lässt sie sich als Agentin H 21 von den Deutschen anheuern: Im Jahre 1915 tritt sie in den Dienst des deutschen Geheimdienstes. Sie erhält eine Ausbildung als Agentin und lernt, wie man eine Nachricht durch eine Geheimschrift verschlüsselt. Sie lernt außerdem alles über unsichtbare Tinten, und wie man unauffällig Kontakte herstellt.

Das Know-how der Spionage steckt zwar noch in den Kinderschuhen, doch es ist nicht auszuschließen, dass ihr beigebracht wird, auf der Rückseite von Briefmarken in winzigster Schrift Botschaften weiterzugeben, indem man sich einer Lupe oder einer hauchdünnen Feder bedient. Spione nutzen zu diesem Zeitpunkt zudem Fotokameras, die sie an Postbrieftauben befestigen, um aus der Vogelperspektive Informationen zu gewinnen – wobei die Kameras in bestimmten Abständen automatisch Bilder schießen. Es ist nicht bekannt, ob sie auch in diese Schliche eingeweiht wird. Da sie grundsätzlich nur in den höchsten Kreisen verkehrt, baut man darauf, dass sie die wichtigen Geheimnisse im Bett in Erfahrung bringt. Nach einem Orgasmus, so weiß sie als erfahrene Liebesdienerin, sind Männer besonders entspannt und redselig. Sie soll auskundschaften, was die Franzosen planen, und Gebiete ausspähen, in denen sich das französische Militär aufhält.

Mata Hari fühlt sich in ihrem Element, denn sie hat tatsächlich über ausgezeichnete Kontakte: Ein französischer Ex-Kriegsminister gehört zu ihren Verehrern genauso wie ein hohes Tier des französischen Außenministeriums. Zahlreiche Offiziere würden einen Jahressold für sie bezahlen, wenn sie ihnen das Unerlaubte erlaubte.

Aber auch die Gegenseite schläft nicht. Mata Hari ist zu bekannt – ein Umstand, der gefährlich ist für eine Spionin. Sowohl das Deuxième Bureau, also die zweite Abteilung des französischen militärischen Nachrichtendienstes, als auch der britische Auslandsgeheimdienst werden auf sie aufmerksam. Die Briten zögern nicht lange und nehmen sie fest, als sie in London weilt. In einem unbarmherzigen Verhör gesteht sie, tatsächlich eine Agentin zu sein, allerdings spioniere sie für die Franzosen, behauptet sie. Das Verwirrspiel zahlt sich aus, man lässt sie laufen. Aber man misstraut ihr. Die Briten warnen die Franzosen.

Tatsächlich bietet Mata Hari auch den Franzosen ihre Dienste an, schließlich befindet sie sich ständig in Geldnöten. Aber das Deuxième Bureau lässt sie nun ständig beobachten –und ködert sie: Man bietet ihr 1 Million Francs für bestimmte Informationen über die Deutschen, die sie beschaffen soll.[7] So reist Mata Hari nach Spanien. Hier nimmt sie erneut Kontakt mit dem deutschen Nachrichtendienst auf und horcht tatsächlich einige Offiziere aus, um die Ergebnisse den Franzosen zukommen zu lassen. Sie informiert sie über eine geplante deutsche U-Boot-Invasion in Marokko, darüber hinaus verrät sie den Namen des deutschen Geheimdienstchefs in Barcelona. Sie glaubt, Bedeutendes für die Franzosen zu leisten.

Doch die französische Geheimpolizei verfolgt mittlerweile jeden ihrer Schritte. Die Franzosen finden heraus, dass Mata Hari zeitgleich den Deutschen chiffrierte Briefe zukommen lässt. Deshalb stellen sie ihr im Jahre 1916 eine Falle, um endgültig herauszufinden, auf wessen Seite sie steht. Sie spielen ihr einige geheime Informationen zu: unter anderem das Wissen um die Identität eines französischen Spions. Als dessen Name den deutschen Militärbehörden verraten und er wenig später sogar erschossen wird, werten sie dies als Beweis, dass Mata Hari ein doppeltes Spiel spielt.

Die „Sonne" geht plötzlich unter, das Schicksal nimmt seinen Lauf und schlägt unbarmherzig zu.

DIE WENDE

Es kommt wie es kommen muss. 1917 wird Mata Hari in Frankreich gefangengenommen. Sie findet sich in einer „dunklen, feuchten, von Ungeziefer wimmelnden Zelle"[8] wieder. Jeder Tag ist eine Qual. Die Verhöre verlaufen zunächst ergebnislos. Dann aber presst man ihr einige Antworten ab, die sie in Gefahr bringen. Sie wird vors Kriegsgericht gestellt. Es geht um alles oder nichts. Ihr Leben steht auf dem Spiel. In dieser Zeit werden Spione nicht etwa ausgetauscht, sondern kurzerhand aufgeknüpft oder erschossen. Erschwerend kommt hinzu, dass sie selbst im Gefängnis von ihren Gläubigern verfolgt wird, denn längst kann sie ihre Rechnungen nicht mehr bezahlen. Die „Sonne" verliert ihre Strahlkraft, sie geht unter.

Eine Anklageschrift wird verfasst. Der Prozess beginnt am 24. Juli 1917 in Paris, ein Jahr vor Kriegsende. Die Beweisaufnahme dauert nur einen Tag. Der Anwalt, der ihr zugestanden wird und hoffnungslos in sie verliebt ist, versäumt es, Entlastungszeugen beizubringen. Zweifelsfrei wird festgestellt, dass sie Geld von deutschen Diplomaten und Offizieren angenommen hat – für welche Dienste auch immer. Obwohl keine schlagenden Beweise für einen wichtigen, kriegsentscheidenden Verrat erbracht werden können, rechnet man ihr ihre intimen Beziehungen zu hochrangigen deutschen und französischen Politikern und Militärs als Minus an. Dass sie sich gern vor einem Publikum entkleidet, diskreditiert sie in den Augen der Richter zudem als unmoralische, verkommene Nackttänzerin. Man kommt zu dem Ergebnis, dass sie eine Doppelspionin ist. In acht Anklagepunkten wird sie vom Militärgericht des Hochverrats für schuldig befunden. Man verurteilt sie zum Tode. Ein Berufungsverfahren und verschiedene Gnadengesuche werden abgelehnt. Am 25. Oktober 1917 wird sie in der Nähe von Paris wegen Doppelspionage und Hochverrats von einem zwölfköpfigen Exekutionskommando erschossen. Das „Auge des Tages" bricht, die schöne, verführerische Mata Hari ist tot.

DIE LEGENDE

Schon bald ranken sich um ihre Hinrichtung die wildesten Gerüchte. Sie habe den Soldaten, die sie exekutierten, Küsse zugeworfen und sich vor ihnen entkleidet, heißt es. Ein anderes Gerücht will wissen, sie habe das Erschießungskommando bestochen und sei im letzten Augenblick mit einem französischen Offizier durchgebrannt. Wieder andere Klatschmäuler behaupten, sie habe vor ihrer Erschießung ihren Pelzmantel geöffnet, unter dem sie nackt war, sodass alle Soldaten danebengeschossen hätten. Und: „Ein russischer Fürst habe sie nach der Scheinhinrichtung auf seinen Schimmel gepackt und sei mit ihr im Morgennebel verschwunden."[9]

Ein Mythos entsteht um die bekannteste Kurtisane ihrer Zeit, um diese unvergleichliche Femme fatale. Und zugegeben: Unter schriftstellerischen Gesichtspunkten gibt sie wirklich etwas her: Ihre zahlreichen Affären mit prominenten Männern, ihre exotischen Kostüme, die Erotik und das Thema Spionage – all das lässt sich herrlich verquicken und dann präsentieren. Es ist ein unwiderstehliches Erfolgsrezept. Peppt man die „facts" noch durch ein wenig „fiction" auf, ist das Mahl perfekt.

Mata Hari steigt auf zu der berühmtesten Spionin aller Zeiten.

NICHTS ALS DIE WAHRHEIT

Später indes stellte die Forschung fest, dass sie den Deutschen nie wirklich wichtige Informationen zukommen ließ. Die Wahrheit liest sich viel unspektakulärer: Ja, sie spionierte ein wenig, aber ihr eigentliches Erfolgsgeheimnis war ihr Nackttanz. Mit jedem Schleier, den sie ablegte, stieg ihr Bekanntheitsgrad. Außerdem flunkerte sie gekonnt, mit ihrem Lügengespinst konnte sie durchaus mit Baron von Münchhausen konkurrieren. Da sie zudem zahlreiche hochrangige Personen verführte, war sie in der mondänen Welt das Gesprächsthema Nr. 1.

Urteilt man ohne Scheuklappen, muss man festhalten dürfen, dass ihre zahllosen Affären, von denen wir hier nicht einmal ein Zehntel berichtet haben, sie als Edelprostituierte demaskieren. Sie benutzte die Bühne in erster Linie, um Aufmerksamkeit zu erregen und aus ihrem Verehrerkreis zahlungskräftige Männer zu fischen. Gleichzeitig gab sie ihr Geld mit vollen Händen aus, wie eine Baronin. Sie versagte darin, Geld geschickt anzulegen und es festzuhalten. Und so endete sie trotz ihrer zeitweise fantastischen Einnahmen in Armut. Wann immer ihr die Gläubiger penetrant im Nacken saßen, blieb der Gang in eines der besseren Bordelle, wo sie sich schamlos anbot, um ihre Rechnungen begleichen zu können.

Als der Erste Weltkrieg wie eine Naturkatastrophe über die Welt hereinbrach, fand ihre Karriere als Tänzerin ein jähes Ende. Aber eben diese Karriere wäre ohnehin gescheitert, denn es gab bereits zahlreiche Nachahmerinnen, die ihr die Butter vom Brot nahmen. Und so ließ sie sich auf die Agententätigkeit ein, allein aus der Notwendigkeit heraus, zu überleben und eine neue Einkommensquelle zu erschließen. Die Angst, als Künstlerin in Vergessenheit zu geraten, kennzeichnen ihre letzten Jahre. Ständig befand sie sich in Geldnot, sodass sie sich – ohne nachzudenken – auf die gefährlichen Spitzel-Angebote einließ. Sie riskierte Kopf und Kragen – und verlor.

Trotzdem stieg sie später zur Königin aller Späherinnen auf. Das beweist allerdings nur, wie anfällig der Leser und der Zuschauer für den Sexus ist und wie sehr Erotik besonders männliche Sinne vernebelt.

Rücken wir ihr Bild also ein wenig gerade: Sie war eine begabte Hochstaplerin, die sich aufgrund ihrer Erfahrungen in Indonesien geschickt eine exotische Identität zusammenflunkerte. Sie war sich nicht zu schade dafür, sogar eine Religion zu beschmutzen, nur um sich einen besonderen Anstrich zu verleihen. Sie missbrauchte den indischen Gott Shiva. Er rächte sich, indem er sich vom „Gott des Tanzes" in den „Gott der Zerstörung" zurückverwandelte – seine ursprüngliche und eigentliche Identität.

Mata Hari gierte bei all ihren Unternehmungen maßlos nach Geld. Außerdem verfiel sie dem verführerischen Duft des Ruhms. Dabei war sie in Wahrheit lediglich eine mäßig begabte Tänzerin, die keck und übermütig, frech und dreist genug war, ein Tabu zu brechen und nackt vor einem lüsternen, sexbesessenen Publikum aufzutreten. Törichte Männer lagen ihr zu Füßen, denen sie mit ihren erotischen, lasziven Tänzen weismachte, im Bett etwas Einmaliges bieten zu können. Und so fielen diese Männer scharenweise auf sie herein. Mata Hari konnte die zahlungskräftigen Exemplare jedoch immer nur für kurze Zeit an sich binden, sie vermochte sie nie wirklich zu fesseln. Sie war nichts als „Show", eine Puppe, eine Hülle, die – einmal entkleidet – innen hohl und leer war. Und so wurde und wird sie bis heute völlig überschätzt.

Wir haben sie trotzdem in diesen Band aufgenommen, weil sie erstens den Beginn einer goldenen Spionage-Ära markiert, die mit dem Ersten Weltkrieg einsetzte, und weil sie zweitens der Legende nach die berühmteste Spionin aller Zeiten ist – ein klares Fehlurteil. Denn ihre Nachrichten hatten keinen oder wenig Wert. Richtig ist jedoch, dass in dieser Phase das Spionagehandwerk einen enormen Aufschwung nahm. Offerieren wir also zumindest ansatzweise einige weitere Enthüllungen.

SPIONAGE IM ERSTEN WELTKRIEG

Als im Ersten Weltkrieg die Weltmächte aufeinanderprallten, erinnerten sich die führenden Militärs schnell daran, dass die Nation die Schlachten gewinnt, die am besten informiert ist und über die gerissensten Spione verfügt. Fieberhaft suchte man auf beiden Seiten nach begabten Spitzeln. Die berühmtesten Spione dieser Zeit waren Somerset Maugham, Sidney Reilly und Harry Houdini.

Der englische Schriftsteller Somerset Maugham (1874–1965) arbeitete für den englischen Geheimdienst MI6, und zwar in Italien, in der Schweiz, in den USA und sogar in Russland. Aber er spionierte gleichzeitig auch für den amerikanischen Geheimdienst. Maugham versuchte, Lenin in Russland zu verhindern, scheiterte aber. Er inspirierte unter anderem die Autoren John le Carré und Ian Fleming, der Maugham maßlos bewunderte und später die Kunstfigur James Bond ersann.

Sidney Reilly (1873–1925) spionierte ebenfalls für den (Vorläufer) des MI6, aber angeblich auch für drei andere Mächte. Er avancierte zu einer Berühmtheit als „Master Spy", „Super-Spy" und „Ass der Spione". Er gewann und verlor mehrmals ein Vermögen, hatte zaleiche Affären und stürzte sich in mehrere Ehen. Angeblich spionierte er in Südafrika gegen die Holländer, arbeitete für die japanische Geheimpolizei und versuchte sogar in Deutschland den Waffenhersteller Krupp auszuspähen. Auch er bemühte sich, die Bolschewiken und Lenin zu verhindern, was ihm ebenfalls nicht gelang.

Harry Houdini (1874–1926), ein Ungar und weltberühmter Entfesselungs- und Zauberkünstler, war nebenbei als Spion für die Vereinigten Staaten von Amerika tätig. Aber die Aktenlage ist zu dünn, um verlässliche Aussagen über seine Tätigkeiten zu treffen.

Die effektivste Spionin dieser Zeit war Elsbeth Schragmüller (1887–1940). Sie spionierte für die Deutschen und räumte ein, dass der Hang zum Intrigenspiel, der Wunsch, im Weltgeschehen mitzumischen, und pure Geldgier normalerweise einen Spion auszeichnet. In ihrem Fall kamen noch brennender Ehrgeiz sowie die Lust am Abenteuer hinzu. So gelang es ihr, innerhalb des Nachrichtendienstes der Obersten Heeresleitung (OHL) hoch aufzusteigen. Sie brachte es zur Leiterin der deutschen Spionage-Abteilung, die die Franzosen auskundschaftete – keine Selbstverständlichkeit in einer Zeit, da Frauen zum Teil noch als Menschen zweiter Klasse betrachtet wurden. Als eine der ersten Frauen Deutschlands wies sie einen Universitätsabschluss vor, ja sie promovierte sogar in Staatswissenschaften (Politologie) und avancierte zur Dozentin für Staatsbürgerkunde.

Im Rang eines Oberleutnants rekrutierte und instruierte sie später in den Niederlanden die deutschen Spione, die in Frankreich eingeschleust wurden, sie bildete sie aus und schickte sie ins „Feld". Sie ersann für ihre Agenten geschickt glaubhafte falsche Identitäten, arbeitete mit Geheimzeichen, Falschpapieren, Deckadressen und dem gesamten Spionage-Know-how der damaligen Zeit. Sie war Mata Haris eigentlicher Führungsoffizier, womit wir wieder bei unserem Thema sind und sich der Kreis schließt.

Elsbeth Schragmüller gelang es, die Entwürfe für den ersten britischen Panzer in ihren Besitz zu bringen – ein ungeheurer Triumph. Doch die deutsche Militärführung ging von einer Fälschung aus. Und genau deshalb verlor Deutschland 1916 in der berühmten Schlacht an der Somme (= in Nordfrankreich) mehr als 500.000 Soldaten – man muss es sich vorstellen!

Dieser Verlust beweist erneut, wie wichtig Spione waren. Denn sie bestimmten über Sieg oder Niederlage. Man stelle sich nur einen Moment lang vor, die Deutschen hätten die Schlacht an der Somme gewonnen. Es ist nicht auszuschließen, dass Deutschland dann Frankreich überrannt und aus dem Ersten Weltkrieg als Sieger hervorgegangen wäre.

Jedenfalls nahm das Spionagegeschäft einen ungeheuren Aufschwung. Einmal entdeckt, wurden Spione sofort erschossen oder erhängt, wie schon berichtet. Sie hatten deshalb immer ein tödliches Gift bei sich, gewöhnlich in einer Kapsel an einem Fingerring. Das vorrangige Ziel der Kundschafter bestand darin, die Pläne und Entwürfe der neuesten U-Boot- und Flugzeuggeneration und andere technische Errungenschaften an sich zu bringen. Im Ersten Weltkrieg befand sich ganz Europa im Agentenfieber.

Von Deutschland aus wurden 401 Spione eingesetzt[10], auf beiden Seiten gab es insgesamt mehrere tausend Spione, denn schließlich war die halbe Welt in diesen Krieg verstrickt. Man arbeitete fleißig mit Geheimtinten und Geheimcodes. Eines Tages jedoch konnten die Franzosen die deutschen Codes knacken, wie sich viel später herausstellte. Das verschaffte den Franzosen und Engländern enorme Vorteile. Später veröffentlichte die CIA zahlreiche Geheimdokumente über diesen Krieg, die die Franzosen gesammelt und US-Amerika übergeben hatten. Sie waren rund 1 Million Seiten stark.[11]

Die Ära der weltweiten Spionage hatte begonnen.

6. HITLER, DER AGENT

Auch Hitler ist nie oder selten in schonungsloser Offenheit in puncto Geheimdienste und Spionage untersucht worden. Dabei gibt es hier mehrere erstaunliche Einsichten, die in kaum einem Geschichtsbuch vollständig ans Tageslicht geholt wurden. Denn der Nationalsozialismus ist nicht denkbar, ohne ein neues Verständnis der verschiedenen geheimdienstlichen Organisationen und Operationen. Wir können uns also auf einige Enthüllungen gefasst machen, ja sogar auf ein neues Verständnis der Person Adolf Hitler.

Betrachten wir zunächst den „Führer" selbst. Hier wurde es bislang versäumt, den Umstand gebührend ins Lampenlicht zu rücken, dass Hitler seine Karriere einst … als Spion begann, jedenfalls aller Wahrscheinlichkeit nach. Unglaublich? Warten wir noch einen Moment!

Außerdem lernte Hitler von einem Agenten-Großmeister das schmutzige Handwerk der Spionage, denn er war anfänglich lediglich ein … Agent provocateur. Ziehen wir den Vorhang beiseite.

HITLER, LENIN UND DER KOMMUNISMUS

Es ist vielleicht nie in aller Deutlichkeit gesagt worden: Hitler und der Nationalsozialismus sind undenkbar ohne Lenin und den Kommunismus.

Scheinbar handelte es sich zwar um unüberbrückbare Gegensätze, aber in Wahrheit stahl Hitler von den Kommunisten deren Know-how und deren Techniken. Er lernte von ihnen, wie man sich einen Staat aneignet. Kurz gesagt: Der „Führer" kupferte schamlos kommunistisches Know-how ab.

Bis heute wird zu wenig beachtet, dass Hitler ursprünglich von den „Roten" lernte. Er übernahm von ihnen beim Trommeln für den Nationalsozialismus sogar die Farbe Rot. (Sie ist werbeaggressiver als andere Farben.) Hitler kannte verschiedene kommunistische Schriften mit all ihren rhetorischen Tricks, er studierte ihre Hetzreden und lernte von ihren Propaganda-Techniken. Außerdem wird gern vergessen, dass Adolf Hitler nach dem Ersten Weltkrieg mit den Kommunisten auf engste Tuchfühlung ging.

HITLERS BRUDER: LENIN

Versetzen wir uns einen Augenblick in die damalige Zeit zurück: in das Jahr 1918. Der Erste Weltkrieg war vorüber. Die Deutschen hatten den Krieg mit Pauken und Trompeten verloren. Kaiser Wilhelm II. hatte sich gerade unrühmlich in einem vornehmen Salonwagen aus dem Staub gemacht und sich wenig heroisch nach Holland abgesetzt. Mit ihm flohen viele andere Anhänger der Monarchie. Es drohte die Demokratie. In machtpolitischer Hinsicht war Deutschland 1918 eine Zeit lang eine Wüste, es herrschte Konfusion.

Noch war die Demokratie nicht in den Köpfen der Bevölkerung verankert, wenn auch der Ruf nach ihr laut wurde. Überall suchten die Menschen nach neuer Orientierung. Also entschieden die neuen (demokratischen) Politiker, die 1918 auf den Stühlen der Macht Platz genommen hatten, dass das Volk schnell umerzogen werden müsse. Es galt, der Konfusion und der Orientierungslosigkeit etwas entgegenzusetzen. Am gefährlichsten erschien den Demokraten der Kommunismus.

In Bayern stampfte man deshalb eine Aufklärungs- oder Propaganda-Abteilung aus dem Boden. Die Menschen mussten vor dem Kommunismus gewarnt werden. Händeringend suchte man nach Leuten, die das Volk, vor allem die Soldaten, entsprechend indoktrinieren und belehren konnten. Unter anderem bot sich ein gewisser Adolf Hitler an. Er versprach der neuen (demokratischen) bayerischen Staatsregierung, diesen Job zu ihrer vollen Zufriedenheit zu erledigen. Er offerierte, seinen soldatischen Kameraden Demokratie beizubringen. Fast könnte man von einer Komödie sprechen, wäre der Ausgang nicht so entsetzlich.

Wie gelang es dem jungen Hitler, sich in das Vertrauen der neuen bayerischen Regierung einzuschleichen? Nun, Hitler ließ sich 1919 im Rahmen der Soldatenräte, die überall aus dem Boden schossen, in eine leitende Position wählen, in eine Art Vertrauensposition. Es ist nicht völlig auszuschließen, dass er das nur tat, um zu spionieren. Denn als der Staat gegen diese Räte vorging, weil sie teilweise dem Kommunismus zuneigten, denunzierte Hitler seine Kumpels: Er schwärzte einige Meinungsführer innerhalb dieser Soldatenräte vor einem Gericht in München an. Er bezeichnete sie als „ärgste und radikalste Hetzer [...]"[1] und einiges mehr. Das Ergebnis: Seine vorherigen (kommunistischen) Kumpels wurden verurteilt und er machte sich lieb Kind bei der neuen bayerischen Regierung. Plötzlich widmete man ihm Aufmerksamkeit, vielleicht war er zu etwas gebrauchen …

Hitler begann seine Karriere also als eine Art Agent – genau wie Lenin. Es besteht sogar die Möglichkeit, dass er als Spion regelrecht angeworben wurde – von Karl Mayr. Karl Mayr (1883–1945) war 1918 in Bayern nachrichtendienstlich für die Reichswehr tätig. Es ist nicht unwahrscheinlich, dass er Hitler als V-Mann rekrutierte. Ein V-Mann ist eine Verbindungs- oder Vertrauensperson, eine Art ständiger Informant, eben ein Spitzel. Jedenfalls wurde Hitler von Mayr in die rechts- und linksradikale Szene geschickt, um sie auszuspähen und antibolschewistische Aufklärungskurse abzuhalten. Hitler sollte die neuen politischen Überzeugungen in die Köpfe der Soldaten hämmern. Er sollte die vom Kommunismus „verseuchten" Soldaten propagandistisch umerziehen.[2]

Adolf Hitler wurde durch Akademiker geschult, die stramm rechts standen und ihm auch den Hass gegen den Kommunismus einimpften. Doch es war unmöglich, den Kommunismus wirkungsvoll zu bekämpfen, ohne ihn zu kennen. Also musste er den Kommunismus genau studieren. In der Folge setzte sich Hitler intensiv mit dem Kommunismus auseinander, auch mit dessen Propaganda-Techniken. Dabei gingen ihm schier die Augen über. Er begriff, wie sich eine Menge aufpeitschen ließ und wie man sie mit bloßen Parolen dirigieren, kontrollieren und manipulieren konnte. Er studierte die Redetechniken der Kommunisten, die die Welt schwarz-weiß darstellten und die auch deshalb einen solchen Zulauf hatten, weil sie einen Sündenbock präsentieren konnten: die bösen Kapitalisten.

Später tauschte Hitler die Kapitalisten einfach gegen die Juden aus – und schon funktionierte das Ganze auch in seinem Fall, als er als Redner für die Rechten auftrat. Er lernte von den Kommunisten auch, dass es in der öffentlichen Arena hervorragend funktioniert, wenn man den Neid und den Hass auf das große Geld beschwört. Und er lernte ein ums andere Mal, dass man unbedingt einen schwarzen Peter braucht, den man für alles Übel der Welt verantwortlich machen und jemandem zuschieben kann. Damit bringt man das Blut in Wallung. Bei den Kommunisten waren die Sündenböcke die Kapitalisten, die Ausbeuter, die Imperialisten, bei den Nazis waren es die Juden oder die internationale jüdische Verschwörung.

Und nicht zuletzt lernte Hitler von den Kommunisten, wie exzellent Sabotage funktioniert und wie sich Attentate in der Öffentlichkeit geschickt ausnutzen lassen. Immer ging es darum, systematisch Unruhe und Chaos zu erzeugen. Er staunte nur.

Gleichzeitig begriff Hitler, dass sich Lenin durch ein ganz bestimmtes Know-how, also schwarzes politisches Know-how, in Russland nach ganz oben geboxt hatte. Er verstand, wie wichtig eine Partei war, denn sie hatte Lenin die Steigbügel gehalten. Und er wusste auch, wie förderlich eine Zeitung und ein öffentliches Organ waren. Denn auch Lenin hatte seine Zeitung regelrecht gehätschelt und nie auf sie verzichtet. Marx war durch sein „Kommunistisches Manifest" berühmt geworden. Schriftlichen Äußerungen kam demnach eine unglaubliche Aufmerksamkeit zu. Und so schrieb Hitler das Buch „Mein Kampf", um in dieser Beziehung mit dem begabtesten Demagogen der Welt gleichzuziehen.

Er verstand, wie bedeutsam es war, über eine paramilitärische Truppe zur verfügen, die systematisch für Unruhe sorgte. Die SA, seine „Sturmabteilung", wandelte sich von einer Saalschutztruppe zu einer paramilitärischen Schläger-, Gangster- und Einschüchterungstruppe.

Erinnern Sie sich an unsere zehn Techniken? Die Zusammenarbeit mit Gangstern und Ganoven gehört dazu.

Es ist vielleicht nie in aller Deutlichkeit gesagt worden: Hitler war ein demütiger Schüler der Kommunisten. Auch Symbole waren hochwichtig, das lernte er ebenfalls von den Kommunisten mit ihren Hammer-und-Sichel-Darstellungen. Das Hakenkreuz ist auch vor diesem Hintergrund zu verstehen, genau wie die Begeisterung der Nazis für Fahnen. Selbst der Führerkult, vorexerziert durch Lenin, war eine Technik, um nach ganz oben zu kommen. Dazu gehörten beispielsweise schmeichlerische Fotos. Schon von Lenin gab es zahlreiche geschönte Bilder, die systematisch in Umlauf gebracht wurden. Und Hitler tat es ihm gleich: Sein eigener Fotograf, Heinrich Hoffmann, machte spezielle Propaganda-Postkarten von ihm, die ihn als charismatischen Redner porträtierten. Hitler schuf einen Führerkult ohnegleichen, darin übertraf er sogar Lenin.

Zugegeben, Hitler versuchte, die Kommunisten nach außen hin niederzuschreien. Aber in Wahrheit ahmte er sie nur nach und suchte sie zu toppen.

Selten war er originell – vielleicht mit einer einzigen Ausnahme: Immer bedachte Hitler klug die verschiedenen Zielgruppen, vor denen er auftrat, wenn er seine emotionsdurchtränkten Reden auf ein Publikum niederprasseln ließ. Er kleidete sich entsprechend, ja er verkleidete sich förmlich. Beispielsweise trat er des Öfteren folgendermaßen in Erscheinung: „Hitler mit einem langen Regenmantel über dem Anzug, einem ‚Gangsterhut‘, einem auffällig sichtbaren Revolver und einer Reitpeitsche …"[3] Andererseits verfügte er auch über einen geliehenen schwarzen Mercedes, einen eigenen Chauffeur, kurz ein Outfit und eine Ausstattung, mit der er eine andere, höherwertige Klientel bediente.

„Auf Parteiversammlungen trug er eine hellbraune Uniform mit einer Hakenkreuzbinde, einen Gürtel, einen Lederriemen über der rechten Schulter und kniehohe Lederstiefel. Vor einem größeren Publikum trug er einen schwarzen Anzug mit weißem Hemd und Krawatte, wenn es angemessen erschien, […] einen weniger martialischen, respektableren Hitler vorzuführen"[4]

Der Führer war ein begnadeter Schauspieler, ein Showman, ein Theatermann! Er wechselte die Kleidung so oft wie andere Leute ihre Meinungen. In dieser Beziehung übertraf er die Kommunisten und Lenin bei Weitem. Denn Lenin war nach seiner Machtergreifung stets ängstlich darauf bedacht, den einfachen Arbeiter auch optisch nicht vor den Kopf zu stoßen. Stets umgab er sich mit dem Flair eines armen Proleten, also aufgesetzt bescheiden. Hitler dagegen berücksichtigte stets sein Zielpublikum, in dieser Beziehung war er erheblich ausgekochter.

Doch der Vergleich mit den Kommunisten sticht trotzdem. Man denke nur an Hitlers zahlreichen politischen Morde und Massenmorde. An seine Vorliebe für Waffengewalt. An seinen Beschluss, zunächst legal die Macht an sich zu reißen, genau wie Lenin sich zunächst der verschiedenen „Wahlen" bediente. Überwältigend sind vor allem die Parallelen in puncto Propaganda. Beide, Lenin und Hitler, verbreiteten zuhauf falsche Gerüchte, diskriminierten und diskreditierten ihre Feinde und bewarfen sie mit Schmutz – und hämmerten ihre Parolen in die Köpfe. Die Bestechung und die Erpressung wurden ebenfalls von beiden eingesetzt, ferner befleißigten sie sich zahlreicher weiterer gesetzloser Methoden. Und: Auch Hitler rief einen bürgerkriegsähnlichen Zustand hervor, der zum Schluss in eine Art Staatsstreich mündete, als er die Macht brutal an sich riss, kaum dass er als Kanzler bestätigt worden war. Das alles sind Parallelen zu den Kommunisten, die sich nicht vom Tisch wischen lassen. Mit anderen Worten: Lenin, Lenin, Lenin.

Zeitweise schob Hitler nur mit Mühe kommunistisches Gedankengut beiseite. Wie eng die Verbindung mit dem Kommunismus war, verrät auch sein Pakt mit Gregor Strasser (1892–1934), einem Nazi-Kollegen, der die Nationalsozialistische Arbeiterpartei (NSDAP) in Nord- und Westdeutschland aufbaute. Strasser betonte im Gegensatz zu Hitler ständig reine sozialistische Ziele – die nicht so weit von kommunistischen Vorgaben abwichen. Strasser verlangte etwa, Fürsten und Aktiengesellschaften zu enteignen und eine Bodenreform einzuleiten. Er forderte zudem die außenpolitische Zusammenarbeit mit der Sowjetunion. Mit anderen Worten: Kommunismus, Kommunismus, Kommunismus. Später wurde Strasser ermordet und das sozialistisch-kommunistische Gedankengut zurückgedrängt.

Sowohl Lenin als auch Hitler bedienten sich also der gleichen Methoden. Fassen wir sie der Übersichtlichkeit halber noch einmal kurz zusammen.

LENIN UND HITLER – DIE PARALLELEN

Beide Figuren begannen ihre Karriere als Spione oder Agenten. Beide waren Provokateure und Demagogen.

Die Nähe zum Kommunismus war bei beiden gegeben. Lenin entwickelte den Kommunismus weiter, Hitler bekämpfte ihn, lernte aber unaufhörlich von ihm.

Beide wiesen sie der Propaganda überragende Bedeutung zu. Sie nutzten ähnliche Redetechniken, wie primitive Schwarz-Weiß-Zeichnungen oder hochemotionale Slogans und ständige Wiederholungen. Darüber hinaus sprachen sie geschickt niedere Instinkte an, wie den Neid und den Hass auf das große Geld.

Beide nutzten aus Propagandagründen Zeitungen, Zeitschriften und andere Foren.

Lenin und Hitler arbeiteten gezielt mit den Mitteln der Sabotage, um Unruhe und Chaos zu erzeugen.

Beide setzten auf den Nutzen einer Partei.

Beide kooperierten mit Banditen und Gangstern.

Sowohl Lenin als auch Hitler erhöhten sich zu unantastbaren Führerfiguren ihrer Bewegung.

Völlig gewissenlos bedienten sich beide des Mordes und des Massenmordes.

Beide traten das Recht und das Gesetz mit Füßen und machten sich jedes denkbaren Verbrechens schuldig – wie der Bestechung oder der Erpressung.

Paramilitärische Einheiten wurden von Lenin und Hitler favorisiert und aufgebaut.

Beide führten bürgerkriegsähnliche Zustände herbei, um die Macht zu erringen und zu zementieren. Ein schönes Pack!

Und so erkennen wir, wie ähnlich diese beiden politischen Großverbrecher operierten. Sie waren Brüder im Geiste.

Wir erkennen auch, dass die politischen Kategorien „rechts" und „links", die heute so eifrig gebraucht werden, völliger Unsinn sind, versucht man das politische Spektrum zu beschreiben. Man sollte besser eine Linie nutzen, die von unten nach oben führt. Ganz unten stünden der Kommunismus und der Nationalsozialismus, ganz oben Regierungsformen, in denen Werte wie Freiheit, Frieden, Gerechtigkeit, Gleichheit vor dem Gesetz und wirtschaftlicher Wohlstand stehen.

Doch in unserem Zusammenhang ist es noch wichtiger zu erkennen, dass inzwischen eine bestimmte Agenten-Art über ein machtvolles Instrumentarium verfügte, um einen Staat erst im Chaos versinken zu lassen und danach die Macht an sich zu reißen – was weit über jeden Spionen-Typus der Vergangenheit hinausgeht. Agenten, speziell die demagogisch begabten Provokateure, erreichten eine in der Geschichte nie zuvor gekannte Bedeutung.

Durchleuchten wir also noch genauer die Agententätigkeiten der Nazis, denn nichts lässt uns das 20. Jahrhundert besser verstehen.

7. HITLERS SPIONE (1) – WILHELM CANARIS

Es verwundert uns nicht zu erfahren, dass es im Dritten Reich zahlreiche Geheimdienste gab. Der klassische Nachrichtendienst war natürlich der militärische Geheimdienst, der die Feinde außerhalb Deutschlands ausspähen sollte.

Nehmen wir hier eine seiner interessantesten Figuren aufs Korn, den hochbegabten, mutigen, schillernden Wilhelm Canaris – ein Wanderer zwischen zwei Welten, ein Agent zwischen Gut und Böse, der unter sich ständig in den finsterten Abgrund blickte und über sich, auf den Meeren der Welt, den Himmel sah. Für viele war er ein Chamäleon und unmöglich einzuschätzen. Dieser nur 1,60 Meter große Seeteufel war auf den ersten Blick eine unscheinbare Figur. Er war zurückhaltend und bescheiden, unauffällig und genügsam; er lispelte sogar. Dabei beobachte er wie ein Luchs und hörte besser und genauer zu als jeder andere. Er war eine Figur wie aus einem Shakespeare-Drama, völlig ambivalent: einerseits mit einem schneidenden Verstand begabt, kosmopolitisch orientiert und in vielen Kulturen zu Hause, da er mit Höchstgeschwindigkeit jede beliebige Sprache lernen konnte; andererseits des „Teufels General", wie das der Schriftsteller Carl Zuckmayer ausgedrückt hätte. Genauer hätte er ihn wohl des „Teufels Admiral" genannt, denn Canaris diente Hitler eine Weile demütig. Keiner war nebulöser, verdächtiger und intriganter, und niemand gleichzeitig mutiger, draufgängerischer und treuer. Es ist deshalb von besonderem Reiz, ihn zu beurteilen.

DER TEUFELSKERL

Es ist schwer, Wilhelm Canaris nicht zu mögen: Er erhält so viele Auszeichnungen, dass man nur staunen kann: einen venezolanische Orden, U-Boot-Auszeichnungen, das begehrte Eiserne Kreuz I. und II. Klasse, das Österreichische Militärverdienstkreuz, das Ehrenkreuz für Frontkämpfer, das Spanierkreuz in Gold mit Schwertern, den finnischen Orden des Freiheitskreuzes und andere Auszeichnungen mehr. Und nicht zu Unrecht, denn er ist ein echter Teufelskerl.

Aber gehen wir chronologisch vor. Schon als Kind ist Canaris aufgeweckt. Bereits während seiner Dortmunder Gymnasialzeit fällt er auf, weil er mit unsichtbarer Tinte experimentiert und sich manchmal, aus reinem Spaß, falsche Namen zulegt – das Spionenhandwerk liegt ihm offenbar im Blut – genau wie die Marine. Das Jahr 1905 sieht ihn als Seekadett der Kaiserlichen Marine, als die Welt noch in Ordnung ist und Kaiser Wilhelm II. gottgleichmajestätisch über allen Deutschen thront. Aber am Horizont dräut schon der Erste Weltkrieg, er zieht wie ein Unwetter zur See herauf.

1908, Canaris ist gerade 21 Jahre alt, ist er bereits Leutnant zur See. Obwohl noch feucht hinter den Ohren macht er sich bereits einen Namen. In Argentinien und Brasilien baut er gezielt „Drähte" auf, ja ein ganzes Netz von Zuträgern. Warum?

In der Nähe dieser beiden Länder kreuzt gerade „sein" Schiff, um die Küste Venezuelas zu bewachen. Eine internationale Seeblockade gegen das Land muss durchgesetzt werden. Das gelingt leichter, wenn man über gewisse Informationen verfügt. Canaris organisiert dieses Spitzelnetzwerk, auch weil er die spanische Sprache blitzschnell erlernt. Als die Seeblockade aufgehoben wird, ist er sogar bei den Verhandlungen mit den Venezolanern mit von der Partie. Er zeichnet sich also gleich zweimal aus. Voller Stolz erhält er den Bolivar-Orden und erfährt zum ersten Mal, wie vorteilhaft es ist, in alle Himmelsrichtungen kommunizieren zu können, mehrere Sprachen zu beherrschen und besser und schneller informiert zu sein als andere. Canaris fällt die Karriereleiter hinauf.

Im Ersten Weltkrieg (1914–1918) befindet er sich erneut in den Gewässern vor Argentinien. Jetzt machen britische Schiffe deutschen Schiffen das Leben schwer. Da Canaris in Argentinien und Brasilien bereits über exzellente Verbindungen verfügt, sorgt er nicht nur für die dringend benötigte Kohle für sein Schiff, sondern geradezu nebenbei werden auch noch zwei britische Frachter versenkt. Canaris' V-Leute in Argentinien informieren ihn sogar, dass weitere Kriegsschiffe der (britischen) Royal Navy Kurs auf sein Schiff nehmen. Geschickt weichen seine Vorgesetzten der Gefahr aus, vergessen aber nicht, ihn zu belobigen und zur Beförderung zu empfehlen. Denn Canaris ist es zu verdanken, dass man ungeschoren davonkommt.

In der Folge verbündet sich sein Schiff mit einem deutschen Geschwader, die Gefahr ist gebannt. Bei einem Seegefecht in der Nähe Chiles gelingt es dem deutschen Geschwader sogar erneut, britische Schiffe zu versenken. Hierbei handelt es sich um die erste Seeschlacht des Ersten Weltkriegs und die erste Niederlage der Briten seit Jahrzehnten. Eigentlich sind sie ja die Herren der Meere.

Canaris triumphiert mit den Matrosen und lacht sich eins.

Übermütig steuern die Deutschen ihre Schiffe zu den Falklandinseln, am Fuß Südamerikas. Doch dort stoßen sie auf einen weit überlegenen britischen Flottenverband. Nun werden die Deutschen gejagt wie die Hasen. Deutsche Kriegsschiffe werden versenkt. Das Schiff mit Canaris an Bord kann im letzten Augenblick entkommen. Man versteckt sich vor den omnipräsenten Briten – ja es gelingt Canaris und seinen Mannen sogar, ein weiteres britisches Schiff mit dem Meeresboden bekannt zu machen. Doch insgesamt handelt es sich um eine Höllenfahrt. Die Briten beherrschen die Meere, sie verfügen über 200 Jahre Vorsprung im Schiffsbau, daran ist nicht zu rütteln. Ständig müssen sich die Deutschen verstecken, Zuflucht suchen und ausweichen.

1916 befindet sich Canaris schließlich in Spanien, wo er nicht zuletzt wegen seiner Sprachkenntnisse eingesetzt und der U-Boot-Abteilung zugeordnet wird. Canaris bebt vor Begeisterung: Man bildet ihn zum U-Boot-Kommandanten aus und befördert ihn zum Kapitänsleutnant.

1918 versenkt sein U-Boot, auf dem er anfangs als stellvertretender Kommandant fährt, erfolgreich ein feindliches Schiff. Die Mannschaft jubelt. Wenig später übersteht sein Boot sogar einen Bombenangriff britischer

Kriegsschiffe. Canaris und seine Mannen können dem Tod im letzten Augenblick von der Schippe springen. Es ist ein lebensgefährliches Katz-und-Maus-Spiel. Aber immer wieder ist ihnen das Glück hold. Canaris' U-Boot versenkt im Gegenzug zwei weitere feindliche Schiffe. Canaris gelingt scheinbar alles. Im gleichen Jahr erhält er den Oberbefehl über ein eigenes U-Boot. Jetzt ist er der voll verantwortliche Kommandant. Und wieder entkommt er mit seiner Crew gerade so eben dem Tod, ein britisches Torpedo verfehlt sie nur knapp. Aber das hindert Canaris nicht daran, umgekehrt einen französischen Kohlefrachter anzugreifen und zu versenken. Seine Mannschaft tobt vor Begeisterung. Poseidon, der Gott des Meeres, steht auf ihrer Seite. Ihr Kommandant, der tollkühne Canaris, scheint unbesiegbar zu sein.

Canaris ist mit gerade 29 Jahren ein Held. Er wird umjubelt und gerät zur Legende. Inzwischen beherrscht er auch Französisch, Englisch und Russisch, Spanisch ohnehin. Und wichtiger: Er ist der Kommandant eines eigenen U-Bootes, hat sich auf fast allen Meeren bewährt, ist stets mit dem Leben davongekommen und hat den Feinden, Franzosen wie Briten, beigebracht, dass mit den Deutschen auf dem Atlantik, im Pazifik und im Mittelmeer nicht zu spaßen ist. Man redet über ihn, ja verehrt ihn.

Doch Deutschland verliert den Ersten Weltkrieg – trotz seiner Helden. Canaris beißt die Zähne zusammen. Die Niederlage schmeckt ihm nicht. Vom Mittelmeer aus, wo er sich gerade befindet, versucht er, sein U-Boot zurück nach Kiel zu manövrieren. Aber eine feindliche Absperrung in der Straße von Gibraltar, zwischen Spanien und Afrika, lauert auf die deutschen U-Boote. Canaris versucht trotzdem, sich durch amerikanische und britische Kriegsschiffe hindurchzumogeln. Da wird er entdeckt. Sofort greift man ihn an, sein U-Boot wird unter Beschuss genommen. Einige Ruder fallen aus. Sein U-Boot droht, von den Tiefen des Ozeans verschlungen zu werden. Canaris, der Teufelskerl, taucht ab. Schließlich glauben die Gegner, sie hätten ihn und andere deutsche U-Boote erwischt. Canaris wartet eine Weile ab. Dann jagt er davon, er überwindet die Sperre von Gibraltar. Er bricht durch die feindlichen Linien und fährt unbehelligt in Richtung Kiel. Wieder einmal ist er davongekommen. Da erreicht ihn ein Funkspruch, dass der Erste Weltkrieg zu Ende ist.

DIE GEFÄHRLICHE LUFT DER
HOHEN POLITIK

Längst hat Canaris die gefährliche Luft der hohen Politik geschnuppert. Auch das ist aufregend und Hochspannung pur, nichts anderes interessiert ihn. Aber welchem politischen Glaubensbekenntnis folgt er? Als Kommandant eines Schiffes, das weiß er nur zu gut, ist man der alleinige, unumschränkte Herrscher. Ein Schiff lässt sich nur dann durch gefährliche Gewässer lotsen, wenn eine Person unangefochten an der Spitze steht und Befehle hundertprozentig befolgt werden. Vielleicht ist seine politische Anschauung davon geprägt. Jedenfalls neigt Canaris deutlich dem rechten Ufer zu. Viele seiner Matrosen haben, auch bedingt durch die Kriegspropaganda, ebenfalls eine monarchisch-konservativ-nationalistische Einstellung.

Canaris verfügt bereits über einschlägige Beziehungen. Schon während seiner Spanienzeit bestand eine seiner Aufgaben darin, Informationen über feindliche Schiffe zu beschaffen, wozu auch Kontakte an Land notwendig waren. Was niemand weiß: Unter dem Tarnnamen Reed Rosa baute Canaris bereits 1916 in Spanien ein Spitzelnetz auf, er betätigte sich „nebenbei" als Agentenrecruiter und Agentenführer. Er hob einen eigenen Marine-Nachrichtendienst aus der Taufe, ohne den man im Krieg nicht auskommt. Dabei kamen ihm seine Erfahrungen in Argentinien, Brasilien und Venezuela zugute.

Er hat zudem hervorragende Verbindungen zu den höchsten Kreisen in verschiedenen Ländern, auch in Spanien. Die künftigen politischen Veränderungen werfen bereits ihre Schatten voraus. Später wird Francisco Franco (1892–1975), der legendäre Militär, diktatorisch über das Königreich Spanien regieren – ein Umstand, um den Canaris früh weiß oder den er zumindest erahnt.

Die Luft knistert, überall in Europa brodelt es. Eine Welt ist in Aufruhr, speziell nach dem großen Krieg. Canaris hat in den spanischen Küstenstädten und in vielen anderen Küstenregionen rund um den Globus ausgezeichnete Zuträger – Verbindungen, die er selbst vor seinen engsten Freunden geheim hält. Wissen ist Macht und Information alles. Vor allem militärische Informationen sind mit Gold nicht zu bezahlen.

Unter seinem Tarnnamen Reed Rosa wurde er einmal sogar als Agent verhaftet und eingekerkert, weil einige seiner Funksprüche vom französischen Geheimdienst entschlüsselt worden waren. Aber durch ein paar Kniffe konnte er aus der Haft fliehen. Ein Spionage-Roman ist nichts gegen sein wahres Leben! Nachdem er unter Lebensgefahr getürmt war, suchte der Feind ihn abermals überall, wobei ein französischer V-Mann innerhalb einer deutschen Botschaft Canaris' Aufenthalt verriet. Dennoch gelang ihm über abenteuerliche Umwege der Weg zurück zu seinem U-Boot.

Aber das ist jetzt Vergangenheit, er muss an die Zukunft denken. Er weiß nur, jemand wie er muss in der obersten Liga mitspielen. Längst ist ihm bewusst, dass auch in den ersten Rängen nur mit Wasser gekocht wird. Man muss lediglich genug Unverschämtheit und Mut haben, um ganz oben mitzumischen. Diese „Stellenbeschreibung" passt auf ihn.

Doch welche Gelegenheiten bieten sich nach dem Ersten Weltkrieg?

Canaris hält die Nase in den Wind und nimmt Witterung auf. Nach seinen Erfahrungen kommen für ihn nur rechte Kreise als Verbündete infrage. Er schaut sich um und erblickt immer wieder das Militär. Natürlich! Dort ist seine Heimat. Seine Kumpels hassen die Kommunisten wie die Pest. Rechtsgerichtete, nationalistisch gepolte Offiziere, seine Kameraden, führen einen Schlag nach dem anderen gegen die Roten. Canaris nickt verständnisvoll. Ja, hier ist er zu Hause. Sofort dient er sich an und wird mit offenen Armen aufgenommen, er ist ja eine Legende. Sofort schlägt er zu, denn er ist ein Aktionsmensch. Zweifelsfrei hat er seine Finger im Spiel, als es gegen die Erzkommunisten Rosa Luxemburg und Karl Liebknecht geht, die im Rahmen der wilden Weimarer Republik erschossen werden. Aber er hält sich bedeckt, als man ihm ans Leder will. Offiziell gilt der Satz des Komödiendichtes Karl Valentin für ihn: „Nichts Genaues weiß man nicht." Er wird den Teufel tun, den Kommunisten oder den Demokraten über seine Rolle beim Mord an den beiden Erzkommunisten Auskunft zu geben. Das erste Gebot eines erfolgreichen Geheimdienstmannes heißt, zu schweigen wie ein Grab. Und Rosa Luxemburg und Karl Liebknecht sollen gefälligst in der Hölle schmoren!

Die Macht geheimer Operationen fasziniert ihn immer stärker. Damit kann er mehr als einen Hebel in Bewegung setzen – mit atemberaubenden Konsequenzen.

Canaris dreht sich auf dem Absatz um und macht sich erneut nützlich. Schon 1919 arbeitet er intensiv daran, in Kiel eine neue Marine-Brigade aus dem Boden zu stampfen. 1920 gründet sich eine frische Marineleitung. Canaris ist ein Mann der ersten Stunde, natürlich ist er sofort mit von der Partie. Früh stellt er seine Begabung unter Beweis. Er ist schließlich nicht nur ein hocheffizienter Agent, sondern gleichzeitig auch ein tollkühner Draufgänger. So befreit er einen Oberleutnant namens Lindemann, der im Gefängnis schmort, weil er mit den Morden an den beiden Erzkommunisten Luxemburg/Liebknecht in Zusammenhang gebracht wurde. Canaris ermöglicht ihm die Flucht, indem er abermals einen falschen Namen benutzt und eine wahre Köpenickiade aufs Parkett legt: Er gibt sich bei der Gefängnisleitung als wichtiger Militär aus, woraufhin sich ihm alle Tore öffnen. So hilft er Lindemann zu entkommen. Canaris lacht sich eins. Er wird im Kreis seiner Kameraden gefeiert, hoch soll er leben!

Und auf geht's zum nächsten Streich! Wie er kann er der „rechten" Sache noch dienen? Warum sollte man sich eigentlich nicht den ganzen Staat in die Tasche stecken, ganz Deutschland? Ja, man muss zu den Sternen greifen, will man den Mond erreichen!

Bei dem berühmten Kapp-Putsch, bei dem die gesamte Republik ausgehebelt werden soll, spielt Canaris ebenfalls eine Rolle, er sitzt mit am Pokertisch.

Der Kapp-Putsch? 1920 versuchen nationalistische Militärs, hauptsächlich Angehörige der alten Armee und Marine, die Macht in der frischgebackenen Weimarer Republik an sich zu reißen. Doch sie scheitern. Benannt wird der Putsch nach Wolfgang Kapp (1858–1922) einem deutschen Verwaltungsbeamten, der in Wahrheit bei diesem Putsch nur eine Nebenrolle spielt.

Canaris jedenfalls ist mittendrin. Er wird geschnappt, kommt aber erneut ungeschoren davon. Kurz darauf fällt er die Karriereleiter in der neuen Marine weiter nach oben. Ein Gott scheint seine schützende Hand über ihn zu halten.

1920 ist Canaris bereits Admiralsstabsoffizier. Rasch kann er seine besondere Begabung erneut unter Beweis stellen. Er organisiert Waffen für die Marine, aus Verstecken, die nur er kennt. Wieder ist er unverzichtbar. Niemand verfügt über bessere Verbindungen als er, niemand ist besser vernetzt, wenn es um verdeckte Aktionen geht. Um das Geld für weitere Gewehre, Minen und Bomben in die Hand zu bekommen, betätigt er sich insgeheim sogar als Waffenhändler und nimmt zu allen möglichen Gruppierungen Kontakt auf – selbst zu der umstrittenen Organisation Consul (O.C.).

Bei dieser Organisation handelt es sich um rund 5000 Rechtsextreme, die nicht kleckern, sondern klotzen. O. C.-Mitglieder hassen nicht nur Marxisten und Juden wie die Pest, sondern auch Demokraten. Man befindet sich weltanschaulich gesehen in der Nähe der Nazis. Auch hier operiert man über Tarngesellschaften. Man finanziert sich unter anderem durch den illegalen Waffenhandel, der bis nach Irland reicht. Im Rahmen der O. C. existiert sogar eine paramilitärische Organisation. Man will dieses neue Deutschland keinesfalls den Demokraten überlassen. Wie bei den Nazis gilt auch hier ein „kleiner Mord" nichts. Wie selbstverständlich gehören sogar Attentate an demokratischen Politikern zum Repertoire der O.C. Unter anderen wird der deutsche Außenminister Walther Rathenau, ein Jude, von der O. C. aus dem Weg geräumt.

Canaris wird infiziert. Er fraternisiert mit dem Schmutz und dem Bodensatz der Gesellschaft, wo das Verbrechen zu Hause ist. Er weiß nicht, dass er gerade seine Seele verkauft. Gleichzeitig beginnt er, mit den Nazis zu sympathisieren, die ihrerseits die Verbindung zu nationalistisch gesinnten Soldaten suchen. Denn von ihrem Blickwinkel aus sind das alles potentielle Wähler, die man sich warmhalten muss.

Das Gedankengut ist ähnlich, man ist sich nicht fremd. Auf jeden Fall gilt es, den verdammten Kommunismus zu verhindern, darin ist man sich einig. Aber auch auf die Demokratie schimpft man gemeinsam. Canaris bemerkt nicht, dass er durch den Pakt mit den Nazis mit dem Teufel selbst ein Bündnis schließt. Tiefer und tiefer wird er in den moralischen Abgrund gesogen. Doch er rechtfertigt alles. Hat der Erste Weltkrieg nicht bewiesen, dass Mord und Totschlag legitime Mittel sind, um zu siegen? Und agieren Geheimdienste nicht genauso? Ach was! Er muss sich keine Gedanken machen. Rasch schiebt er sein Gewissen beiseite. Der Zweck heiligt die Mittel. Außerdem ist er kein Schwätzer, sondern ein Aktionsmensch. Schließlich geht es ja um

Deutschland, das auf den richtigen Kurs gebracht werden muss. Canaris ist entschlossen, sein Scherflein dazu beizutragen und an vorderster Front mitzumischen. Mit ihm muss man rechnen.

DER UNAUFHALTSAME AUFSTIEG

Canaris wühlt an allen möglichen Orten. 1924 wird er in geheimer Mission nach Japan gesandt. Dort basteln deutsche Experten an der nächsten U-Boot-Generation. Nein, er hat nicht aufgegeben. Der Erste Weltkrieg ging zwar verloren, aber das bedeutet nicht, dass mit der richtigen politischen Führung nicht alles wieder ins rechte Lot gerückt werden könnte.

Außerdem wird Canaris erneut in Spanien tätig. Hier gilt es, ein neues Netz von Spitzeln aufzubauen. Da kommt es ihm zupass, dass er auf alte Seilschaften zurückgreifen kann. Er nimmt Verbindung zu den höchsten Kreisen auf, selbst mit dem spanischen König trifft er sich. Er ist ein Mann, der ohne eine offizielle Position bereits hohe Politik macht.

Seine Gegner, die Kommunisten, ahnen bereits, dass sich mit ihm und in ihm bereits eine neue Führerfigur der Rechten profiliert. Also schlägt die linke Presse erbarmungslos auf ihn ein. Auch weil man nie vergessen hat, dass er wahrscheinlich in die Morde um Luxemburg/Liebknecht verwickelt war, wodurch die Kommunisten ihrer wortgewaltigsten Gallionsfiguren beraubt wurden.

Canaris ficht das alles nicht an. Viel Feind, viel Ehr' denkt er. Unermüdlich wühlt er weiter.

1929 wird er zum Fregattenkapitän befördert, 1931 zum Kapitän zur See, 1932 zum Kommandanten eines Linienschiffes.

Spätestens 1932 nähert sich Canaris immer weiter Hitlers Position an, er mutiert zum Nationalsozialisten. Als Hitler 1933 die Macht an sich reißt, weiß Canaris, dass seine große Stunde gekommen ist. Und richtig! 1935 wird er zum Chef der deutschen Abwehr befördert. Einer der wichtigsten Posten innerhalb einer Regierung liegt nun in seinen Händen. Canaris ist Hitlers Chefspion, er ist ganz oben angelangt.

DIE ERNÜCHTERUNG

Canaris weiß, er muss schnell handeln. Die Abwehr liegt noch immer am Boden. Schließlich haben die Franzosen und die Briten während der Weimarer Republik versucht, die Deutschen in den Staub zu treten. Canaris rekrutiert und rekrutiert. Seine alten Verbindungen sind erneut Gold wert. Er lädt sogar Mitglieder der Terror-Organisation O.C. ein, in seinen Geheimdienst einzutreten. Immerhin wissen dessen Mitglieder, dass man nicht zimperlich dabei sein darf, dem Feind die Leviten zu lesen.

In Hotels und in Botschaften, in Rüstungsbetrieben und militärischen Lagern platziert er seine Spitzel. Canaris will sein Ohr überall haben, er will alles wissen, damit die Deutschen nicht wieder hinterrücks um ihren Sieg gebracht werden, wie im Ersten Weltkrieg. Wahrscheinlich steht außerdem ein neuer Krieg vor der Tür, jedenfalls wenn er Hitler so reden hört. Er ordnet die schärfsten Überwachungsmaßnahmen an. Außerdem streckt er seine Fühler nach Italien, Japan und immer wieder nach Spanien aus. Er schließt sich mit den dortigen Geheimdienstlern kurz. Nichts ist effektiver, als mit einer befreundeten Spionage-Organisation Informationen auszutauschen. Es gilt, die ganze Welt auszuspähen, die Spielwiese ist gigantisch.

Das Leben ist hochspannend und voller Würze. Hitler liebt ihn. Insgeheim beneidet und bewundert er Canaris sogar, denn dieser Kriegsheld hat zahllose Male den Feind an der Nase herumgeführt und fürchtet weder Tod noch Teufel. Canaris ist ein Kerl ganz nach seinem Geschmack.

Und Canaris revanchiert sich. Er fördert persönlich die Verbindung zwischen Hitler und Franco, er bewegt sich in den faschistischen Kreisen auf höchster Ebene.

Doch das Parkett ist hier gefährlich glatt. Aufgrund seiner Position kann er hinter die Kulissen blicken. Was er sieht, lässt ihn zusammenzucken. Während innerhalb des Militärs Vokabeln wie Ehre und Stolz, Vaterland und Treue noch etwas bedeuten, verkommen diese Worte in den Mäulern der Nazis zu Hurenvokabeln. Die Nazis töten Menschen mit einer unvergleichlichen Brutalität, manchmal aus reiner Mordlust. Canaris dreht sich der

Magen um. Trotzdem baut er für Hitler den effektivsten Abwehr- und Geheimdienst auf, den man sich vorstellen kann. Und gleichzeitig hört er überlaut sein Gewissen schlagen. Er beginnt, Hitler und die ganze Nazi-Bagage insgeheim zu fürchten, zu hassen und zu verachten, alles gleichzeitig. Das sind Mordgesellen, mit denen er im Grunde nichts zu tun haben will. Seinem Amtsvorgänger vertraut er an: „Von oben bis unten [sind] sie [= die Nazis] alle Verbrecher, die Deutschland zugrunde richten." Aber zerknirscht-apathisch-schicksalsergeben fügt er wie eine verlorene Seele hinzu: „Wenn ich gehe, kommt Heydrich, und dann ist alles verloren. Ich muss mich opfern."[1]

Er hat nicht ganz unrecht: Reinhard Heydrich (1904–1942) ist einer der größten Verbrecher im Nazi-Lager, er ist ein Bluthund. Später steigt Heydrich zum Organisator der „Endlösung der Judenfrage" auf, bei der rund 6 Millionen Juden kaltblütig ermordet werden.

Canaris begeht den größten Fehlers seines Lebens: Er bleibt im Kreise der Nazis. Damit greift die Schizophrenie mit langen, grauen, spindeldürren Fingern nach ihm; von diesem Zeitpunkt an wird er von einem inneren Zwiespalt zerrissen. Er bewundert und hasst Hitler gleichermaßen, er dient ihm und er arbeitet gegen ihn. Sein Leben gerät zur Hölle.

DAS DOPPELTE SPIEL

Canaris sieht längst den Zweiten Weltkrieg heraufdämmern, der von Hitler gezielt herbeigeführt wird. Denn er befindet sich in der obersten Riege der Entscheider und ist eingeweiht. Ungesehen von den Nazis wandelt er sich zum Widerständler. Er nimmt Kontakt zu Offizieren auf, die Hitler lieber heute als morgen eine Kugel in den Kopf schießen wollen. Klammheimlich lässt Canaris Informationen über die Verbrechen der Gestapo sammeln, der furchtbaren Geheimen Staatspolizei. Daraufhin spielt er diese Informationen den Offizieren der Wehrmacht zu.

Es kostet ihn größte Überwindung, gleichzeitig Hitler zufriedenzustellen. Über Keitel, den neuen Chef der Wehrmacht, befiehlt ihm Hitler 1938, falsche Nachrichten über Kriegsvorbereitungen gegen Österreich zu verbreiten.

Alles ist natürlich nur Show, die Desinformationen sind bloße Irreführungen, um die Österreicher zu verunsichern. Canaris gehorcht zähneknirschend. Er wird nun von Hitler auch als Propagandist missbraucht, der für ihn lügen muss. Der Führer befiehlt, und Canaris folgt.

Natürlich ist der Krieg gegen Österreich unnötig. 1938 wird das Nachbarland ohne einen einzigen Schuss abzufeuern „heim ins Reich" geholt.

Hitler triumphiert. Er kann von dem Ruhm nicht genug bekommen. Also wendet er sich sofort dem nächsten Land zu: der Tschechoslowakei. Hitler beauftragt Canaris, propagandistisch den Krieg gegen die Tschechen und die Slowaken vorzubereiten. Zudem soll er Spitzel auf tschechoslowakischem Staatsgebiet anwerben und für Sabotage- und Terrorakte sorgen. Hitler hat seine Lenin-Lektion gut gelernt!

Canaris kann sich kaum mehr selbst im Spiegel ansehen. Da er im innersten Zirkel der Nazis operiert, weiß er um all die Judenmorde und Grausamkeiten. Er denkt an einen Putsch. Heimlich baut er seine Kontakte zu den Widerständlern weiter aus. Im vertrauten Kreis plädiert er für Hitlers Absetzung und Verhaftung. Andere Offiziere wollen Hitler direkt ans Leder gehen und ihn ganz aus der Welt schaffen.

Hitler ahnt nichts von alledem – im Gegenteil. Auch die Tschechoslowakei fällt ihm wie ein reifer Apfel in den Schoß. Der Ruhm macht ihn trunken. Überheblich beschließt er, Polen zu überfallen. Wieder spannt er Canaris ein. Deutsche Agenten werden in Polen eingeschleust. Alles ist hochgeheim. Obwohl Hitler es ausdrücklich untersagt hat, auch nur ein Sterbenswörtchen über den Polen-Coup zu verlieren, informiert Canaris viele seiner Abwehr-Offiziere. Vom Standpunkt der Nazis aus gesehen ist das Verrat. Aber noch schöpft keiner der Nazi-Banditen Verdacht. Doch der Boden unter den Füßen des Abwehrchefs wird langsam heiß. Die Nazis fackeln nicht lange, wenn sie einen Verräter in ihren eigenen Reihen entdecken.

Doch Canaris kann nicht aus seiner Haut heraus. Die unnötigen Massenmorde der Nazis ekeln ihn an. Hitler muss weg, so viel steht fest. Aber die Kommandeure der Wehrmacht sträuben sich, vielleicht machen auch sie die leichten Siege übermütig. Canaris weiß nicht mehr ein noch aus. Heimlich verhilft er einigen Polen zur Flucht. Insgeheim lässt er weitere Informationen über die Verbrechen der Gestapo und der SS sammeln und Wehrmachts-Offizieren zuspielen. Die Nazis schlachten Millionen Juden in Polen ab. Canaris befiehlt seinen Leuten, Diensttagebücher zu führen, in denen die Mordaktionen eingetragen werden sollen, die der Abwehr zwar erteilt, aber nicht ausgeführt wurden.[2] Im Klartext versucht Canaris, regimekritische Wehrmachtsoffiziere dazu zu verführen, Widerstand gegen die Nazis zu leisten. Er selbst hasst vor allem die Gestapo wie die Pest. Er wird persönlich bei Keitel vorstellig, um gegen die Morde in Polen sowie gegen die Bombardierung von Warschau zu protestieren. Nichts nutzt. Es zerreißt ihn fast zu wissen, dass auch seine Leute an den Verbrechen in Polen beteiligt sind. Verzweifelt sieht sich Canaris nach Verbündeten um. Einige seiner Vertrauten wenden sich sogar an den Papst, um über ihn mit den Briten Kontakt aufzunehmen. Nach wie vor deckt Canaris Regimekritiker und Verschwörer, die Hitler und dem Nazi-Regime ein Ende bereiten wollen.

Die Ereignisse überschlagen sich. Canaris wird gezwungen, auch die Kriegsvorbereitungen gegen die Sowjetunion zu verschleiern. Wieder wird er als Desinformations-Spezialist missbraucht. Er selbst ist gegen diesen Krieg, denn er ahnt, dass er nur verloren werden kann.

Während er Hitler nach außen hin weiter dient, während die Gestapo und die SS knietief im Blut waten und Millionen von Menschen abschlachten, versucht Canaris, zumindest das Schicksal der Kriegsgefangenen zu lindern. Immer wieder mahnt er seine Leute, die Verbrechen genau zu dokumentieren. Er verweist auf das Völkerrecht und begibt sich eines Tages löwenmutig sogar zu Hitler selbst. Er wird persönlich beim Führer vorstellig und erhebt Einspruch. Erschüttert liest er dem Führer Augenzeugenberichte über Massenerschießungen vor. Hitler antwortet missmutig und halb verärgert: „Sie wollen wohl weich werden. Ich muss das tun. Nach mir tut es kein anderer."[3] Mit Mühe hält Canaris seine Emotionen unter Kontrolle. Er weiß, er muss gute Miene zum bösen Spiel machen, wenn er seine eigene Haut retten will. Ausgerechnet er, der dem Tod zahllose Male getrotzt hat, wird vom Führer für seine „Weichheit" gerügt.

Zumindest durchschaut Canaris nun endgültig die Großmäuligkeit der Nazis. Er weiß, dass er handeln muss. Hitler ist vollständig verrückt, er ist geisteskrank. Canaris organisiert Sprengstoff für ein Attentat auf Hitler. Doch als es so weit ist, als alles perfekt in einem Flugzeug vorbereitet ist,

Hitler einsteigt und sich in den Lüften befindet – zündet die Bombe nicht. Immerhin: Um ein Haar hätte Canaris die Weltgeschichte verändert.

Trotz des Fehlschlags gibt er nicht klein bei. Er ist schon zu weit gegangen, er kann nicht mehr zurück. Kurzentschlossen informiert er einen US-Diplomaten über die Pläne des deutschen Widerstandes, Hitler aus dem Weg zu räumen. Er nimmt sogar Kontakt zum OSS auf, dem Office of Strategic Services, dem geheimen Auslandsnachrichtendienst der Vereinigten Staaten von Amerika, dem Vorläufer der CIA. Gleichzeitig schließt er sich mit dem britischen Nachrichtendienst kurz. Unter höchster Geheimhaltung treffen sich die Führungspersönlichkeiten der drei mächtigsten Spionage-Organisationen der Welt in Spanien. Canaris versucht, die Politik Deutschlands selbst in die Hand zu nehmen und schlägt seinen Gesprächspartnern einen Waffenstillstand an der Westfront vor. Aber die Regierungschefs der Briten und der Amerikanern befehlen ihren Top-Spionen, den Kontakt mit Canaris abzubrechen. Wieder hat Canaris versucht, Schicksal zu spielen, und wieder scheitert er.

Der Wanderer zwischen zwei Welten, der Wanderer zwischen Gut und Böse, ist verzweifelt. Insgeheim ahnt er, dass ihm Hitlers Häscher bereits auf der Spur sind.

DER STURZ

Ungesehen von allen verhilft Canaris zahlreichen Juden zur Flucht. Er weiß, er setzt sein Leben dabei aufs Spiel, aber er kann die Morde der Nazis nicht mehr rechtfertigen. 1942 wird er vom Dienst suspendiert, weil er Juden und Halbjuden als Spione bei seinen Spitzelaktivitäten eingesetzt hat. Himmler denunziert ihn persönlich beim Führer. Niemand ist gefährlicher als dieser Heinrich Himmler, die widerlichste aller Nazi-Größen, der kalt berechnende SS-Mann, der gnadenlose Polizeichef, der Leiter des Inlandsgeheimdienstes. Himmler verrät Hitler, dass Canaris einen Volljuden bei der Abwehr in Marokko beschäftig hat. Hitler hat einen seiner berühmten Wutanfälle. Er entlässt Canaris. Canaris jedoch eilt stehenden Fußes ins Führerhauptquartier.

Er spricht sich mit Hitler aus und kann ihn zum Einlenken bewegen. Canaris darf in den Dienst zurückkehren.

Als seine Abwehr allerdings später einige wichtige Spione verliert, die vom Feind umgebracht werden, überschüttet ihn Hitler erneut mit Vorwürfen. Wieder steht Canaris dem Führer persönlich Rede und Antwort. Er erklärt ihm, dass es sich bei allen Agenten diesmal um ordentliche, deutsche Parteimitglieder gehandelt habe. Erst jetzt erlaubt ihm Hitler, auch Verbrecher und Juden als Spitzel einzusetzen. Sun Tsus „todgeweihte Spione", also Spione, die offenen Auges in den Tod geschickt werden, lassen grüßen …

Hitler weiß nicht, dass sein Abwehrchef damit erstmals einen Etappensieg gegen ihn errungen hat. Canaris nutzt nun die offizielle Erlaubnis, auch Juden als Spione einzusetzen, um diese mit (scheinbaren) Agentenaufträgen ins Ausland zu schicken. In Wahrheit rettet er ihnen damit das Leben. Mehr als 500 Juden entkommen auf diese Weise dem furchtbaren Regime.

Den anderen Nazi-Spitzeln bleiben solche Aktivitäten nicht verborgen. Das Intrigennetz ist sehr fein gestrickt. Und so verwundert es nicht, dass Canaris am 11. Februar 1944 endgültig abgesetzt wird. Offiziell wird ihm zwar nur vorgeworfen, er habe als Chefspion versagt, doch in Wahrheit braucht Hitler einen Sündenbock, um seine ständigen Niederlagen zu kaschieren, die jetzt wie Bomben von allen Seiten niederprasseln. Er entlässt auch andere Wehrmachts-Angehörige, selbst erfahrene Generale, denn er hält sich selbst für den größten Feldherrn aller Zeiten.

Canaris wird unter Arrest gestellt und auf eine mittelalterliche Burg in Bayern gebracht. Lapidar teilt man ihm mit, dass Hitler später über sein Schicksal entscheiden werde. Seine Abwehr wird aufgelöst. Wenig später erinnert man sich jedoch seiner wieder und verfügt überraschend seine Entlassung. Er soll in dem Handelskrieg, der zwischen den Deutschen und den Alliierten tobt, eingreifen und die Wirtschaftsblockade durchbrechen, für die die Briten verantwortlich sind. Auf den ersten Blick nimmt es sich aus wie eine zweite Chance, aber der Krieg neigt sich längst seinem Ende entgegen.

Die Ereignisse überschlagen sich. Canaris erfährt im Juli 1944, dass ein Attentat auf Hitler verübt wurde – durch den Militär Stauffenberg. Stauffenberg glaubt, das Attentat sei erfolgreich gewesen. Begeistert ruft er Canaris an und erklärt, Hitler sei tot. Canaris – im Wissen, dass er abgehört wird, –

tut so, als wisse er von nichts. Da wird bekannt, dass der Anschlag missglückt ist. Canaris schaltet sofort. Er ruft Hitler an und beglückwünscht den Führer zu seiner „wundersamen Rettung".

Nun geht es Schlag auf Schlag. Hitler tobt. Er weist seine Häscher an, alles auszuradieren, was auch nur ansatzweise mit dem Attentat in Zusammenhang steht. Hitlers Häscher schwärmen aus. Dabei nehmen sie auch Canaris' Fährte auf. Sie riechen Blut. Ein Widerständler, der in ihre Hände fällt, bezeichnet Canaris als den geistigen Urheber des Attentats. Plötzlich ist Canaris' Leben keinen Pfifferling mehr wert. Er wird auf der Stelle verhaftet.

DER UNTERGANG

Canaris weiß, dass er keine Chance hat, seinen Kopf zu retten. Er wird verdächtigt, in das Attentat gegen Hitler verwickelt zu sein. Die grausame SS ermittelt. Er wird ins Gefängnis geworfen und nach allen Regeln der Kunst gefoltert und verhört. Seine Zelle ist bereits ein Folterinstrument: Sie misst nur eineinhalb mal zweieinhalb Meter. Der Hofgang ist ihm untersagt, ebenso wie der Kontakt zu Mitgefangenen. Es wird ihm nur eine Hungerration zugestanden. Man versucht, Canaris in die Ecke zu drängen. Aber er widerspricht allen Vorwürfen. Zeugen werden aufgeboten, die in seiner Gegenwart gegen ihn aussagen. Canaris widerspricht auch ihnen. Die Gestapo wühlt weiter. Sie findet in einem Geheimarchiv Unterlagen über Umsturzpläne. Canaris' Tagebuch befindet sich darunter. Die Gestapo und die SS triumphieren. Schwarz auf weiß steht hier, dass über Hitlers Ermordung beratschlagt und laut nachgedacht wurde. Canaris versucht vergeblich, sich ein letztes Mal herauszulügen. Niemand glaubt ihm mehr.

Nun arbeiten die Nazi-Schergen mit Schlafentzug und Degradierungstechniken. Er muss Flure reinigen und die niedrigsten Arbeiten verrichten. Am 5. Februar 1945 wird Canaris ins Konzentrationslager Flossenbürg gebracht, das zwischen Nürnberg und Prag liegt.

Die Tagebuch-Eintragungen brechen Canaris schließlich das Genick. Das Tagebuch wird Hitler vorgelegt. Der Führer fällt aus allen Wolken und befiehlt, Canaris zu liquidieren. Ein Standgericht wird anberaumt. Man verurteilt ihn zum Tode. Bei der letzten Vernehmung bricht man ihm die Nase und brandmarkt ihn als Landesverräter. Dann muss er sich nackt ausziehen. Noch im Todeskampf will man ihn demütigen. Daraufhin wird er aufgehängt, denn das ist die schändlichste Art, aus dem Leben zu scheiden. Canaris stirbt nicht sofort. Ein SS-Mann fungiert als Zeuge und stellt später fest: „Bei dem kleinen Admiral hat es sehr lange gedauert. Er ist ein paar Mal rauf und runter gezogen worden."[4]

Seine Leiche wird verbrannt. Die Asche zerstreut man in alle Winde.

FAZIT UND URTEIL

Buchstäblich jahrzehntelang bemühten sich Wissenschaftler und Historiker, ein „gerechtes" Urteil über Canaris zu fällen. Den Kommunisten blieb er verhasst, den Nationalsozialisten sowieso, aber auch die Demokraten konnten sich mit ihm nie so richtig anfreunden.

Zu Recht warf man ihm vor, sich mit nationalistischen Gruppierungen in ein Boot gesetzt zu haben. Und so viel ist wahr: Seine Verbindung mit den Kapp-Putschisten kann ebenso wenig geleugnet werden wie seine Konnexionen zur O.C. – ausnahmslos Militaristen, die wie er selbst Mord guthießen.

Abgesehen davon beging Canaris seinen ersten entscheidenden Fehler, als er sich dem Unmenschen Hitler andiente. Er verschätzte sich zwar auch in Franco, der ebenfalls Konzentrationslager in Spanien einrichtete, in denen Hunderttausende umkamen, aber er verschätzte sich noch ärger in Hitler und dessen Spießgesellen. Zu spät erkannte er, dass sie weit mehr als nur eine üble Bande waren – es waren Massenmörder, die Millionen hinschlachten ließen.

Canaris war hochbegabt, bienenfleißig und mit einem rasiermesserscharfem Verstand begabt – und gleichzeitig einfältig, hypnotisiert und indoktriniert von dem Nazi-Geschwätz, zumindest anfänglich. Er spielte in den obersten Kreisen mit und versuchte, den Verlauf der Weltgeschichte zu ändern, doch er durchschaute die mordgierigen, primitiven Nazis nicht.

Er verschätzte sich außerdem gründlich im Papst und bei seinen Kontakten zu den Briten.

Doch trotz all seiner Fehler, die ihm letztlich das Genick brachen, hatte Canaris ein Gewissen. Er riskierte seine Karriere und zuletzt sein Leben. Als er sich über die Nazi-Verbrecher keiner Illusion mehr hingeben konnte, versuchte er eine Kehrtwendung um 180 Grad. Aber es war bereits zu spät.

Sein zweiter Fehler war, sich nicht früher aus dem Staub zu machen oder zurückzutreten, als es noch möglich war, und Hitler nicht von England aus zu bekämpfen. Innerhalb der Nazi-Maschinerie, in der es von Spitzeln nur so wimmelte, konnte er nur enttarnt werden und verlieren. Der Meisterspion scheiterte ironischerweise an anderen Spionen, an seiner eigenen Profession, die er so gut beherrschte. Er zog nicht rasch genug die Konsequenzen aus seinen Erkenntnissen und verharrte zu lange auf seinem Posten, bis seine Gegnerschaft zu Hitler aufgedeckt wurde. Schließlich zahlte er den denkbar höchsten Preis, er zahlte mit seinem Leben, und das so kurz vor Kriegsende. Sein Schicksal hat beinahe etwas von einer griechischen Tragödie an sich.

Auf der Plusseite ist festzuhalten, dass wir aus Canaris' Leben klare Lehren ziehen können:

Es ist immer falsch, mit Mordbuben im Gleichschritt zu marschieren, egal welche Fahne sie vor sich hertragen. Wir müssen uns umgehend von allen abwenden, die Sabotage, Morde und Massenmorde gutheißen. Wir dürfen nicht in Deckung gehen und hoffen, dass der Spuk eines Tages schon vorübergehe. Wir müssen uns im Gegenteil in Blitzgeschwindigkeit verabschieden, sobald uns nur der kleinste Hauch von zu geringer Integrität anweht. Wir dürfen uns niemals in den Dienst ungerechter Herren stellen.

Wir selbst sollten kein doppeltes Spiel spielen. Auf diese Weise gewinnt man zwar manchmal, verliert aber öfters – und dann gründlich. Man gerät zum Gesinnungslumpen. Niemand ist verachtenswerter als der Doppelspion.

Canaris versuchte sich genau in diesem Drahtseilakt – und stürzte ab. Dabei starb er schon lange, bevor er aufgehängt wurde, einen moralischen Tod. Und der war ungleich schlimmer als der körperliche Tod. Als Canaris sich auf Hitlers Seite schlug, starb er bereits.

Dass er Hitler diente, lässt sich nicht beiseitewischen und wird nie aus den Geschichtsbüchern ausradiert werden können. Zugegeben, er verbündete sich mit Hitler-Freunden und konspirierte zur gleichen Zeit mit Hitler-Feinden. Aber er diente Hitler zu lange, als dass man ihn reinwaschen könnte. Hitler war ihm Feind und Freund. Dieser Widerspruch, diese Schizophrenie, ist nur innerhalb eines Spionengehirns möglich, das zweipolig, in völlig unterschiedlichen Richtungen denken kann.

Behalten wir ihn trotzdem in Erinnerung als jemanden, der die Bestialitäten des Dritten Reiches abzumildern versuchte. Er riskierte Kopf und Kragen, als er zahlreichen Juden zur Flucht verhalf, und hatte zumindest ein Gewissen, was man von den restlichen Nazi-Größen nicht behaupten kann. Zudem bezahlte er für seinen Versuch, Hitler auszuschalten, mit seinem Leben.

Dass er der Weltgeschichte einen anderen, besseren Verlauf geben wollte, beweist, dass er in historischen Dimensionen denken und in einer weltumspannenden Größenordnung operieren konnte. Dafür und für den Versuch, Hitler aus dem Weg zu räumen, verdient er unseren Respekt.

Im Erfolgsfalle wäre er unsterblich geworden und als Lichtfigur in die Geschichtsbücher eingegangen. Da seine Aktionen jedoch misslangen, wurde er noch im Tod in den Staub getreten. So nah liegen Sieg und Niederlage beieinander.

8. HITLERS SPIONE (2) – HEINRICH HIMMLER

Auch Himmler war ein Typus, den man verstehen und identifizieren können muss, will man sich der Spionage und dem Agententum vom innersten Kern her nähern. Himmler war einerseits bienenfleißig, überkorrekt und ein hochtalentierter Organisator, andererseits blutgierig, sadistisch und ein eiskalter Massenmörder. Er war ein zuverlässiger Bürokrat und gleichzeitig ein berechnender „Techniker der Macht", der sich gewissenlos nach oben boxte – bis zum obersten inneren Führungszirkel der Nazis. Goebbels, der Propagandaminister, urteilte über ihn: „Himmler ist nicht übermäßig klug, aber fleißig und brav". Der große Historiker Jacob Burckhardt dagegen analysierte: „Er war unheimlich … durch etwas engstirnig Gewissenhaftes, unmenschlich Methodisches, mit einem Element von Automatentum."[1]

Der erste brave äußere Schein trog also. Lässt man nur die Taten gelten, so sieht man sich einem emotionslosen Killer gegenüber, dessen Gefühlskälte uns noch heute schaudern macht. Durch seinen knechtischen Diensteifer gegenüber Hitler gelang es ihm, immer mehr Macht an sich zu reißen, bis halb Deutschland insgeheim vor ihm zitterte. Der furchtbaren Geheimen Staatspolizei (Gestapo) stand niemand anders als er vor.

Wir werden seinen Weg sogleich genau nachzeichnen, vor allem seinen Weg durch die verschiedenen Spitzel- und Killerorganisationen, aber zunächst müssen wir die verschiedenen Nazi-Organisationen genauer beleuchten. Man versteht sie leichter, wenn man konsequent den Standpunkt der Macht, also Hitlers Standpunkt, einnimmt, der jeden Rivalen neben sich gnadenlos ausschaltete und keinen anderen neben sich auf Augenhöhe duldete.

HITLERS UNAUFHALTSAMER AUFSTIEG

Anfänglich stützte sich Hitler auf die Sturmabteilung (= SA), die er gezielt für seine Straßen- und Saalschlachten nutzte, um öffentliche Aufmerksamkeit zu erregen und systematisch für Tumulte zu sorgen. Die paramilitärische Kampforganisation SA sorgte nach außen hin zwar für Ordnung und schirmte die Redner der Nazis vor den politischen Gegner ab, war aber in Wahrheit gleichzeitig für Randale und Radau zuständig, behinderte politische Veranstaltungen der Gegner und stiftete ständig Unruhe. Die SA war eine Schlägertruppe, die überall Angst und Schrecken verbreitete und für Chaos sorgte, denn das gehörte zu den Techniken, einen Staat zu unterminieren.

Anfangs hatte die SA, die zunächst als Hitlers Leibwache fungierte, unterschiedliche Namen. Um die Juristen zu täuschen, trug man sie manchmal auch als „Box- oder Sportabteilung" in die Register ein. In Wahrheit jedoch diente die SA der Einschüchterung. Aufmärsche und gewalttätige Übergriffe waren ihr Metier, vor allem gegen die Kommunistische Partei und gegen die SPD. Aber auch gegen Juden und Christen machte sie mobil. Ihr Markenzeichen war der berechnend herbeigeführte Terror. Die Mitgliederzahl der SA stieg ständig rasant an: 1932 hatte sie bereits rund 220.000, auf ihrem Höhepunkt gar über 3,5 Millionen Mitglieder. Damit war die SA eine Macht, mit der man rechnen musste. Sie schuf systematisch bürgerkriegsähnliche Zustände. Hitler brauchte sie, um den Staat ordentlich durcheinanderzurütteln – Lenin lässt grüßen. Auf das Konto der SA gingen zahlreiche Verletzte und Tote.

Als Hitler 1933 ans Ruder kam, versuchte er, die SA in den staatlichen Machtapparat zu integrieren. Die Sturmabteilung war nämlich eine wilde, unberechenbare Größe mit ihrer eigenen Dynamik. SA-Leute inhaftierten und folterten mittlerweile, sie terrorisierten nach Belieben und töteten. Vor allem als Ernst Röhm, der SA-Chef, sich in dem neuen Nazi-Deutschland neben Hitler zu positionieren versuchte, wusste der „Führer", dass er handeln musste. Die SA musste entmachtet warden – und zwar rasch. Für Hitler ging es um Sein oder Nichtsein. Also spann er 1934 eine widerliche Intrige. Kurzerhand wurde der SA-Chef Röhm bezichtigt, einen Putsch vorzubereiten. Außerdem wurde seine Homosexualität auf abschätzige Art und Weise an die Öffentlichkeit gezerrt.

Und genau hier kam Himmler ins Spiel. Himmler war mittlerweile Chef der berüchtigten SS, der Schutzstaffel. Die SS war ursprünglich eine Art Leibwache Hitlers und Teil der SA. Hitler spielte Himmler geschickt gegen Röhm aus. Röhm wurde blitzschnell von der SS gefangengesetzt und wenig später einfach erschossen. Nun nutzte Hitler die Gunst der Stunde und ließ auch andere Feinde ins Jenseits befördern: so etwa den ehemaligen Reichskanzler Schleicher, weitere gefährlich einflussreiche SA-Führer, überdies Strasser, einen Sozialisten, der nach Hitlers Geschmack innerhalb der NSDAP ebenfalls zu viel Macht an sich gerissen hatte, sowie einige enge Mitarbeiter des Vizekanzlers Franz von Papen.

Ein Mordverein ging einem anderen Mordverein an den Kragen, das Kind (= die SS) tötete den Vater (= die SA).

Die SA wurde kaltgestellt, ihr Einfluss nahm unmittelbar ab. Die SS mit Heinrich Himmler dagegen entwickelte sich mit Hitlers Erlaubnis zu einer eigenständigen Organisation. Hitler schusterte ihr immer mehr Macht zu, während der SA der Boden unter den Füßen weggezogen wurde. Die Zahl der SA-Rüpel sank dramatisch, 1940 war nur noch gut ein Zehntel der ursprünglichen Organisation übrig. Noch immer verübte sie Gewalttaten an Kriegsgefangenen und ging gegen Juden vor, aber die SS lief ihr den Rang ab, sowohl an teuflischem Einfallsreichtum als auch an Mitgliederzahlen.

Dennoch blieb die SA ein Faktor im Gefüge von Nazi-Deutschland. Sie zeichnete sich optisch durch ihre Braunhemden, die militärischen Uniformjacken, die speziellen Mützen, die Armbinden, die lederbraunen Sturmriemen und den SA-Dolch aus. Im Prinzip wurde sie jedoch von Hitler und Himmler immer weiter an den Rand gedrängt. Der Mohr hatte seine Schuldigkeit getan. Nicht der Krakeeler, der Umstürzler oder der Unruhestifter war nach der Machtergreifung gefragt, sondern der kalt berechnende Killer: eben der SS-Mann. Eine neue Art von Agent wurde notwendig.

Bei diesem Coup gegen die SA und gegen Röhm trat Himmler erstmals deutschlandweit in Erscheinung. Er war Hitlers Erfüllungsgehilfe, Hitlers

Stiefelknecht, der die Schmutzarbeit für ihn erledigte. Hitler hatte nun keine Konkurrenz mehr innerhalb der Partei und in der Nazi-Bewegung. Himmler hatte sich als nützlich erwiesen. Er war zu gebrauchen, als ein Mann fürs Grobe. Er stellte keine dummen Fragen, wenn es um ein paar „kleine Morde" ging. Jeder Diktator braucht diesen Typus, den gewissenlosen, ehrgeizigen, kaltschnäuzigen Killer, der nach Belieben einzusetzen ist und wie ein Roboter alle mörderischen Befehle stur ausführt.

HIMMLERS UNAUFHALTSAMER AUFSTIEG

Umgekehrt wusste Himmler, dass er nur im Windschatten Hitlers aufsteigen konnte. Er musste dem Führer jeden Wunsch von den Lippen ablesen. Er hatte die Drecksarbeiten zu erledigen, wie Spionage, Mord, ja sogar Massenmord, wenn es der Führer befahl. Im Rahmen der Mafia hätte man vielleicht von einem Vollstrecker gesprochen oder von dem Gunman, der auf Befehl des Paten alle Feinde ausknipst, die auf der Abschussliste stehen.

Doch wie hat man die SS einzuschätzen?

DIE PRIVILEGIERTE MÖRDERCLIQUE – DIE SS

Die SS, die Schutzstaffel, später verantwortlich für die Konzentrationslager und den systematischen Völkermord, wurde 1925 als Hitlers persönliche Leib- und Prügelgarde gegründet. Sie unterstand zunächst der SA, erledigte aber schon früh auch Spitzeldienste. Die SS liquidierte 1934 Röhm, wie gerade ausgeführt, und mauserte sich zu einer eigenständigen Organisation. Schließlich krallte sich die SS sogar die ganze Polizei und stellte eine gefürchtete militärische Truppe auf – die Waffen-SS. Außerdem baute Himmler einen eigenen SS-Nachrichtendienst auf, womit wir wieder beim Thema Spionage sind. Diesen Nachrichten- oder Sicherheitsdienst (SD) vertraute Himmler seinem engsten Mitarbeiter an, dem schrecklichen Reinhard Heydrich – ebenfalls ein Sadist vor dem Herrn. Die SS kooperierte eng mit der

Gestapo, der Geheimen Staatspolizei, auf die wir noch zu sprechen kommen werden.

1934 wurde Himmler zum Reichsleiter SS ernannt, wodurch er mit einem Mal enorme Macht in seinen Händen hielt. Hitler seinerseits wusste sehr wohl, dass niemand mächtiger war in einem Staat als die Person, die die Bevölkerung ausspäht. Himmler, den er scheinbar nach Belieben manipulieren konnte, schien ihm der geeignete Mann dafür zu sein, die SS zu leiten, zumal dieser insgeheim Angst vor ihm hatte. Tatsächlich dienten „der treue Heinrich" (= Himmler) und die SS dem Führer zunächst ergeben. Zunächst!

Aber noch ein Wort zur Waffen-SS: Sie war 1938 am Einmarsch in Österreich beteiligt, und als es um die Tschechoslowakei ging – wo sie benutzt wurde, um jeden Widerstand zu zerschlagen. Sie war 1939 beteiligt an dem Überfall auf Polen und beim darauffolgenden Angriff gegen Frankreich. In beiden Fällen verübte sie Massaker an Kriegsgefangenen und der Bevölkerung. Sie war mit von der Partie, als Deutschland gegen die Sowjetunion marschierte, und sorgte hinter der Front für verbrecherische „Säuberungs-Aktionen", sprich sie rottete Juden und die Intelligenz in einer unvorstellbaren Größenordnung systematisch aus. Die Spezialität der Waffen-SS waren Vernichtungskriege, Folterungen, Vertreibungen, Massenerschießungen und die industrielle Ermordung von Millionen Menschen in den Konzentrationslagern. Selbst vor Menschenversuchen schreckte die SS nicht zurück, im Bund mit der Nazi-Psychiatrie, auf die wir noch zu sprechen kommen. Die Waffen-SS war zuletzt 915.000 Mann stark. Selbst in den letzten Kriegstagen, als alles längst verloren war, richtete sie noch Soldaten hin, die sie der Desertation und des Landesverrats beschuldigte. Vielleicht gab es in der Geschichte der Menschheit nie ein übleres Pack, das sich auch noch für eine Elite hielt.

Von einer Ausnahme abgesehen.

DIE GEHEIME STAATSPOLIZEI

Vor niemanden zitterten die Deutschen so wie vor der Gestapo, der Geheimen Staatspolizei. Denn sie konnte jedes Recht brechen, mitten in der Nacht auftauchen, eine Person festnehmen, gefangen setzen, verhören, foltern und umbringen. Diese furchtbare politische Polizei entwickelte sich zu einer Spitzelorganisation, die zuletzt die gesamte deutsche Bevölkerung in Angst und Schrecken versetzte. 1936 war Himmler unumschränkter Herrscher der Polizei in Deutschland und damit auch der Gestapo. Er wurde nämlich von Hitler ständig befördert und mit immer neuen Aufgaben betreut. Mit der Gestapo ging Himmler rigoros gegen politische Gegner vor, aber er verfolgte auch Juden, Homosexuelle, „Asoziale" und „Arbeitsscheue". Der Überwachungsapparat der Gestapo geriet zu einem Verfolgungsinstrument ohnegleichen. Am Ende des Dritten Reiches verfügte die Gestapo über 31.000 Mann und operierte flächendeckend in ganz Deutschland. Über alle innenpolitischen Angelegenheiten wurde Hitler nun über die Schiene Gestapo/SS/SD/ Himmler bestens informiert. Widerständler, „Landesverräter", Marxisten, Kommunisten und Juden konnten nun problemlos in Gefängnisse gesteckt, gefoltert und ermordet werden. Die Gestapo infiltrierte konspirative Gruppierungen und entwickelten das Verhör zu einer eigenen „Kunstform", wobei mit Erpressung, Schmeichelei, gefälschtem Beweismaterial, gefälschten Aussagen von Mithäftlingen, Erniedrigungen, Drohungen sowie mit Gummiknüppeln, Ochsenpeitschen, Stöcken und anderen barbarischen Tricks gearbeitet wurde, die uns noch heute das Blut in den Adern stocken lassen.

Die Gestapo setzte auch auf Denunziation. Die Bevölkerung wurde aufgefordert, regimekritische Äußerungen der Gestapo zu hinterbringen. Kinder bespitzelten ihre Eltern, Freunde ihre Freunde. Wenn Homosexuelle geschnappt wurden, durften sie wählen zwischen Kastration und Haft.

Die Gestapo exekutierte Widerständler ohne mit der Wimper zu zucken – auch in den besetzten Ländern. Innerhalb der Gestapo gab es viele Juristen, was kein gutes Licht auf diesen Berufsstand wirft. Rund 50 Prozent der Gestapo gehörten gleichzeitg der SS an, rund 30 Prozent dem SD. Ganz Deutschland wurde auf diese Art unter der Knute gehalten, denn zahlreiche V-Leute arbeiteten ihr zu.

Über diese Bagage, diese sadistischen Mörder und Massenmörder, über die SS und die Gestapo, über die widerlichsten Aushorcher und Killer, herrschte also Heinrich Himmler als der oberste Spion im Inland.

DIE BIOGRAFIE

Himmler glänzte in der Schule durch ausgezeichnete Leistungen und studierte sogar an der Hochschule (Landwirtschaftskunde). Er war klein, kurzsichtig, unsportlich und von schlechter gesundheitlicher Konstitution, aber karrieregeil, fanatisch und besessen von seinen Ideen. Wie schon gesagt, arbeitete er einerseits effizient, war pflichtbewusst und pedantisch, kurz der ideale Beamte, andererseits war er autoritätsgläubig, völlig gefühlskalt und eine Bestie.[2]

Bevor Himmler sich bei den Nazis engagierte, arbeitete er als Verkäufer einer Düngemittelfirma. Früh fand er in Hitler seinen Messias. Hitler wiederum brauchte einen zuverlässigen Mann, der seine Befehle widerspruchslos ausführte. Himmler schleimte sich Stück für Stück bei Hitler ein und erklomm deshalb die Karriereleiter, bis er zum Chef der SS und der Gestapo avancierte, wo er endlich sein wahres Gesicht zeigte. Der direkte Zugang zu Hitler verschaffte ihm eine unvergleichliche Machtposition: Er war ja niemanden rechenschaftspflichtig außer dem „Führer".

Himmler war von hochfliegenden, verrückten Ideen beseelt. Die SS sollte seiner Meinung nach die Keimzelle der nordischen Herrenrasse werden. Das Ziel war der hochgewachsene, blauäugige, blonde Germane, optisch das genaue Gegenteil seiner selbst, was zu so manchem Flüsterwitz Anlass gab. Er war von der Vorstellung besessen, einen neuen arischen Menschen zu züchten, eine rassische Elite. Jeder SS-Mann musste mindestens 1.70 Meter groß sein. Männer mit breiten Wangenknochen wurden sofort aussortiert, denn das deutete (angeblich) auf minderwertiges slawisches Blut hin. Für einen SS-Mann gab es eigene Ehevorschriften. Er durfte, ja er sollte mehr als eine Frau besitzen, damit möglichst viele nordische oder arische Babys das Licht der Welt erblickten. Um dies zu erreichen, erließ Himmler sogar einen regelrechten Fortpflanzungsbefehl. Für einen SS-Mann war Monogamie Sünde. Allerdings sollten seine Leute nur deutsche Frauen und Mädchen guten Blutes befruchten. Die neue Rasse sollte aus stolzen, widerstandsfähigen, hochgewachsenen, blonden Helden bestehen.

Er hob sogar die „Aktion Lebensborn" aus der Taufe: Unverheiratete, deutsche Frauen wurden in bestimmten Häusern untergebracht, um der neuen Rasse auf die Sprünge zu helfen und als Gebärmaschinen zu dienen. SS-Männer sollten sie „besuchen" und dort ihrer „Pflicht" nachgehen. Die Herren sollten bei dem Verkehr jedoch nicht Lust empfinden, sondern Sex als einen Dienst am Vaterland ansehen und nur als Zeugungshelfer dienen.

Und so schwätzte dieser frühere Hühnerzüchter Himmler seine SS-Leute in eine Fantasiewelt hinein. Er suggerierte ihnen, sie seien etwas Besonderes, weit über das normale Maß hinausgehoben. Die „Aufnordung" der deutschen Rasse war Himmlers Hobby. Dazu gehörte auch die Ausrottung der Juden und überhaupt aller „minderwertigen" Geschöpfe, wie der Russen, Polen oder Zigeuner. Himmler betrieb seinen „Beruf" mit einer pedantischen Buchhaltermentalität, denn er führte genau Buch. Während seine Gesellen, die SS, sich als Bluthunde betätigten, folterten und mordeten, besuchten sie zwischendurch die unverheirateten blonden Frauen in den Häusern der „Aktion Lebensborn" und kümmerten sich um die Aufzucht der neuen Rasse.

HIMMLER, DER VERRÄTER

Als Hitlers Tausendjähriges Reich nach zwölf Jahren wie ein Kartenhaus zusammenbricht, wacht Himmler auf – wie aus einem Traum. Plötzlich erkennt er, dass er auf das falsche Pferd gesetzt hat. Er weiß, Blut klebt an seinen Händen, seine SS hat Millionen Menschen hingemordet. Ihn erwartet der Strang, wenn er nicht schnell handelt.

Durch seine Spitzel weiß Himmler längst, dass innerhalb der Wehrmacht Anstrengungen unternommen werden, Hitler abzusetzen und zu töten. Er hält jedoch den Mund und lässt gegenüber dem „geliebten Führer" nichts über die Mordpläne verlauten. Vielleicht ist es nicht falsch, zwei Eisen im Feuer zu haben. Als Stauffenbergs Anschlag auf Hitler jedoch misslingt, ist Himmler der Erste, der mit mörderischer Gründlichkeit nach den Attentätern fahndet. Noch ist Hitler nicht tot, noch kann er ihn, den „getreuen Heinrich", mit einem Fingerschnippen beseitigen lassen. Seine Gedanken schlagen Purzelbäume. In vorauseilendem Gehorsam lässt er alle im Umfeld der Wehrmacht liquidieren, die auch nur ansatzweise in das Komplott verstrickt sein könnten. Er muss Hitler zu verstehen geben, dass er auf seiner Seite steht, wenn er innerlich auch längst die Flinte ins Korn geworfen hat. Da sich seine Kontakte zu den Verschwörern nicht völlig leugnen lassen, stellt er es so dar, als habe er die Attentäter nur geschickt aushorchen wollen.

Hinter Hitlers Rücken streckt Himmler allerdings weiter seine Fühler zur Gegenseite aus. Er trifft sich mit einem hochrangigen Abgesandten des Jüdischen Weltkongresses, der ihn bittet, verschiedene Juden aus den Konzentrationslagern zu entlassen und überhaupt Juden besser zu behandeln. Noch ist Himmler Herr über Leben und Tod. Er lässt einige Häftlinge frei, verlangt aber im Gegenzug den Kontakt zu Eisenhower.

In Wahrheit will er sich ein Schlupfloch offen lassen, um sein eigenes Leben zu retten. Aufgeregt wie eine gefangene Fledermaus flattert er nun hin und her. Die Nachrichten von der Front und die Geheimmeldungen seiner Spione verraten ihm, dass Deutschland dabei ist, den Krieg zu verlieren. Wie kann er sich selbst retten?

Hinter dem Rücken des Führers lässt er dem Feind an der Westfront – den Engländern und Amerikanern – heimlich die Nachricht zukommen, Deutschland sei bereit zur Kapitulation, wenn im Gegenzug dafür an der Ostfront – gegen die Russen – weitergekämpft werden könne.

Das ist offener Verrat. Aber Himmler schert sich nicht mehr um Hitler, der Führer hat seiner Meinung nach versagt. Insgeheim macht er sich bereits Gedanken darüber, wie er Eisenhower, dem militärischen Chef der USA, gegenübertreten soll. Aber die Engländer und die Amerikaner gehen nicht einmal ansatzweise auf sein Friedensangebot ein. Man will die Nazis nicht ungeschoren davonkommen lassen. Die Engländer und die Amerikaner benutzen Himmlers Friedensangebot jedoch zu Propaganda-Zwecken: Sie lancieren das Angebot in der Presse, denn das hebt die Moral der eigenen Soldaten.

Hitler erfährt davon in seinem Bunker und wütet. Zu spät erkennt er, dass er von dem „treuen Heinrich" hintergangen worden ist. Er spricht vom „schamlosesten Verrat der Weltgeschichte."3 Aber er hat keine Waffe mehr, mit der er zurückschlagen könnte. Hitler befiehlt wutentbrannt Himmlers Absetzung: Er wird aus allen Partei- und Staatsämtern entlassen. Hitler erlässt einen Haftbefehl gegen ihn und ordnet an, den Kampf mit allen Mitteln und bis zum letzten Mann fortzusetzen.

Himmler aber weiß, dass Hitler längst ein Kampfhund ohne Zähne ist; er kann bellen, aber nicht mehr beißen. Doch er selbst muss handeln, und zwar ungeheuer schnell, noch rascher als bisher. Als sich Hitler durch Selbstmord aus der Affäre zieht, drängt die Zeit noch mehr. Deutschlands Verteidigung bricht an allen Fronten zusammen. Vom Osten rücken die Russen immer weiter vor, vom Westen die Engländer und Amerikaner. Was kann, was soll er unternehmen?

DIE RATTE SUCHT EIN SCHLUPFLOCH

Viele SS-Leute, Killer und Massenmörder tauchen bereits ab. Viele mischen sich unter die Wehrmachtssoldaten, um ihre Identitäten als Angehörige der Schutzstaffel zu verschleiern. Einige legen sich neue Namen und Berufsbezeichnungen zu und verstecken sich zum Beispiel auf einsamen Berghöfen. Andere SS-Mannen türmen ins Ausland.

Himmler lässt sich inspirieren. Auch er flüchtet mit einigen wenigen Männern. Sie schnappen sich ein paar Autos und rasen davon. Sie nutzen die sogenannte Rattenlinie Nord – eine Fluchtroute, die nach Schleswig-Holstein führt. Viele hochrangige Nazis hoffen, sich von hier aus nach Dänemark absetzen zu können. Für verschiedene SS-Schergen und einige Gestapo-Leute ist es die letzte Chance.

Himmler überlegt verzweifelt. Vielleicht kann er sich mit Dönitz verständigen, dem Nachfolger des „Führers". Dönitz befindet sich ebenfalls hoch im Norden Deutschlands. Himmler nimmt seine Spur auf. Der neue Chef Deutschlands ist nach Hitlers letztem Willen Karl Dönitz, der beliebte Admiral, der nicht nur von seinen U-Boot-Mannschaften wie eine Lichtgestalt verehrt wird. Himmler kann ein Treffen mit Dönitz arrangieren. Es muss einen Ausweg für ihn geben. Dönitz empfängt ihn. Aber er misstraut dem Verräter. Das Treffen findet an einem Ort statt, der von seinen Matrosen umstellt und gesichert wird. Schon zu Beginn des Gesprächs legt Dönitz provokativ eine Browning, eine Pistole, vor sich auf den Tisch. Das Signal ist unmissverständlich. Doch Himmler plant kein Attentat auf Dönitz. Er bietet dem neuen ersten Mann nur an, jetzt für ihn zu arbeiten. Dönitz hört zu. Noch immer steht die furchtbare SS hinter Himmler. Nach wie vor verfügt der Herr über die schlimmsten Henker Deutschlands über konkrete Macht. Schließlich lehnt Dönitz ab. Er will mit diesem schmierigen Geheimdienstchef nichts zu schaffen haben. Himmler drängt, er fordert, er bittet. Er versucht alles, um in dem kommenden Deutschland nach 1945 wieder eine Rolle zu spielen. Dönitz lässt Himmler endgültig abblitzen. Himmler schluckt und kocht zugleich. Dann nimmt er die Beine unter den Arm und verschwindet. Er sieht seine Felle endgültig davonschwimmen. Aber es muss doch eine Lösung für ihn geben!

Nun versucht Himmler, sich mit ein paar Mann nach Süden durchzuschlagen. Nach kurzer Zeit sehen sie aus wie eine abgerissene Bande, was beabsichtigt ist. In schmutzigen, heruntergekommenen Uniformen tauchen sie in der Nähe Hamburgs auf. Himmler hat sich inzwischen verkleidet. Er trägt eine schwarze Augenklappe, das Schnurrbärtchen hat er sich sorgfältig abrasiert. Auf keinen Fall darf er identifiziert werden, sonst ist das Spiel aus. Ein unbeteiligter Beobachter soll glauben, es handele sich bei seinem Haufen um Soldaten, die desertiert sind oder wissen, dass der Krieg verloren ist. Himmler und seine Bande wollen so rasch wie möglich untertauchen. Doch eine britische Patrouille hält sie auf. Himmler zeigt den Briten einen gefälschten, auf einen Heinrich Hitzinger ausgestellten Ausweis. Scheinbar ist er nur ein einfacher Feldwebel. Niemand erkennt in ihm einen der Drahtzieher des Dritten Reiches. Trotzdem wird er mitsamt seiner Schar gefangengenommen.

Die Briten stecken sie in ein Lager. Hier behandelt man Himmler wie einen x-beliebigen, normalen Soldaten, ohne jeden Respekt. Das wurmt ihn, er empört sich innerlich. Also fordert er arrogant ein persönliches Gespräch mit dem Captain der Briten. Als er ihm Aug' in Auge gegenübersitzt, gibt er sich zu erkennen. Er pokert darauf, dass der Captain vor Ehrfurcht erstarrt. War er, Himmler, nicht der zweitmächtigste Mann des Dritten Reiches? Er nimmt die Augenklappe ab und setzt seine Brille auf. Der Captain staunt tatsächlich gehörig. Und er versteht sofort, dass ihm hier ein dicker

Fisch ins Netz gegangen ist. Er bewahrt die Ruhe. Und er befiehlt Himmler, sich auszuziehen und alle Kleider abzulegen. Damit will er unliebsamen Überraschungen vorbeugen. Zähneknirschend gehorcht Himmler. Er, der bislang Millionen von Menschen nach Belieben herumkommandiert hat, findet die Behandlung entwürdigend. Ein kleiner englischer Captain, ein in der Hierarchie der Briten untergeordneter Mann, wagt es, ihm Befehle zu erteilen! Es ist furchtbar, es ist erniedrigend.

Himmlers Kleidung wird gefilzt. Auch er selbst wird von Kopf bis Fuß untersucht. Die Briten wissen, dass die hohen Nazi-Schurken gewöhnlich Gift bei sich tragen. Mit allen Mitteln soll verhindert werden, dass sich Himmler im letzten Augenblick durch Selbstmord davonstiehlt. Ein Arzt wird gerufen. Der Doktor blickt Himmler in alle Körperöffnungen. Schließlich befiehlt ihm der Arzt, den Mund zu öffnen. Dort verstecken die Nazis besonders gerne Gift. Himmler öffnet widerwillig seinen Mund. Er wackelt mit der Zunge, wie ihm aufgetragen wird. Scheinbar ist alles in Ordnung. Aber der Arzt misstraut dem Gefangen. Er befiehlt ihm, sich näher ans Fenster zu stellen, damit das Licht besser in die Mundhöhle fallen kann. Himmler gehorcht. Kurz darauf versucht der Arzt, ihm zwei Finger in den Mund stecken, um in der Mundinnenhöhle alles genau abzufühlen und abzutasten. Im letzten Moment reißt Himmler den Kopf zur Seite. Dann beißt er dem Doktor in die Finger. Eine Zyankalikapsel ist in einer Zahnlücke seines Unterkiefers versteckt. Im gleichen Moment zerbricht die Zyankali-Giftampulle. Die Engländer versuchen mit Nadeln und Faden, Himmlers Zunge daran zu hindern, sich frei zu bewegen. Dann bemühen sie sich, das Gift, das bereits in den Magen des Häftlings gelangt ist, wieder aus dem Körper herausschießen zu lassen. Sie verabreichen Himmler ein Brechmittel. Sie denken sogar daran, ihm den Magen auszupumpen. Aber alle Versuche schlagen fehl. Das Zyankali wirkt.

Zwölf Minuten dauert der furchtbare Todeskampf. Dann stirbt Himmler. Die Ratte entkommt durch das letztmögliche Schlupfloch: den eigenen Tod.

Einen Tag lang bleibt die Leiche nackt liegen. Dann verscharrt man sie in einem nahegelegenen Wäldchen im Dreck. In der Nähe Hamburgs/Lüneburgs lagern noch heute Himmlers unidentifizierten Knochen.

DAS URTEIL

Wie gerecht ist es, zur Abwechslung einmal den Spieß herumzudrehen und über Himmler zu urteilen, der stets nur andere verurteilte! Himmler beging in einer unvorstellbaren Größenordnung die später sogenannten Verbrechen gegen die Menschlichkeit. Zur Seite standen ihm die furchtbare SS, die Gestapo sowie Nazi-Psychiater – ein oft totgeschwiegenes Thema, über das wir gleich zumindest ansatzweise berichten werden.

Aus analytischer Sicht bleibt als Ergebnis zunächst festzuhalten, wie nebensächlich bestimmte Talente sind. Himmler zeichnete sich durch typisch deutsche Tugenden aus, wie zum Beispiel durch Ordnungsliebe, Fleiß und administrative Effizienz. Aber er nutzte diese Fähigkeiten zum Massenmord. Er täuschte seine Umgebung mit seinem normalen, durchschnittlichen Aussehen, aber auch weil er sich so korrekt und dienstfertig verhielt. Doch hinter seinem Allerweltsgesicht verbarg sich der denkbar schlimmste Sadist und Massenmörder.

Himmler war mehr als geisteskrank, er war die Personifikation der Bösartigkeit, eine durch und durch unterdrückerische Persönlichkeit. Er träumte von einem großgermanischen Imperium und dem „größten Reich, das … die Erde je gesehen hat."[4] Im Zuge dessen plante er seine gigantische Vertreibungs- und Vernichtungspolitik und führte sie sogar teilweise durch. 30 Millionen Slawen sollten ausgerottet werden. Millionen Juden wurden tatsächlich vernichtet, der Zweite Weltkrieg fraß viele weitere Millionen Tote, besonders im Osten – Untaten, die direkt und unmittelbar auf Himmlers Konto gehen. Der Völkermord und der Vernichtungskrieg schienen ihm die legitimen, logischen Mittel zu sein, um sein Imperium zu errichten.

Exzellente Autoren und renommierte Historiker überschlugen sich später in dem Versuch, diese Bestie mit dem angemessenen Vokabular zu beschreiben, doch angesichts dieser Unmenschlichkeiten fehlten ihnen die Worte. Himmler ließ sich täglich über die Mordaktionen Bericht erstatten, wie ein Buchhalter. Des Öfteren sah er sich Massenerschießungen an. Er befahl die Einrichtung der Gaskammern. Die industrielle Vernichtung der Juden geht

genauso auf ihn zurück wie das Erschaffen der Waffen-SS mit ihren entsetzlichen Morden.

Dieser Mann, der wie der spießigste aller Spießer aussah, wie ein fader Bürokrat, barg in seinem Innern einen Hass, eine Kälte und eine unbeschreib-
liche Mordlust. Seine Geliebte, die er sich neben seiner Ehefrau hielt, zeigte
später Teile seiner geheimen Sammlung. Dazu gehörte ein Stuhl, dessen
Sitzfläche aus einem menschlichen Becken bestand, die Stuhlbeine waren
aus menschlichen Knochenbeinen gezimmert. Für Himmler selbst war dies
wahrscheinlich ein köstlicher Spaß.

NACHSPIEL

Während Himmler sich selbst tötete, gelang es anderen SS-Leuten, Leib und
Leben zu retten. Einigen gelang es also nicht nur unterzutauchen, sondern
nach dem Zweiten Weltkrieg auch wieder lukrative Pöstchen in Deutsch-
land zu ergattern, ja zu Ansehen und Wohlstand zu gelangen. Und das, ob-
wohl die SS von den Alliierten im Nürnberger Prozess als verbrecherische
Organisation eingestuft worden war – einschließlich der Waffen-SS und des
SD, des Sicherheitsdienstes, der Experten für die Spionage und für verdeckte
Operationen.

Lange hielt sich hartnäckig das Gerücht über eine Gruppierung namens
ODESSA, eine Abkürzung für „**O**rganisation **d**er **e**hemaligen **SS-A**ngehö-
rigen", die angeblich kurz vor Kriegsende gegründet worden war und vielen
SS-Leuten zur Flucht verholfen hatte. Wir halten dieses Gerücht nicht für erfunden. Als Fluchtrouten dienten verschiedene Rattenlinien, im Süden wurde sogar die Hilfe hochrangiger Vertreter der römisch-katholischen Kirche
in Anspruch genommen. Viele Angehörige der Schutzstaffel entkamen. Aber
es gab in verschiedenen Ländern auch zahlreiche Prozesse, in denen SS-Täter
zum Tode verurteilt wurden. Nach 1946 hagelte es regelrecht entsprechende
Urteilssprüche. Immerhin!

Auch viele Gestapo-Leute flohen und tauchten unter. In den 1950er Jahren
jedoch erschienen einige Gestapo-Leute wieder auf der Bildfläche, nachdem

der ärgste Sturm und Protest vorüber war und sich das Leben in Deutschland wieder einigermaßen normalisiert hatte. Sie nisteten sich erneut in der Polizei und in den Justizapparaten ein.

GEHEIMNIS ENTHÜLLT

In den Konzentrationslagern wurden also rund 6 Millionen Juden auf barbarische Weise getötet, es handelte sich um den größten Völkermord der Geschichte. Zunächst arbeiteten die Henker mit Autoabgasen, später mit Zyklon B, ein Gas, das die Firma I.G. Farben herstellte, ein Unternehmen, das später ebenfalls schnell seinen Namen änderte.

Besonders furchtbar war das sogenannte Euthanasie-Programm. *Euthanasie* heißt wörtlich Sterbehilfe, doch diese mit Absicht gewählte Vokabel war irreführend. Bei den Euthanasie-Programmen der Nazis handelte es sich um Massentötungen. Tarnorganisationen wie die Reichsarbeitsgemeinschaft Heil- und Pflegeanstalten suchten mithilfe genau ausgetüftelter Fragen nach bestimmten Krankheitsmerkmalen. Sie fahndeten aber auch nach der Arbeitsleistung und der Rasse. Wer durch das Raster fiel, war dran. Andere Tarnorganisationen wie die Gemeinnützige Krankentransportgesellschaft GmbH (kurz Gekrat genannt) schleusten die erfassten Kranken oder „Minderwertigen" zu den Tötungsanstalten. Auf diese Weise entledigte man sich der Häftlinge, der Arbeitsunfähigen, der politisch und rassisch Missliebigen, der Landstreicher, der TBC-Kranken, der körperlich oder geistig Geschädigten, der Homosexuellen und der Zigeuner, kurz allen „lebensunwerten Lebens". Gerechtfertigt wurden diese teuflischen Aktionen mit dem Begriff „Rassehygiene", einem Wort, das niemand stärker ins Bewusstsein hob als Himmler.

Gern vergessen wird hierbei allerdings, dass Psychiater der Bestie Himmler willig zur Hand gingen. Alfred Ploetz schuf gemeinsam mit dem Psychiater Gustav Aschaffenburg die Grundlage der verheerenden „deutschen Rassenhygiene", die im Kern besagt, dass Arier alles sind und andere Völker nichts. Aschaffenburg trat speziell für die Ausmerzung der „Minderwertigen" ein, zu denen seiner Meinung nach unter anderem Volksschädlinge, „Unfertige", Behinderte, Greise, TBC-Patienten, Gammler und Alkoholiker gehörten. Der Psychiater Ernst Rüdin rechtfertigte wissenschaftlich die Zwangssterilisation. Der Psychiater Alfred Hoche forderte die Legalisierung der Euthanasie. Der Psychiater Werner Heyde war psychiatrischer Leiter aller Konzentrationslager (KZs). Die Psychiater Max de Crinis, Carl Schneider, Hermann Paul Nitsche und Hermann Pfannmüller[5] – alles hochrangige, führende Seelenklempner im Dritten Reich – waren in herausragender Position an den Morden in den KZs beteiligt. Auch Psychiater sind also des Massenmordes anzuklagen, nicht nur die SS oder Himmler. Bis heute schaudert es den Leser, wenn er erfährt, dass in den KZs nicht nur mit Giften gearbeitet wurde, sondern auch mit Unterkühlung, Massenerschießungen und Aushungerungstaktiken. Das Problem, das es zu lösen galt: Wie tötet man effizient, billig und möglichst rasch viele Menschen?

Psychiater halfen also zu entscheiden, wer in die KZs abgeschoben wurde. Außerdem waren sie in den KZs selbst aktiv. Psychiater arbeiteten Hand in Hand mit der SS. Auch einige dieser elenden Seelenklempner tauchten nach 1945 unter, gaben sich falsche Namen und gründeten später sogar neue Institutionen mit irreführenden, hochtrabenden Namen, Tarnorganisationen mit anderen Worten. Eilig änderten sie ihr Vokabular. Heute spricht man deshalb vornehm zum Beispiel von Genetik, wenn es um den alten Hut der Rasse geht. Wie viel wissenschaftlicher Unsinn und wie viel Morde sich hinter diesem Begriff verbergen, kann man nur erahnen.

9. DIE SCHÖNE MANDSCHU-PRINZESSIN: YOSHIKO KAWASHIMA

Um das wilde, unvergleichliche Leben der schönen Mandschu-Prinzessin zu verstehen, die in den höchsten Zirkeln Chinas und Japans wie selbstverständlich operierte, die selbst das edelste aller Gefühle, die Liebe, zahllose Male missbrauchte, um wichtige Informationen zu bekommen und zu spionieren, die Männer vernaschte wie andere Leute Himbeeren, die bisweilen in Geld schwamm und in höchstem Luxus lebte, um diese Superspionin des Fernen Ostens zu verstehen, müssen wir zunächst ein paar Worte über die Zeitläufe verlieren und uns geografisch orientieren.

Bei uns im Westen tobten zu Kawashimas Lebenszeit die beiden entsetzlichsten Weltkriege, die die Welt bis dahin gesehen hatte: der Erste Weltkrieg (1914–1918), der mit 10 Millionen Toten zu Buche schlug, und der Zweite Weltkrieg (1939–1945), der rund 60 Millionen Todesopfer forderte.[1]

Während des Zweiten Weltkrieges standen auf der einen Seite Hitler-Deutschland mit Italien und Japan, um die wichtigsten Verbündeten der Nazis zu nennen, und auf der anderen Seite Frankreich, Großbritannien, die Sowjetunion und die USA, um die mächtigsten Gegner aufzulisten. In Wahrheit stand die gesamte Welt in Flammen, nur wenigen Staaten gelang es, im Zweiten Weltkrieg Neutralität zu wahren.

In diese furchtbare Periode fällt das Leben der Mandschu-Prinzessin, die allerdings im Fernen Osten operierte, wo die Zeitläufte nicht weniger aufregend, lebensgefährlich und wildbewegt waren als im Westen. Auch dort war alles im Fluss, riesige Gebiete waren umkämpft und Macht wurde neu definiert. Alles befand sich im Umbruch. So auch die Mandschurei, die inzwischen zu China gehörte.

Verzichten wir darauf, die sich ständig ändernden Grenzen Chinas und der Mandschurei an dieser Stelle innerhalb der Jahrhunderte genauer auszuloten, es bringt der Erkenntnis wenig. Nur so viel: China war nicht immer das China, wie wir es heute kennen. Das Reich der Mitte wuchs und schrumpfte und schrumpfte und wuchs. Zur Zeit unserer Top-Spionin Yoshiko lag die Mandschurei eingekesselt zwischen der Sowjetunion im Norden sowie Japan und China im Süden. Alle schielten gierig nach diesem Riesenland, um es dem eigenen Herrschaftsbereich einzuverleiben. Doch welche Vorgehensweise war die intelligenteste, raffinierteste und vielversprechendste, um sich das Land unter den Nagel zu reißen – oder es sich im Falle Chinas endgültig zu sichern?

Die Mandschurei, die von 1932 bis 1945 Manchukuo hieß, war schon immer ein wirtschaftlich interessantes Gebiet. Die Einwohner bezeichneten sich als Mandschu. Die Herkunft des Begriffs ist umstritten. Möglicherweise stand ein indischer Heiliger namens *Manjusri* Pate dafür, was so viel wie „Weisheit" heißt und uns verrät, dass der Buddhismus einst in diesem Land Fuß fasste. Wahrscheinlicher ist die Ableitung von dem chinesischen Ausdruck *Pinyin Manzhou*, was „Land des Überflusses" heißt. Die Mandschus hatten eine bewegte Vergangenheit: Sie stellten vormals viele Regierungsbeamte in China und verfügten über eine stolze, militärische Tradition. Doch jetzt war Gefahr im Anzug.

Die Beute war fett. Japan und Russland umschlichen die Mandschurei wie hungrige Wölfe, allein der Bodenschätze wegen, aber es lockte auch die Kontrolle über die Häfen und Eisenbahnen.

Die Japaner lagen schon jahrhundertelang mit den Chinesen im Clinch. Sie hatten diese Feindschaft sorgsam gehegt und gepflegt. Selten hatten sie es unterlassen, die Macht des verhassten Erbfeindes Chinas zu beschneiden. Und jetzt bot sich die Gelegenheit, die Mandschurei den Chinesen abspenstig zu machen. Dazu brauchten sie einen raffinierten Plan. Dann schlugen sie völlig überraschend zu. 1931 errichteten die Japaner im Nordosten Chinas, in der Mandschurei, einen Marionettenstaat, dem sie wenig später den Namen Manchukuo gaben.

In eben diese Phase, da die Mandschurei zum Spielball der Weltmächte gerät, fällt die Geschichte unserer Top-Spionin – der schönen, männerverschlingenden Yoshiko, die das starke Geschlecht mindestens genauso leicht um den Finger wickeln konnte wie Mata Hari. Die Männer liefen ihr in Scharen nach, sie waren wie hypnotisiert von ihr. Yoshiko – verrucht, gewissenlos und berechnend, aber auch hochintelligent, extravagant und wunderschön – versuchte die Politik der Mandschurei in eine bestimmte Richtung zu lenken. Ihr Plan bestand darin, das Land zur Gänze unter die japanische Fuchtel zu bringen …, aber auf eine bestimmte Art und Weise und unter gewissen Vorzeichen, die zu ihrem Vorteil waren. Sie wusste, wenn ihr das gelänge, würde dies den Fernen Osten verändern.

Und so viel ist wahr: Die Weltgeschichte sähe heute anders aus, gäbe es eine unabhängige Mandschurei.

Doch woher bezog die schöne Yoshiko eigentlich ihr Selbstbewusstsein? Welcher biografische Hintergrund erlaubte es dem „Juwel des Ostens", wie sie ihre Verehrer nannten, nach den Sternen zu greifen und mit der größten Selbstverständlichkeit in den höchsten Zirkeln der Politik mitzumischen?

DIE PRINZESSIN UND DIE SITUATION IN CHINA

Yoshiko war tatsächlich eine echte Mandschu-Prinzessin. 1907, kurz nach der Jahrhundertwende, erblickte sie das Licht der Welt, das ihr jedoch von der ersten Stunde an düster erscheinen musste. Ihr Vater war zwar Prinz Su, ein Nachkomme des Kaisers Nurhaci, aber dieser Umstand geriet ihr anfänglich eher zum Nachteil.

Nurhaci (1559–1626) seinerseits war der Begründer der legendären, supermächtigen Qing-Dynastie. Er erst hatte die zahlreichen Stämme im Norden Chinas zu den „Mandschu" vereinigt. Einer seiner Söhne stürzte die Ming-Dynastie in China und trat damit die Herrschaft über das Kaiserreich China an. Mit anderen Worten: Ab diesem Coup saßen ausschließlich Kaiser aus der Qing-Dynastie auf dem Drachenthron – konkret von 1644 bis 1912. Keine Familie in China war mächtiger, fast 300 Jahre lang. Der letzte chinesische Kaiser war Pu Yi (auch Puyi geschrieben), der von 1908 bis 1912 regierte.[2] Pu Yi spielte später eine entscheidende Rolle, als es darum ging, Manchukuo zu regieren – wobei unsere Prinzessin hinter den Kulissen die Strippen zog.

Aber greifen wir nicht vor. 1912 stürzte die Monarchie in China. Die Qing-Dynastie wurde entmachtet. Einer der Gründe lag sicherlich darin, dass sich die Chinesen jahrhundertelang von Europa abgekapselt hatten – unter anderem besaß England inzwischen einen uneinholbaren militärischen Vorsprung.

Pu Yi war der letzte Kaiser Chinas. Man hatte den minderjährigen Pu Yi mit gerade einmal 2 Jahren 1908 auf den Drachenthron gesetzt, einen der mächtigsten Throne der Welt. Der Kind-Kaiser wurde als gottähnliche Person verehrt. Trotzdem war sein Leben auf dem Thron eine einzige Hölle. Im Palast in der Verbotenen Stadt in Peking wimmelte es von Eunuchen, Nebenfrauen und Konkubinen … seiner Vorgänger. Das Protokoll war streng geregelt und furchtbar. Der minderjährige Kind-Kaiser sah sich umgeben von Chaos, Korruption und Misswirtschaft, von Schleimern, machtgierigen Vertretern des vorherigen Kaisers, von besitzlüsternen Ohrenbläsern und ausländischen Diplomaten, die alle Einfluss auf ihn zu nehmen suchten. Als 1911 die Revolution in China ausbrach, bedeutete das das Ende der Monarchie – ein Umstand, den ein Kind kaum aufhalten konnte. 1912 wurde die Republik China ausgerufen. Pu Yi, 6 Jahre alt, musste abdanken.

Man erlaubte ihm, seinen Titel weiter zu tragen, wenn sein politischer Einfluss auch auf null reduziert wurde. Doch noch immer sah er sich umgeben von Intrigen, Korruption und Missgunst. Gleichzeitig war die jahrtausendealte Ehrfurcht vor dem großmächtigen Kaiser in den Gehirnen und Seelen der Chinesen fest verankert, ja geradezu eingebrannt.

1925 drohte in China die Anarchie. Kommunisten kämpften gegen Republikaner. Mao kämpfte gegen Chiang Kai-Shek (Tschiang Kai Schek). Wer waren diese beiden Männer?

DER KAMPF DER GIGANTEN

Äußerlich gesehen war Mao eine eher unauffällige Erscheinung. Er besaß ein fast feminines Gesicht und ein fliehendes Kinn, auf dem gut sichtbar eine dicke Warze prangte. Sein Leben ist schnell erzählt: Mao wurde 1893 geboren und zum Volksschullehrer ausgebildet. Er machte früh durch revolutionäre Umtriebe auf sich aufmerksam. 1918, inzwischen Hilfsbibliothekar, begab er sich nach Peking, wo er mit führenden radikalen Intellektuellen zusammentraf. 1920 wurde er von dem sowjetischen Agenten Voitinsky auf den Moskau-Kurs eingeschworen.

Kurz gesagt: Mao war russlandhörig. Er half, den Kommunismus in China populär zu machen, der sich sofort ausbreitete. Er organisierte Streiks und arbeitete in verschiedenen Propaganda-Abteilungen der KMT, der Kuo-Min-Tang, der Nationalen Volkspartei, die nun zu einer kommunistischen Partei umfunktioniert wurde. Moskau unterstützte Mao im Gegenzug beim Aufbau einer Armee.

Der gerissene Mao wusste, dass er China nur dann unter seinen Einfluss bringen konnte, wenn er die Bauern und Arbeiter auf seine Seite zog. Also kümmerte er sich scheinbar vor allem um diese Gruppen. 1927 wurde er zum Vorsitzenden des All-Chinesischen Bauernverbandes gewählt. Im gleichen Jahr zog er sich in ein unwegsames Gelände zurück und baute mit Chu Teh die sogenannte Vierte Rote Armee auf. Denn er erkannte auch, dass die Sprache der Gewehre starke Überzeugungskraft hatte. In der Folge entwickelte Mao die Techniken des Partisanenkampfes weiter. Er geriet zu einem Experten, Überfälle aus dem Hinterhalt zu arrangieren. Schließlich eroberte er ein Teilstück Chinas, das er umtaufte und Sowjetgebiet nannte. Dort bildete er eine Sowjetprovinzregierung.

Auf der anderen Seite stand sein großer Gegenspieler Chiang Kai-Shek. Chiang verfolgte Mao wütend, umstellte Maos Armee mehrfach, schlug sie jedoch nie. Und so erlebte China viele Jahre lang den furchtbarsten Bürgerkrieg.

Chiang wandte sich angewidert von der verkorksten Polit-Philosophie des Kommunismus ab. Mao dagegen führte die Menschen weiter auf diesem Irrweg: Er übernahm eine von Fehlern strotzende Ökonomietheorie, verhinderte dadurch für ein halbes Jahrhundert Wohlstand innerhalb des chinesischen Reiches und diskriminierte den Besitz, wann und wo immer er konnte – was ihn bei den Bauern und Arbeitern beliebt machte. Gleichzeitig ging Mao über Leichen. Er war durch und durch ein Massenmörder und eine antisoziale Persönlichkeit. Sein verrückter Kommunismus konnte nur deshalb in China gewinnen, weil er … von Stalin finanziert wurde.

Sein Gegenspieler Chiang Kai-Shek war ein chinesischer Militär, wurde in China und Japan zum Offizier ausgebildet und diente sogar eine Zeit lang in der Kaiserlich Japanischen Armee. Der überhebliche, brutale Karrierist Chiang war aktiv am Sturz der chinesischen Kaiserdynastie beteiligt. 1923 rettete Chiang dem ersten chinesischen Präsidenten Sun Yat-sen das Leben – woraufhin er immer höher in der (Militär-) Hierarchie aufstieg. Außerdem heiratete Chiang geschickt. Er ließ sich zudem anfänglich von der Sowjetunion finanzieren, bis er sich von ihr abwandte. Schließlich schlug er blutig Arbeiter-Aufstände nieder und exekutierte Menschen am laufenden Band. Chiang war zunächst der neue starke Mann Chinas. Es gelang ihm, Ansprüche auf die Steuern in China zu erheben, die unter der Qing-Dynastie an ausländische Mächte abgetreten worden waren. Sein (machtpolitischer) Fehler bestand darin, sich nicht um die Bauern und Arbeiter zu kümmern, sondern nur um die Begüterten.

Obwohl er in Japan über beste Beziehungen verfügte, suchte er zunächst den Einfluss der Söhne Nippons in der Mandschurei zurückzudrängen. Aber er befahl den Rückzug seiner Truppen, als Japan ernsthaft daranging, die Mandschurei einzukassieren.

Der Charakter Chiangs erschließt sich endgültig, wenn wir erfahren, dass er sich mit Nazi-Deutschland arrangierte. Der Grund: Hitler war an chinesischen Rohstoffen interessiert …

Zwei Lumpen, Mao und Chiang, kämpften also in diesem chinesischen Bürgerkrieg um die blanke Macht.

Chiang kehrte dem Kommunismus wie gesagt eines Tages den Rücken. Er gewann einige Schlachten in China, aber Mao blieb sein ewiger Gegenspieler, den er nie niederringen konnte.

Das war also die Situation im Reich der Mitte. Eine jahrtausendealte Institution war gestürzt worden. Den letzten Kaiser hatte man abgesetzt und die Qing-Dynastie entmachtet. Es herrschte das Chaos und Bürgerkrieg. Die beiden Rivalen Chiang und Mao bekämpften einander auf Leben und Tod. Aber noch immer gab es einige Kaisertreue, die eine Restauration des alten chinesischen Kaiserreiches herbeisehnten. All diesen Umständen sah sich die schöne Yoshiko gegenüber, als sie antrat, die Welt zu verändern.

Die Fragen lauteten: Wer würde sich China endgültig unter den Nagel reißen? Und: Besaß die Monarchie überhaupt noch eine Chance?

Richten wir nun unseren Blick übergangslos auf Russland.

STALIN, DAS UNGEHEUER

Vergessen wir nicht, in Russland herrschte zu dieser Zeit eine menschliche Bestie: Stalin. Dieser Teufel in Menschengestalt war anfangs selbst ein Agent oder Spion. Jedenfalls beherrschte er das komplette Geheimdienst-Repertoire. Stalin hatte viele Tarnnamen. Er nannte sich David, Nischeradse, Tschischikow, Iwanowitzsch oder Koba, was der Unbeugsame bedeutet. Allein die Anzahl der Pseudonyme verrät, womit er sich wirklich beschäftigte. Stalins eigentliche Fachgebiete waren die Spitzelei und die Demagogie. Sein Talent bestand im Agitieren, Lavieren und Töten.

Später wurden eigene Propaganda-Techniken entwickelt, um Stalin ins Übermenschliche zu erheben. Erst wurde Lenin zum Übervater stilisiert, danach war Stalin an der Reihe. Ein Persönlichkeitskult ohnegleichen war die Folge. Die Presse hämmerte den Menschen den Führerkult ein, bis kein anderer Gedanke mehr gedacht werden konnte. Stalin war der Wachsame, der Unermüdliche, der Voraussehende, der Gütige. Stalin war der Weise, der Lehrer, der siegreiche Feldherr. Denkmäler wurden aufgestellt und Plakate angeschlagen.

Wer nicht spurte, bekam es mit der GPU zu tun, der Gossudarstwennoje Politischeskoje Uprawlenije, der Sowjetischen Staatspolizei. Diese Polizei entschied über Moral und rechte Gesinnung. Moralisch war nur, wer den rechten Führer anbetete: erst Lenin, dann Stalin.

Alle Register der Public Relations wurden gezogen. Als das Radio aufkam, konnte der Mensch in einem Ausmaß manipuliert werden wie nie zuvor.

Nach Lenins Tod 1924 gab es nur einen möglichen Nachfolger: Josef Stalin. Instinktsicher machte sich Stalin fortan daran, seinen Machtanspruch zu zementieren. Zunächst wurden die populärsten Gegner beseitegeräumt. Er entledigte sich der lautstarken Linken ebenso wie der Rechten in der eigenen Partei. Als niemand mehr gegen Stalin aufzubegehren wagte, als alles auf eine einheitliche Linie eingeschworen war – mit den Mitteln der Propaganda, des Terrors und des Mordes –, machte er sich daran, die Produktion anzukurbeln wie nie zuvor.

Aber mit welchen Mitteln! In Fünf-Jahres-Plänen wurden die Menschen mit Peitsche und Gewehr gezwungen zu schuften, bis die Knochen brachen. Einzelbauernhöfe wurden abgeschafft, schließlich galt es, eine sozialistische Gesellschaft zu errichten, die nichts anderes als ein gigantischer Staatskapitalismus war.

Niemand durfte Geld besitzen, Besitz war unmoralisch, dem Staat gehörte alles. Aber der Staat war Stalin. Vormals selbst ein Räuber und Dieb, erfand Stalin jetzt drakonische Strafen für Diebstahl. Langfinger wurden eingekerkert, gefoltert und erschossen.

Ein Menschenleben galt nichts mehr. Ein Beispiel: Der Bau des 227 Kilometer langen Bjelomor-Kanals (zwischen dem Weißen Meer und der Ostsee), der 1931 bis 1933 erstellt wurde, fordert 700 Menschenleben – pro Tag.[3] Hunderttausende Arbeitssklaven kamen bei dem Unternehmen ums Leben.

Stalin, der Besessene, wollte der Erste sein, der Beste, der Größte, der Beherrscher der Welt.

Die „Umerziehung des Sowjetmenschen im Geiste des Sozialismus" wurde mit Terror vorangetrieben. Arbeitszwang, Arbeitskontrolle und brutale Unterdrückung waren die Methoden, die die Sowjetunion industrialisierten.

Das kommunistische Gefasel wurde durch Geheimdienste in westliche Länder transportiert, aber auch in den Osten.

Die Chinesen mit Mao waren leicht zu manipulieren, die Japaner jedoch tanzten nicht nach Stalins Pfeife. Deshalb verbündete sich Hitler eines Tages mit den kriegsbegeisterten Japanern. Stalin fühlte sich nun von zwei Seiten in die Zange genommen.

Die Frage lautete: Was würde er als Nächstes tun in Bezug auf Japan und China? Und wie würde er sich im Fall der Mandschurei verhalten?

HINTER DEN KULISSEN:
DIE SITUATION IN JAPAN

Richten wir unseren Blick auch auf Japan, um ein vollständiges Bild der damaligen Situation im Fernen Osten zu erhalten.

In Japan brodelte es ebenfalls unter der Decke. Hier hielt der japanische Kaiser, der Tenno, die Zügel fest in der Hand. Doch der äußere Schein trog. Längst waren auch die Japaner in der neuen Zeit angekommen, die offenbar andere Verhaltensrichtlinien erforderte.

Gern vergessen wird heutzutage, dass sich Japan in dieser Phase ebenfalls wie ein Räuber verhielt. 1910 wurde Korea im Handstreich annektiert. 1918 versuchten die Japaner gar, in Sibirien Fuß zu fassen. Damit gerieten sie in Gegensatz zu den Kommunisten in Sowjetrussland. Auch die Mandschurei beuteten die Japaner im Vorübergehen aus. China im Allgemeinen wurde lange von allen Mächten als Selbstbedienungsladen betrachtet, aus dem man ungestraft Waren stehlen konnte.

Nach dem Ersten Weltkrieg powerte man in Japan gnadenlos die Schwerindustrie nach oben. Einflussreiche Finanzgruppierungen (= *zaibatsu*) führten das Land in himmelstürmende Höhen. Das erwirtschaftete Kapital wurde teilweise zur beispiellosen Aufrüstung benutzt. Japan bewaffnete sich bis an die Zähne.

Auf dem japanischen Thron saß zwar nach wie vor der Kaiser, aber neben ihm erstarkten immer weiter bestimmte militärische Kreise. 1926 wurde Kaiser Hirohito (1901–1989) inthronisiert. Viele bezeichneten ihn allerdings als bloße Puppe, die sich zunehmend dem Willen des Militärs unterordnen musste. Die Generäle rissen immer stärker die Macht an sich – teilweise auf ungesetzliche Art. Die Kaiserlich Japanische Armee und die Kaiserlich Japanische Marine griffen ungefragt direkt in die hohe Politik ein. Ab 1930 hielt das Militär in Japan praktisch die Macht in seinen Händen.

Der Schurke vor und hinter den Kulissen war ein gewisser Tojo Hideki (1884–1948), ein brutaler, blutrünstiger General der Kaiserlich Japanischen Armee. Hideki führte Japan in allen Himmelsrichtungen auf Kriegskurs. Von 1941 bis 1944 amtierte er in Personalunion als Kriegs- und Premierminister. Hideki war völlig unfähig, in anderen Kategorien zu denken als in militärischen Operationsschemata. Er schürte den Konflikt mit China und Russland und verantwortete auch den Konflikt mit den USA. Überall witterte er Feinde. Als der Zweite Weltkrieg am Horizont heraufzog, schlug er sich direkt auf Hitlers Seite, schließlich handelten die deutschen Banditen und Kriegsverbrecher genau wie er. Völlig überraschend griff er die Vereinigten Staaten von Amerika an. Sein Ziel: den Japanern die Vorherrschaft im Pazifik zu sichern.

So also sah die Situation in Japan aus, als sich unsere Prinzessin daranmachte, in die Weltpolitik einzugreifen.

Wiederholen wir: In China bekämpften sich die beiden Ungeheuer Mao und Chiang, in Russland residierte der Teufel Stalin und in Japan der Kriegstreiber Tojo Hideki. Und mittendrin befand sich die Mandschurei und eine hübsche Prinzessin, deren Clan gerade entmachtet worden war.

YOSHIKO, OHNE MASKE

Yoshiko, die mandschurische Prinzessin, die spätere Kommandeurin einer Banditengruppe und Leiterin eines kaiserlichen Hofstaates, die gefeierte Spionin, die allen Männern den Kopf verdrehen kann, das Juwel des Ostens, wird inmitten dieses Chaos geboren – im Jahre 1907, wie bereits ausgeführt. 1911 findet die Revolution in China statt und die Qing-Dynastie wird hinweggefegt. 1912 wird die Chinesische Republik ausgerufen.

Ihr Vater, Prinz Su, einer der Angehörigen des Kaiserhauses, flieht Hals über Kopf aus Bejing (Peking). 1915 erreicht er mit seiner vielköpfigen Familie Japan. Obwohl verwandt mit dem letzten Kaiser und immer noch ein Symbol für das alte mächtige China, ist er zunächst hilflos. Er muss sich in einem fremden Land zurechtfinden und stürzt von höchsten Höhen in tiefste Tiefen.

Prinz Su versucht mit allen Mitteln, in Japan wieder auf die Beine zu kommen. Er schließt sich mit einem japanischen Geheimagenten namens Kawashima kurz. Vielleicht, so überlegt er, kann ihm Kawashima aus der Patsche helfen, sodass er wieder zu Reichtum und Ansehen kommt? Noch immer gibt es Anhänger der Qing-Dynastie, noch immer verfügt er in China über einen großen Namen. Und natürlich hat er auch Juwelen, Geld und einige Besitztümer retten können.

Der Neuanfang in Japan ist sehr schwer, Kawashima jedoch ein Lichtstreif am Horizont. Doch wie soll man dessen Herz gewinnen? Kawashima hat eine Achillesferse, er hat keine Kinder. Verzweifelt wünscht er sich Nachkommen. Deshalb wird Yoshiko von ihren Eltern seinem Haushalt überstellt, als „Spielzeug", sie ist nur eine von Sus 14 Töchtern. Also kann man ohne Weiteres auf sie verzichten. Kawashima zeigt sich höchst angetan, ja begeistert. Der Japaner adoptiert Yoshiko. Prinz Su gelingt es auf diese Weise, das einflussreiche Geschlecht der Kawashimas enger an sich binden.

Sus ganze Hoffnung ruht nun auf seinen neuen japanischen Verbindungen. Und es gibt ja auch noch Verbindungen der Qing-Dynastie mit der Mandschurei, wo ursprünglich ihre „Hausmacht" lag. Doch die Russen und die Japaner haben längst ein Auge auf die Mandschurei geworfen. Unaufhörlich belauern sie das Land, wie hungrige Wölfe. Sie geifern schon, wenn sie nur an die reiche Mandschurei denken, mit all den hervorragenden Hafenverbindungen und Bodenschätzen.

Die minderjährige Yoshiko ist zunächst lediglich ein Spielball in diesem Mächtepoker. Sie ist zwar die Tochter des Prinzen Su, aber nur das Kind einer Konkubine und vor allem im Moment ohne jede Beziehung. Sie muss sich nun in einer neuen, fremden Familie und in einer unbekannten Kultur zurechtfinden. Die kleine Yoshiko lernt nicht etwa chinesische Gebräuche, sondern japanische Vokabeln, Sitten und Traditionen. Sie saugt geradezu mit der Muttermilch japanisches Denken, Fühlen und Handeln in sich auf.

Da stirbt 1922 überraschend ihr Vater Prinz Su. Für Yoshiko bricht eine Welt zusammen. Auch die Mutter scheidet dahin. Obwohl adoptiert, ist dies ein Schock, den sie ihr Leben lang nicht verwindet.

Erst jetzt erhält sie den japanischen Namen Yoshiko. Mit 7 Jahren muss sie mit einer ganz neuen Identität zurechtkommen: Sie ist jetzt Japanerin: Yoshiko Kawashima lautet jetzt ihr voller Name.

Ihr Leben wird auf dem Kopf gestellt. Sie lernt bei den Japanern reiten und schießen, sie lernt, militärisch zu denken, und Kendo. Hierbei handelt es sich um eine moderne Art des Schwertkampfes, *ken* bedeutet „Schwert" und *do* bezeichnet den „Weg". Der Weg des Schwertes wird nun von ihr begangen, wie es einst die legendären Samurai taten. Techniken und Taktiken des Schwertkampfs, des Angriffs und der Verteidigung gehen ihr ins Blut über. Aber der Weg des Schwertes formt auch den Charakter: Mut, List, Schnelligkeit und Entschlossenheit – all das sind Tugenden, die Kendo gleichermaßen vermittelt.

Trotzdem hat Yoshiko auch ihren eigenen Kopf. Sie lehnt es kategorisch ab, in der Schule in einem Kimono zu erscheinen, wie es eigentlich vorgeschrieben ist. Sie tritt in westlichen Kleidern auf und signalisiert schon in jungen Jahren ihrer Umwelt, dass sie im Herzen ein Rebell ist. Und sie vergisst nie, dass sie aus den höchsten chinesischen Kreisen stammt. Niemand soll auch nur versuchen, über ihr Leben zu bestimmen.

Yoshiko wächst zu einer Schönheit heran. Früh ist sie sich ihrer Reize bewusst. Es ist nicht nur die hohe Herkunft, die sie so anziehend macht, sondern auch ihre stolze Haltung. Außerdem besitzt sie die Fähigkeit, mit Pistole und Schwert umzugehen – ungewöhnlich für ein junges, hübsches Mädchen. Überdies ist ihr rebellischer Geist ungezähmt, was sie ebenfalls attraktiv macht.

Vor allem die Gabe der Schönheit hat zwei Seiten, sie kann auch ein Fluch sein. Yoshiko verliebt sich mit 17 Jahren Hals über Kopf in einen schmucken japanischen Offizier. Die Welt ist rosarot, sie befindet sich im siebten Himmel. Sofort denkt sie an Hochzeit. Da erfährt sie, dass eine Ehe unmöglich ist: Der junge japanische Offizier befindet sich nicht auf Augenhöhe mit ihr, er steht gesellschaftlich weit unter ihr. Noch immer bedeutet der kaiserliche Name auch Verpflichtung.

Als ihr Adoptivvater erfährt, dass sich Yoshiko vermählen will, tobt er. Um ihr begreiflich zu machen, wer Herr im Hause ist, vergewaltigt er das Mädchen. Damit raubt er Yoshiko die Seele. Nicht nur die Vergewaltigung an sich stürzt sie in tiefste Tiefen, schlimmer ist, dass sie ihrem Adoptivvater, dessen Namen sie trägt, bislang blind vertraut hat. Ihr leiblicher Vater lebt nicht mehr, sie hat niemanden, mit dem sie sich aussprechen könnte. Und wie soll sie ihrem Ziehvater Kawashima eine Vergewaltigung nachweisen – in einem Land, das von herrischen, selbstgefälligen Männern regiert wird? Der Vertrauensmissbrauch schmerzt mehr als jede körperliche Qual. Zudem muss Yoshiko sich ihren japanischen Offizier aus dem Kopf schlagen. Sie ist am Boden zerstört.

Zum ersten Mal erfährt Yoshiko, dass sie quasi recht- und schutzlos ist. Sie ist eine Fremde in einem fremden Land. Sie ist eine Chinesin unter Japanern. Sie ist entwurzelt – politisch und familiär. Ihr Stolz ist verletzt, sie fühlt sich gedemütigt und innerlich verletzt.

Yoshiko versucht, aus dem emotionalen Tief zu entkommen. Trotzig lässt sie sich die langen, schönen Haare abschneiden. Sie hasst es plötzlich, „nur" eine Frau zu sein. Männer haben alle Rechte, Frauen offenbar nicht. Sie lässt sich einen Haarschnitt verpassen, wie ihn nur Männer tragen – kurz und schmucklos. Sie will ein Mann sein. Für sie markiert dieses Erlebnis „das Ende ihres Frauseins".

Sie beginnt heimlich zu hassen, abgrundtief zu hassen. Und sie schwört sich, das Ruder wieder herumzureißen. Die Liebe betrachtet sie nun mit Verachtung. Offenbar wird selbst die edelste aller Empfindungen nur mit Füßen getreten. Ihr Rebellentum bricht sich in einer ganz anderen Richtung Bahn. Sie beschließt, Herr über die Liebe, und nicht ihr Sklave zu sein. Und sie beschließt, niemandem mehr zu vertrauen. Sie stürzt sich in eine Liebesaffäre nach der anderen. Wahllos liegt sie nun abwechselnd Männern und Frauen bei. Sie verdreht jedem den Kopf, der sich von ihrem süßen Gesicht verführen lässt. Und sie erkennt, welche Macht sie auf Männer ausüben kann. Doch in ihrem Innern ist sie zerbrochen, ihre Seele ist voller Trauer und Zorn. Jede jugendliche Begeisterung, jeder jugendliche Elan und jeder Idealismus ist dahin. Sie führt ein Luderleben und gerät zu einem Skandal. Es ist ihre Art, Rache zu nehmen, Rache für die Vergewaltigung, Rache für die Erniedrigung. Sie vertraut keinem Menschen mehr. Immer gekonnter wickelt sie Männer um den Finger. Sie erkennt die Schwächen des angeblich starken Geschlechts. Männer sind nicht stärker als Frauen. Sie sind sogar eine gute Portion dümmer, weil sie zu oft nur mit dem Unterleib denken. Man kann sie nach Strich und Faden manipulieren, wenn man sie nur ordentlich einseift. Niemand ist törichter als ein verliebter Mann.

Yoshika wird zu einem Phänomen, zu einem gesellschaftlichen Ereignis. Noch immer verfügt sie über Charisma, denn sie stammt aus kaiserlichem Haus und damit aus dem besten Hause. Gleichzeitig ist sie ein Politikum, viele Chinesen träumen nach wie vor von der Herrlichkeit des chinesischen Kaisertums. Und Mao und Chiang Kai-Shek demonstrieren zur Genüge, dass China ohne die Monarchie im Chaos versinkt, denn Mord und Totschlag sind dort an der Tagesordnung.

Da bricht die nächste Katastrophe über Yoshiko herein. Ihr Ziehvater bestimmt, sie standesgemäß zu verheiraten, vielleicht wird selbst ihm ihr Treiben zu bunt. 1927 nötigt er sie dazu, in den Stand der Ehe einzutreten. Vielleicht kann er die Adoptivtochter so zügeln. Prinz Ganjuurjab wird dazu ausgewählt, sie in den sicheren Hafen der Ehe zu führen. Diese politische Zweckheirat nimmt sich nach außen hin folgendermaßen aus: Eine mandschurische Prinzessin heiratet einen hochgestellten Offizier, den adligen Sohn eines Befehlshabers der mongolischen Armee. Die Hochzeit wird mit großem Tamtam gefeiert, doch Yoshiko ist innerlich todunglücklich. Die Braut lässt die Feierlichkeiten still und in sich gekehrt über sich ergehen. Ihr Adoptivvater darf noch immer über ihr Schicksal bestimmen, die Welt ist nicht gerecht.

Wieder wird Yoshiko entwurzelt. Sie zieht mit ihrem frisch angetrauten Ehemann in die Mongolei, in die Steppe. Inzwischen ist sie die kulturelle Vielfalt der Großstadt gewöhnt. Und wieder rebelliert sie. Nach nur vier Monaten ergreift sie die Flucht. Die Ehe wird wenig später geschieden.

Sofort stürzt sich Yoshiko in das aufregende Leben in verschiedenen Großstädten – in Hongkong, Peking und Tokio. Sie führt jetzt das Leben eines Schmetterlings der High Society, denn sie kann es nie lange an einem Platz aushalten und flattert von einem Strauch zum nächsten. Sie erkennt, wie wichtig Geld ist. Also macht sie gezielt Bekanntschaft mit reichen Liebhabern und lässt sich von ihnen aushalten. Skrupel plagen sie nicht mehr. Das Leben hat sie ausgebeutet, gequält und benutzt, jetzt dreht sie den Spieß um. Sie gerät zur Nobel-Trophäe und lässt sich ihr monarchisches Image von den Herren, denen sie ihre Gunst schenkt, hoch honorieren.

In diese Phase fallen zwei schicksalhafte Begegnungen. Zum einen trifft sie den letzten Kaiser von China, Pu Yi, ihren Verwandten. Der entmachtete Kaiser ist inzwischen erwachsen und verheiratet – und lebt wie sie außer Landes. Auch er leidet wie ein Hund. Yoshiko freundet sich mit Pu Yi an, denn beide verbindet die Erinnerung an das kaiserliche China und die bitteren Erfahrungen in der Fremde, außerdem ist er ungefähr gleich alt. Damit greift die hohe Politik nach ihr, mit beiden Händen. Yoshiki gewinnt Pu Yis Vertrauen, das Vertrauen des letzten chinesischen Kaisers.

Zum anderen begegnet sie Ryukichi Tanaka. „Der Große Mann mit dem tonnenförmigen Brustkorb teilt ihre Leidenschaft für Stiefel und wird bald ihr Geliebter."[4] Doch weitaus bedeutsamer ist: Tanaka ist der Chef des japanischen Militär-Geheimdienstes, der berüchtigten Kempeitai.

TOP-SECRET: DAS WAHRE GESICHT DER KEMPEITAI

Wörtlich bedeutet Kempeitai „Soldaten, die sich für das Gesetz einsetzen" – aber in Wahrheit verbirgt sich dahinter weit mehr. Dieser Zweig der Kaiserlich Japanischen Armee treibt in den Jahren 1881 bis 1945 sein Unwesen, er ist ein reiner Unterdrückungs- und Spitzeldienst. Die Kempeitai ist eine Art japanische Gestapo. Kein Geheimdienst ist furchtbarer, niemand hat im Fernen Osten einen grausameren Ruf. Anfänglich kümmert sich der Geheimdienst nur darum, das neue Wehrpflichtgesetz durchzusetzen. Denn viele Bauern leisten Widerstand, wenn sie gezwungen werden, in der Armee als Soldat zu dienen. Nach außen hin ist der Geheimdienst ferner zuständig für die öffentliche Sicherheit. Aber seine wahre Macht leitet er von seinen Spitzel-, Propaganda- und Geheimdienstaufgaben her. Ab 1907 ist die Kempeitai unter anderem für die Spionage in Korea verantwortlich und sorgt dort für „Frieden". Im Klartext heißt das, dass er die Bevölkerung namenlos unterdrückt. Die Kempeitai darf Menschen einfach ohne Haftbefehl festnehmen. In ihrem Visier befinden sich Kommunisten, Liberale, Pazifisten und Demokraten, kurz jeder, der im Geruch steht, „die öffentliche Ordnung" zu gefährden. Skrupellos bedient sich diese japanische Gestapo auch der Folter, Menschenrechte werden mit Füßen getreten.

Der Geheimdienst ist schon bald wegen seiner unvorstellbaren Brutalität bekannt. Er wird zugleich gehasst und gefürchtet. Der alte Kriegshetzer Hideki Tojo, dem wir bereits begegnet sind, ist eine Zeit lang Kommandeur der Kempeitai in der Mandschurei. Aber noch wird die Kempeitai von Ryukichi

Tanaka geführt, dem sich Yoshiko nun an den Hals wirft und mit dem sie das Kopfkissen teilt, möglicherweise ohne zu wissen, mit wem sie sich einlässt.

Die Kempeitai wird auch dazu benutzt, Japanern ihre Kriegsverherrlichung einzurichten – nicht anders als es einst die Psychiater in Deutschland taten, die „Kriegszitterer" mit Elektroschocks behandelten, um ihnen die Angst vor dem Bomben auszutreiben und ihnen die „Schönheit des Krieges" zu vermitteln. Japan ist im Begriff, sich in einen Polizeistaat zu verwandeln.

Die Kempeitai rekrutiert immer neue Mitarbeiter, damit ihr Spitzelsystem wie ein riesiges Spinnennetz alles überziehen kann. Früh werden Kontakte zu anderen furchtbaren Geheimdiensten geknüpft – so zur deutschen Abwehr, zur SS und zur deutschen Kriegsmarine. Später wird man Hand in Hand mit dem deutschen Verbrecherregime arbeiten. Kein Kapitel der japanischen Geschichte ist schamvoller als die Zusammenarbeit mit Hitlers Mördern. In jeder einzelnen der japanischen Armeen finden sich schließlich die Spione der Kempeitai. Zu guter Letzt bespitzeln die offiziellen und inoffiziellen Mitarbeiter dieses Geheimdienstes ganz Japan, also die eigenen Landsleute, sowie alle Länder, die vom japanischen Militär unterjocht wurden. Offen und verdeckt wird ermittelt. Wer den neuen Kurs in Japan nicht gutheißt und Hurra schreit, wenn es um Krieg geht, ist schon verdächtig. Die Kempeitai hat alle Ausreisegenehmigungen, die Spionage, die Gegenspionage und die Propaganda an sich gerissen. Sie unterhält sogar Zwangsarbeiterlager. Der Geheimdienst macht Menschenversuche und sorgt für Prostituierte, die in die Kriegsbordelle verfrachtet werden. Hohe, schwarze Lederstiefel, Kavalleriesäbel und Pistolen sowie auffällige Uniformen zeichnen die Mitglieder dieses Mörderclubs aus. Die Krakenarme des Geheimdienstes reichen bis nach Mexiko und Kalifornien, wo amerikanische Seemänner ausgespäht, ausgehorcht und angeheuert werden. Großbritannien steht ebenfalls ganz oben auf der Liste der Spitzel. Zum faschistischen Deutschland (Hitler), zu Spanien (Franco) und Italien (Mussolini) hingegen unterhält man beste Beziehungen.

Das freie Denken in Japan wird von der Kempeitai vollständig unterdrückt. Die einseitige, verlogene politische Propaganda prasselt unaufhörlich auf die Bevölkerung nieder. Verherrlicht wird nur der Krieg. Dazu verbreitet der Geheimdienst rassistisches Gedankengut, genau wie Hitler auf der anderen Seite des Globus.

Eine Zeit lang ist die Mandschurei Haupteinsatzgebiet, die man sich unbedingt unter den Nagel reißen will. Doch die Aufgabengebiete werden immer umfangreicher. Die Infiltration der Feindmächte, die Gegenspionage und die Schwarze Propaganda nehmen immer größeren Raum ein. Heimlich wird innerhalb des Geheimdienstes eine eigene japanisch-mandschurische Einheit aufgebaut, die sich nur um das Ausspähen der Mandschurei kümmert.

Und mit dem Chef eben dieses grausamen Geheimdienstes pflegt unsere extravagante Yoshiko ein Liebesverhältnis. Es gehört nicht viel Fantasie dazu sich vorzustellen, in welche Richtung Yoshiko manipuliert wird, denn die Kempeitai nutzt auch Frauen gewissenlos aus, um ihre politischen Ziele zu erreichen. War Yoshiko vorher nur ein Spielball der Mächte ihrer Zeit, so entscheidet sie sich jetzt ganz bewusst dafür, in den höchsten Zirkeln der Weltpolitik mitzumischen. Die schöne Yoshiko verkauft dem Teufel ihre Seele.

DIE AUSBILDUNG

Von nun an erlernt Yoshiko systematisch das schmutzige Handwerk der Spionage. Ihr neuer Liebhaber bildet sie höchstpersönlich aus. Der Chef des japanischen Geheimdienstes, der Mann mit dem riesigen Brustkorb, stellt Yoshiko, die sich ständig in Geldnöten befindet, 100.000 Dollar zur Verfügung, damit sie sich in Shanghai bewähren kann. Dort heuert das Flintenweib Räuber, Diebe, Einbrecher, Kriminelle und Unruhestifter an. Sie gerät zur politischen Bandenführerin. Ihr Auftrag: Japanische Geschäftsleute und Privathäuser zu überfallen, um einen Vorwand zu haben, Japaner in Shanghai zu „schützen". Wie geplant brechen Unruhen aus. Die japanische Luftwaffe hat nun einen guten Grund einzugreifen. Shanghai wird bombardiert, es handelt sich um das erste Bombardement der Weltgeschichte. Die Rechte von Japanern müssen scheinbar verteidigt werden.

Wieder hat ein Geheimdienst geschickt eine falsche Fährte gelegt, wie es Geheimdienste bis heute tun. Die japanischen Privat- und Geschäftsleute müssen angeblich vor Banditen in Schutz genommen werden – obwohl man diese Banditen selbst angeheuert hat.

Die öffentlichen Propagandabüttel lügen, dass sich die Balken biegen. Yoshiko ist begeistert. Sie hat ihren ersten Auftrag glänzend erfüllt. Diese Art von Politik funktioniert also, so geht es in Wahrheit hinter den Kulissen zu. Man muss lediglich Ursache und Wirkung verkehren. Wenn man Japaner bestiehlt, ausraubt und belästigt, kann in der Folge Japan „zum Schutz" eingreifen. Wie dumm die Menschen doch sind! Und wie gerissen und klug die Geheimdienste! Das aber führt zu einem zweiten, noch unverfroreneren Plan.

DER COUP

Nun überschlagen sich die Ereignisse. 1931 inszenieren die Japaner folgendes Kabinettstückchen: In einer Stadt in der Mandschurei fliegt mit Getöse eine Brücke in die Luft. Die Japaner schreien Zeter und Mordio. „Die Chinesen! Die Chinesen!", krakeelen sie. „Die Chinesen sind schuld!"

In Wahrheit aber hat abermals die Kempeitai ihre Finger im Spiel. Mitglieder dieses Geheimdienstes sprengten die Brücke. Aber japanische Propaganda verdreht erneut die Wahrheit. Die Japaner suchen händeringend nach einem Anlass, um offiziell die Herrschaft in der Mandschurei zu übernehmen. Die Öffentlichkeit wird getäuscht, genau wie Hitler später versuchen wird, der Welt weiszumachen, dass Polen 1939 Deutschland überfällt – und nicht umgekehrt.

Das ist die Standard Operating Procedure der Geheimdienste. Die wahre Quelle wird verschleiert. Ursache und Wirkung werden spiegelverkehrt eingesetzt. Jetzt können die Japaner in der Mandschurei hart durchgreifen und mit eisernem Besen kehren. Angeblich muss die öffentliche Ordnung wiederhergestellt werden.

Doch wer soll die Mandschurei offiziell regieren, wer an der Spitze des Staates die Zügel in der Hand halten? Die Einwohner dieses Landes, die Mandschus, empfinden sich nicht als Japaner – man kann also unmöglich einen der Söhne Nippons mit der Staatsführung betrauen. Also müssen die Mandschus geschickt an der Nase herumgeführt werden. Der Chef des Geheimdienstes schaut sich um – und erblickt seine Bettgenossin, die hübsche

Yoshiko. Und ein zweiter Superspion, ein General, ist mit von der Partie: Kenji Doihara, ebenfalls ein Teufel in Menschengestalt.

KENJI DOIHARA ...

... ist ein Spitzel eigener Klasse. Schon früh ist er von der Idee besessen, die Mandschurei dem japanischen Herrschaftsbereich einzugliedern. Unaufhörlich steigt er zunächst in der japanischen Militärhierarchie nach oben. Er ist es, der den letzten chinesischen Kaiser Pu Yi aus Peking und der Verbotenen Stadt herausschmuggelt. Zwischen Pu Yi und Doihara entsteht so etwas wie Freundschaft. In der Folge berät Doihara den exilierten Kaiser und gibt sogar zeitweilig den Bodyguard ab. Als die Geheimgesellschaft Weißer Lotus – eine fanatisierte religiös-politische Vereinigung – versucht, den Kaiser zu ermorden, vereitelt Doihara den Anschlag. Pu Yi ist ihm damit endgültig verpflichtet, er verdankt ihm sein Leben.

Was Pu Yi nicht weiß: Doihara hat exzellente Beziehungen zur Unterwelt. Er ist am illegalen Opiumhandel beteiligt und mit chinesischen und japanischen Gangsterbanden verbandelt. Die Rechtfertigungen: Mit dem Verkauf von Opium kann er die schwarzen Kassen der japanischen Militärs auffüllen. Drogen schwächen zudem das chinesische Volk, was den Japaner zum Vorteil gereicht und ihren Umsturzplänen in die Hände arbeitet. Außerdem lassen sich Spitzel und Informanten durch Opium herrlich manipulieren. Drogenabhängige Zuträger, Auftragskiller und brutale Geldeintreiber gehören jedenfalls zum Netzwerk dieses japanischen Generals. Aber er eröffnet auch Bordelle, in denen er russische Frauen arbeiten lässt, die ihm wertvolle Informationen über den Feind zutragen sollen. Wenn die Prostituierten sechs Opiumpfeifen an Kunden verkaufen, erhalten sie selbst eine Pfeife gratis.[5]

1931 wird Doihara innerhalb des japanisch-militärischen Geheimdienstes befördert und in die Hauptstadt der Mandschurei versetzt. Die verdorbensten japanischen Köpfe machten sich also daran, im Geheimen die japanische Invasion in der Mandschurei vorzubereiten. Zunächst wird eine rein militärische Lösung bevorzugt. Aber Doihara macht seinen Landsleuten eine andere Strategie schmackhaft. Es wird ein dreistes Husarenstück ausgeheckt. Pu Yi wurde einst von Chiang Kai-Shek und Konsorten übel abserviert. Aber der letzte chinesische Kaiser hat nie vergessen, aus welchem Geblüt er stammt. Wäre es nicht ein besonders gelungener Coup, wenn Pu Yi wieder auf einem Thron Platz nähme? Was spräche eigentlich dagegen, Pu Yi zum Kaiser der Mandschurei zu erklären? Damit würde er zumindest wieder einen Teil Chinas regieren – offiziell zumindest. Die Legitimität hätte Pu Yi. Das Volk würde ihm blind folgen. Man müsste lediglich sicherstellen, dass er am Gängelband der Japaner, also der Kempeitai, geführt werden könnte. Ja, ein Satellitenstaat, ein Marionettenstaat, das wäre die geschickteste Lösung für die Mandschurei! Die törichten Mandschus könnten sich mit ihrem Kaiser identifizieren und würden sich zufriedengeben. Und die Japaner würden im Hintergrund die Strippen ziehen.

Doihara plädiert also dafür, in der Mandschurei ein Marionettenregime zu etablieren, mit dem letzten chinesischen Kaiser an der Spitze. Und so überziehen die Japaner das Land zunächst mit einem regelrechten Werbefeldzug für den abgesetzten Monarchen. Wie erwartet stoßen sie auf offene Ohren, Pu Yi beziehungsweise die gesamte Dynastie stammt ja ursprünglich aus der Mandschurei. Der japanische Kaiser stimmt hinter den Kulissen zu. Eine regelrechte Verschwörung wird angezettelt. Doihara erhält Gelder, Munition und Waffen, um seine Absichten in die Tat umzusetzen. Nach einem Überfall, der angeblich dem Schutz einer Bahnlinie dient, übernimmt Doihara nach bewährter Manier die Funktion des Bürgermeisters in einer wichtigen mandschurischen Stadt. Wieder werden Ursache und Wirkung absichtlich verkehrt. Denn Doihara selbst muss ja nun wieder die Ordnung herstellen. Er organisiert eine schlagkräftige Polizeitruppe. In der Folge wird fast die gesamte Mandschurei von japanischen Militärs besetzt – der man jetzt den Namen Manschukuo gibt. Um dem Spiel einen legitimen Anstrich zu geben, muss der neue Staat jedoch ein chinesisches Staatsoberhaupt haben.

An dieser Stelle kommt Pu Yi in Spiel. Doch Pu Yi winkt ab – eine mittlere Katastrophe. Doihara fällt aus allen Wolken. Sein so schön gesponnenes Intrigennetz droht zu zerreißen. Und genau an dieser Schnittstelle tritt erneut unsere schöne Spionin auf den Plan.

DER SUPERCOUP

Möglicherweise teilt Yoshiko noch immer mit dem mächtigen Geheim-dienstchef Tanaka das Bett. Aber sie kommt auch mit General Doihara in Kontakt. Der ehrgeizige, korrupte, skrupellose Militär, der Drogendealer und Bordellbesitzer, der neun europäische Sprachen spricht und wie Yoshiko eine gefährliche Anziehungskraft hat, bittet sie, Pu Yi in die Mandschurei zu locken, andernfalls kann er seine schönen Pläne in den Wind schreiben. Er weiht sie ein: Pu Yi soll als neuer Kaiser von Manschukuo inthronisiert werden – als Marionette der Japaner.

In Hochgeschwindigkeit schließt sich Yoshiko mit Pu Yi kurz. Doch der entmachtete Kaiser zögert noch immer, auch wenn die Aussicht lockt. Insge-heim hat er nie den Wunsch aufgegeben, den Drachenthron wieder zu bestei-gen. Vielleicht ist die Mandschurei ein Sprungbrett. Aber er ist unsicher. Kann er es mit seiner Integrität vereinbaren, mit den Japanern zu kooperie-ren?

Yoshiko ergreift die Initiative, sie benutzt eine ebenso geniale wie verwerf-liche Taktik. Sie flunkert dem früheren Kaiser vor, sein Leben sei bedroht. Er müsse sofort fliehen. Ansonsten könne sie für nichts garantieren. Scheinbar bangt sie um sein Leben. Pu Yi erschrickt zu Tode, zögert aber immer noch. Yoshiko verleiht ihren Worten auf infame Weise Nachdruck: Heimlich legt sie dem Kaiser Giftschlangen ins Bett, um ihn davon zu überzeugen, dass sein Leben keinen Pfifferling wert ist, wenn er nicht sofort die Flucht ergreift. Denn er befindet sich ja noch immer auf chinesischem Boden, wenn auch nicht mehr in Peking. Außerdem entdeckt sie zufällig Bomben in seiner un-mittelbaren Umgebung. Sie täuscht sogar einen Angriff auf seine Palastwache vor. Sie kennt ja genügend Banditen, die ihr aus der Hand fressen und die das Ganovenstückchen inszenieren. Sie hat ihre Lektion bei der Kempeitai gelernt! Ursache und Effekt. Man muss sie lediglich umkehren. Pu Yi gerät in Panik. Die Einflüsterungen und Warnungen der schönen Spionin scheinen nicht aus der Luft gegriffen zu sein. Der Boden unter seinen Füßen wird heiß.

Yoshiko reibt sich die Hände. Alles, was zählt, ist der Erfolg. Ihre Überle-gung lautet: Der Zweck heiligt die Mittel. Schließlich gibt Pu Yi nach, als die Mordanschläge auf ihn nicht enden. Und so arrangiert die schöne Yoshiko die Flucht des Kaisers. Pu Yi wird im Kofferraum eines Autos versteckt. Die loyalen Wachen des Kaisers ahnen nicht das Geringste. Gekaufte Wachen, die vielleicht heimlich auf der Gehaltsliste der neuen chinesischen Machthaber stehen (Mao, Chiang), ahnen ebenfalls nicht, dass sich das wertvolle Unterpfand der chinesischen Monarchie in einer Nacht- und Nebelaktion davonstiehlt. Pu Yi verschwindet, der Erdboden verschluckt ihn scheinbar.

Yoshiko überredet auch die kaiserliche Gemahlin zu fliehen. Um ihr zu „helfen", tarnt sie sich als Taxifahrer. Die kaiserliche Gemahlin weiß natürlich nicht, dass sie an der Nase herumgeführt wird. Sie ist längst opiumsüchtig, ihr Verstand arbeitet nicht mehr richtig. In Wahrheit ist auch diese „Entführung" ganz und gar unnötig, sie ist lediglich eine große Show und ein glänzender Betrug. Aber Pu Yi und seine Gemahlin glauben der Prinzessin jedes Wort, schließlich stammt man aus dem gleichen Stall, aus der Qing-Dynastie. Der Kaiser wird mitsamt seiner Gemahlin zunächst auf einen japanischen Zerstörer gebracht, wo sie sich angeblich in Sicherheit befinden. Über Um- und Schleichwege schleust Yoshiko das Kaiserpaar bis in die Hauptstadt der Mandschurei. Der Coup gelingt.

Pu Yi hält niemanden für loyaler gegenüber der chinesischen Monarchie als Yoshiko. Also belohnt er sie reich. Er ernennt sie zur Kommandeurin. Yoshiko, die begabte Intrigantin, steigt auf zur Leiterin des weiblichen Hofstaates des Mannes, der bald erneut Kaiser sein wird. Pu Yi ahnt nicht, dass er eine Schlange am Busen nährt.

Das Volk in der japanischen Mandschurei, in Manschukuo, jubelt. Vielleicht ist die Qing-Dynastie doch noch nicht dem Untergang geweiht! Vielleicht gelingt eine Restauration der alten kaiserlichen Herrlichkeit? Das Joch der Japaner lässt sich nun leichter ertragen, denn an der Spitze steht wieder ein mandschurischer Kaiser. Aber schon bald erfährt Pu Yi, dass er nur eine Marionette ist. Er ist nicht viel mehr als ein Gefangener des japanischen Geheimdienstes, der ihn als Gallionsfigur schamlos missbraucht. Pu Yi ist lediglich ein Propaganda-Esel.

AUF DEM GIPFEL

Yoshiko allerdings hat sich das Vertrauen der Japaner erworben. Sie wird gefeiert. Sie wird mit Champagner übergossen. Jetzt ist sie ein hochrangiger Offizier der japanischen Armee. Die Japaner verlieren dabei ihr wahres Ziel nie aus den Augen – ganz China an sich zu bringen. Yoshiko ist nur eine Herzdame in diesem gefährlichen Spiel. China muss gedemütigt und in die japanische Tasche gesteckt werden. Voller Verachtung blicken sie auf das zerrissene China, wo Mao mit seinem Kommunismus die Seelen vergiftet, von der Opiumseuche ganz abgesehen. Ja, sie selbst, die Japaner, sind die überlegene Rasse! Niemand kann ihnen das Wasser reichen.

Die japanischen Truppen rücken weiter vor. Warum soll man sich nur mit dem Nordosten Chinas und der Mandschurei zufrieden geben? Was ist mit der Mongolei? Liegt sie nicht ebenfalls wie ein Festtagsbraten direkt vor der Haustür? Wartet der Braten nicht nur darauf, verspeist zu werden? Die Japaner stoßen mit ihren Truppen in den Süden vor.

Begeistert ist Yoshiko wieder mit von der Partie. Sie befehligt nun rund 4000 Männer, die ihr bedenkenlos in jede Schlacht folgen. Ihre Soldaten bestehen aus ehemaligen Banditen, Räubern, Mördern und allerlei Gesindel. Das macht Yoshiko noch exotischer. Erst jetzt wird sie zur ganz großen Legende. Sie trinkt in vollen Zügen aus dem Becher des Ruhmes. Der Saft berauscht sie. Gazetten berichten über sie, einige Journalisten überschlagen sich vor Begeisterung. Das ist der Stoff, aus dem Hollywood-Dramen gemacht sind! Kein Dichter hätte ihre Geschichte besser ersinnen können. Yoshiko ist ein Phänomen. Sie blendet alle mit ihrer Schönheit, aber auch mit ihren gewagten Unternehmungen. Sie spricht im Radio. Sie tritt bei öffentlichen Veranstaltungen auf. Yoshiko, die mandschurische Prinzessin, gerät zu einer VVIP. Man reißt sich um sie. Sie selbst beginnt, an ihrer eigenen Legende zu stricken. Halbwahres und Unwahres wird erfunden und der Presse zum Fraß vorgeworfen. Die Welt liegt ihr zu Füßen.

MACHTSPIELE

In der Mandschurei sorgt Doihara inzwischen dafür, dass alles nach Plan verläuft. Genüsslich erinnert er sich: Bei den Schein-Attentaten auf den Kaiser spielte auch er eine wichtige Rolle. War er nicht der eigentliche Ideengeber und Drahtzieher des ganzen Komplotts?

Jetzt muss der Kaiser kirre gemacht werden. Pu Yi ist dem Opium ebenfalls verfallen, wenn auch nicht so stark wie seine kaiserliche Gemahlin. Doihara überzieht die Mandschurei mit einer Welle der Gewalt. Wieder wird der Ruf nach Sicherheit laut. In der Folge kann der intrigante General die japanische Garnison in der Mandschurei verstärken.

Aber erstmalig regt sich ernsthafter Widerstand. National gesinnte Chinesen organisieren einen Gegenangriff im Süden der Mandschurei. Doihara schlägt brutal zurück. Eine chinesische Stadt nach der anderen wird von seinen Spitzeln und Agenten unterwandert. Er holt zusätzliche japanische Truppen ins Land. Gleichzeitig stampft er eine mandschurische Armee aus dem Boden. Das hilft, die Fassade aufrechtzuerhalten. Der geplante Marionettenstaat Manschukuo muss dem Anschein nach unabhängig sein und eine eigene Armee besitzen.

Offiziell wird der neue Staat Manschukuo im Februar 1932 proklamiert. Pu Yi wird zunächst als Präsident des Staates Manschukuo vereidigt. Nun können die Japaner die Industrie, die Landwirtschaft, die Städte und die Häfen herrlich ausbeuten.

Nach außen hin wird das Schurkenstück so dargestellt, als seien die Japaner den Mandschus nur zu Hilfe geeilt. Über die Medien lässt man verlautbaren, dass das Land von chinesischen Warlords zerrissen wurde und man lediglich die Ordnung wiederhergestellt habe. In Wahrheit ziehen die Japaner hinter den Kulissen die Strippen. Dennoch: Der Schein auch gegenüber der internationalen Gemeinschaft muss unter allen Umständen aufrecht erhalten werden. Man lügt in beide Richtungen: nach innen und nach außen.

Der chinesische Widerstand wird mit aller Härte bekämpft. Die Erträge aus dem Schlafmohn, der für die Herstellung von Opium notwendig ist, werden von den japanischen Militärs dazu verwendet, die eigenen Soldaten zu finanzieren.

Aber an allen Ecken und Enden brennt es. Einige Chinesen verbünden sich nur scheinbar mit den Japanern, um ihnen in der Folge in den Rücken zu fallen. Kriege und Scharmützel folgen. Ein chinesischer General flieht in die Sowjetunion, um hier Verbündete zu gewinnen. Geheimgesellschaften, die in China Tradition besitzen und so zahlreich sind wie Sand am Meer, machen gegen die verhassten Japaner mobil.

Die Mandschu selbst erkennen, dass sie betrogen worden sind. Außerdem ist die Unterdrückung durch die Japaner grausam. Ein Aufschrei des Protestes erhebt sich.

Doihara baut ein wahres Netzwerk an Spitzeln und Schlägertrupps auf. Sogar japanische Gangstervereinigungen, wie die schreckliche Yakuza, kommen zum Einsatz. Sie bekämpfen mit aller Brutalität die Mandschus und suchen deren Widerstand zu brechen. Doihara arbeitet mit den Mitteln der Bedrohung, der Erpressung, des Mordes und der Bestechung. Dabei ist er selbst ein Erzfaschist. Überall erzählt er das Märchen von der Überlegenheit der japanischen Rasse. Zuletzt verfügt er über ein ganzes Heer von Spitzeln und Provokateuren, die jederzeit, auf Abruf, Unruhen schüren können, woraufhin die Japaner wieder Ordnung schaffen müssen.

Immer wird der gleiche Polit-Trick bemüht.

DER ABSTURZ

Yoshiko dagegen ist eine kleine Erholungspause vergönnt. Sie verliebt sich unsterblich in eine andere Frau, die jedoch genauso sprunghaft und ruhelos ist wie selbst. Das Verhältnis zerbricht und bleibt nur tränenreiche Episode.

Gleichzeitig erschüttert China ein politisches Erdbeben nach dem anderen. Japanische Truppen stoßen überall mit chinesischen Revolutionsarmeen zusammen. Vielleicht ist das Riesenreich China doch ein zu dicker Brocken für die Japaner? Jedenfalls bleibt er ihnen allmählich im Hals stecken. Yoshiko informiert den japanischen Premierminister direkt und unmittelbar über einige Vorgänge in China – und stößt damit verschiedene japanische Militärs vor den Kopf. Ihre Informationen durchkreuzen die Absichten verschiedener aggressiver Kommissköppe. Yoshiki fällt in Ungnade. Die Militärs diskutieren darüber, ob man sie nicht einfach beseitigen solle. Aber schließlich gibt man sich in den Kreisen der japanischen Generäle damit zufrieden, sie zu verbannen.

Ihre steile Karriere scheint beendet. Doch in der Hexenküche China brodelt es weiterhin. Und so holt man die Meisterspionin schließlich zurück, man erinnert sich an sie, um sich ihrer erneut skrupellos zu bedienen.

Yoshiko soll in Peking gewisse Informationen über Chinesen sammeln. Die schöne Spionin sieht ihren Stern noch einmal aufgehen. Eilends begibt sie sich in die chinesische Hauptstadt. Dort quartiert sie sich in den feinsten Nobelhotels ein. Erneut umgibt sie sich mit allem erdenklichen Luxus. Stammt sie nicht aus kaiserlichem Haus? Steht Luxus einem Symbol nicht zu, das Schönheit, Reichtum, und Intelligenz zugleich repräsentiert?!

Abermals zieht Yoshiko etliche Männer am Gängelband hinter sich her. Aber auch schöne, einflussreiche Frauen erfreuen sich ihrer Gunst. Sie führt das Leben einer amoralischen Fürstin.

Um das notwendige Kleingeld für ihren aufwendigen Lebensstil aufzubringen, lässt sie auf verschiedenen Kanälen durchsickern, dass sie gegen die entsprechende Bezahlung das Leben verschiedener Häftlinge retten könne, die der Sabotage oder Spionage angeklagt seien. Sofort werden ihr die Hände gesalbt. Eine weitere lukrative Einnahmequelle tut sich auf, als sie die Nachricht verbreiten lässt, sie könne Geschäftsleute schützen, die verdächtigt würden, gegen die Japaner Stellung zu beziehen. Regelrechte Schutzgelder, wie sie eigentlich nur die Gangsterorganisation der Yakuza oder die Mafia kennt, werden von ihr abgepresst. Zudem spioniert sie weiter für die Japaner. Aber eine Spionin, die so bekannt ist wie die schöne Yoshiko, verletzt natürlich das ungeschriebene erste Gesetz der Spionage: dass man unauffällig operieren und unsichtbar bleiben muss.

Yoshiko ficht das alles nicht an. Sie glaubt, sie stehe über den normalen Gesetzmäßigkeiten. Dabei ist sie längst am untersten Ende der Leiter angekommen. Sie verliert den Bezug zur Realität und ist wie trunken von ihrer eigenen Bedeutung, obwohl sie mittlerweile nur noch eine schäbige Erpresserin und eine kleine Hure ist, die mit beiden Geschlechtern ins Bett geht. Zudem ist sie eine Verräterin und inzwischen drogensüchtig.

1945, als der Zweite Weltkrieg endet, bricht das Chaos aus. Die Mandschurei, geschändet und ausgebeutet, kollabiert. Sowjetische Truppen besetzen das Land, Stalin ist ja der große Sieger. Der größenwahnsinnige Stalin glaubt, dass er nun die Welt regiert.

1946 fällt die Mandschurei wieder zurück an China. Mao und Chiang Kai-Shek bekämpfen sich dort nach wie vor bis aufs Messer, aber langsam zeichnet sich Maos Sieg und der des Kommunismus ab. Die Erde Chinas färbt sich blutig rot. Da passiert es.

DAS ENDE

Schon im November 1945 wird Yoshiko Kawashima gefangengenommen. Die wilde Rebellin wird von den Chinesen verhaftet. Die Anklage lautet: Spionage. Kein Japaner kann ihr mehr helfen, denn Japan ist durch die Bomben von Nagasaki und Hiroshima vollständig gelähmt. Yoshiko selbst ist innerlich zermürbt, das vertrackte Opium trägt sicherlich seinen Teil dazu bei. Sie sei ein „aufgedunsenes, syphilitisches Monster"[6], schreibt ein Journalist hämisch.

Yoshiko, die schöne, hässliche Yoshiko, wird ins Gefängnis geworfen. 1947 stellt man sie vor ein Militärtribunal. Sie wird angeklagt, chinesische Geheimnisse verraten zu haben. Außerdem habe sie Pu Yi dabei unterstützt, in der Mandschurei nach der Macht zu greifen. Yoshiko wird als Chinesin behandelt, nicht als Japanerin – eine japanische Identität hätte ihr vielleicht den Hals retten können, denn Spione können ausgetauscht werden. Verzweifelt bittet sie ihren Ziehvater, ihr die entsprechenden (japanischen) Dokumente zu senden, aber sie erhält keine Hilfe. Da sie keine schriftlichen Beweise vorlegen kann, dass sie japanisch erzogen wurde und folglich als Japanerin behandelt werden muss, gilt sie als Verräterin des eigenen Volkes. Die Ankläger dringen auf ihren Tod. Nach drei Verhandlungstagen fällt die Entscheidung: Yoshiko muss sterben.

Kurz vor der Hinrichtung notiert Yoshiko ihren letzten Wunsch: „Hebt die Knochen meines Vaters Prinz Su und meines Lieblingsaffen Fuku aus und vergrabt sie zusammen mit meinen. Ich will nicht mit Menschen begraben werden, ein Affe reicht aus. Affen sind ehrlich und aufrichtig."[7] Große Gesten und große Worte, selbst noch, als bereits alles verloren ist.

Am 25. März 1948 wird sie im Morgengrauen unsanft geweckt. Man zwingt sie, die Gefängnisuniform überzustreifen – sie, die sich einst in den prächtigsten Kleidern der Welt bewegte und der alle zu Füßen lagen. Von Soldaten eskortiert führt man sie nach draußen auf den Richtplatz. Ein Schuss zerreißt die Stille. Er trifft sie im Genick. Sie fällt vornüber. Yoshiko Kawashima, die berühmteste Spionin Japans, ist tot.

GESCHICHTE UND GERECHTIGKEIT

Yoshikos Schicksal bezeichnet nur das scheinbare Ende, denn Geschichte bleibt nie stehen. Tragen wir also die Bewegungen der anderen Figuren auf dem Schachbrett nach, die mit Yoshiko in Berührung kamen. Einige sind höchst aufschlussreich. Sie beweisen, dass Geschichte manchmal furchtbar gerecht sein kann. Richten wir den Blick zunächst nach Japan.

JAPAN: DIE WENDE

Nach 1945 liegt Japan am Boden, die Niederlage könnte nicht vollkommener sein. Jetzt haben die US-Amerikaner das Sagen. Sofort suchen sie nach den Verantwortlichen, nach den Kriegsverbrechern.

Kenji Doihara, Yoshikos Geheimdienstverbindung, der brutale, hinterlistige Top-Spion und General in Personalunion, der die Besetzung der Mandschurei vorangetrieben hat, wird 1946 bis 1948 der Prozess gemacht. Man brandmarkt ihn als Kriegsverbrecher und verurteilt ihn zum Tode.

Ryukichi Tanaka, der große Mann mit dem tonnenförmigen Brustkorb, der Chef des furchtbaren japanischen Geheimdienstes, der Yoshiko in einer wilden Liebesaffäre verbunden war, zitiert man ebenfalls vor den Kadi. Tanaka versucht sich reinzuwaschen und bezichtigt seine japanischen Mitspione der schwersten Verbrechen. Er sucht jede persönliche Schuld abzuwälzen. Als Lover, Mentor und zeitweiliger Finanzier Yoshikos genießt er besondere Aufmerksamkeit. Es stellt sich heraus, dass er verrückt nach Yoshiko war, zeitweise war er ihr sogar sexuell hörig. Aber alle Ausflüchte und Rechtfertigungsversuche wischen die Amerikaner beiseite. Auch er wird zum Tode verurteilt.

Hideki Tojo, der General der kaiserlichen japanischen Armee, der 1940 sogar als japanischer Kriegs- und Premierminister fungierte und das Land in den Krieg drängte, wird von den Amerikanern ebenfalls ins Visier genommen. Er allein war für die Entstehung eines militaristischen Japans verantwortlich. Nach 1945 wird er per Haftbefehl gesucht. Er versucht sich durch Selbstmord aus der Affäre zu ziehen und schießt sich in die Brust. Doch die Kugel verfehlt sein Herz. Er wird aufgespürt und ins Krankenhaus gebracht, wo er genest. Daraufhin landet er im Gefängnis. Wenig später klagt man ihn zahlreicher Kriegsverbrechen an. Er wird vor Gericht für schuldig befunden, den China-Konflikt geschürt und den Krieg im Pazifik vom Zaun gebrochen zu haben. Die Ermordung von mindestens 4 Millionen Chinesen geht auf sein Konto. Er stimmte sogar biologischen Experimenten zu, also Menschenversuchen an Kriegsgefangenen. Und er ließ zahlreiche chinesische Zwangsarbeiter nach Japan verschleppen. Der Massenmörder Hideki Tojo wird zum Tod durch den Strang verurteilt und hingerichtet.

Kaiser Hirohito dagegen gelingt es, sich aus der Verantwortung zu stehlen. Von verschiedenen Seiten werden Anstrengungen unternommen, Hirohito reinzuwaschen. Er versuchte zwar zeitweise die japanische Aggression einzudämmen, aber erstens griff er nicht konsequent durch und zweitens segnete er verschiedene Untaten persönlich ab. Vor allem aber gebot er Hideki Tojo keinen Einhalt. Von einem Management-Standpunkt aus geurteilt ließ er sich die Zügel aus der Hand nehmen und versagte auch in dieser Beziehung. Als einzige Strafe wird er gezwungen, öffentlich zu bekennen, nicht göttlicher Abstammung zu sein. Dass er nicht göttlich ist, wird spätestens 1987 ohnehin deutlich, als seine Ärzte Krebs an seinem Zwölffingerdarm entdecken. Japanischer Tradition gemäß wird ihm dieser Umstand jedoch verschwiegen. Er stirbt nach einer Operation im Jahre 1989.

Richten wir übergangslos den Blick nach China.

CHINA: EINE NEUE ÄRA

Auch in China bricht eine neue Zeit an. Im Land der Mitte kämpfen noch immer Chiang Kai-Shek und Mao Zedong erbittert gegeneinander. Der chinesische Bürgerkrieg dauert von 1927 bis 1949, aber bereits 1946 zeichnet sich ab, dass Mao die Oberhand behält.

Was geschieht mit denjenigen, die Yoshikos Leben beeinflussten?

Pu Yi, der letzte Kaiser von China, regiert eine Weile als Marionette der Japaner in Manschukuo. Hinter den Kulissen ziehen die Japaner an den Strippen dieser monarchischen Puppe. Zunächst richtet sich Pu Yi in der (neuen) Hauptstadt der Mandschurei ein und hält Hof. Zu Beginn hofft er, eines Tages noch einmal eine wichtige Rolle in der Geschichte spielen zu können. Aber Manschukuo dient den Japanern nur als Sprungbrett. In Wahrheit wollen sie eines Tages ganz China unterwerfen.

1934 wird Manschukuo offiziell zur Monarchie erklärt. Pu Yi krönt man zum Kaiser. An seinem Hof befinden sich zahlreiche japanische Spitzel, wichtige Entscheidungen trifft er nie.

Als Japan 1945 besiegt wird, marschieren die Russen in Manschukuo ein. Die Japaner vermeiden einen Zusammenstoß mit den Sowjets und ziehen sich rasch aus dem Land zurück. Pu Yi flieht ebenfalls aus seinem Palast und versucht, sich nach Japan abzusetzen. Während der Flucht dankt er formell ab und erklärt öffentlich, die Mandschurei gehöre zu China. Doch auch er wird gejagt und aufgespürt, die Sowjets nehmen ihn gefangen. Pu Yi gerät in russische Kriegsgefangenschaft. Von den japanischen Kriegsverbrechen spricht er sich zwar frei, aber er urteilt später: „I shamlessly became a leading traitor, and the cover for a sanguiary regime which turned larger parts of my country into a colony and inflicted ... sufferings on thirty millions of my [people]. – Ohne jede Scham mutierte ich zu einem Verräter und diente als Feigenblatt für ein blutrünstiges Regime, das größere Teile meines Landes in eine Kolonie verwandelte, was zu den Leiden von 30 Millionen Landsleuten führte."[8]

Immerhin eine ehrliche, wenn auch verspätete Einsicht.

Nach dem Sieg der Mao-Kommunisten in China wird er in die Volksrepublik überstellt. Dort wandert er erneut ins Gefängnis. Pu Yi wird nun im Sinne des Kommunismus „umerzogen". Er soll zu einem guten Bürger des neuen China heranreifen. Alle Privilegien werden ihm abgesprochen, auch darf ihm kein Chinese mehr dienen. Schriftlich muss er Selbstkritik üben. Nach neun harten Jahren im Gefängnis wird er von Mao begnadigt und 1959 aus dem Gefängnis entlassen. Er erhält eine Anstellung als Gärtner in einem Botanischen Garten. Später darf er als Archivar für Geschichte an einer Pekinger Universität tätig werden. 1967 stirbt Pu Yi eines natürlichen Todes.

Chiang Kai-Shek, der Marschall, der Generalissimus, der Militär, verliert den Krieg gegen Mao und zieht sich auf die Insel Taiwan zurück, wo er teilweise wie ein Diktator regiert. Unterstützt von den Vereinigten Staaten von Amerika gibt er jedoch seinen Anspruch auf das restliche China nie auf.

Als Mao 1964/65 die erste chinesische Atombombe zündet, wird dessen Volksrepublik von immer mehr Staaten anerkannt, obwohl Maos China weder eine Republik ist noch dem Volke dient, sondern nur eine lupenreine, furchtbare, kommunistische Diktatur ist. Taiwan und Chiang dagegen geraten immer mehr ins Abseits. Chiang Kai-Shek stirbt 1975 eines natürlichen Todes, sein Herz bleibt einfach stehen.

Mao Zedongs Triumph währt ebenfalls nicht übermäßig lange. Er entscheidet zwar den chinesischen Bürgerkrieg für sich, aber um welchen Preis! Er nimmt den Tod von Millionen Menschen in Kauf und impft dem chinesischen Volk den verrückten Kommunismus ein. Das führt zu zahlreichen wirtschaftlichen Schäden und dadurch wird die jahrtausendealte, ehrwürdige Kultur Chinas unterdrückt.

Historiker rechnen später aus, dass es in Maos Phase der Machtfestigung rund 8 ½ Millionen Todesopfer gibt, die darauffolgende Phase 20 bis 40 Millionen Tote fordert und in der dritten und letzten Phase seines Lebens, in der Hungersnöte grassieren, rund 11 Millionen Chinesen sterben. Andere Wissenschaftler sprechen von insgesamt 76 bis 80 Millionen Toten, die Mao zu verantworten hat.[9] Mao ist ein Großverbrecher. Die Mao-Morde sind bis heute nicht sauber in China aufgearbeitet.

Mao selbst stirbt 1976, ein Jahr nach dem Tod seines großen Gegenspielers Chiang. – Selbst Sieger sind nicht unsterblich.

STALINS SCHICKSAL

Den Lebensweg des brutalen Stalin zeichneten wir bereits ansatzweise am Anfang dieses Kapitels nach.

Stalin erleidet das elendste Schicksal, das man sich vorstellen kann. Er hat zu viele Morde auf dem Gewissen. Er beginnt, unter Verfolgungswahn zu leiden, wie viele Cäsaren vor ihm. Hinter jeder Ecke vermutet er einen Verräter. Und so lässt er foltern und gefangen setzen und hinrichten. Selbst seine engsten Vertrauten sind nicht mehr sicher vor ihm. Hinter jedem Gesicht vermutet er einen Feind – dabei hat er nur einen einzigen wirklichen Feind: sich selbst. 1953 erleidet Stalin einen Schlaganfall und stirbt wenig später. Solschenizyn vermutet, dass bei Stalins Tod (1953) fremde Hände nachhalfen, aber die Quellenlage ist nicht eindeutig. Doch dazu später mehr.

Wie sieht Stalins Bilanz aus?

Der emigrierte Statistikprofessor Kurganow rechnete vor, dass von Beginn der Oktoberrevolution 1917 bis zu Stalins Tod und ein wenig darüber hinaus rund 66 Millionen Menschen in der Sowjetunion ums Leben kamen. 10 Millionen Tote gehen auf Lenins Konto, 56 Millionen auf Stalins Konto. Die Zahlen variieren von Wissenschaftler zu Wissenschaftler.[10]

VORLÄUFIGES FAZIT

Und so erkennen wir, dass selbst die Sieger letztendlich betrogen werden – und sei es nur durch den eigenen Tod. Für viele Kriegsverbrecher enden die Machtspiele unmittelbar am Galgen. Sobald ihre Schandtaten offenbar werden, bleibt ihnen nur die Wahl zwischen dem Strick und der Kugel.

Yoshiko versuchte, geschickt zwischen all diesen Gangstern, Ganoven und Großverbrechern zu jonglieren – was natürlich misslang. Sie hatte anfangs keine Ahnung, wie es wirklich in den höchsten Kreisen zuging, in denen selbst ein paar Millionen Tote mit einem Schulterzucken abgetan warden – auch und vor allen in den Kreisen der bestialischen, sadistischen Geheimdienste sowie im Umfeld der Militärs. Yoshiko geriet zum Spielball all dieser

Schurken, Massenmörder und Intriganten. Von einigen lernte sie das Handwerk. Dennoch trägt sie Schuld – womit wir bei der Bewertung unserer schönen Spionin.

DIE GESCHICHTLICHE WAHRHEIT

Bevor wir den Versuch unternehmen, Yoshiko noch einmal unter dem Vergrößerungsglas zu betrachten und ein Urteil sprechen, müssen wir ein paar Takte einfügen, was die geschichtliche Wahrheit unserer Darstellung betrifft.

Im Allgemeinen erhöht sich der historische Wahrheitsgehalt, je näher wir uns Richtung Gegenwart bewegen. Geschichte vor 500 Jahren dagegen oder gar vor 5000 Jahren ist eine höchst unsichere Angelegenheit – ganz einfach weil es noch keinen Buchdruck gab, weil die Dokumente spärlicher sind und die Quellenlage oft erbärmlich.

Was unsere Meisterspionin angeht, müssen wir in puncto Wahrheitsgehalt ebenfalls Zurückhaltung üben. Denn wir sprechen weder Mandarin, noch sind wir der japanischen Sprache mächtig und konnten Quellen nicht im Original einsehen. Noch wichtiger aber ist der Umstand, dass wir bei dieser Biografie mit mindestens drei Geheimdiensten zu tun haben, die alle logen, dass sich die Balken bogen: mit dem japanischen, dem chinesischen und dem russischen Geheimdienst. Innerhalb von Geheimdiensten wird die Wahrheit systematisch und mit Absicht verdreht. Alle haben eigene Desinformations-Abteilungen, in denen eine geschickte, verlogene Propaganda höchste Tugend ist. Die Wahrheit wird hier mit teuflischer Präzision zu Grabe getragen. Es gibt hier ein eigenes Know-how, das verrät, WIE man glaubhaft lügt. Propaganda, Schwarze Propaganda und Gegenpropaganda gehören also zum Repertoire von Geheimdiensten … und auf solche elenden Quellen mussten wir uns zum Teil verlassen.

In der untersuchten Periode wurde speziell in Manschukuo die Wahrheit ständig unter den Teppich gekehrt, da man den Mandschus die japanische Herrschaft schmackhaft machen wollte.

Realisieren wir in aller Schärfe: Immer wenn wir es mit Geheimdiensten, mit Agenten und mit Spionen zu tun haben, müssen wir darauf gefasst sein, dass auf Teufel komm raus gelogen wird. Die Lüge wird in diesen Kreisen angebetet. Es gibt regelrechte Desinformations-Techniken. Wir wissen inzwischen, dass Ursache und Wirkung von Agenten absichtlich durcheinandergewirbelt werden, um die Wahrheit zu vertuschen. Wir wissen um die Macht des unaufhörlichen Bombardements durch Zeitungen, Film und Radio, indem zum Beispiel bestimmte Slogans immer wieder eingehämmert werden. Es wird mit Schwarz-Weiß-Zeichnungen gearbeitet, man spielt auf dem Klavier der Emotionen und der Vorurteile. Taten werden falschen Drahtziehern und Gruppierungen in die Schuhe geschoben und so fort. Es gibt eigene Verwirrtechniken innerhalb der Geheimdienste, Falschmeldungen, bestochene und bezahlte Quellen – kurz wir begegnen hier dem ganzen Sammelsurium der Lüge, wir begegnen der hohen Schule der Lüge.

Deshalb wundert es nicht, dass Yoshikos Biografie von verschiedenen Quellen völlig unterschiedlich dargestellt wurde. In China blieb sie eine niederträchtige Verräterin, in Japan urteilte man etwas unparteiischer über sie – aber aufgrund des verlorenen Krieges sank auch hier das Image der Militärs und der Spione auf den Nullpunkt.

Hinzurechnen muss man die Politik der Gegenwart sowie den Zeitgeist – alles Faktoren, die ebenfalls bestimmten Tendenzen und Halbwahrheiten Vorschub leisteten.

Aber sogar Buchautoren, die sich im Allgemeinen der Wahrheit stärker verpflichtet fühlen als etwa Journalisten, urteilten ganz gegensätzlich über Yoshiko Kawashima. Autor Phillys Birnbaum beispielsweise, den wir auszugsweise zitierten, belehrt uns, dass Yoshikos Vater, Prinz Su, 38 Kinder hatte, von fünf Müttern – nicht nur 14 Kinder.[11] Er berichtet weiter, dass Yoshiko stets nur in Männerkleidung zur Schule ritt, und viele andere Details mehr, die in anderen Publikationen nicht zu finden sind oder sogar im Widerspruch zu bestimmten Aussagen stehen.

Selbst Yoshikos private Papiere verschaffen uns keine völlige Gewissheit.[12] Im Gegenteil. Yoshiko war schließlich selbst eine Agentin und Spionin – und lernte frühzeitig, wie man gekonnt log. Viele beschuldigten sie deshalb der gefärbten Darstellung und warfen ihr vor, ihre Heldentaten schamlos übertrieben zu haben, um sich ins rechte Licht zu rücken. Angezweifelt wurde unter anderem ihre Vergewaltigung, die nicht hundertprozentig gesichert ist.

Nicht alle Autoren glauben das. Auch der Supercoup, als Yoshiko angeblich den letzten Kaiser Pu Yi im Kofferraum eines Autors aus seinem Palast entführte, wird von einigen Rechercheuren infrage gestellt. Lediglich ihre zahlreichen Affären zu Vertretern beiderlei Geschlechts scheinen festzustehen sowie der Umstand, dass sie für Japan spionierte. Während die einen sie als blaublütige Prostituierte bezeichneten, sehen andere in ihr eine Heldin, die Unsterblichkeit verdient.

Trotz dieser Einschränkungen muss man jedoch ein Urteil wagen.

DIE SCHULD DER SCHÖNEN YOSHIKO

Zugegeben: Die Zeitläufe waren entsetzlich. Yoshiko saß zwischen allen Stühlen. Überall sah sie sich von Spionen und skrupellosen Politikern umgeben. Massenmörder und Großverbrecher hielten die Macht in den Händen: Hideki Tojo in Japan, Mao und Chiang in China sowie Stalin in der Sowjetunion. Überall trieben Geheimdienste ihr schreckliches Spiel. Bestialisch folterten und töteten sie Menschen. Es gab kein schmutzigeres Geschäft in dieser Zeit als die Unternehmungen der Geheimdienste, die gleichzeitig die Massen in großem Stil irreführten und mit verlogener Propaganda überschütteten, einlullten und manipulierten.

In diesem Sumpf versuchte Yoshiko, sich zu behaupten, zu überleben. Trotz der widrigen Umstände kann man die Meisterspionin allerdings nicht von jeder Schuld freisprechen. Selbst wenn es der Wahrheit entspricht, dass ihr Adoptivvater sie vergewaltigte, nachdem sie ihr leiblicher Vater einer fremden Familie übergeben und halb verkauft hatte, rechtfertigt das nicht den geradezu zwanghaften, wahllosen Geschlechtsverkehr mit Männern und Frauen gleichermaßen. Es gibt Zeitgenossen, denen Schlimmeres widerfahren ist, und die trotzdem ein anständiges Leben führten.

Später schlief Yoshiko berechnend mit hochrangigen Vertretern des japanischen Geheimdienstes. Offenbar avancierte sie zu einer Expertin in Sachen Sex, denn einige Männer wurden regelrecht süchtig nach ihr. Sie wechselte ihre Geschlechtspartner öfter als ihre Affen, die sie mehr liebte als die Menschen. Kurz gesagt war sie manisch promiskuitiv und bisexuell. Sie besaß keine Moral, keine Loyalität und keine Ehre. Wenn man selbst jedoch anderen gegenüber nicht loyal ist, kann man auch keine Loyalität erwarten. Sie degradierte sich ständig selbst und verkam am Schluss zu einer kleinen Qing-Hure, mit der jeder ins Bett steigen durfte, wenn er ihr nur genug Geld bezahlte. Sie beschmutzte bedenkenlos den ehrwürdigen kaiserlichen Namen, um sich selbst die Taschen zu füllen. Sie hatte keinerlei Scham und keinerlei Stolz, wenn es darum ging, das Lager mit einem Mann zu teilen, der ihr angeblich weiterhelfen konnte. Bei Licht betrachtet war sie nichts als eine hochintelligente, gerissene, gewissenlose Edelprostituierte.

Von ihren Liebhabern lernte sie das schmutzigste aller Handwerke: die Spionage. Und so gehörten die Lüge, die Täuschung, die Umkehrung von Ursache und Wirkung zu ihrem Tagesgeschäft, ja sogar Erpressung und möglicherweise Mord. Sie allein ließ sich auf das gefährlichste aller Spiele ein. Sie gewann Unsummen von Geld – und verlor dabei ihre Seele. Nie fiel es ihr ein, sich von den Mordgesellen zu distanzieren und von dem ehrlosen Spitzelgeschäft Abstand zu nehmen. Im Gegenteil: Sie suchte tiefer und tiefer in diesen Sumpf vorzudringen und alle verbrecherischen Methoden zu lernen.

Gleichzeitig war Yoshiko trunken von ihrer Bedeutung, von ihrem Image, von der Tatsache, dass sie kaiserlichen Geblüts war. Sie glaubte, weit über den Normalsterblichen zu stehen – und nutzte ihr Image kalt kalkulierend aus. Sie als Opfer hinzustellen, kann nur jemandem einfallen, der selbst Ursache und Wirkung nie wirklich auseinanderdividiert hat. Es sind eben nicht die Umstände, die Gesellschaft oder die Zeit, die schuldig zu sprechen sind. Das hieße ja, jeden freien Willen auszuschließen.

Frühere falsche, verlogene Propaganda hatte die kaiserliche Familie Qing scheinbar über jede moralische Messlatte hinausgehoben. Lange glaubte man in Asien, genau wie in Europa, dass die Monarchen von den Göttern abstammten oder zumindest mit deren Zustimmung regieren. Und so verfiel auch Yoshiko diesem Märchen, das keiner eifriger wiederkäute als sie selbst. Sie nutzte ihren großen Namen eiskalt aus, um sich Vorteile zu sichern, Geld zu scheffeln und immer höher aufzusteigen. Dabei konnte sie Geld nie festhalten und nie damit umgehen, wie das bei den meisten Gangstern und Ganoven der Fall ist. Und so stieg sie immer wieder in alle möglichen Betten, um in der ersten Liga mitzuspielen und eine große Show inszenieren zu können. Sie zu bemitleiden ist also falsch. Sie war hinterlistig, verlogen und raffgierig. Das beweisen ihre letzten Schandtaten, als sie sogar Schutzgelder erpresste, nur um ihren aufwendigen Lebensstil zu finanzieren. Gleichzeitig war sie berauscht von ihrem Ruhm als Spionin der Japaner. Mit der Zeit konnte sie wohl selbst nicht mehr Wahrheit von Lüge unterscheiden. Sie begann an ihre Fantasien und Schwindeleien zu glauben, die sie einigen Reportern hinwarf. Ihre Lügen in Verbindung mit dem schrecklichen Opium bewirkten, dass die Wirklichkeit zuletzt quasi vor ihren Augen verschwamm und ihr der Realitätssinn abhandenkam.

Hätte sie ihre kaiserliche Arroganz abgelegt und ihre Sucht nach Ruhm eingedämmt, hätte sie versucht, auf ehrliche Weise ihren Lebensunterhalt zu verdienen, wäre ihr Leben anders, besser und glücklicher verlaufen. So aber bemühte sie sich nur, andere auszunutzen und noch mehr und schlimmere Tricks zu erlernen, von den Gangstern und Schwerverbrechern, mit denen sie ins Bett stieg. Angesichts ihrer hohen Herkunft und ihrer Intelligenz hatte sie alle Chancen der Welt, aber sie verspielte sie ausnahmslos. Ihr Leben hätte trotz der Zeitumstände ehrenvoll sein können, wenn sie sich nicht mit dieser elenden, widerlichen Geheimdienst-Bagage abgegeben hätte.

WAS WÄRE WENN …?

Und so sollten wir ein neues intellektuelles Spiel erfinden, das da heißt: „Was wäre wenn …?" oder „Wie hätte man in einer bestimmten Situation besser, anders, klüger reagieren können?" Man kann theoretisch in den Kopf jeder Person der damaligen Zeit schlüpfen. Man kann versuchen, eine andere Person zu sein, und überlebensfreundlichere, intelligentere Entscheidungen treffen und künftige Handlungslinien erfinden. Man kann das reizvolle Unternehmen wagen, sich auszurechnen, inwiefern bestimmte Entschlüsse geschichtliche Ereignisse komplett verändert hätten.

Hätte der japanische Kaiser Hirohito seinen Militärs rechtzeitig das Wasser abgegraben, hätte er rigoros darauf bestanden, dass Japan nicht in Richtung Krieg abdriftet, hätte er zudem den kriegsbesessenen Hideki Tojo in seine Schranken gewiesen und beizeiten entlassen, wäre vielleicht der (halbe) Zweite Weltkrieg (im Fernen Osten) vermieden worden und mit ihm die Atombombe. Unsere Geschichte hätte einen anderen, einen besseren, glücklicheren Verlauf genommen.

Hätte der deutsche Kaiser, der törichte, großmannsüchtige Wilhelm II., Lenin nicht nach Russland eingeschleust, um den Ersten Weltkrieg in Deutschland zumindest an der Ostfront zu gewinnen, wäre die russische Geschichte in eine andere Richtung vorangeschritten und vielleicht der Zweite Weltkrieg vermieden worden – und mit ihm die Massenmörder Hitler, Stalin und Mao, die drei Großverbrecher des 20. Jahrhunderts.

Würden wir heute durch eine entsprechende, rigorose Gesetzgebung hart und hingebungsvoll daran arbeiten, den Einfluss der Geheimdienste und der Militärs generell zurückzudrängen oder zumindest in ihrem Rahmen keinerlei Menschenrechtsverletzungen zuzulassen, wäre das ebenfalls ein Schritt in die richtige Richtung. Wir könnten dadurch unter Umständen unsere Zukunft in bessere Bahnen lenken.

Aber betrachten wir auch noch einmal unsere Meisterspionin. Was hätte man in ihrem Falle besser machen können? Was lehrt sie uns? Yoshiko verhilft uns zu drei Leitlinien, die wir in Stein meißeln sollten:

1. Benutze nie widrige Umstände, Schicksalsschläge oder dir zugefügte Ungerechtigkeiten als Rechtfertigung für ein unmoralisches Leben.

2. Halte dich fern von kriegsbegeisterten Militärs und vor allem von verbrecherischen Geheimdienst-Gehirnen, denn sie werden dich unweigerlich in ihren Sumpf hinabziehen.

3. Kultiviere stets die Tugend der Bescheidenheit, selbst und gerade wenn du aus gutem Hause kommst, und jage dem Ruhm nicht hinterher, denn er ist ein allzu unzuverlässiger Bruder und nur ein großer Verführer, der dich zuerst liebevoll umarmt, dich aber dann zu Tode drückt.

Wäre Yoshiko diesen drei Richtlinien gefolgt und hätte entsprechende Entscheidungen getroffen, so hätte sie vielleicht nicht die Geschichte verändert, aber mit Sicherheit wäre ihr Leben glücklicher und freudvoller verlaufen.

Wir können also sowohl auf einer persönlichen Ebene Erkenntnisse gewinnen, als auch auf einem höheren, historischen Niveau. Besonders wichtig sind selbstredend Einsichten, die das Schicksal ganzer Nationen beeinflussen. Sofern wir die richtigen Lehren aus einer kriegerischen Vergangenheit ziehen und sofern wir daraufhin entsprechende Richtlinien formulieren und Gesetze einfordern, die ähnlich kriegerische Ereignisse künftig zu verhindern helfen, eröffnen sich atemberaubende Perspektiven. Geschichte steigt in diesem Fall auf zur Königin der Wissenschaften. Denn sie animiert uns dazu, darüber nachzudenken, wie wir in positiver Weise das Gesicht der kommenden Jahrhunderte und Jahrtausende beeinflussen und verändern können.

Nähmen wir dies aus der Biografie der schönen Yoshiko mit, der wir unsere Zuneigung nicht ganz versagen können, weil sie auch Löwenmut bewies und letztlich nur verzweifelt in einer Schlangengrube überleben wollte, dann wäre das fabelhaft. In diesem Fall hätten wir von Yoshiko Kawashima weitaus mehr gelernt, als es uns die gängige Geschichtsschreibung suggeriert, zugesteht und erlaubt.

10. DER SPION, DER DEN ZWEITEN WELTKRIEG ENTSCHIED

Ist es möglich, dass ein einzelner Spion, den Verlauf des Zweiten Weltkrieges nicht nur massiv beeinflusste, sondern letztlich sogar den Ausgang entschied? Ist es vorstellbar, dass eine einzige Person so bedeutsam für die verschiedenen Schlachten dieses Krieges war, dass das Schicksal ganzer Nationen davon abhing? Und dass wir trotzdem kaum von ihm gehört haben? Das ist korrekt. Es handelt sich um Marian Rejewski.

Bevor wir uns diesem Mann zuwenden, müssen wir uns kurz noch einmal vor Augen halten, was auf dem Spiel stand und welche Schlachten geschlagen wurden. Erinnern wir uns.

DIE SCHLACHTEN DES ZWEITEN WELTKRIEGES

Hitlers vorgeschobener Kriegsgrund war „Die Eroberung neuen Lebensraums im Osten und dessen rücksichtslose Germanisierung". Sein wahrer Grund: Geisteskrankheit und Größenwahn.

Der größte Feldherr aller Zeiten, wie er ironisch genannt wurde, ging anfangs relativ raffiniert vor: Er wiegte die anderen Mächte zunächst in Sicherheit, beteuerte immer wieder seinen Friedenswillen und spielte den Wolf im Schafspelz. Da sich 91 Prozent der saarländischen Bevölkerung dafür entschieden, zu Deutschland zu gehören, konnte es ihm niemand verargen, dass

das Saarland wieder Anschluss fand. Auch dass Österreich „heim ins Reich"
geholt wurde, konnte man noch plausibel verkaufen, schließlich waren die
Österreicher ja ebenfalls deutschstämmig. Und selbst der Überfall auf die
Tschechoslowakei konnte man mit Müh und Not rhetorisch hinbiegen: Immerhin lebten hier 3,5 Millionen Deutsche.

Zudem war Hitler geschickt genug, die Engländer zu einer Politik des
Appeasement zu verführen, zu einer Friedens- oder Beschwichtigungspolitik
also, indem er ihnen einige kleine Zugeständnisse machte und immer wieder
beteuerte, sein Hunger auf Land und Leute sei nun endgültig gestillt. Gleichzeitig rüstete Hitler auf wie nie zuvor. Die allgemeine Wehrpflicht wurde
eingeführt, ein Pakt mit Japan geschlossen (das sich, wie gerade ausgeführt,
die Mandschurei und noch viel mehr unter den Nagel reißen wollte) und ein
Bund mit dem italienischen Diktator Mussolini. Und: Zur Überraschung
aller schloss Hitler sogar mit Stalin einen Nichtangriffspakt.

Zwei rabenschwarze Seelen trafen sich hier, denn die ins Auge gefasste Beute (Polen) war zu fett, als dass man sie sich entgehen lassen konnte.
Heimlich wurde beschlossen, sie untereinander aufzuteilen. Am 1. September 1939 überfiel Hitler Polen – und entfesselte damit den Zweiten Weltkrieg.

Hitler brach den Krieg gegen Polen vom Zaun, sogar auf die Gefahr hin,
sich in Frankreich, England und anderen Ländern höchst unbeliebt zu machen. Dennoch wagte es selbst ein Hitler nicht, vor der Weltöffentlichkeit
(und im eigenen Land) zuzugeben, dass er den Krieg in Szene gesetzt hatte.
Es wäre eine PR-Todsünde und ein nicht wiedergutzumachender Fauxpas
gewesen, hätte er sich als Aggressor bezeichnet.

Also unternahm man folgenden Coup: Einige fragwürdige Helfershelfer
und Spitzbuben, die polnisch sprachen, wurden in (illegal beschaffte) polnische Uniformen gesteckt. Diese fingierten einen polnischen Angriff – und
zwar einen Überfall auf den deutschen Sender Gleiwitz. Das lieferte Hitler
den Vorwand, am 1. September 1939 zurückzuschießen; denn scheinbar hatten ja die Polen angefangen. Gleiwitz ist heute eine polnische Großstadt, bis
1945 lag sie in der preußischen Provinz Oberschlesien. Mit Hitlers Überfall
auf Polen, das in der Folge im Handstreich genommen wurde, begann der
Zweite Weltkrieg.

Die Westmächte, durch Verträge an Polen gebunden, konnten nun nicht länger still halten. Also versuchte Hitler, ihren Aktionen zuvorzukommen. Im Frühjahr 1940 besetzten deutsche Truppen Dänemark und Norwegen. Dann griff Hitler die Niederlande, Belgien und Frankreich an. Seine Blitzkriegstrategie war abermals erfolgreich: Noch im gleichen Jahr zog Hitler als Sieger in Paris ein.

Nach seinem erfolgreichen Überfall auf Frankreich versuchte Hitler, sich mit dem englischen Premierminister Winston Churchill zu arrangieren. Er bot ihm Frieden an, doch Churchill schob seine dicke Zigarre lässig vom rechten in den linken Mundwinkel und sagte: „No!"

Berauscht von seinen Siegen befahl Hitler nun, England anzugreifen. Die deutsche Luftwaffe sollte als Erstes Flugplätze, Flugzeugfabriken, Häfen und wichtige Verkehrsknotenpunkte auf der britischen Insel zerstören. Dazu war es nötig, die englische Luftwaffe im Vorfeld auszuschalten. In der Folge tobte ein erbitterter Krieg in den Lüften. Aber die englischen Flugzeuge erwiesen sich den deutschen als überlegen – der Großangriff scheiterte.

Hitler bekam einen Wutanfall. Das erste Mal zeigte ihm eine Nation wirklich die Zähne. In maßloser Selbstüberschätzung beschloss er, die Sowjetunion anzugreifen, ein Projekt, das er „Unternehmen Barbarossa" taufte, obwohl der Nichtangriffspakt mit Stalin noch immer Bestand hatte. Im Jahre 1941 marschierten mehr als 3 Millionen deutsche Soldaten über die Grenze nach Russland. Alles deutete erneut auf einen schnellen, überraschenden Sieg hin.

Stalin fiel aus allen Wolken. Kiew wurde erobert und Leningrad eingeschlossen – ja plötzlich standen die Deutschen sogar vor den Toren Moskaus. Doch dann riss sich Stalin zusammen und mobilisierte alle Kräfte. Immer wieder stampfte er quasi aus dem Nichts russische Armeen aus dem Boden. Zudem kam ihm der entsetzliche russische Winter zu Hilfe. Hitlers Angriff verlief zunächst einmal im Sande.

Längst hatte sich der europäische Krieg zu einem Weltkrieg ausgeweitet. Hitler hatte zwischenzeitlich versucht, England auch an anderen Stellen empfindlich zu treffen. Denn die Briten hatten scheinbar überall Flottenstützpunkte. Weiter griff Mussolini/Italien wie aus heiterem Himmel Griechenland an, die italienischen Soldaten standen sogar schon auf nordafrikanischem Boden. Doch die Engländer trieben die Italiener zurück, sodass Mussolini Hitler um Hilfe bat. Hitler schickte ihm im Jahre 1941 einen genialen Strategen: General Rommel. Er stellte ein Afrikakorps auf und lehrte die Engländer zunächst das Fürchten, ohne jedoch eine endgültige Entscheidung in dieser Region herbeiführen zu können. Die Engländer waren darüber hinaus etwa in Persien, im Irak und in Syrien präsent, wo ihnen Hitler ebenfalls seine Truppen entgegenwarf.

Aber die alles entscheidende Front lag in Russland, das inzwischen einen Pakt mit England geschlossen hatte und mit englischen Waffen beliefert wurde. England seinerseits wusste die USA auf seiner Seite. Das Schicksal der Welt stand auf Messers Schneide.

Nun setzte Adolf Hitler noch einmal alles auf eine Karte. Im Sommer 1942 befahl er, Stalingrad einzunehmen, das aufgrund seines Namens eine besondere Symbolträchtigkeit besaß. Hitler wollte Stalin persönlich im innersten Kern treffen, indem er eine Stadt einnahm, die den Namen des russischen Diktators trug. Tatsächlich gelang es einer deutschen Armee, bis nach Stalingrad vorzudringen und sogar in der zäh und erbittert verteidigten Stadt Fuß zu fassen. Ende Oktober befanden sich zwei Drittel Stalingrads in deutscher Hand. Da brach erneut der russische Winter herein. Und wieder hing alles in der Schwebe.

DER KRIEGSEINTRITT DER USA UND JAPANS

Der europäische Krieg artete auch deshalb zu einem Weltkrieg aus, weil Japan durch seine Expansionsgelüste im Fernen Osten die USA auf den Plan gerufen hatte. Japan versuchte, sich weite Teile Chinas (und andere Staaten) einzuverleiben. Das stieß in den Vereinigten Staaten auf wenig Gegenliebe. Als die USA die Japaner zurückpfeifen wollten, antworteten diese mit einem Bombenangriff auf die US-Pazifikflotte in Pearl Harbor. Pearl Harbour war ein Hafen und Stützpunkt der US-Marine und der US-Luftwaffe auf Hawaii. Daraufhin kippte die Stimmung in den USA. Die amerikanische Bevölkerung, die sich bislang weitgehend aus diesem Krieg herausgehalten hatte, signalisierte ihre Bereitschaft, in ihn einzutreten. Hitler, der es bislang vermieden hatte, gegen die übermächtige USA mobil zu machen, erklärte den Vereinigten Staaten daraufhin gemeinsam mit Mussolini frech und in erneuter Selbstüberschätzung den Krieg. Die Japaner jubelten – und gewannen zunächst wider Erwarten einige wichtige, aufsehenerregende Schlachten. Der Krieg tobte nun an allen Fronten, zu Lande, zu Wasser und in der Luft.

DIE WENDE: STALINGRAD

Die Wende kam in Stalingrad. Hier kapitulierte die deutsche Armee schließlich im Jahre 1943 angesichts der sowjetischen Übermacht, die scheinbar grenzenlosen Ressourcen an Menschen und Material in den Krieg werfen konnte. Hitler begann das erste Mal an sich selbst zu zweifeln und ließ häufiger seinen Leibarzt zu sich rufen; seine aufgesetzte Selbstsicherheit fing an zu bröckeln. Von nun an hagelte es schlechte Nachrichten:

- Die Japaner erlitten entscheidende Niederlagen.
- In Afrika gelang es den Engländer unter General Montgomery, die Deutschen und die Italiener zum Rückzug zu zwingen.
- Englische Flugzeuge bombardieren deutsche Städte – der Krieg wurde ins eigene Land hineingetragen, was die Bevölkerung in Angst und Schrecken versetzte.
- Die Amerikaner bereiteten sich darauf vor, auf dem europäischen Kontinent Fuß zu fassen.
- Im U-Boot-Krieg und im Luftkrieg zeigte sich eine deutliche Wende zu Deutschlands Ungunsten ab.
- Hitler reagierte wie ein Geisteskranker: Er entließ in rascher Folge verschiedene deutsche Heerführer und maßte sich selbst die Rolle des quasi unbesiegbaren, hyperintelligenten Feldherrn an. Aber nur ein Wahnsinniger konnte versuchen, praktisch gegen die ganze Welt Krieg zu führen.
- Wie zu erwarten gab es weitere schlechte Nachrichten:
- 1943 flogen auch Amerikaner gegen viele deutsche Städte Großangriffe.
- Rommel musste immer weiter aus Afrika zurückweichen.
- In Stalingrad kapitulierte die eingeschlossene deutsche Armee.
- Die Briten und Amerikaner landeten auf Sizilien und begannen, gegen Deutschland zu Lande vorzurücken.

148

- Italien lief zum Feind über, das faschistische Regime unter Mussolini brach zusammen.
- Die Amerikaner und Engländer landeten in Frankreich und marschierten von dort aus gegen Deutschland.
- Die Russen setzten zum Angriff gegen Finnland an.

Mit anderen Worten: Die Schlinge um Deutschland zog sich mehr und mehr zu. Noch immer schrien Hitler und sein teuflischer Propagandaminister Joseph Goebbels ihre Parolen in die Mikrofone und hetzten die Deutschen zum äußersten Widerstand auf. 16-Jährige wurden eingezogen und die Hitlerjugend, halbe Kinder, mobilisiert, um die Heimat zu verteidigen. Aber vom Westen her rückten unnachgiebig die Engländer, die Franzosen und die Amerikaner vor, im Osten die Russen.

Deutsche sprengten nun deutsche Brücken, um den Vormarsch der feindlichen Armeen aufzuhalten, überall sollte der Gegner nur verbrannte Erde vorfinden. Aber der Vorstoß, bis ins Herz Deutschlands, war nicht aufzuhalten. An allen Fronten fielen ehemalige Verbündete von Deutschland ab.

Ein letztes Mal versuchte Hitler, den Vorstoß der Feinde abzuwehren, im Westen wie im Osten. Aber die reine Anzahl der Angreifer war zu hoch. Dresden und andere Städte verwandelten sich in ein Flammenmeer. Wien und die süddeutschen Länder fielen in Feindes Hand. Um Berlin, wo sich Hitler verschanzt hielt, schlossen die Russen einen engen Ring. Hitler, schon halb im Wahn befangen, befahl dennoch, den Krieg fortzusetzen. Haus um Haus, Straße um Straße waren in Berlin heiß umkämpft. Hitler selbst verkroch sich immer tiefer in seinem Bunker. Endlich, eine Minute vor Zwölf, gestand auch er sich ein, dass der Krieg nicht mehr zu gewinnen war. Irritiert fragte sich der größte Feldherr aller Zeiten nach dem Grund für die Niederlage. Schließlich fand er ihn: Schuld war das deutsche Volk, das in rassischer Hinsicht offenbar doch unterlegen war und die Niederlage verdient hatte!

Während in Berlin um seinen Bunker herum die Bomben einschlugen und die Maschinengewehre ratterten, ließ sich Hitler trauen. Danach ernannte er Großadmiral Dönitz zu seinem Nachfolger als Reichspräsident, zu seinem Nachfolger als Reichskanzler Propagandaminister Goebbels. Danach tötete er sich selbst. Auch Goebbels zog sich aus der Affäre und nahm sich das Leben, wir haben bereits darüber berichtet.

Plötzlich war das Dritte Reich wie ein grausiger Spuk vorbei. Als im Auftrag von Dönitz versucht wurde, eine geschäftsführende Regierung zu etablieren, wurde diese sofort abgesetzt. Die Siegermächte hatten einen vollständigen militärischen Sieg über Deutschland errungen und erzwangen die bedingungslose Kapitulation. Die USA, die Sowjetunion, England und Frankreich übernahmen in Deutschland die Regierungsgewalt.[1]

FEHLENDE BESTANDTEILE DES PUZZLES

So wird heute gewöhnlich der Verlauf des Zweiten Weltkrieges dargestellt. Aber der Haken bei der Sache ist, dass damit nicht einmal die halbe Wahrheit erzählt wird.

Tatsächlich gab es einen Spion, dem im Allgemeinen zu wenig Aufmerksamkeit geschenkt wird. Er erreichte, dass Hitler zahlreiche wichtige Schlachten verlor. Es gab nämlich einen Grund, warum Nazi-Deutschland an so vielen Fronten unterlag.

ÜBERRASCHENDE NIEDERLAGEN

Immerhin, der Oberbefehlshaber der alliierten Streitkräfte, General Dwight D. Eisenhower, bezeichnete die Existenz unseres Spions als „entscheidend" für den Sieg.[2] Besonders die Landung der amerikanischen Flotte in der Normandie im Jahre 1944, wodurch Hitlers Heere von zwei Seiten in die Zangen genommen wurden, im Osten von den Russen und im Westen von den Amerikaner, wäre niemals so problemlos verlaufen – ohne unseren Spion. Er verriet den Amerikanern, wo genau die Deutschen Stellung bezogen hatten, um die Landung der US-Streitkräfte in Frankreich zu verhindern. Wie gesagt, Eisenhower persönlich verwies auf die Bedeutung dieses Spions!

Der bekannte amerikanische Historiker Harold Deutsch urteilte ähnlich: „I feel that intelligence was a vital factor in the Allied victory. I think that without it we might not have won, after all. – Ich glaube, dass die geheimdienstlichen Erkenntnisse ein hochwichtiger Faktor für den Sieg der Alliierten darstellten. Ich glaube, dass wir ohne sie nicht gewonnen hätten."[3] Auch andere Autoren verwiesen also auf unseren Spion. Dieser Spion machte es möglich, dass die Engländer, die Hitler die erste größere Schlappe beibrachten, über die Anstrengungen und Absichten der Deutschen genau Bescheid wussten. Erinnern wir uns: Als Hitler 1940 Großbritannien angriff, verlor er diesen Luftkrieg, den berühmten Battle of Britain. Warum? Nun, unser Spion informierte die Briten genau, wie der Angriff der Deutschen verlaufen würde. Dadurch besaßen die Briten entscheidende Vorteile, sodass ihre Insel letztlich nicht eingenommen werden konnte. Es ist nicht auszudenken, auf welche Weise Hitler seine Macht hätte ausbauen können, wenn er sich England gleich zu Beginn des Krieges in die Tasche gesteckt hätte. Genau das verhinderte unser Spion! Das „Unternehmen Seelöwe", wie der Tarnname für die deutsche Invasion Großbritanniens lautete, wäre problemlos über die Bühne gegangen, und die Deutschen hätten die Engländer besiegt.

Aber auch zahlreiche U-Boot-Schlachten, die im Atlantik gefochten wurden, verloren die Deutschen seltsamerweise. Sie steckten eine Niederlage nach der anderen ein! Warum?

Packen wir endlich aus! Wer war unser mysteriöse Spion?

ENIGMA

Unser Spion ist Marian Rejewski. Ihm ist es zu verdanken, dass die Verschlüsselungsmaschine der Deutschen, genannt Enigma, geknackt wurde. Dank eines Codeknackers mussten die Deutschen eine Schlappe nach der anderen einstecken. Später gesellten sich noch andere intelligente Köpfe dazu. Es gab schließlich sogar Hunderte, ja Tausende von Entschlüsselungsexperten, aber Marian Rejewski gebührt zweifellos die Siegespalme.

Der Begriff *enigma* stammt aus dem Griechischen und bedeutet „Rätsel". Doch im Zweiten Weltkrieg meinte man damit eine Maschine, die verschlüsselte Nachrichten weitergeben konnte, die angeblich unmöglich zu entziffern waren. Nicht nur die deutschen Heere, auch die deutschen Geheimdienste, die deutsche Polizei, deutsche diplomatische Dienste und die SS benutzten die Enigma-Verschlüsselungsmaschine. Und so wurden Tausende Geheimnisse verraten.

Die Überlegung der Deutschen war einfach. Während Geheimschriften und Geheimbefehle früher relativ leicht entziffert und entschlüsselt werden konnten, schien diese Maschine ein neues Zeitalter einzuläuten. Man konnte damit einen Text oder einen Funkspruch so kompliziert verschlüsseln, dass es unmöglich schien, dem wahren Inhalt auf die Spur zu kommen. Glaubte man ...

FRÜHERE VERSCHLÜSSELUNGSTECHNIKEN

Speziell im Mittelalter war man regelrecht besessen von Geheimschriften und verschlüsselten Botschaften, nicht nur in Deutschland nebenbei bemerkt. Aber all diese Geheimschriften und Verschlüsselungen waren im Grunde recht primitiv. Man verschob beispielsweise das Alphabet um eine Stelle nach rechts, sodass A = B, B = C, C = D war und sofort. Das Wort „ABER" hieß also in der Folge zum Beispiel BCFS. Obwohl der Buchstabensalat auf den ersten Blick nicht entziffert werden konnte, war es doch leicht, dieser Methode auf die Schliche zu kommen. Selbst wenn Buchstaben um mehrere Stellen im Alphabet verschoben wurden, gehörte nicht allzu viel Grips dazu, eine Botschaft zu entschlüsseln. Sogar Könige entwickelten im Mittelalter manchmal Geheimschriften, damit ihre Befehle nur von Eingeweihten gelesen werden konnten.

Etwas raffinierter ging man vor, wenn ein ganzes Wort mit einer neuen Bedeutung „gefüllt" wurde. Man einigte sich beispielsweise darauf, dass Abraham = Geldmittel bedeutete und Isaak = eine Woche. Schrieb man also: „Schon bald wird dich mein Neffe Abraham besuchen, zusammen mit Isaak, so hieß das sehr einfach, dass die (benötigten) Geldmittel in einer Woche eintreffen würden. Man wies bestimmten Wörtern willkürlich neue Bedeutungen zu. Zählte man nicht zum inneren Zirkel, war es schwierig oder fast unmöglich, einen solchen Text zu entziffern.

In der Folge wurden die Verschlüsselungstechniken immer raffinierter.

Entsprechend forderten auch die Dechiffrier-Methoden hohe und höchste Intelligenz ein.

Ein Beispiel für eine gnadenhaft begabte Codeknackerin oder Kryptoanalytikerin ist die Amerikanerin Elizebeth Friedmann (1892–1980). Ihr wurde die beinahe unlösbar scheinende Aufgabe übertragen, die Agentenpost aufständischer Hindus zu entziffern, die in Indien eine Revolution anzuzetteln gedachten. In aller Kürze: Indien war ehemals britische Kolonie. Die Engländer sollten aus Indien verjagt werden, das Land sollte den Indern zurückgegeben werden. Nicht eben wenige Hindus arbeiteten deshalb insgeheim hart daran, Aufstände zu organisieren.

Man überstellte Elizebeth Friedmann die Agentenpost, die man abgefangen hatte – buchstäbliche Hunderte von Nachrichten. Die Botschaften bestanden alle aus fünfstelligen Zahlen. 34–3–17 zum Beispiel. Oder 16–2–55.

Nun fangen Sie damit einmal etwas an! Wie würden Sie vorgehen, drückte man Ihnen ein paar Hundert fünfstellige Zahlen in die Hand, mit der Vorgabe, sie zu entziffern?

Friedmann überlegte lange. Nachdem sie sich die Gehirnwindungen wund gedacht hatte, fand sie heraus, dass sich die fünf Ziffern auf ein konkretes Buch bezogen. Die ersten beiden Ziffern gaben die Seite innerhalb dieses Buches an, die mittlere Ziffer die Spalte innerhalb dieser Seite und die letzten beiden Zahlen die Zeile auf eben dieser Seite.

Das Ergebnis der Geschichte? Friedman gelang es, den Code zu knacken und das Buch zu finden. Die indischen Agenten waren baff, dass man ihnen auf die Schliche gekommen war. „Die britischen Gerichte verurteilten daraufhin 200 der revolutionären Verschwörer."[4]

Friedmann machte sich weiter einen guten Namen, als sie verschlüsselte Texte von Alkoholschmugglern in den Vereinigten Staaten von Amerika untersuchte. Sie entzifferte rund 10.000 Nachrichten. Das Resultat? Die Schmuggler wanderten ausnahmslos ins Gefängnis, Friedmann sprengte einen ganzen Schmugglerring.

Der Einfallsreichtum, geheime, unlesbare Nachrichten zu senden, die nur der Empfänger entschlüsseln kann, ist erstaunlich. Aber noch erstaunlicher und bewundernswerter sind die Fantasie, die Intelligenz und das Einfühlungsvermögen der Codeknacker oder Kryptoanalytiker.

Begeben wir uns mit diesem Hintergrundwissen wieder zurück zu unserem eigentlichen Thema.

ENIGMA UND ULTRA

Die irrige Annahme der Deutschen bestand in dem Glauben, der Sender einer Botschaft könne einen Text mit einer intelligenten Maschine so perfekt verschlüsseln, dass der Empfänger am anderen Ende nur mit einer gleich intelligenten Maschine imstande sei, sie zu entziffern. Die Macht der Maschine wurde überschätzt. Obwohl die Verschlüsselungsqualität bei den Deutschen ständig zunahm, gelang es ihren Gegnern trotzdem, die Texte zu decodieren.

Als Erfinder der Enigma-Maschine gilt Arthur Scherbius (1878–1929). 1923 gründete sich sogar eine Chiffriermaschinen-Aktiengesellschaft in Berlin. Die Militärs waren zunächst skeptisch gegenüber Enigma, erwärmten sich aber schließlich für die Idee. So auch die Nazis.

Auf der anderen Seite standen hochintelligente polnische, englische und amerikanische Kryptoanalytiker, die im Rahmen von „Ultra" hart und hingebungsvoll daran arbeiteten, die Codes eben dieser Enigma-Maschine zu knacken – tatsächlich verhältnismäßig früh. Ultra? Wörtlich übersetzt bedeutet das Lateinische *ultra* „jenseits", aber im übertragenen Sinne war es eine Abkürzung für ultra-geheim. Man könnte das Kürzel auch mit äußerst wichtig übersetzen. Ultra im genauen Sinne war eine Tarnbezeichnungen für die nachrichtendienstlichen Informationen, die das britische Militär gewann, als Enigma geknackt wurde.

Im Rahmen eines ultra-geheimen oder äußerst wichtigen Projektes bemühten sich also die begabtesten Codeknacker der Welt darum, den Mitteilungen, Funksprüchen und Befehlen der Nazis auf die Schliche zu kommen. Das Hauptquartier von Ultra befand sich in England, im Bletchly Park – eine Anlage, rund 70 Kilometer von London entfernt.

Es zeichnete also nicht ein einzelner Spion dafür verantwortlich, dass die Nachrichten der Nazis entschlüsselt werden konnten – sondern es gab ganze Heerscharen von Kryptoanalytikern oder Decodierern. Aber die Ehre des Durchbruchs gebührt ohne Frage Marian Rejewski.

REJEWSKI UND DIE KRYPTOLOGIE

Der polnische Mathematiker und Kryptologe Marian Rejewski (1905–1980) darf für sich in Anspruch nehmen, die Grundlagen zur Entschlüsselung der Enigma-Maschine gelegt zu haben. Die Kryptologie (im Griechischen bedeutet *kryptos* „versteckt, geheim oder verborgen" und *logos* „das Wort, die Rede") ist eine Wissenschaft, die sich mit der Verschlüsselung und Entschlüsselung von Informationen beschäftigt. Hierbei wird ein Geheimtext in den sogenannten Klartext übertragen. Alternativvokabeln sind Kryptoanalytiker, Codeknacker, Codebrecher oder Entzifferer. Um einen Geheimtext zu entziffern, ist es notwendig, die Buchstabenhäufigkeit innerhalb des Alphabets einer Sprache in Rechnung zu stellen, nach Mustern zu suchen, nach auffälligen Wiederholungen und anderem mehr. Oft spielt auch die Intuition eine wichtige Rolle und die Fähigkeit, sich gewissermaßen in den Verstand desjenigen zu versetzen, der den geheimen Text verfasst hat – eine fast esoterische Angelegenheit. Nicht selten wird auch die Hilfe von Sprachwissenschaftlern hinzugezogen.

Schon im 16. Jahrhundert finden sich Codeknacker. Einige von ihnen verhinderten sogar Attentate – beispielsweise an der englischen Königin Elisabeth I.[5]

Einer der berühmtesten Codeknacker der Geschichte war nebenbei bemerkt Edgar Allan Poe (1809–1849), der bekannte US-Autor dunkler Romane, der geradezu besessen davon war, Codes zu entschlüsseln.

Auch im Ersten Weltkrieg (1914–1918) gaben Kryptologen bereits entscheidende Hinweise, die die Militärs nutzen konnten. In dieser Zeit gelang es einem französischen Artillerie-Offizier, Funksprüche der Deutschen zu decodieren, woraufhin Paris nicht eingenommen werden konnte.

Erhebliche politisch-militärische Auswirkungen der Kryptologie waren demnach bekannt. Theoretisch hätten die Deutschen gewarnt sein müssen, als sie sich auf Enigma einließen. Aber sie glaubten, sich mit Enigma auf sicherem Terrain zu bewegen. Scheinbar war die Maschine gegen alle Angriffe gefeit. Aber da gab es wie gesagt diesen Marian Rejewski.

Rejewski studierte Mathematik und Statistik in Polen und Deutschland. In Polen gab es ein eigenes Chiffrenbüro, von dem Rejewski angeheuert wurde. Schon 1932, kurz bevor Hitler in Deutschland an die Macht kam, gelang es Rejewski mit zwei Kollegen, einige deutsche Enigma-Funksprüche zu entziffern. Mit Feuereifer machte er sich nun daran, das Problem endgültig zu lösen.

Doch wie besiegt man eine Maschine? Sehr einfach: mit einer anderen Maschine. Rejewski konstruierte eine elektromechanische Maschine, die Enigma selbstständig auf den Pelz rücken konnte. Darin lag das Geheimnis des Codeknackers! Gab es also zum Beispiel über eine Million Möglichkeiten, was einen Buchstaben- oder Zahlensalat zur Folge hatte, dann konnte eine Maschine diesen Salat innerhalb von ein paar Stunden austesten und die falschen Lösungen blitzschnell aussortieren – während ein Mensch dazu Monate oder gar Jahre brauchte. Rejewski besiegte die Maschine mit einer Maschine!

Glücklicherweise entschied sich Rejewski im Jahre 1939, seine Erkenntnis an die Franzosen und Briten weiterzugeben. Es kam zu einem legendären Geheimtreffen französischer, britischer und polnischer Codeknacker, 20 Kilometer südlich von Warschau. Die Polen ließen ihre verblüfften Verbündeten an ihren Erkenntnisse teilhaben, zeigten ihnen ihre eigenen Enigma-Nachbauten und ihre selbst gebastelten Entzifferungs-Maschinen.

Die Franzosen und die Briten waren völlig von den Socken. Als Hitler 1939 Polen überfiel, befand sich das hochbrisante Know-how also bereits in den Händen der Nazi-Feinde. Im Bletchley Park bei London wurde nahtlos weiter an der Decodierung der deutschen Funksprüche gearbeitet. Während des Zweiten Weltkrieges wurden hier über 2,5 Millionen Funksprüche der Deutschen geknackt – man muss es sich vorstellen![6] Die deutschen Militärs waren für ihre Feinde ein offenes Buch.

Rejewski begab sich 1939 nach Frankreich, um von hier aus den Nazis die Suppe weiter zu versalzen. Doch als die deutsche Wehrmacht Frankreich in einem Blitzkrieg besiegte, floh Rejewski erst in den Süden, und als ihm auch dort der Boden zu heiß wurde, in den Norden nach Großbritannien. Dort stand er seinen britischen Kollegen mit Rat und Tat zur Seite. Da er es als Erster gewagt hatte, es mit der sagenhaften Maschine aufzunehmen, genoss er früh den Ruf eines Superhirns. Seine Erkenntnisse wurden ständig weiter genutzt. Einsichten seiner hochbegabten Kollegen kamen hinzu. Und so wurden die schwierigsten chiffrierten Nachrichten entziffert. Unter Kryptologen in England brach beinahe ein intellektueller Sport aus. Die gescheitesten Köpfe Großbritanniens machten sich daran, Enigma Paroli zu bieten. Denn im Laufe des Krieges änderten sich die Codes täglich. Auch die Briten erkannten: Maschinen sind, bei aller Verehrung in der heutigen Zeit, im Grunde dumm. Sie können immer nur das ausspucken, was ihnen vorher eingegeben worden ist.

Im Bletchley Park bei London befand sich wie gesagt die militärische Dienststelle, in der die brillantesten Köpfe nun unter Hochdruck ständig deutsche Funksprüche entzifferten. Bletchley Park verfügte über exzellente Verkehrsanbindungen, lag aber gleichzeitig weit ab vom Schuss, abgeschieden auf dem Lande und in der Heide, sodass die dortigen Aktivitäten niemandem auffielen. In diesem Entschlüsselungszentrum wurden während des Zweiten Weltkrieges „Helden" geboren, deren Arbeit wichtiger war als der Sturmangriff von zehntausend Soldaten. Später wurden die Codeknacker zu regelrechten Legenden hochstilisiert. Mathematiker, Historiker, Sprachwissenschaftler und sogar Schachmeister gaben sich hier ein Stelldichein.

Es gab eine italienische und japanische Sektion, eine Abteilung, in der die Seesprache der Deutschen gelehrt wurde, und Sektionen, die nur für die deutsche Marine, das deutsche Heer oder die deutsche Luftwaffe zuständig waren. Die Deutschen wurden ausgezogen bis auf die Unterwäsche, bildlich gesprochen.

All das wäre ohne Marian Rejewski nicht möglich gewesen. Und so entwickelten die Briten 1943 sogar einen riesenhaften Computer namens Colossus oder zumindest den Vorläufer eines Computers, der ihnen half, die Funksprüche der Deutschen noch schneller und besser zu decodieren.

ERFOLGE

Die Erfolge waren atembraubend.

1940 konnten die Briten wie schon ausgeführt die Luftschlacht um England für sich entscheiden. Ihre Decoder wussten detailliert über die Stärke und die Standorte der deutschen Luftwaffenverbände Bescheid. So konnte die britische Royal Air Force, die britischen Jagdgeschwader, punktgenau auf die Nazi-Flugzeuge angesetzt werden und sie abschießen. Erstmalig erhielt dadurch Hitlers Selbstverstrauen einen Knacks.

Wenig später wurde das deutsche Afrikakorps in Afrika abgehört und genau lokalisiert. Daraufhin schnitt man die deutschen Nachschublinien im Mittelmeer ab, sodass die Deutschen „seltsamerweise" auch an dieser Front einen Rückzieher machen mussten.

In der Atlantikschlacht, in der deutsche mit US-amerikanischen und britischen Schiffen aufeinanderprallten, zogen die Deutschen ebenfalls den Kürzeren. Der Grund: Ihr Funkverkehr war zuvor abgehört und entschlüsselt worden. Auf diese Weise verbesserte sich die U-Boot-Abwehr der Briten und Amerikaner, sie verbuchten einen Erfolg nach dem andern. Die deutschen U-Boote dagegen konnten lokalisiert und effizienter verfolgt werden.

Die Decodierung der Enigma-Funksprüche verriet den Amerikanern 1944 außerdem, dass die Deutschen nicht wussten, wo die US-Streitmacht landen würde, wir haben bereits darüber berichtet. Die Deutschen rechneten nicht damit, dass die Amerikaner in der Normandie an Land gehen würden. Sie glaubten vielmehr, dass die Amerikaner von England aus nach Belgien übersetzen würden. Um die Deutschen noch weiter in die Irre zu führen, wurden in Großbritannien sogar aufblasbare Panzer aus Gummi kreiert. Die deutsche Luftspionage ließ sich täuschen, sie konnte von oben nicht erkennen, dass es sich nur Attrappen handelte. Und so verlegten die Deutschen den Großteil ihrer Soldaten an den falschen Ort, während die Amerikaner in der französischen Normandie landeten. Ohne die Decodierung der deutschen Funksprüche wäre dieses Unternehmen möglicherweise völlig aus den Fugen geraten, vielleicht sogar gescheitert.

Die Briten gaben sogar bestimmte Informationen an Stalin weiter, um ihm zu helfen, Hitler an der Ostfront niederzuringen. Das plötzlich ausbleibende Schlachtenglück der Deutschen an der Ostfront ist also – zumindest teilweise – ebenfalls auf die genialen Dechiffrierer zurückzuführen. Um die Tatsache zu verbergen, dass die Engländer mit Rejewskis Hilfe Enigma geknackt hatten, spielten die Briten ihre Informationen über die Ostfront zunächst dem schweizerischen Geheimdienst zu, der seinerseits die Informationen über zwei weitere Umwege/Personen nach Moskau weiterleitete. So gerieten auch die Sowjets in den Besitz wertvollster Erkenntnisse über deutsche Angriffspläne.

Weil es einen Rejewski gab, gewannen die Amerikaner, die Engländer und die Russen unversehens an allen Fronten die Oberhand. Und so wurden Hitler und mit ihm die Nazis besiegt, die ansonsten vielleicht den Zweiten Weltkrieg gewonnen hätten. Die Weltgeschichte nahm einen völlig anderen Verlauf durch die Brillanz eines einzigen Polen, der klug genug war, menschliche Intelligenz über Maschinenintelligenz zu stellen.

MENSCH VERSUS MASCHINE

Was lehrt uns Enigma? Erlauben wir uns eine fast stenografische, jedenfalls formelhafte Sprache:
- Maschine lässt sich mit Maschine besiegen.
- Menschliche Intelligenz ist Maschinen-Intelligenz immer überlegen. Daraus folgt, dass menschliche Intelligenz in letzter Konsequenz auch jeder Roboter- und jeder Computer-Intelligenz, ja jeder künstlichen Intelligenz überlegen ist, wenn man weiter abstrahiert.
- Im Krieg ist Intelligenz viel wichtiger als rohe Gewalt. Wenn schon Krieg geführt werden muss, so setzt der kluge Heerführer in erster Linie auf brillante Aktionen.

Und so können wir einen ganzen Sack Erkenntnisse nach Hause tragen, sofern wir das Enigma-Kabinettstückchen zu Ende denken. Letztlich besiegte metaphorisch gesprochen ein einzelner Mann tausend Panzer und hundert Heere. Es gibt kein größeres Kompliment für den menschlichen Geist.

11. KLAUS FUCHS, DER HERR DER TAUSEND SONNEN

Im Jahre 1944 ist der Wettlauf um die Atombombe in vollem Gange. Das Schicksal der Welt steht auf dem Spiel. Wer die Bombe als Erster bauen kann, wird als Sieger aus dem Zweiten Weltkrieg hervorgehen. Er wird sich außerdem – sozusagen als Gratiszugabe – den ganzen Globus einverleiben können. Denn mit einer einzigen Atombombe kann man Hunderttausende Menschen, ja sogar eine halbe Million, auf einen Schlag töten und folglich Anspruch auf die totale Herrschaft erheben. Man kann Gott spielen.

Nichts ist tödlicher, nichts furchtbarer als die Atombombe.

Der Wettlauf findet in aller Heimlichkeit statt. In Deutschland arbeiten die genialsten Köpfe hinter den Kulissen daran, das Geheimnis des Atoms zu lüften. Hitler ist besessen von der Idee, über eine Wunderwaffe zu verfügen. Er ist grundsätzlich begeistert, wenn alles in riesigen Größenordnungen in Fetzen fliegt. Da er ab 1943 eine Schlacht nach der anderen verliert, hofft er insgeheim, dass es seinen Wissenschaftlern und Ingenieuren im letzten Augenblick gelingt, eine Wunderwaffe aus dem Hut zu zaubern. Er ist bereit, die furchtbarsten Waffen gegen seine Feinde einzusetzen, selbst wenn er dadurch die ganze Welt mit sich in den Abgrund reißt.

Natürlich dient das Gerede über Wunderwaffen auch als Propaganda-Instrument. Es hilft den Nazis. Hoffnung macht sich breit. Scheinbar hinter vorgehaltener Hand raunt man sich deshalb zu, es gebe Quantensprünge in der Raketentechnik. Und ist Wernher von Braun nicht der beste Raketenbauer der Welt? Man tuschelt über eine neue, schier unbesiegbare Panzergeneration, technisch perfekte Unterseeboote und andere zum Teil spinnige, schräge, abgedrehte Geheimwaffen.

Eine Wunderwaffe ist die Atombombe, die theoretisch tatsächlich in Deutschland hergestellt werden könnte. Deutschland verfügt über viele geniale Köpfe, absolute Cracks ihres Fachs.

Da ist zum Beispiel der deutsche Wissenschaftler Werner Heisenberg (1901–1976), eine absolute Koryphäe auf dem Gebiet der Physik und der Mathematik. Schon 1923, mit gerade 22 Jahren, hat Heisenberg seinen Doktortitel in der Tasche. Mit nur 26 Jahren ist er Professor. 1932 bekommt er den Nobelpreis für Physik. Und ab dem Jahre 1942 leitet er das „Uranprojekt" des Heereswaffenamtes in Berlin. Heisenberg ist glänzend vernetzt: mit Albert Einstein und Niels Bohr etwa, mit Otto Hahn und Carl Friedrich von Weizsäcker – alles Götter der Kernphysik. Unter größter Geheimhaltung soll Heisenberg die Einsatzmöglichkeiten der Kernspaltung weiter ausloten. Natürlich geht es um die Entwicklung der Atombombe in Deutschland.

Aber auch die Briten forschen wie verrückt. Es gelingt ihnen, den hochtalentierten Klaus Fuchs zu gewinnen, ebenfalls ein Gehirngigant in Sachen Kernphysik. Churchill selbst lässt die Entwicklung der Atombombe nicht aus den Augen.

Auch in Russland laufen die Forschungen auf Hochtouren. Stalin ist ebenfalls besessen von einer Wunderwaffe. Er überlegt unter anderem, hochgewachsene, muskulöse, kräftige Menschenaffen mit Menschen kreuzen zu lassen, um durch dieses genetische Experiment eine neue, unbesiegbare Art von Soldat zu schaffen. Niemand ist so krank im Hirn wie Stalin – von Hitler immer abgesehen. Aber im Moment, 1943, 1944 und 1945, steht er noch auf der Seite Großbritanniens und der USA.

Was die Atombombe angeht, so setzt Stalin auf den gnadenhaft talentierten Forscher Igor Kurtschatow (1902–1960). Der sowjetische Physiker avanciert zum Leiter des sowjetischen Atombombenprojekts. Später wird er den skrupellosen Beria als Projektleiter einsetzen, seinen Geheimdienstchef, einen Mann von unerhörter Grausamkeit. Schließlich muss das Unternehmen mit aller Macht vorangepeitscht werden.

Aber die gewaltigsten Anstrengungen unternehmen die USA. Auf dem ganzen Erdball arbeitet niemand so hart und verbissen an der Bombe wie die Amerikaner. Albert Einstein höchstpersönlich macht dem Präsidenten der Vereinigten Staaten von Amerika Franklin D. Roosevelt (FDR) darauf aufmerksam, dass die Deutschen unter Umständen das Rennen um den Bau der Atombombe gewinnen könnten. FDR erschrickt zu Tode. Also wird in Blitzgeschwindigkeit das hochgeheime Manhattan-Projekt aus dem Boden gestampft.

In Deutschland, England, Russland und in den USA forscht und bastelt man 25 Stunden am Tag und 8 Tage die Woche an der Bombe aller Bomben. Denn wer die Atombombe zuerst entwickelt, wird die Welt beherrschen.

DAS MANHATTAN-PROJEKT

Schier aus allen Teilen der Welt strömen die intelligentesten Köpfe der Kernphysik in die Vereinigten Staaten von Amerika. Es ist ein Wettlauf gegen die Zeit. Es geht darum, Hitler zu besiegen und mit ihm Japan, das inzwischen mit dem deutschen Diktator im Gleichschritt marschiert.

Theoretisch könnten die Russen und die Amerikaner zusammenarbeiten. Aber man traut einander nicht über den Weg, obwohl man im Moment noch verbündet ist. Die Amerikaner halten sich nur aus Opportunitätsgründen an die Losung: Im Krieg ist der Feind deines Feindes dein Freund. Man braucht den verruchten Stalin, um Hitler niederzuringen. Doch das könnte sich schon bald ändern.

Viele Amerikaner halten den Schulterschluss mit Stalin für einen Pakt mit dem Teufel. Eines Tages wird man auch Stalin Grenzen setzen müssen, das ist jetzt schon klar. Aber zunächst muss man unter allen Umständen die Deutschen besiegen.

Die Helden sind plötzlich nicht mehr Soldaten oder Generäle, sondern Forscher, Supergehirne und Intelligenzbestien der Naturwissenschaften. Ein Student der Atomphysik ist wichtiger als ein Heer von zehntausend Soldaten. Die Atombombe wird entscheiden, wer den entsetzlichsten aller Kriege gewinnt und wer die kommende Supermacht der Welt sein wird. Also legen sich die Amerikaner ins Zeug wie nie zuvor.

Um die Geheimhaltung zu gewährleisten, wählen sie einen abgelegenen Platz in New Mexico aus, einen Ort, an dem sich Fuchs und Hase gute Nacht sagen. Das Unternehmen wird Manhattan-Projekt getauft. Manhattan ist eigentlich einer der fünf Stadtbezirke in New York City, doch in diesem Fall handelt es sich lediglich um einen Tarnnamen.

In New Mexico, einem Bundesstaat im Südwesten der USA, entsteht Los Alamos (= die Pappeln) – scheinbar ein winziges, unbedeutendes Örtchen. Die Ortschaft mitten in der Wüste wird schier aus dem Boden gestampft. Nie entsteht eine menschliche Ansiedlung rascher und nie wird ein Städtchen mit so vielen Geheimnissen umwoben. Die meisten Männer, die Los Alamos erbauen, kennen den Grund nicht. Selbst die Techniker sind zum Teil nicht informiert. Im Nachbarort vermutet man, hier entstehe ein Asyl für Mütter unehelicher Kinder. Gezielt werden falsche Gerüchte in Umlauf gebracht. Zu viel steht auf dem Spiel. Vor allem will man vermeiden, dass sich Spione einschleichen und auf Los Alamos aufmerksam werden. Unter den Pappeln wird die Los Alamos National Laboratory gegründet.

Der herausragende Kopf unter den amerikanischen Forschern ist Robert Oppenheimer – ebenfalls eine Intelligenzbestie. Oppenheimer (1904–1967) ist deutsch-jüdischer Abstammung und blitzgescheit. Er kennt sich nicht nur in Chemie und Physik aus, sondern spricht noch zahlreiche Sprachen, unter anderem versteht er Altgriechisch und Sanskrit. Auch er ist schon zu Lebzeiten eine Legende. Anfänglich steht er in Kontakt mit Werner Heisenberg, Niels Bohr und anderen Autoritäten der Kernphysik, zuletzt auch mit Albert Einstein. Er soll die besten Wissenschaftler des Landes und der ganzen Welt für das Geheimprojekt zusammentrommeln. Es ist Oppenheimer, der das Manhattan-Projekt in die Wüste New Mexicos verlegt und Los Alamos in eine „Verbotene Stadt" verwandelt.

3000 Menschen beschäftigen sich fortan nur mit der Entwicklung der Atombombe. Am Schluss sind es 150.000 Konstrukteure, Arbeiter und Wissenschaftler, die unter höchster Geheimhaltung an der Bombe arbeiten.

Bei dieser Menge können die Sicherheitsvorkehrungen kaum mehr hundertprozentig aufrechterhalten werden. Während in ganz Europa und auf der halben Welt Maschinengewehre rattern, Panzer Ortschaften überrollen und Jäger die gefährlichsten Luftangriffe fliegen, basteln die gescheitesten Gehirne an einer Waffe, die alles in einer unvorstellbaren Größenordnung zerstören kann. Einer dieser Genies heißt Klaus Fuchs.

KLAUS FUCHS, DIE BIOGRAFIE

Der schmächtige Brillenträger Klaus Fuchs, der Zeit seines Lebens Schwierigkeiten hat, frei, unbeschwert und fröhlich zu kommunizieren, der stets sachlich ist, dabei emotional wie festgefroren, ist ein introvertierter Grübler, der jedoch in Sachen Physik Erstaunliches zu leisten vermag.

Fuchs wird 1911 in Rüsselsheim (Hessen) geboren und zugleich sozialdemokratisch sowie lutherisch erzogen. Der Vater ist Pfarrer, der die Faschisten hasst wie die Pest – ein Gefühl, das sich auf Klaus überträgt. Er wächst während der wilden Weimarer Zeit heran, da die Demokratie in Deutschland noch auf wackligen Beinen steht und die schweren, bedrohlichen Stiefel der Nazis über die Straßen marschieren. Noch ist nicht in dem Ausmaß wie heute bekannt, dass sich Nationalsozialisten kaum von Kommunisten unterscheiden – beide sind Lügner und Propagandisten. Fuchs mutiert vom SPD-Verteidiger zum glühenden Anhänger des Kommunismus, der ihm die einzige Alternative zu den Nazi-Krakeelern zu sein scheint. Er tritt in die KPD ein, in die Kommunistische Partei Deutschlands.

Da hochbegabt studiert er Mathematik und Physik. Knapp entgeht der frischgebackene Kommunist während des Studiums der Verhaftung, indem er sich nach Berlin absetzt. Schließlich wird er sogar steckbrieflich gesucht, zu weit hat er sich in puncto Kommunismus aus dem Fenster gelehnt. Die Nazis fackeln nicht lange. 1933, im Jahr der Machtergreifung durch Hitler, flüchtet Fuchs nach Paris. Von dort setzt er über nach Großbritannien, wo er sein Physikstudium fortsetzt. Er promoviert 1938 in England und beginnt, sich für Kernphysik zu interessieren. Durch seine geschickt geknüpften Verbindungen erhält er die Erlaubnis, an dem geheimen militärisch-britischen Atomprogramm mitzuarbeiten – an der Universität in Birmingham (Mittelengland). Hier kommt er erstmals in Kontakt mit einer hübschen russischen Agentin sowie dem sowjetischen militärischen Nachrichtendienst. Fuchs lässt sich gleich zweimal um den Finger wickeln. Von nun an berichtet er regelmäßig den Sowjets über die Fortschritte des britischen Atombombenprojekts.

1943 siedelt Fuchs zuerst nach New York über, dann nach Los Alamos. Oppenheimer empfängt ihn mit offenen Armen. In Los Alamos geht es erneut um die Entwicklung der Atombombe. Heimlich und unbemerkt berichtet Fuchs nun den Sowjets über die Fortschritte der Amerikaner. Aber er balanciert auf einem dünnen Seil.

IGOR WASSILJEWITSCH KURTSCHATOW

Der Leiter des sowjetischen Atombombenprojekts Igor Kurtschatow arbeitet in Russland inzwischen verbissen an der Bombe. Als Hitler den Pakt mit Stalin aufkündigt und die Sowjetunion angreift, bekommt sein Job eine ganz neue Brisanz.

Glücklicherweise wird er „gut versorgt". Erst nimmt er Einsicht in die (Geheim-)Unterlagen der Briten und dann in die der Amerikaner. Ein Fuchs befindet sich im atomaren Gänsestall der Feinde, wo goldene Eier gelegt werden. Kurtschatow jubelt. Bei der Superbombe sind schwierige chemische, technische und physikalische Probleme zu lösen – und er erhält viele Lösungen einfach frei Haus. Stalin persönlich hält ihm den Rücken frei. Aber sogar der russische Diktator weiß, dass die Amerikaner einen gewaltigen Vorsprung haben.

HEISENBERG UND HITLER

In Deutschland wird ebenfalls wie besessen geforscht. Doch Heisenberg sieht sich beträchtlichen Problemen gegenüber. Außerdem tobt überall der Krieg.

Hitlers Aufmerksamkeit wird immer stärker von schlechten Nachrichten okkupiert, die von verschiedenen Fronten zu ihm dringen. Im Prinzip markiert die Niederlage der Deutschen Wehrmacht bei Stalingrad die Wende. Der Nimbus der Unbesiegbarkeit ist dahin. Hitler wird krank und kränker, verbirgt das allerdings geschickt vor der Öffentlichkeit. Er will nicht an dem Image kratzen, das er sich so mühsam aufgebaut hat. Sein Größenwahn bewirkt, dass er sich noch immer für den größten Feldherrn aller Zeiten hält.

Er schiebt einige Generale beiseite und übernimmt selbst das Ruder, was verschiedene militärische Entscheidungen angeht. „Selbstbewusst" gibt er verrückte Durchhalteparolen aus, die sein Propagandaminister, der Teufel Goebbels, den Deutschen einhämmert.

Währenddessen befindet sich Heisenberg längst in einem fürchterlichen Zwiespalt. Er ist im tiefsten Innern kein Nazi, sondern mit Haut und Haaren Forscher, Physiker und Wissenschaftler. Aber es ist lebensgefährlich, laut Zweifel an Hitlers Politik zu äußern. Als er Einsteins Forschungen in seine Überlegungen mit einbezieht, wird er sofort von den Nazis zurückgepfiffen. Einstein ist Jude. Wie kann ein Jude die kompliziertesten Formeln entwickeln? Es ist aus rassischen Gründen unmöglich!

Heisenberg weiß, dass naturwissenschaftliche Wahrheiten und rassistische Glaubensbekenntnisse nicht zueinander passen; der Judenhass ist geisteskrank. Aber als deutschstämmiger Physiker gilt seine Loyalität dennoch dem Vaterland. Er befindet sich in einer echten Zwickmühle.

Obwohl ihm die Nazi-Schergen im Nacken sitzen, bedient er sich zweier Strategien: Erstens verzögert er die Forschungen. Die Nazi-Dummköpfe, die von Physik so viel verstehen wie eine Kuh von höherer Mathematik, können zu allem, was er von sich gibt, nur nicken. Zweitens verkündet Heisenberg, bestimmte physikalisch-chemische Probleme, die der Bau der Atombombe aufwerfe, ließen sich nur schwer oder vielleicht überhaupt nicht lösen. Wer will ihm das Gegenteil nachweisen? Heisenberg spielt ein gefährliches Spiel.

DIE FORTSETZUNG: DAS MANHATTAN-PROJEKT

Wirklich unnachgiebig vorangetrieben wird der Bau der Bombe nur in Los Alamos, der Verbotenen Stadt, wie sie die „New York Times" nennt. Hier testet man und testet. Zäh und unnachgiebig baut man die erste Kernwaffe der Menschheitsgeschichte, jedoch in aller Heimlichkeit. Los Alamos ist unerreichbar für feindliche Bomber, außerdem ist der Ort von allen Seiten durch Gebirgsketten und Canyons von der Außenwelt abgeschnitten. Das

Geheimnis wird bestens gehütet. Und trotzdem hat sich mittendrin ein Spion eingenistet.

Klaus Fuchs gehört längst zum inneren Zirkel der Wissenschaftler, denn er versteht etwas von der Materie, er weiß, worauf es ankommt. Er weiß, dass eine Atombombe die „Kraft von tausend Sonnen" entwickeln kann, wie das in einem frühen indisch-religiösem Text ausgedrückt wird. Und er weiß, dass hier gerade Weltgeschichte geschrieben wird.

In buchstäblich Tausenden von Arbeitsgängen werden die Details ausgearbeitet. Das Projekt wird in verschiedene Einzelprojekte zerlegt, um der verschiedenen Probleme Herr zu werden. Man schwankt in Los Alamos, ob man Uran oder Plutonium verwenden soll. Beides ist möglich.

Der amerikanische Präsident pumpt Milliarden Dollar in das Projekt. 25.000 Bauarbeiter errichten die größte Fabrikhalle der Welt. Noch sind sich die Wissenschaftler nicht über alle Reaktionen im Klaren, die innerhalb der Bombe ablaufen müssen. Die Entwicklung der Waffe ist außerdem nicht ungefährlich. Mit den Mächten, mit denen man es hier zu tun hat, entfesselt man die Urkräfte der Natur. Die Wissenschaftler lassen eine Testreihe nach der anderen ablaufen. Ist 1 Kilogramm oder 1 Tonne Sprengstoff notwendig für die Bombe?

Zunächst muss eine kleine Kettenreaktion ausgelöst werden, bevor man sich an die richtige Bombe wagen kann. Zahlreiche Tests, Zwischentests und Teiltests, müssen positiv verlaufen. Nichts ist sicher. Aber die Stimmung ist hervorragend. Dass ein Fuchs im eigenen Stall wildert, scheint ausgeschlossen zu sein, bei all den Sicherheitsmaßnahmen. Und doch gelingt es Klaus Fuchs, im Urlaub seinen Kontakt zu den Russen wieder aufzunehmen. Ohne die geringsten Gewissensbisse händigt er den Sowjets die geheimsten Papiere aus, die es ermöglichen, dass in Russland Hunderte Tests nicht gefahren werden müssen. Er serviert den Sowjets zahlreiche Lösungen verschiedener Probleme auf dem Silbertablett.

CHURCHILL

Die Situation in Europa spitzt sich immer weiter zu.

Die Briten sind vollauf mit dem Krieg beschäftigt. Allerdings sie sind angeschlagen. Churchill weiß, ohne die Amerikaner und die Russen, die er geschickt mit Großbritannien zu einer Koalition zusammengeschweißt hat, könnte er einpacken. Aber angesichts dieser geballten Power hat Hitler keine Chance. Hitler kämpft gegen die ganze Welt mit purer, brutaler, roher Gewalt. Churchill dagegen benutzt seinen Verstand. Er weiß, der Verstand war der Gewalt schon immer überlegen.

Aber um das britische Atombomben-Projekt kann sich Churchill im Moment kaum mehr kümmern, doch er ist informiert, dass in Los Alamos fieberhaft gearbeitet wird.

Stalin und Hitler schneiden sich inzwischen wechselseitig die Gurgel durch, was Churchill freut.

STALIN

1944/1945 drängt Stalin Hitlers Kriegsmaschinerie Stück für Stück zurück. Er wirft alles in die Waagschale. Schon Napoleon hat sich zwei Jahrhunderte früher verkalkuliert, als er glaubte, sich Russland einfach in die Tasche stecken zu können. Die Russen sind ein enorm leidensfähiges Volk. Und sie sind hochintelligent. Die russischen Steppen sind weit, die Entfernungen riesig, die Winter eiskalt. Nein, sein Russland ist unbesiegbar. Eine Angriffswelle nach der anderen lässt er gegen die verdammten Deutschen anrollen. Hitler weiß nicht, was es heißt, sich mit ihm anzulegen.

Stalin gelingt es sogar, Roosevelt und Churchill dazu zu überreden, ihm Waffen und kriegswichtige Materialien zu liefern. In US-Amerika läuft die Kriegsproduktion auf Hochtouren. Gemeinsam mit den Briten und den Amerikanern kann er Hitler gleich zweimal die Zähne zeigen.

Die Deutschen weichen immer weiter zurück. Aber warum soll er sie eigentlich allein besiegen? Stalin drängt darauf, dass von Frankreich her die Deutschen in die Zange genommen werden. Sobald die Deutschen an zwei

Fronten kämpfen müssen, ist Hitler verloren. Wieder und wieder geht Stalin seine Verbündeten mit seinen Forderungen an. Die Amerikaner sollen in Frankreich früher und schneller mit ihren Kriegsschiffen landen und Hitlers Aufmerksamkeit teilen.

Das sowjetische Atomwaffenprojekt tritt in den Hintergrund. Zunächst muss der Krieg gewonnen werden. Dann wird man weitersehen. Natürlich verrät er seinen Verbündeten nicht, dass er einen Spion in ihren Reihen hat und über alles bestens Bescheid weiß.

FRANKLIN D. ROOSEVELT (FDR)

Roosevelt hat mit schweren körperlichen Problemen zu kämpfen. Polio paralysiert ihn von der Hüfte herab bis zu den Füßen. Aber er beißt die Zähne zusammen. Im Moment wird Geschichte geschrieben, Weltgeschichte. Da kann man sich nicht um Lappalien kümmern. Viele seine Befehle kommen aus dem Rollstuhl, während er tunlichst vermeidet, in der Öffentlichkeit mit seinen Gebrechen gesehen zu werden. FDR ist todkrank. Doch bevor er das Zeitliche segnet, muss Hitler niedergerungen werden.

Das Projekt in Los Alamos läuft auf Hochtouren. Es ist seine Trumpfkarte, sein Joker, den er in der Hinterhand hält. Längst wurde in der Geheimstadt in New Mexico eine kontrollierte Kettenreaktion ausgelöst. Er weiß, Oppenheimer hat alle Details berechnet, bis auf fünf Stellen hinter dem Komma. Die Atomwerke sind errichtet. Das Rohmaterial steht zur Verfügung. Die Superbombe ist kein Hirngespinst mehr, sondern verspricht, Realität zu werden.

Bewunderer sprechen von der größten technischen und wissenschaftlichen Leistung aller Zeiten. Das ist sein Verdienst! Gleichzeitig wird kein Platz auf der Welt schärfer bewacht. Trotzdem gibt es einen Spitzel in Los Alamos.

Die Ereignisse überholen sich jetzt selbst. Alles wird für eine Landung der amerikanischen Schiffe in der Normandie, im Nordosten Frankreichs, vorbereitet. Eine überwältigende Streitmacht wird in Kürze Europa überrollen. Wie eine Dampfwalze wird sie alles plattmachen.

FDR fiebert den Ereignissen entgegen. Er verfügt über die denkbar besten Generäle. Einer von ihnen ist der legendäre George Patton (1885–1945). Ihm wird das Kommando über die 3. US-Armee übertragen, die in Nordfrankreich landen wird. Pattons Leitsätze lauten: „Möge Gott Gnade mit meinen Feinden haben, denn ich werde sie nicht haben." Und: „Der Kraut [= Sauerkraut, ironische Bezeichnung für die Deutschen] ... hat seinen Kopf in den Fleischwolf gesteckt, und ich halte die Kurbel in der Hand."[1] Patton schreibt später in einem seiner Briefe, dass er sich für den wiedergeborenen Hannibal hält, der einst die Römer das Fürchten lehrte.[2] Roosevelt verfügt jedenfalls über die beste Armee der Welt und über knochenharte Generäle. Der Tag der Landung wird festgelegt.

HITLER

Hitler driftet immer stärker in die Irrealität ab. Sein reales Reich dagegen wird 1945 förmlich zusammengequetscht: Im Osten rücken ihm die Russen auf den Pelz, im Westen die Amerikaner mit dem kompromisslosen Patton, während die Engländer einen Luftangriff nach dem anderen fliegen. Hitler sieht seine Felle davonschwimmen. Seine Wunderwaffen existieren nicht, sie entpuppen sich spätestens jetzt als Lügenpropaganda. Und den Bau der Atombombe hat Heisenberg erfolgreich hintertrieben.

Die Russen erreichen Berlin. Im Osten, im Westen, im Süden und im Norden Deutschlands brennt es. Der Ausgang ist abzusehen. Hitler erschießt sich schließlich feige in seinem Bunker. Nazi-Deutschland kapituliert. Die drei großen Sieger heißen Roosevelt, Churchill und Stalin. Die USA, Großbritannien und die Sowjetunion haben die Schlacht aller Schlachten für sich entschieden. Der Zweite Weltkrieg ist (fast) vorbei. Hitler ist nur noch Asche.

Lediglich die Japaner im Fernen Osten stellen noch ein Problem dar.

DIE BOMBE

Die Amerikaner haben inzwischen in Los Alamos alle Probleme gelöst. Roosevelt stirbt. Sein Nachfolger – Präsident Harry S. Truman (1884–

1972) – nimmt 1945 in den USA die Zügel in die Hand. Truman überlegt, wie lange sich Amerika eigentlich noch mit den Japanern herumschlagen soll. Schließlich entscheidet er sich dafür, die Atombombe einzusetzen, um den Krieg im Fernen Osten schnell zu beenden und das Leben amerikanischer Soldaten zu schonen.

Oppenheimer signalisiert, dass alles bereit ist.

Die Amerikaner werfen kurz hintereinander zwei Atombomben in Japan ab. Am 6. August 1945 erreicht die erste Bombe Hiroshima. Trotz der Verwüstung kämpfen die Japaner weiter. Am 9. August löscht die zweite Atombombe in Nagasaki alles Leben aus. Jetzt ergeben sich die Japaner.

Die Zerstörungen übersteigen jede Vorstellungskraft. 126.000 Menschen sind verkohlt und tot. Die Druckwellen, die Verbrennungen und die Brände verhindern jedes Leben. Die Strahlungsschäden sind vielleicht noch teuflischer, sie werden anfangs unterschätzt. 90.000 Menschen sterben später an den Folgen. Darüber hinaus gibt es gesundheitliche Spätfolgen wie Leukämie oder Krebs.

Oppenheimer ist schockiert über die Wirkung und zitiert eine Zeile aus einem altindischen Text: „Jetzt bin ich Tod geworden, der Zerstörer von Welten."[3] Er wird sich nie wieder von dem Wissen erholen, dass er für den Tod von Hunderttausenden von Menschen verantwortlich ist. Amerikanische, britische, deutsche und kanadische Wissenschaftler jedoch, die mit von der Partie waren, werden als Helden gefeiert – und fühlen sich in Wahrheit einfach nur elend. Das Äquivalent von mehr als 1000 Tonnen TNT ist explodiert. Eine Viertelmillion Menschen wurde ausradiert.

Die Konsequenzen der Atombombe dringen erst jetzt langsam ins Bewusstsein. Die X-Ray- und die Gammastrahlen haben zahlreiche Nebenwirkungen, die sich manchmal erst Jahrzehnte später feststellen lassen. Aufgrund der tödlichen Strahlung können sich unter anderem Zellen nicht mehr teilen.[4] Ein völlig neues Kapitel in der Geschichte der Menschheit wird aufgeschlagen.

KLAUS FUCHS, DIE FORTSETZUNG

Klaus Fuchs sitzt noch immer zwischen allen Stühlen. Zwar sind die mordgierigen Nazis besiegt, doch er spioniert nach wie vor für die Russen. Nachdem der Krieg gewonnen ist, kehrt er rasch nach Großbritannien zurück. In der Tasche hat er acht Seiten, auf denen er insgeheim alles notiert hat. Bei den Briten wird er ebenfalls als Held gefeiert. Er bekommt einen gut dotierten Job in einem englischen Kernforschungszentrum.

Fuchs hält sich für bedeutend, für eine Persönlichkeit, die in den Geschichtsbüchern auftauchen wird. Ist es nicht er, der durch seine Handlung den Verlauf der Historie verändert hat? Hat er nicht geholfen, die Nazis niederzuringen? Und sorgt er nun nicht für ein künftiges Gleichgewicht zwischen den beiden Polen USA und UdSSR, wenn er mit den Russen konspiriert?

Zunächst genießt er das Leben. Er wohnt exklusiv und leistet sich einen schnittigen Sportwagen. Eine kleine Weile spielt er James Bond. Nur mit den Frauen hapert es nach wie vor. Er beginnt, immer mehr Alkohol zu konsumieren.

Die führenden Köpfe Großbritanniens beschließen, ebenfalls zur Atommacht aufzusteigen. Fuchs berichtet das sofort den Sowjets. Erneut spielt er den Russen brisante Informationen zu. Und so gelingt es der UdSSR schließlich, ebenfalls eine Atombombe zu zünden. Der Superspion ist begeistert, als er hört, dass die Russen 1949 mit den Amerikanern gleichziehen. Doch ist er nicht der eigentliche Drahtzieher, der Puppenspieler hinter dem Vorhang?

Die Amerikaner und die Engländer stehen unter Schock. Ihr militärischer Vorsprung ist dahin, das nukleare Monopol verloren. Mit einem Schlag müssen sie mit der Sowjetunion auf Augenhöhe verhandeln. Fuchs triumphiert. Ja, er schreibt Weltgeschichte. Niemand ist bedeutsamer als er. Niemand!

Doch die britische Spionage-Abwehr hat inzwischen Witterung aufgenommen. Spätestens jetzt vermutet man in England und Amerika, dass sich ein Spion in den Reihen der westlichen Atomwissenschaftler befindet. Der Vater des Fuchses lebt in Leipzig, in der DDR, unter sowjetischer Fuchtel also. Verdacht keimt auf. Er wird abgehört. Man öffnet heimlich seine Post. Und man beschattet ihn.

Als die US-Amerikaner einige geheimen Codes der Russen knacken und Funksprüche der Sowjets abhören können, fällt der Name Klaus Fuchs. Damit ist jeder Zweifel beseitigt. Unversehens ist Fuchs enttarnt. Nun geht es nur noch darum, hieb- und stichfeste Beweise zusammenzutragen. Die Abwehrspezialisten können Fuchs nicht unmittelbar verhaften, sonst würden sie den Russen signalisieren, dass sie deren Codes kennen – was ein fataler Fehler im Spionagegeschäft wäre. Also sucht man nach weiteren unwiderlegbaren Indizien. Der Fuchs muss aus seinem Bau gelockt und überführt werden. Man braucht ein Geständnis. Experten werden auf ihn angesetzt. Scotland Yard und der MI5 sind ihm auf den Fersen. Aber der Fuchs versteht es eine Weile, seine Jäger an der Nase herumzuführen.

Die Abwehrspezialisten versuchen schließlich, Klaus Fuchs zur Beichte zu bewegen. Man spielt Katz und Maus. Endlich nimmt ihn einer der erfahrensten britischen Vernehmungsexperten in die Mangel. Fuchs bricht zusammen. Er legt ein Geständnis ab. Man nennt ihn den „schädlichsten Spion in der Geschichte aller Nationen."[5] Tatsächlich ist der Schaden, den er angerichtet hat, für die Westmächte überhaupt nicht absehbar. Möglicherweise hätten die Amerikaner den nuklearen Vorsprung auf Jahrzehnte behalten und die gesamte Welt anders gestalten können – besser, freiheitlicher, demokratischer – ohne einen Klaus Fuchs.

In den USA reagiert man gleichzeitig panisch und zornig. Fuchs' Verrat trägt dazu bei, dass die Amerikaner voller Wut in den Korea-Krieg eingreifen. Eine politische Kettenreaktion findet statt, durchaus vergleichbar mit einer nuklearen Kettenreaktion. In den Vereinigten Staaten bricht antikommunistischer Hass aus, auf alles was „rot" ist. Dichter, Politiker, Regisseure, Schauspieler und Künstler werden verdächtig, Kommunisten zu sein. Joseph McCarthy, der berüchtigte Senator, treibt die Kommunistenfurcht auf die Spitze. Einige kommunistische Spione in den USA werden gefasst und zum Tode verteilt. Das Ehepaar Rosenberg, ebenfalls Spitzel für die Sowjetunion, endet im New Yorker Zuchthaus Sing Sing auf dem elektrischen Stuhl.

Fuchs selbst wird in Großbritannien inhaftiert. Der Prozess gegen ihn beschäftigt die Weltpresse und ist eine Sensation. Das halbe aristokratische

England sitzt auf den Zuschauerbänken. Seine Rechtfertigung, er habe nur den Kampf der UdSSR gegen Nazi-Deutschland unterstützen wollen, wird abgetan. Der Verräter wird verurteilt. Aber die Gesetze in Großbritannien sind anders als in den USA. Er erhält nur 14 Jahre Freiheitsstrafe. Fuchs sitzt ein. Im Gefängnis schwankt er hin und her, was seine kommunistischen Überzeugungen angeht: Zeitweise wirft er sie über Bord, doch dann schlägt das Pendel wieder um. Hinter den Gefängnismauern findet er schließlich wieder zurück zum stromlinienförmigen Kommunismus, ja er mutiert zum „strenggläubigen Stalinisten."[6]

Da er sich im Gefängnis ordentlich benimmt, wird er wegen guter Führung vorzeitig entlassen. Journalisten stehen Schlange, als er Großbritannien im Jahre 1959 verlässt. Er besteigt ein Flugzeug, das ihn in die DDR bringt. Damit kehrt er wieder in Stalins Arme zurück. Erst jetzt heiratet der verklemmte Fuchs, eine Frau zu finden ist nun leicht, denn er ist eine Berühmtheit und gut versorgt. In der Nähe Dresdens erhält er eine Spitzenposition in einem Institut für Atomphysik. In der Sowjetunion und in der DDR wird er als Held gefeiert. 1988 begräbt man den Spion, der Weltgeschichte geschrieben hat und doch nichts anderes ist als ein verachtenswerter Verräter.

SCHICKSALE UND SCHACHFIGUREN

Bevor wir uns an eine Auswertung wagen, sollten wir noch einen schnellen Blick auf die Schicksale der anderen Schachfiguren werfen, die sich auf dem Brett bewegten, das Geschichte heißt.

Igor Kurtschatow, der sowjetische Physiker, wird nach der Zerstörung von Hiroshima und Nagasaki regelrecht hofiert. Seine Forschungen erhalten höchste Priorität. Der brutale Geheimdienstchef Beria wird jetzt als Leiter des sowjetischen Atombau-Projektes eingesetzt, wie bereits angedeutet. Beria jedoch glaubt, dass die Informationen von Fuchs in die Irre führen. Der russische Spionagehäuptling denkt zwanghaft in den Kategorien der Täuschung, er wittert überall nur Lügen. Aber er hat Unrecht. Die gestohlenen Unterlagen von Fuchs verraten Kurtschatow alles, was er wissen muss. Die

russische Atembombe erblickt das Licht der Welt. 1949 feiert man Kurtschatow als „Vater der sowjetischen Atombombe".

Doch auch Kurtschatow wird von einem schlechten Gewissen geplagt. In
den folgenden Jahren fordert der russische Wissenschaftler deshalb die fried-
liche Nutzung der Nukleartechnologie ein und spricht sich gegen weitere
Nuklearbombentests aus. Wie Oppenheimer ist er entsetzt über die Macht
der Atombombe. 1960 stirbt Kurtschtow in Moskau.

Heisenberg in Deutschland, der die Nazis hingehalten hat, wird 1945 inhaftiert und gerät in englische Kriegsgefangenschaft. Wenig später wird er
wieder auf freien Fuß gesetzt. Auch er lehnt eine militärische Nutzung der
Kernenergie ab. Im Nachkriegsdeutschland erhält er die Ehrendoktorwürde
zahlreicher Universitäten. Ein Asteroid wird nach ihm benannt, ferner ein
paar Schulen. Er stirbt 1976 in München.

Oppenheimers Schicksal haben wir bereits angedeutet. Er leidet Zeit seines Lebens darunter, dass er als „Vater der Atombombe" in die Geschichtsbücher eingeht. Nach dem Krieg setzt er sich dafür ein, die Kernenergie von
einer internationalen Behörde kontrollieren zu lassen. Er spricht sich gegen
das Wettrüsten zwischen der UdSSR und den USA aus. Selbst er wird eines
Tages verdächtig, ein Kommunist zu sein. Kurzzeitig gerät er ins Abseits,
wird jedoch 1963 rehabilitiert. Auch ihm werden Preise verliehen, zudem
steigt er zum Direktor eines angesehen Institutes auf. 1967 stirbt Oppenheim
an Kehlkopfkrebs. Wie viele Atombomben-Opfer auch durch seine Arbeit
ebenfalls an Krebs sterben, ist eine mathematische Gleichung, die er bei all
seiner Begabung nie gelöst hat.

DIE WEITERE GESCHICHTE

Nach der Entwicklung der Bombe ist die Welt nicht mehr dieselbe. Die Bedrohung durch die Atombombe ist übermächtig. Der Planet spaltet sich auf
in Ost und West. Der „Eiserne Vorhang" fällt – ein Ausdruck Churchills.
Die Welt zerfällt in zwei Einflusssphären. Auf der einen Seite stehen die
USA, auf der anderen Seite die UdSSR. Der „Kalte Krieg" beginnt. Er dauert

mindestens ein halbes Jahrhundert, viele behaupten, er sei immer noch im Gange.

Heute könnte der Einsatz der Atombombe ganze Kontinente entvölkern, mit ihr und der später entwickelten, noch schrecklicheren Wasserstoffbombe könnte man die Welt viele Male völlig vernichten. Heute ist man imstande, die ganze Menschheit auszurotten.

Allein die US-Streitkräfte verfügen über eine atomare Schlagkraft von 30.000 Megatonnen. Das entspricht 1,5 Millionen Bomben des Hiroshima-Typs.[7] Russland besitzt mindestens ebenso viel Zerstörungs-Potenzial.

1952 gelingt es Großbritannien, ebenfalls eine Atombombe zu zünden, 1960 folgt Frankreich. 1964 verfügt auch China über die verheerende Waffe. Selbst Indien und Pakistan gehören schließlich zu den Atommächten. In Pakistan verhökert ein Großverbrecher das geheimste zerstörerische Bomben-Know-how meistbietend in alle Himmelsrichtungen. Im Jahre 2017 verkündet das diktatorisch-kommunistische Regime in Nord-Korea, dass es kurz davorstehe, Atombomben mit den entsprechenden Trägerraketen zu besitzen.

Die Wasserstoffbombe, die zuerst in den USA entwickelt wird, eröffnet wie gesagt ein noch größeres Vernichtungspotenzial. Die erste Wasserstoffbombe besitzt eine Sprengkraft, die dem 800-fachen der Hiroshima-Bombe entspricht.[8] Natürlich lässt sich Russland das nicht bieten, auch hier verfügt man inzwischen über eine Wasserstoffbombe. 1957 folgen Großbritannien, 1967 China, 1968 Frankreich.

Was aber bedeutet das alles? Wie hat man all diese Fakten zu bewerten?

KLAUS FUCHS, DAS URTEIL

Betrachten wir zunächst noch einmal Klaus Fuchs. Psychologen sprachen später davon, dass er schizophren war und an einer Bewusstseinsspaltung litt. Er selbst sprach von „zwei Abteilungen" in seinem Kopf. Die eine Abteilung diktierte ihm, sich normal gegenüber seiner Umwelt zu verhalten, gegenüber seinen Freunden und Kollegen. Die andere Abteilung in seinem Hirn, seine geheime Abteilung, gebot es ihm dagegen, zu spionieren und seine Spitzeltätigkeit zu verheimlichen.[9] Und so wechselte Fuchs ständig zwischen diesen beiden Abteilungen in seinem Kopf hin und her. Er versuchte, seinen Verrat auszublenden, aber es gelang ihm nie vollständig.

Auch dass er zeitweise irre wurde am Kommunismus, speziell während seiner Zeit im Gefängnis, können wir nicht zu seiner Entlastung anführen.

Man mag ihm bestenfalls zugutehalten, dass der Kommunismus seiner Zeit eine Art Gegenbewegung zum Faschismus darstellte. Um den Nazis eine Alternative entgegenzusetzen, wandten sich viele Intellektuelle nach 1933 dem Kommunismus zu – nebenbei bemerkt auch viele idealistische Journalisten und Schriftsteller, die fast verzweifelt versuchten, dem Nationalsozialismus Paroli zu bieten. In dieser Periode war noch nicht vollumfänglich bekannt, wie verlogen und mörderisch der Kommunismus war. Der Kommunismus betrog letztlich selbst die Bauern und Arbeiter auf das Übelste, deren Interessen er angeblich vertrat. Er gaukelte allen eine bessere Welt vor – und führte dabei nur noch tiefer in den Sumpf. Mit einer Verzögerung von 50 Jahren fanden Historiker heraus, dass der Kommunismus mindestens 100 Millionen Tote auf dem Gewissen hat, wir haben darauf bereits mehrfach hingewiesen. Und so müssen wir heutzutage großzügig sein und vielen linken Wirrköpfen vergeben, die sich in Unkenntnis der historischen Fakten dem Kommunismus andienten.

Fuchs wusste vielleicht nicht, in welchem Ausmaß der Kommunismus die Menschen mit Lügen überzog und mit Propaganda erschlug. Doch bei seinem Intellekt hätte er imstande sein müssen, hinter diese Fassade zu blicken. Zuletzt betete er den furchtbaren Massenmörder Stalin regelrecht an, ein Scheusal besonderer Art, von dem sich sogar die Kommunisten später angewidert abwandten.

Und so bleibt als Fazit, dass Klaus Fuchs lediglich ein niederträchtiger Verräter war, der mit seinen „zwei Abteilungen" im Kopf sein Gewissen ausschaltete, seine Freunde und Kollegen belog und betrog, der die Nationen, die ihm vertrauten (Deutschland, Großbritannien und die USA), hinterging und einem mörderischen Diktator die furchtbarste Waffe in die Hand legte, die es gab. Dadurch nahm die Geschichte tatsächlich einen anderen, weit unheilvolleren Verlauf. Man kann über Fuchs also getrost den Stab brechen. Denn was wäre geschehen, wenn Stalin nicht über die Bombe verfügt hätte?

ALTERNATIVE GESCHICHTE

Hätten die Sowjets die Atombombe erst viel später entwickelt, beispielsweise 10 oder 20 Jahre nach 1945, wäre der Menschheit wahrscheinlich viel Leid erspart geblieben. Stalin hätte Osteuropa nicht einfach schlucken können. Die Massenmorde der Kommunisten in Polen, Bulgarien, der Tschechoslowakei, in Ungarn und der DDR wären vielleicht vermieden worden.

Diese Länder hätten einen enormen wirtschaftlichen Aufschwung genommen, ohne die verkorkste, hetzerische Ökonomie-Theorie eines Karl Marx. Stalin hätte den Westen nicht mit der Bombe erpressen können. All die Versuche, überall den Kommunismus zu verbreiten, in Frankreich, in Italien und so weiter, wären möglicherweise ausgeblieben. Den Diktator plagte ursprünglich eine furchtbare Angst vor den übermächtigen USA – bis er selbst über die Kernenergie verfügte. Ab diesem Zeitpunkt war er nicht mehr aufzuhalten. Stalin wäre also frühzeitig in seine Schranken gewiesen worden, und vielleicht wäre Deutschland nie geteilt und auseinandergerissen worden.

So aber besaß Stalin genügend Erpressungsmaterial – eben die vertrackte Bombe. Alle katzbuckelten vor Stalin. Und es wurde einem Massenmörder erlaubt, den halben Planeten beinahe mit sich in den Abgrund zu reißen und zu wüten, wie es selbst Hitler nicht schlimmer vermocht hätte.

Das ist das wahre Vermächtnis des Klaus Fuchs.

DIE PHYSIKER UND DIE BOMBE

Vergessen sollte man in diesem Zusammenhang auch nicht die Verantwortlichkeit der Bombenbauer und der Herren Wissenschaftler. Zugegeben: Einstein, Oppenheimer, Heisenberg und selbst Kurtschatow versuchten später, den militärischen Einsatz der Bombe zu verdammen, doch da war der Zug bereits abgefahren. Sie alle tragen eine Mitschuld an der Situation, in der wir uns heute befinden.

Wir sollten uns also nicht zu tief vor diesen Superhirnen verneigen. Sofern sie sich in den Dienst einer mörderischen Sache stellen, müssen wir an ihrer Intelligenz sowie an ihrem Ethikniveau und ihrer Fähigkeit, die Zukunft hochzurechnen, beträchtlich zweifeln. Einige Wissenschaftler litten später wie Hunde, als sie begriffen, was sie angerichtet hatten – vor allem Oppenheimer. Dank der Atombombe konnte die Menschheit in Angst und Schrecken versetzt werden und wurde erpressbar. An sich hätten sich diese angeblichen Intelligenzbestien an fünf Fingern abzählen können, dass die Bombe früher oder später in die falschen Hände gerät – auf einem Planeten, auf dem es von Verrätern, Spionen, Politverbrechern und Größenwahnsinnigen nur so wimmelt.

Und so muss man bis heute allen Wissenschaftlern mit Vorsicht begegnen, die das Mantra gebetsmühlenartig wiederholen, man müsse nur eine noch tödlichere Waffe entwickeln und schon sei alles in Butter. Diese Denkart führt in den Abgrund. Wir jedenfalls empfinden keinerlei Respekt oder Hochachtung für solche Physiker oder Wissenschaftler. Wenn Wissenschaft ohne Moral- und Ethikvorstellungen operiert, dann befindet sie sich auf dem Holzweg. Man kann die Vernichtung der Menschheit oder den Mord an Millionen und Milliarden von Erdbewohnern nicht abkoppeln von Kategorien wie Ethik und Verantwortung.

UNTER DEM VERGÖSSERUNGSGLAS: DIE POLITIKER

Es braucht kaum hinzugefügt zu werden, dass die wahren Schurken in dem Spiel Hitler und Stalin waren, zwei echte Satane. Jeder, der sie unterstützte, hat eine Teilschuld. Tatsächlich aber muss man auch auf Churchill, Roosevelt und Truman deuten dürfen. Roosevelt finanzierte die Atombombe, Churchill riet zu und Truman entschied, sie einzusetzen.

Letztlich befahl Truman, die Bomben abzuwerfen. Verhältnismäßig unbekannt ist, dass im innersten Zirkel der US-Amerikaner eine Weile heftig darüber diskutiert wurde, ob man die furchtbare Bombe nicht auch neben einer japanischen Stadt abwerfen könnte. Und so viel ist richtig: Vielleicht hätte allein die Demonstration der Zerstörungskraft der Bombe ausgereicht, um die Japaner zum Einlenken zu bewegen. Unter den Hiroshima-Toten waren 70 Prozent Zivilisten, in der Mehrzahl Frauen und Kinder, die verbrannten und verkohlten. Eine Viertelmillion Menschen wurde vielleicht unnötig umgebracht, von den Strahlenschäden ganz zu schweigen.

DIE BOMBE UND DIE MORAL

Der Sinn der Atombombe wurde spätestens nach dem Zerfall der Sowjetunion im Jahre 1990/1991 immer stärker bezweifelt. Immer mehr Menschen erkannten, dass es schlicht geisteskrank war, Milliarden von Dollars zu investieren, um eine Waffe zu besitzen, die die Erde mehrfach vernichten kann.

Noble, verantwortungsvolle Seelen initiierten deshalb zahlreiche Kampagnen, die Kernwaffen ächten sollten. Ärzte, Politiker, Christen, Vertreter anderer Religionen, Philosophen, Kriegsdienstverweigerer, Pazifisten und selbst einige Physiker setzten sich dafür ein, die Atombombe ganz aus dem Waffenarsenal zu verbannen. Bravo! Selbst die Strategie der nuklearen Abschreckung wurde angezweifelt, zu Recht. Doch die Atommächte dachten gar nicht daran, Vernunft und Ethik über kriegerische, militärische Überlegungen zu stellen – was nur beweist, wie weit der Weg ist, den das Menschengeschlecht in Sachen Moral noch gehen muss.

Was fehlt, ist eine systematische Erziehung in Richtung ethischer Verhaltensweisen, in Richtung Überleben. Wenn die Menschheit überhaupt eine Chance haben soll, so müssen wir Ethik-Programme in unsere Ausbildungsstätten implementieren. Wir müssen den Einfluss der Militärs und der Geheimdienste rigoros beschneiden, und die Bedeutung von Lehrern, Erziehern, Müttern und Politikern stärken, die sich vorbehaltlos für den Frieden einsetzen. Dem alten, abgehalfterten militaristischen Denken und den Kriegstreibern muss systematischer das Wasser abgegraben werden. Die destruktive Persönlichkeit im politischen Raum muss rechtzeitig entlarvt werden.[10]

Das ist die wahre Lehre, die uns die Atombombe erteilt.

180

12. DER SPION, DER VIER HERREN DIENTE: REINHARD GEHLEN

Um das Phänomen Reinhard Gehlen wirklich zu verstehen, der Hitler zunächst stramm gedient hatte und ein hoher Nazi-Offizier gewesen war, muss man kurz auf die Zeitläufte eingehen, die gelinde gesagt wild waren. Erinnern wir uns: Deutschland hatte gerade den Zweiten Weltkrieg verloren. Die Russen waren vom Osten her auf Berlin zumarschiert, die Amerikaner rückten vom Westen her an. Wir haben bereits darüber berichtet.

Deutschland wurde in die Zange genommen, zerbombt und an allen Fronten besiegt. Hitler stahl sich durch Selbstmord in seinem Bunker in Berlin davon. Deutschland kapitulierte 1945 bedingungslos.

Der Hass auf die Nazis, die die halbe Welt in Schutt und Asche gelegt hatten, war übermächtig. Eine verbrecherische Politclique wurde radikal abserviert. Viele alte Nazis tauchten unter, sofern ihnen noch die Zeit dazu blieb. Für viele hochrangige Nazis, zu denen auch Reinhard Gehlen gehörte, ging es ums nackte Überleben.

Viele Nazi-Verbrecher wurden aufgespürt, entdeckt, abgeurteilt, in Lager gesteckt, erschossen oder einfach aufgehängt. Die Jäger wurden zu Gejagten. Die „Herrenmenschen" verkrochen sich in den kleinsten Mauselöchern. Die Wahrheit kam ans Licht: Die Nazis hatten nicht nur den Zweiten Weltkrieg zu verantworten, der mit 60 Millionen Toten zu Buche schlug, sie waren auch für die furchtbaren Konzentrationslager schuldig zu sprechen. Mit Abscheu und Entsetzen entdeckte man, was die Nazibande wirklich angestellt hatte.

Viele hohe Nazis flohen ins Ausland, nach Argentinien oder Brasilien zum Beispiel. Andere tauchten in Deutschland unter, wie Nazi-Psychiater, die die verbrecherische Polit-Philosophie des Nationalsozialismus mit ihrem Geschwätz von der Überlegenheit der arischen Rasse und dem besseren Erbgut erst aus der Taufe gehoben hatten. Nazi-Psychiater hatten teilweise sogar die Konzentrationslager geleitet und „missliebige" Menschen dort eingewiesen.[1] Auch hierüber berichteten wir bereits. Sie gaben sich nach 1945 manchmal neue Namen, veränderten ihr Aussehen und warteten klug ab, wie sich Deutschland weiterentwickeln würde. Sie ließen ein paar Jährchen ins Land gehen, nur um dann – mit einem falschen Pass – plötzlich wieder aufzutauchen. Sie mischten wieder mit als Gerichtsgutachter, Berater, Seelenklempner mit eigener Praxis, als Nervenärzte, als Anthropologen oder unter welchen Berufsbezeichnungen auch immer. Jeder distanzierte sich eilends von den Nazis. Der Wind hatte sich gedreht. Es ging ums nackte Überleben. Deutschland wurde entnazifiziert.

In den Reihen der Juristen gab es ebenfalls eine plötzliche Kehrtwendung um 180 Grad. Eigenverantwortung wurde schnell beiseitegeschoben. Man war ja nur Hitler und seinen Schergen aufgesessen.

Biografien wurden gefälscht und zuhauf Rechtfertigungen aus dem Hut gezaubert. Nationalsozialistische Überzeugungen wurden schneller über Bord geworfen als ein fauler Fisch von einem Hochseedampfer. Jetzt galt es, sich rasch zu distanzieren. Nein, mit der alten Nazibande hatte man nichts zu tun! Man war nur verführt worden. Schuld waren Hitler, Goebbels, Göring, Himmler, und wie sie alle heißen. Man hatte sich nur einwickeln lassen. Aber im Herzen hatte man schon immer auf der anderen, der richtigen Seite gestanden.

Das Militär bedeutete, man habe von den furchtbaren Morden der Hitlerschergen nichts gewusst (was zumindest teilweise nicht stimmig war). Und hatte nicht sogar ein Militär, Graf von Stauffenberg, ein Offizier der deutschen Wehrmacht, versucht, Hitler umzubringen?

Jeder Berufszweig bemühte andere Ausreden.

Doch wie sollte sich ein hoher Militär reinwaschen, der Hitler ausgezeichnete Nachrichtendienste geleistet hatte? Wie konnte sich ein Superspion, der nachweislich zumindest indirekt für den Tod von Millionen von Russen verantwortlich war, aus der Verantwortung stehlen? Wie konnte er verhindern, einfach erhängt zu werden? Es war fast unmöglich. Oder doch nicht?

Beginnen wir mit unserer Biografie.

GEHLEN, DER MEISTERSPION

Reinhard Gehlen wird 1902 in Erfurt (Thüringen) geboren. Nach dem Abitur schlägt er wie der Vater die militärische Laufbahn ein. Er steigt schnell sehr hoch auf. 1923 ist er Leutnant, 1928 Oberstleutnant, 1934 Hauptmann. 1933 reißt Adolf Hitler in Deutschland die Macht an sich. Gehlen, der später zum „Genie geheimdienstlicher Aufklärung" hochstilisiert wird, der „Mann im Dunklen" („Welt am Sonntag"), der „Mann mit den tausend Ohren" („Westdeutsche Allgemeine")[2], hindert das nicht, seine militärische Karriere weiterzuverfolgen. Er steigt himmelhoch. 1938 ist er bereits Major – später wird er es bis zum Generalmajor bringen. 1939 mit Beginn des Zweiten Weltkriegs ist er Generalstabsoffizier, eine glänzende Laufbahn liegt vor ihm.

Als der größenwahnsinnige Hitler im gleichen Jahr Polen überfällt, ist Gehlen an vorderster Front mit dabei. Auch Hitler verkehrt Ursache und Wirkung. Angeblich müssen die Deutschen in Polen zurückschlagen, obwohl es, wie wir bereits wissen, in Wahrheit ein reiner Angriffskrieg Deutschlands gegen Polen ist. Vertreter der Gestapo, der Geheimen Staatspolizei, im Verbund mit SS-Gangstern, schlüpfen in polnische Uniformen und täuschen als polnische Freischärler verkleidet Übergriffe auf Deutschland vor. Hitler sieht sich also „gezwungen" zu handeln, obwohl er den Coup selbst eingefädelt hat. Es handelt sich um einen bloßen Vorwand, um den Krieg gegen Polen vom Zaun zu brechen. Da die Sowjets mit dem heimtückischen und brutalen Stalin, der zu diesem Zeitpunkt noch mit Hitler unter einer Decke steckt, stillhalten, als die Russen später sogar selbst in Polen einmarschieren, haben die Polen nicht die geringste Chance.

Bei dem rechtswidrigen Angriff gegen Polen kommen (geschätzte) 80.000 polnische Soldaten ums Leben, etwa 130.000 polnische Soldaten werden verwundet. In der Folge begehen die Deutschen Massenmorde an polnischen Intellektuellen, Priestern, Aristokraten und Juden. Hitler persönlich befiehlt die Massenerschießungen. Die polnische Intelligenz soll von der Wehrmacht vollständig ausgerottet werden, es geht um die „physische Vernichtung" der Elite.[3] Seine Offiziere gehorchen, aller Wahrscheinlichkeit nach auch Gehlen. Allein im Jahre 1939 werden rund 60.000 polnische Staatsbürger ermordet: Lehrer, Ärzte, Professoren, immer wieder Priester, Politiker und Gewerkschaftler.

Es ist unmöglich, dass Gehlen nichts davon weiß. Polen sind nur „Untermenschen", belehrt Hitler seine Soldaten, jedenfalls die slawischen Polen, bei den „rassisch wertvollen" Polen kann man eine Ausnahme machen. Soldaten der Wehrmacht führen rund 60 Prozent aller Massenmorde an polnischen Zivilisten aus.[4] Die deutschen Wehrmachts-Angehörigen plündern, rauben und stehlen außerdem wie die Raben. Schließlich ist Krieg. Sie vergewaltigen polnische Frauen und quälen die Polen bis aufs Blut. Nur einige wenige deutsche Generäle protestieren. Aber Hitler erklärt, die Wehrmacht sei schließlich nicht die Heilsarmee. Er amnestiert die Täter.

Fest steht damit, Gehlen ist zumindest Mitwisser der Massenmorde in Polen, wenn nicht gar mehr. Aufsteiger Gehlen marschiert jedoch stramm mit den Mördern im Gleichschritt. Er steigt noch höher auf. 1940 avanciert er zum Adjutanten eines Generalstabschefs.

Doch Polen ist nur der Auftakt des barbarischsten Kriegs der Menschheitsgeschichte. Längst hat Hitler die Sowjetunion im Visier – ein noch fetterer Brocken. Er überlegt, wie er Stalin am besten hintergehen kann, um seinen Wahn von mehr „Lebensraum im Osten" wahr zu machen. Und so beginnt das „Unternehmen Barbarossa". Unter diesem Codenamen versteht man den Überfall der deutschen Wehrmacht auf die Sowjetunion, der im Jahre 1941 beginnt. Das Ziel ist die Vernichtung des Kommunismus. Der Entschluss wird dem Oberkommando der Wehrmacht bereits 1940 mitgeteilt. Fieberhaft planen ranghöchste Offiziere den Überfall, auch Gehlen sitzt mit im Boot. Der „jüdische Bolschewismus" soll zerstört werden, wie die Hetzrede lautet. Der europäische Teil der Sowjetunion soll erobert, die Führungskräfte dort ermordet und die Zivilbevölkerung zum Teil ausgerottet werden. Der Hungertod von Millionen von Kriegsgefangenen und die Morde an Juden werden systematisch geplant – so sorgfältig, wie es nur Deutsche können. Russlands europäischer Teil soll germanisiert werden. Die Wehrmachtsführung ist eingebunden in den Massenmord-Plan. Die ranghöchsten Offiziere, wie Gehlen, stehen sogar an vorderster Front. Gehlen, der Karrierist, der

Aufsteiger, spielt sogar eine herausragende Rolle. Damit das „Unternehmen Barbarossa" nicht scheitert, muss das russische Militär ausspioniert werden. Gehlen, zunächst nur zuständig für die Planung, den Transport und die Reserve-Truppen, erklimmt eine weitere Sprosse der Karriereleiter.

1941/42 sucht der deutsche Generalstab nach einem neuen Chef für seinen Heeresnachrichtendienst. Im Mai 1942 wird Gehlen zum Leiter der Abteilung Fremde Heere Ost ernannt: Nun ist er der Chef der gesamten Ost-Spionage. Er ist dafür verantwortlich, herauszufinden, was sich in Russland (und anderen Ländern) tut. Damit ist er einer der wichtigsten Köpfe des Krieges gegen die Sowjetunion, denn ohne Spionage läuft längst nichts mehr. Von seinen Spitzeln, die er nun befehligt, von seinen Informationen hängt der Sieg oder die Niederlage an der Ostfront ab. Der ganze Weltkrieg steht und fällt auch mit Gehlen. Gehlen ist mit einem Mal eine Schlüsselfigur auf Hitlers Schachbrett. Er ist der Meisterspion, von dessen Informationen alles abhängt.

Gehlen entfaltet eine unvorstellbare Aktivität. Er muss seinem Führer beweisen, was in ihm steckt. Die Feindaufklärung liegt in seiner Hand. Aber wie soll man die Russen professionell aushorchen? Gehlen nimmt sich als Erstes die russischen Kriegsgefangenen zur Brust, die nach den ersten deutschen Siegen in seine Hände fallen. Die „Befragungen" werden immer ausgekochter, immer raffinierter. Die armen russischen Teufel werden ausgequetscht wie Zitronen. Einige kann man umdrehen, ködern und in Spione für Deutschland verwandeln. Gleichzeitig stampft Gehlen ein Passbüro aus dem Boden. Massenhaft werden falsche Ausweise hergestellt, aber auch russische Pässe gesammelt und deutschen Spionen ausgehändigt. Gehlen schickt nun ganze Heerscharen von Spionen in feindliches Gebiet. Die UdSSR wird infiltriert wie nie zuvor. Einfach alles wird ausgespäht: nicht nur militärische Geheimnisse, sondern auch die komplette kommunistisch-sowjetische Industrie. Alle russischen Absichten müssen in Erfahrung gebracht werden. Sogar die Grundsätze russischer Kriegsführung werden ausspioniert. Deutsche, als sowjetische Offiziere getarnt, infiltrieren die Rote Armee. Spitzel nisten sich überall ein – in den Fabriken, in der Verwaltung, ja sogar in der kommunistischen Partei. Sie suchen Kontakt zu antikommunistischen Partisanen und Gegnern Stalins, der seinerseits aufrüstet wie nie zuvor.

Der Informationsstrom fließt immer breiter. Hitler ist begeistert. Gehlen erfährt, was die Russen und Stalin im Schilde führen. Gehlen überschlägt sich und spioniert jeden Industriezweig aus, der von Bedeutung ist, einschließlich der genauen Produktionsziffern in verschiedenen Industrien. Sobald Rüstungswerke verlegt werden, erfährt Gehlen als Erster davon. Er kennt sich aus im Eisenbahntransport. Er erstellt Straßenkarten und Stadtpläne. Er legt Akten an über den sowjetischen Geheimdienst. Gehlen kennt sogar die Decknamen der gegnerischen Agenten. Er erstellt Analysen, Memoranden und bringt Stalins Tagesablauf in Erfahrung. Kurz er rückt den Russen so dicht auf den Pelz, wie es nie zuvor und nie danach einem Geheimdienst gelang.

Und Gehlen muss sich wirklich anstrengen, denn er hat Konkurrenten. Die mörderische, von Hitler unterstützte SS versucht ebenfalls, militärische Nachrichten zu erfahren. Hitler liebt es, wenn die Garde unter ihm um seine Gunst buhlt und sich wechselseitig auszustechen und zu übertrumpfen sucht. Gehlen sammelt noch sorgfältiger, noch eifriger Daten. Selbst nach der Katastrophe von Stalingrad, als die Deutschen besiegt werden, lässt er nicht nach. Dabei markiert Stalingrad bereits den Wendepunkt dieses Weltkrieges. Gehlen jedoch ist entschlossen, bis zum bitteren Ende durchzuhalten. Gehlen ist ein Nazi durch und durch. Deshalb wird er abermals befördert.

Aber schließlich können die schlechten Nachrichten nicht mehr frisiert werden. Gehlen versucht, Hitler auf die prekäre Lage der deutschen Heere im Osten aufmerksam zu machen. Er legt seinem Führer genaue Zahlen vor. Aber schon 1942, und erst recht 1943 lebt Hitler in einer anderen Welt, in einer Welt des Irrealen. In seinem Wahn glaubt er nicht daran, dass ihn die Russen niederringen können. Gehlen muss sich irren. Hitlers Zorn trifft seinen Meisterspion. Er lässt ihn gegen Ende des Krieges auswechseln. Aber noch immer ist Gehlen hundertprozentig ein Nazi, auch wenn er schmerzlich und am eigenen Leib erfährt, dass der Führer eben doch nicht unfehlbar ist.

GEHLEN, DER MORDGESELLE

Obwohl Gehlen zum Schluss von Hitler persönlich seines Postens enthoben wird, bleibt seine Schuld. In den Jahren 1941 bis 1943 ist Gehlen mitverantwortlich für die unmenschlichsten Schlächtereien. Die Deutschen hausen in dieser Zeit kurz gesagt schlimmer als die schrecklichsten Hunnenfürsten. Allein in Weißrussland ermordet die deutsche Wehrmacht im Verbund mit der SS rund 350.000 Zivilisten, meist Frauen und Kinder. Sie werden wie Vieh in großen Gebäuden zusammengetrieben und mit Maschinengewehren erschossen. Danach werden die Gebäude in Brand gesetzt. Auf diese Weise werden 628 Dörfer in Weißrussland zerstört.

Juden werden besonders gern erschossen. Einige Kriegsgefangene bringt man ins Deutsche Reich, wo sie als Arbeitersklaven ausgebeutet werden. Die meisten russischen Kriegsgefangenen jedoch lässt man verhungern, sie werden aufgeknüpft oder erschossen.

Massenmorde sind an der Tagesordnung. Im ersten Kriegsjahr werden nach eigenen Angaben der Nazis fast 1 Millionen Menschen im Osten ermordet. Verantwortlich ist die SS, aber auch die Wehrmacht. Einer ihrer Drahtzieher heißt Reinhard Gehlen.

Nur einige wenige Kommandeure der Wehrmacht geben die massenmörderischen Befehle Hitlers nicht weiter. Die meisten Offiziere dagegen sind mit von der Partie. Aus welchem Grund? Soldaten, die sich weigern, Russen umzubringen, werden bestraft. Gehlen wird nicht bestraft, im Gegenteil. Er ist einer der großen Verfechter der Russlandpolitik des Führers.

Der Russlandfeldzug endet in einem Völkermord, wie es ihn nie zuvor gegeben hat. Die „slawischen Untermenschen" müssen nach Hitlers Meinung ausgerottet werden.

Wie lauten die Fakten? In der UdSSR werden insgesamt rund 3 Millionen Juden umgebracht.[5] Dabei haben wir noch nicht einmal von all den Vergewaltigungen durch die Soldaten der deutschen Wehrmacht gesprochen oder von der systematischen Aushungerung. Man schätzt heute die Zahl der Vergewaltigungen auf bis zu 2 Millionen. Viele Russen und Russinnen begehen Selbstmord. 3,3 Millionen Rotarmisten geraten in deutsche Gefangenschaft. 2 Millionen sowjetische Kriegsgefangene sterben den Hungertod, verraten uns Historiker heute, andere Geschichtswissenschaftler sprechen von 3 Millionen sowjetischer Gefangenen, die verhungern, erfrieren, an Seuchen sterben oder erschossen werden. Es handelt sich um eines der größten Kriegsverbrechen aller Zeiten.

Nicht gesprochen haben wir von den Toten, die im Kampf fallen. Schätzungen schwanken zwischen 20 und 40 Millionen Todesopfern. 11,4 Millionen sowjetische Soldaten sterben, die Mehrzahl der Opfer jedoch sind sowjetische Zivilisten.[6]

Das sind die Fakten, die auch Reinhard Gehlen mitzuverantworten hat. Denn Gehlen kennt sie. Er weiß um die Massenmorde, die Folterungen und die Grausamkeiten – es ist unmöglich, dass er als einer der führenden Offiziere im Russlandfeldzug davon nichts wusste, er war vielmehr sogar einer der Strippenzieher.

Als der Russlandfeldzeug scheitert, als Hitler seine Berichte ignoriert, bricht für den Geheimdienstchef eine Welt zusammen. Hitlers Meisterspion, der die entsetzlichsten Massenmorde mitzuverantworten hat, ist nur noch an einem interessiert: Wie kann er seine eigene Haut retten? Im letzten Augenblick versucht Gehlen, seinen Hals aus der Schlinge zu ziehen.

GEHLEN, DER WENDEHALS

Gehlen ist klar, dass er seine Mittäterschaft nicht verheimlichen kann. Er kann sich nicht davonstehlen, indem er den Russen oder den Amerikanern das Märchen auftischt, er habe von nichts gewusst. Er vermag sich nicht herauszuwinden, indem er sagt, er habe ja nur dem Befehl des Führers gehorcht.

Eine andere Lösung muss her, und zwar schnell. Gehlen weiß inzwischen, dass Hitler nicht mehr in der Realität lebt, denn seine letzten Berichte werden abgeschmettert. Hitler will keine schlechten Nachrichten hören, die pessimistischen Informationen seines Meisterspions hält er für falsch, ja für einen Bluff der Russen, für eine Täuschung, auf die Gehlen hereingefallen ist.

Gehlen dagegen sieht seine Felle davonschwimmen. Also bereitet er sich darauf vor, sich abzusetzen. Er zermartert sich das Gehirn. Er weiß, die Niederlage ist nicht aufzuhalten. Aber vielleicht lässt sich ein Pakt mit den Amerikanern schließen. Möglicherweise kann sein Wissen über die Russen in eine Freifahrkarte für das eigene Überleben umgemünzt werden. Er fotografiert sämtliche brisante Materialien über die Sowjets und den Osten – Berichte, Zeichnungen, Bilder und Studien. Er erstellt Duplikate von allem und jedem. In einer unvorstellbar aufwendigen, geheimen Aktion entstehen Kopien von Luftaufnahmen und Akten. Diese werden in fünfzig Stahlkoffern verstaut. Es entsteht ein komplettes geheimdienstliches Archiv über die Sowjetunion. Danach werden diese Koffer in Bayern an Orten vergraben, die nur Gehlen kennt.

Als alles hinter ihm zusammenbricht, flieht Gehlen 1945 Hals über Kopf. Er muss sich dem direkten Zugriff der Russen entziehen, die ihm bei lebendigem Leib die Haut abziehen würden, sollten sie ihn erwischen. Gehlen verkriecht sich in einer abgelegenen Hütte im Allgäu, im Süden Deutschlands. Mit drei Offizieren quartiert er sich in einer abseits gelegenen Alm ein.

Inzwischen umklammern die Amerikaner im Westen und die Russen im Osten das kollabierende Deutschland. Gehlen wartet bebend in seinem Versteck ab, was passiert. Doch schon nach kurzer Zeit spüren ihn die US-Militärs auf, Abwehroffiziere der Amerikaner, nur 12 Tage nach der Kapitulation. Zunächst wissen die Amerikaner nicht, welch fetten Fang sie hier gemacht haben. Gehlen wird interniert. Deutschland wird in der Folge in verschiedene Besatzungszonen aufgeteilt. Schließlich fällt Gehlen dem obersten Nachrichtenchef der amerikanischen Besatzungszone in die Hände. Der amerikanische Nachrichtenoffizier versteht sofort, dass ihm hier ein ganz besonders dicker Fisch ins Netz gegangen ist.

Nach ein bis zwei Jährchen dreht sich der Wind in der Weltpolitik. Die Amerikaner beginnen die Russen zu hassen und zu fürchten. Plötzlich gibt es einen gemeinsamen Feind: die Sowjets und Stalin. Gehlen kalkuliert messerscharf, dass ihm die Wende von höchstem Nutzen ist. Weder bei den Amerikanern, noch bei den Engländern herrscht noch Festtagsstimmung. Man hat zwar mit den Russen gemeinsame Sache gemacht, um die verdammten Nazis niederzuringen, aber in Großbritannien und in US-Amerika weiß man längst, dass es einen neuen, noch mörderischen Gegner gibt. Eben den nimmersatten, brandgefährlichen, skrupellosen Diktator Stalin, der mindestens eine so rabenschwarze Seele hat wie Hitler. Die politische Großwetterlage ändert sich von Grund auf. Der „Kalte Krieg" beginnt.

Gehlen teilt mit den Amerikanern den Hass und die Furcht vor den Russen. Bei der ersten günstigen Gelegenheit legt er seine Ansichten dar: Er prophezeit, dass Stalin versuchen wird, Polen, die Tschechoslowakei, Ungarn, Rumänien und Bulgarien in seine Tasche zu stecken. Er sagt voraus, dass der russische Diktator alles daransetzen wird, um ganz Deutschland den Kommunismus aufzuzwingen.

Die US-Nachrichtenleute staunen, als Gehlen ihnen genau das erzählt, was sie selbst befürchten und glauben. Als er zudem andeutet, dass es über die Sowjets überaus wertvolles, hochbrisantes Spionage-Material in fünfzig Metallkoffern gibt, staunen sie noch mehr. Sie wissen, dieses Material ist mit Gold nicht aufzuwiegen.

Gehlen wird in ein Speziallager gebracht und von einem Tag auf den anderen mit höchstem Respekt behandelt. Die Amerikaner erkennen, welch ungeheurer Schatz hier zu heben ist. Schließlich werden die Spionage-Dokumente in den Stahlkoffern von Gehlen ans Tageslicht befördert und den Amerikanern übergeben. Die US-Nachrichtenleute sind sprachlos. Man debattiert und überlegt im Lager der Sieger. Schließlich erlaubt man es Gehlen, seine Arbeit fortzusetzen, das heißt die Spionage gegen die Sowjetunion und Osteuropa. Er darf sogar frühere Mitarbeiter rekrutieren, die ihm bei seiner Arbeit behilflich sind. Der Kriegsverbrecher, der eigentlich an den Galgen gehört, wird plötzlich wie ein Fürst hofiert. Gehlen schreibt zunächst einen geschönten Bericht über seine Spitzeltätigkeit, wobei er sich natürlich ins rechte Licht rückt. Geschickt weist er darauf hin, was er alles weiß – über die Russen, die Standorte der Armeen, deren Stärke, die Rüstung und die Wirtschaft. Er kann Luftaufnahmen von Eisenbahnverbindungen wie Asse aus dem Ärmel ziehen. Er besitzt sogar Berichte über die Stimmung in der Sowjetunion. Niemand ist so glänzend und so umfassend über den Osten informiert wie Gehlen.

Und so pirscht sich Gehlen an die Amerikaner heran – über den Umweg deren Ängste. Zudem versteht niemand einen Nachrichtenmann besser als ein Nachrichtenmann. Seine Sünden werden schnell vom Tisch gewischt. Dass Gehlen einst mithalf, Millionen von Russen auszumerzen, wird ihm jetzt fast als Pluspunkt angerechnet. Die veränderte politische Großwetterlage diktiert eine neue Denkart.

Amerika weiß kaum etwas über Stalin und die Sowjetunion. Gehlen dagegen kann einen Trumpf nach dem anderen aus dem Hut zaubern. Die Amerikaner erfahren zu ihrem Erstaunen, dass Stalin nach dem Krieg nicht abrüstet. Bei den Russen bleiben Millionen Mann unter Waffen. Im Gegensatz dazu reduzieren die Vereinigten Staaten von Amerika ihre Armeen von 12 Millionen auf 1,4 Millionen Mann.

Gehlen wird in die USA gebracht. Er muss dort mit den ganz hohen Tieren des Militärs und der Geheimdienste sprechen. Obwohl man in Washington zuerst auf Distanz zu dem alten Nazi geht, erkennt man schließlich, dass Gehlens Informationen über die Russen tatsächlich von unschätzbarem Wert sind. Rund ein Jahr bleibt Gehlen in den Vereinigten Staaten.

Es gelingt ihm, alle von seinem Wert zu überzeugen. Eine eigentlich unmögliche Kooperation entsteht hinter den Kulissen. Gehlen, der Massenmörder, Gehlen, der Wendehals, soll einen neuen Geheimdienst in Deutschland aufbauen, der allerdings vom Nachrichtendienst der Amerikaner kontrolliert wird. Man muss sich diese Ungeheuerlichkeit wirklich vor Augen halten: Hitlers Superspion wird zu einem Anhängsel der amerikanischen Geheimdienste. Sein künftiger Job soll darin bestehen, weiter Informationen über die osteuropäischen Länder zu beschaffen, vor allem aber über Russland. Die Amerikaner haben in Sachen UdSSR kaum Spione. Gehlen kann diese Lücke füllen. Er avanciert zum Chef eines neuen deutschen Spionage-Apparates. Er darf eine „Org" aufbauen, wie man das Unternehmen intern im Kürzel benennt. Er darf Spione, Spitzel, Zuträger und Agenten anheuern.

Gehlen kann es selbst kaum fassen: Gerade hat er mit Mühe seinen Hals aus der Schlinge gezogen – und jetzt steigt er auf zu einem der mächtigsten Männer im Nachkriegsdeutschland. Während andere Nazis längst aufgehängt sind, rettet er nicht nur sein Leben, sondern wird mit einer neuen unvorstellbar wichtigen Aufgabe betraut. Gehlen, der ranghohe Nazi-Offizier, mutiert zum bundesrepublikanischen Top-Spion und loyalen CIA-Befehlsempfänger.

GEHLEN ODER DR. SCHNEIDER

Dass Gehlen nun einem neuen Herren dient und einer neuen (freiheitlichen) politischen Philosophie, scheint ihn nicht weiter zu stören. Im Gegenteil! Die Amerikaner fürchten sich wie er vor den Russen. Diese Furcht drückt sich in Hass aus. Gehlen gießt Öl ins Feuer. Man ist sich einig: Das Ungeheuer Stalin muss unter allen Umständen daran gehindert werden, dem Kommunismus weltweit auf die Sprünge zu helfen. Das aber wird nur mittels genauer Informationen gelingen.

Gehlen krempelt die Ärmel hoch. Er weiß, er muss seinem neuen Auftraggeber Ergebnisse liefern. In Windeseile kümmert er sich darum, alte Spionage-Asse wieder zu aktivieren. Er darf, er soll, er muss einen neuen Geheimdienst aus dem Boden stampfen – und das schnell. Er hört sich unter stellungslos gewordenen deutschen Offizieren um. Alte Nazis laufen ihm in Scharen zu. Er nimmt sie ohne Gewissensbisse unter seine Fittiche. Er kann nicht mit Steinen werfen, denn er sitzt selbst im Glashaus. Mit seiner Hilfe können sich zahlreiche alte Nationalsozialisten, die eigentlich an den Galgen gehören, der gerechten Strafe entziehen. Gehlen nutzt seine Seilschaften schamlos aus, um Spitzel anzuwerben. Er kennt sie alle. Ihre Namen sind auf seinen Karteikarten verzeichnet, auch ihre Decknamen. Seine Organisation wird ein Hort für alte Nazis. Jeder Spitzel erhält einen neuen Decknamen, auch Gehlen selbst. Er lässt sich jetzt mit Dr. Schneider anreden oder einfach nur mit Doktor. Eine geheime, verschworene Bruderschaft entsteht. Gehlen rekrutiert und rekrutiert. Ein besonders ergiebiger Pool sind die Heimkehrer aus der Sowjetunion. Millionen von Soldaten, die während des Krieges in die Hände der Russen fielen, kehren in den folgenden Jahren zurück nach Deutschland. Niemand kennt sich besser mit den Verhältnissen in der Sowjetunion aus. Gehlen jubelt. Er kann die ehemaligen Kriegsgefangenen nach allen Regeln der Kunst ausquetschen und wertvolle Informationen einholen. Und seine Organisation rekrutiert in den westdeutschen Heimkehrerlagern sogar noch neue Spione.

Die amerikanischen Militärs sind tief beeindruckt. Sie erfahren, dass Stalins Rüstungsproduktion auf Hochtouren läuft. Die USA motten ihre Kriegsschiffe ein, die Russen dagegen bauen ihre Flotte aus. Gehlen weiß alles – die Anzahl der Flugzeuge, der Schiffe, der Kampftruppen und der Panzer. Gehlen schleust zunehmend Spitzel in die sowjetische Besatzungszone ein. Niemand kennt sich so gut aus wie Gehlen.

In Pullach, also ein paar Kilometer südlich von München, erhält sein Nachrichtendienst eine neue, feine Unterkunft, die vormals schon ranghohen Nazis gute Dienste geleistet hat. Am 6. Dezember 1947 rückt Gehlen mit seinen Mitarbeitern an, mitsamt den Familien der Agenten. Alles ist hochgeheim. 1948 hat er bereits eine Crew von 200 Leuten. Später wird die Organisation auf viele Tausend Mann anwachsen. In Pullach schottet man sich ab. Es gibt eigene Schulen, nur für die Späher reservierte Geschäfte, sogar ein eigenes Hospital und ein eigenes Kasino.

Gehlen sorgt dafür, dass die antisowjetische Stimmung der Amerikaner erhalten bleibt. Schließlich ist das seine Freifahrkarte und gereicht ihm zum Vorteil, denn dadurch wird er immer unentbehrlicher. Zum zweiten Mal macht er Weltpolitik. Es gelingt ihm, bei den Amerikanern beinahe Panik vor den Russen zu erzeugen. Die US-Geheimdienstler sprechen mit immer mehr Respekt von der Organisation Gehlen. Gehlens Informationen sind pures Gold. Überall greift er Nachrichten ab – auch in Berlin und Wien, wo sich die Spione aus aller Herren Länder ein Stelldichein geben, Franzosen, Engländer, Russen, Amerikaner und Deutsche. Der Ostsektor, die spätere DDR, wird von Gehlen bis in den hintersten Winkel ausgespäht. Gehlen weiß, worauf es ankommt. Wieder geht es darum, die Rüstungsanstrengungen genau im Blick zu behalten und mit ihnen die Eisenbahnverbindungen, die Straßen und die Schifffahrtswege. Gehlen gelingt ein Coup nach dem anderen. Westdeutsche Spitzel werden in die höchsten Gremien der künftigen DDR eingeschleust. Die kommende Deutsche Demokratische Republik, die weder demokratisch ist noch republikanisch, ist ein offenes Buch, in dem keiner so gut lesen kann wie Gehlen.

GEHLEN, DER GENERALDIREKTOR

Im Westteil Deutschlands greift inzwischen das deutsche Wirtschaftswunder. Die Gründe dafür liegen auf der Hand: Die Nazis und mit ihnen zahllose destruktive Persönlichkeiten sind von der Bildfläche verschwunden, von Ausnahmen abgesehen. Die meisten müssen sich in Mauselöcher verkriechen.

Die USA wandeln sich vom Gegner zum Freund. Es werden Darlehen gewährt, der Marshall-Plan kommt zum Tragen. Die Amerikaner beschließen scheinbar hochherzig, Deutschland unter die Arme zu greifen. In Wahrheit braucht man Absatzmärkte für die eigenen Waren. Und man benötigt vor allem Verbündete im Kampf gegen die Russen. Da kann man schon mal ein Auge zudrücken, was ein paar alte Nazis angeht.

Das Klima wandelt sich um 180 Grad. Eine freiheitliche Verfassung wird eingesetzt. Die Währungsreform bringt neue Impulse und eine stabile D-Mark. Die Soziale Marktwirtschaft wird etabliert. Die Bundesrepublik Deutschland schießt in ökonomischer Hinsicht steil nach oben.

Auch der Nachrichtenmann Gehlen muss umdenken. Die Amerikaner verändern die Kultur in diesem neuen Deutschland komplett. Alles wird nun nach wirtschaftlichen Kriterien beurteilt. Nicht die Gesinnung ist wichtig, sondern der Geldbeutel und der ökonomische Erfolg. Und so nennt sich Gehlen jetzt Generaldirektor. Er richtet für seinen Geheimdienst zahlreiche Zweigniederlassungen ein. Er versucht, ihn wie ein Wirtschaftsunternehmen zu führen. Die Organisation Gehlen erhält 1955 einen neuen Namen: Bundesnachrichtendienst. Gehlen leitet ihn selbstverständlich, von 1956 bis 1968. Eine zweite Karriere! Es entstehen Generalvertretungen und Bezirksvertretungen, Untervertretungen und Filialen.

Wie ein riesiges Spinnennetz überzieht der Bundesnachrichtendienst (BND) schon bald die gesamte Bundesrepublik. In fast allen deutschen Großstädten ist er nach einiger Zeit vertreten. Doch alles geschieht unter größter Geheimhaltung. Die BND-Filialen firmieren oft als Wirtschaftsunternehmen. Kaum ein bundesdeutscher Bürger weiß, dass hinter so mancher Handelsgesellschaft der BND steckt. Besonders gern bedient man sich des Deckmantels eines Versicherungsunternehmens. Aber auch Jalousienfabriken, Sektfirmen, technische Dienste und andere Firmenbezeichnungen werden benutzt. Geheimhaltung ist oberste Pflicht. Wenn Informationen weitergereicht werden, so geschieht das mittels Geheimtinten, Geheimpapieren und geheimen Briefkästen, wie sie Spione bis heute benutzen. In Steckdosen werden Mikrophone eingebaut und in Thermosflaschen kleine Kameras.

Dabei ist nur eine Person vollständig über das Spinnennetz informiert: Gehlen. Er sorgt sogar dafür, dass falsche Fährten gelegt werden und die frisch angeworbenen Agenten bestenfalls nur ein oder zwei Personen seiner Schattenarmee kennen. Seine Spitzel werden überall eingeschleust, in wichtige Wirtschaftszweige, in Parteien, in die Medien. Seine Top-Agenten infiltrieren die machtvollsten Organisationen des Gegners. Eine genaue Arbeitsteilung findet statt: Es gibt Werber, die neues Personal rekrutieren, Karrierespione, die sich bis in die höchsten Ränge hocharbeiten müssen, Agentenführer und Auswerter, die Informationen evaluieren. Wie in Spionage-Organisationen üblich dienen auch ab und an Damen dazu, an bestimmte Informationen heranzukommen. Die „Schwalbe" oder die „Honigfalle" existiert auch im BND.

Die US-Geheimdienste sind besonders daran interessiert, die osteuropäischen Länder und die UdSSR genauer auszuspionieren. Also stößt Gehlen immer weiter vor, er betreibt Fernaufklärung. Nach einer Weile blüht die Spionage nicht nur in der DDR, sondern auch in Polen, in der Tschechoslowakei, in Ungarn und in Russland, später sogar in Rumänien, Jugoslawien und anderen Ländern.

Sowjetsoldaten werden gern mit leichten Mädchen geködert, die ihnen Westwaren oder Sex anbieten – im Gegenzug für Informationen. Manchmal kann man die russischen Soldaten sogar umdrehen. Schweizer Uhren, Luxuswaren, aber auch Füller und Kugelschreiber sind bei den Russen besonders beliebt. Und so gelingt es dem BND, auch die Sowjetunion auszuspähen. Jeder, der nach Russland reist, wird daraufhin abgeklopft, er ob er nicht zum Spitzel taugt, seien es Studenten oder Professoren.

Die Russen werden früh hellhörig und füttern die Gehlen-Spitzel beizeiten mit Falschinformationen, die sie sich auch noch gut bezahlen lassen. Und sie setzen umgekehrt Spitzel auf die Bundesrepublik Deutschland an, auch auf den BND. Das Spiel der Spionage und Gegenspionage schaukelt sich wechselseitig hoch. Und so muss der BND in der Bundesrepublik auch noch Kommunisten beschatten und aushorchen. Pazifisten werden ausgespäht, Rußlandfreunde und übereifrige Sozialisten. Erneut hält die Gesinnungsschnüffelei Eingang in die Gesellschaft, in der DDR und in der BRD.

Gehlen ist sich nicht einmal zu schade dafür, ehemalige SS-Leute und

Ex-Mitglieder der Gestapo anzuheuern, also die schwärzesten Seelen des Nazi-Regimes. Sogar solche Männer werden auf die neuen Staatsfeinde angesetzt. Bundesdeutsche Politiker der obersten Ränge werden observiert. Der BND schnüffelt Firmen aus, Parteien und gesellschaftlich wichtige Institutionen. Während die DDR von Heerscharen von Stasi-Spitzeln heimgesucht wird, die jedes antikommunistische Gebaren ahnden, gerät die BRD unter die Beobachtung des BND, der jedes prokommunistische Gedankengut verfolgt.

Man könnte von einer Komödie sprechen, wenn das Spiel nicht so lebensgefährlich wäre.

GEHLEN, DER PRÄSIDENT

Und wieder dreht Gehlen sein Fähnchen nach dem Wind. In der BRD haben inzwischen neue Mächte das Ruder übernommen. CDU und SPD, also Christdemokraten und Sozialdemokraten, greifen gleichermaßen nach der Macht. Gehlen schlägt sich schnell auf die Seite der Christdemokraten. Die Sozis stehen seiner Meinung nach den Kommunisten zu nah, außerdem halten die Christdemokraten im Moment das Zepter in der Hand, mit ihrem Bundeskanzler Konrad Adenauer. Längst vergessen ist, dass unter Hitler nicht eben wenige christliche Priester diskriminiert wurden und einige sogar in Konzentrationslagern verschwanden. Schließlich ist eine neue Zeit angebrochen. Die Nazi-Ideologie sitzt zwar noch so tief in den Knochen, dass man keinesfalls die Sozis unterstützen kann, aber das bedeutet nicht, dass man sich nicht mit den neuen Machthabern zu arrangieren vermag.

Gehlen dient sich dem neuen starken Mann Konrad Adenauer an, dem ersten Bundeskanzler der Bundesrepublik Deutschland. Adenauer will zunächst von dem Hitler-Spion nichts wissen. Aber als er bemerkt, dass ihm der Generaldirektor auch wertvolle Informationen über seine innenpolitischen Feinde zuspielen kann, wird er hellhörig. Vielleicht ist der Spitzel doch zu etwas zu gebrauchen.

Gehlens Bagage horcht nun alles aus, was unter Umständen von Vorteil sein könnte: Universitäten, Industriebetriebe, Arbeits- und Einwohnermeldeämter, Krankenkassen, TV-Anstalten, Zeitungsredaktionen, Gewerkschaften, Parteien und Kirchen. Nichts und niemand ist vor dem Schlüssellochgucker sicher.

Sein unmittelbarer Chef ist Dr. Hans Globke, der im Dritten Reich unter anderem die NS-Judengesetze mit Kommentaren versah. Ein alter Nazi, wie er selbst einer ist. Man ist wieder unter sich, das trifft sich gut! Globke, der Personalchef im Kanzleramt, steht ständig mit Adenauer in Kontakt. Die Achse Gehlen – Globke – Adenauer entsteht. Gehlen kann wieder aufatmen. Zum dritten Mal ist es ihm gelungen sich anzudienen. Leichtfüßig hat er jetzt schon drei Hürden genommen:

1. Hitler,
2. Die Chefs der CIA,
3. Adenauer.

Es kommt immer nur darauf an, sich rechtzeitig in die richtige Richtung zu drehen.

Selbst Westdeutsche, die parteipolitisch gegen Adenauer Stellung beziehen, werden jetzt eifrig von Gehlen und dem BND ausspioniert.

Ein Dorn im Auge ist ihm lediglich das Bundesamt für Verfassungsschutz, ein Konkurrenzunternehmen, das im Inland ebenfalls die Kommunisten unter die Lupe nimmt. Also intrigiert Gehlen gegen den Verfassungsschutz, der dem BND gefälligst nicht die Butter vom Brot nehmen soll.

Doch so oder so ist Gehlens Stellung gefestigt. Er ist jetzt der Präsident des Bundesnachrichtendienstes, im Rang eines Ministerialdirektors. Er verfügt inzwischen über mehr als 1000 Beamte und Angestellte. Alles könnte so schön sein, wenn da nicht immer noch die verdammte DDR wäre.

GEHLEN, DER VERLIERER

Die DDR hat sich inzwischen gemausert. Dort gibt es mittlerweile ein aktives und reges Ministerium für Staatssicherheit (MfS), das bei Spitzeleien noch rabiater als der BND vorgeht. Unterstützt vom KGB, dem russischen Geheimdienst, werden im MfS die Spione aus dem Westen rigoros bekämpft.

In Wahrheit wird die gesamte DDR-Bevölkerung ausgespäht. Die DDR mutiert zu einem Spitzelstaat, in dem an jeder Ecke ein Stasi-Agent lauert.

Das MfS tritt an gegen den BND. Dem MfS gelingt es nicht nur, die eigenen militärischen Streitkräfte (und Geheimnisse) zu schützen, sondern auch die BRD in einem atemberaubenden Ausmaß zu infiltrieren. Die Anzahl der DDR-Horcher steigt enorm an, innerhalb und außerhalb der sogenannten Deutschen Demokratischen Republik. Wirklich alles wird belauert und ausgespäht: die Kirchen, die Parteien, die Administration, die Wirtschaft.

Und da passiert es. Gehlens Spione in der DDR werden zu Hunderten enttarnt. Eine Lawine wird losgetreten. Überall kommt man dem BND und seinen Spitzeln auf die Spur. Da der BND selbst infiltriert ist, fliegen die geheimsten Geheimnisse auf. Niemand kann dem MfS das Wasser reichen. Gehlen-Spione werden von der Stasi sogar animiert, mit wehenden Fahnen zur DDR überzulaufen.

In der Folge unterwandert man sich wechselseitig, doch Gehlen kann den Schaden nicht wiedergutmachen. Kurzerhand werden in der DDR westdeutsche Spione zum Tode verurteilt, wenn sie nicht umgedreht werden können. Im kommunistischen Teil Deutschlands kennt man kein Pardon. Wertvollste Späher sterben unter dem Fallbeil.

Gehlens große Zeit im Osten ist vorbei. Hitlers Meisterspion wird in die zweite und dritte Reihe zurückgedrängt, er verliert deutlich an Reputation.

Gehlen versucht verzweifelt, Land zu gewinnen, indem er den BND auf ein höheres Niveau hebt, durch elektronische Spionage, durch Satelliten und raffinierte Aufklärungsmethoden, bei denen Flugzeuge und Schiffe zum Einsatz kommen, ferner durch ganz neue Abhörgeräte. Regelrechte Antennenwälder entstehen, die alles und jeden belauschen. Außerdem weitet er sein Geschäftsfeld aus. Die ganze Welt gerät ins Visier seiner Späher, speziell die Krisengebiete sind interessant. Gehlen sucht Verbündete und neue Einsatzfelder. Er findet sie unter anderem in Südamerika, wo viele alte Nazis untergekrochen sind, in Argentinien, Brasilien und Chile etwa. Zudem arbeitet er im Nahen Osten. Der BND macht sich in Ägypten und Israel breit, in Indonesien und in Afrika. Leibwachen zweifelhafter Potentaten werden vom BND ausgebildet, geschult und aufgerüstet. So manche Palastwache besteht nunmehr aus Deutschen. Auch in Saudi-Arabien findet sich der BND, ja fast in jedem NATO-Staat. Der Etat für den BND steigt und steigt. Gehlen sucht überall Spitzel, der Globus gerät zu seiner Spielwiese.

Als die CDU zu wackeln und die SPD zu erstarken beginnt, reagiert Gehlen nach altbewährter Manier. Wieder ändert der Wetterhahn seine Windrichtung. Plötzlich sucht er die Nähe zu den Sozis, die er gestern noch verteufelt und ausspioniert hat. Der Wendehals dreht sich ein viertes Mal, er ist mehr als gelenkig, er kann seinen Hals um 360 Grad drehen.

Jetzt sucht Gehlen sogar die Nähe zum anfänglich verhassten „Spiegel", der es nie unterlassen hat, der CDU eins überzubraten und die SPD zu streicheln. Mit dem „Spiegel" verbindet Gehlen mehr, als er es sich anfangs selbst zugesteht: Das Blatt spioniert selbst auf Teufel komm raus. Vorsichtig klopft Gehlen an. Und siehe da, die Tür öffnet sich, ihm wird aufgetan. Gehlen findet beim Spiegel schnell Gleichgesinnte. Sogar ehemalige Angehörige der deutschen Wehrmacht trifft man dort.

Nachdem die CDU mit Adenauer, Erhard und Kiesinger abgedankt hat, scheint Willy Brandt der neue starke Mann in der BRD zu werden. Innerlich triumphiert Gehlen. Jetzt hat er sie alle in der Tasche, die Rechten und die Linken. Doch eine Person hat der Meisterspion Gehlen völlig außer Acht gelassen: einen Spitzel in seinen eigenen Reihen, eine Schlange, die er an seinem eigenen Busen genährt hat.

GEHLEN, DER AUSGEPOKERTE

Er, der sich so viel darauf einbildet, über allen Spionage-Organisationen zu thronen und sie alle nur zu benutzen, er, der sich mit Geheimnissen umwoben hat, um mysteriös und unantastbar zu erscheinen, stolpert über einen Spitzel in den eigenen Reihen. Heinz Felfe, ein ehemalgier SS-, jetzt ein BND-Mann, entpuppt sich als Doppelspion, der auf der Gehaltsliste des KGB steht. Gehlen weiß bis zum Schluss nicht, dass Felfe in Wahrheit dem sowjetischen Geheimdienst verpflichtet ist, er hält ihn für einen engen Freund und Verbündeten.

In der Folge erleidet der BND die in Geheimdienstkreisen denkbar schlimmste Niederlage: Alles fliegt auf. Felfe verrät den Russen Namen, Adressen und Funktionen von hochrangigen BND-Angehörigen. Er übermittelt dem KGB ganze Listen von BND-Residenturen im Ausland, eine Deckadresse nach der anderen, geheime Telefonlisten und vieles mehr. Tarnnamen fliegen auf, 46 führende BND-Mitarbeiter werden demaskiert, Codeschlüssel verraten, tote Briefkästen, Kurierwege und noch viel mehr.[7]

Der ehemalige deutsche SS-Obersturmführer Heinz Felfe, ein Früchtchen ganz eigener Sorte, war nach seiner britischer Kriegsgefangenschaft von 1947 bis 1950 zunächst für den britischen Geheimdienst MI6 tätig, wurde aber schon früh auch vom KGB angeworben, unter dem Decknamen Paul. 1951 trat er in die Organisation Gehlen ein. Dort arbeitete er sich aufgrund scheinbar bedeutender Erfolge zum engen Vertrauten Gehlens hoch. Felfe machte Gehlen weiß, er führe in Moskau einen Agentenring– was besonders die CIA zu Begeisterungsstürmen hinriss. Angeblich geheime Protokolle über Gespräche mit Walter Ulbricht beschaffte er ebenso leicht wie Pläne des KGB-Hauptquartiers in Berlin. Der Witz der Weltgeschichte: Auf diese Art stieg er innerhalb des BND zum Leiter des Referats Gegenspionage auf.

Der Bock wurde zum Gärtner gemacht. Als später eine Untersuchung über Maulwürfe in den Reihen des BND ansteht, wurde ausgerechnet er mit der Aufdeckung seines eigenen Falles betraut. Wieder eine reine Komödie.

Als Felfe endlich auffliegt, ist der Schaden unübersehbar. Es stellt sich heraus, dass er allein rund 100 CIA-Agenten verbrannt hat.[8] Aber insbesondere der Schaden innerhalb des BND ist fast nicht abzuschätzen. Dieser Verrat hat katastrophale Ausmaße. Noch einmal: Felfe ist ein KGB-Agent, der mit der Spionage-Abwehr innerhalb des BND beauftragt war! Das höhnische Gelächter schallt durch die Gänge in Pullach, aber auch durch die Gebäude der Politiker in Bonn. Es ist bis Moskau und Washington zu hören. Die Blamage ist perfekt.

1961 wird Felfe als Spion des KGB enttarnt. Als er geschnappt wird, erhält er dafür nur 14 Jahre Zuchthaus. Aber er kommt bereits nach 6 Jahren wieder frei – er wird ausgetauscht gegen Agenten aus dem Westen.

Gehlens Ruf allerdings ist nachhaltig geschädigt. Er reißt den BND mit sich in tiefste Tiefen. Felfe, Gehlens Freund, hat sein Lebenswerk ruiniert – so sieht es zumindest Hitlers Meisterspion. Die Wahrheit indes lautet: Innerhalb der Geheimdienste finden sich selten oder nie echte Loyalitäten. Wenn man sich in eine Schlangengrube begibt, darf man sich nicht wundern, von einer Schlange gebissen zu werden. Und wenn man wie Gehlen selbst eine Natter ist, muss man immer darauf gefasst sein, von einer noch größeren und giftigeren Natter gebissen zu werden.

GEHLEN, DER VERSAGER

Die Siege des MfS, Felfes Verrat, die Vetternwirtschaft und das Missmanagement innerhalb des BND brechen Gehlen das Genick.

Das Image des BND leidet. Gehlen, inzwischen müde, interessiert sich nur noch für seinen persönlichen Machterhalt. Er weiß im tiefsten Innern, dass er versagt hat, obwohl er das nie zugeben würde. Viermal hat er seine Gesinnung gewechselt. Doch den Stallgeruch des Nazis ist er nie losgeworden. Unzweifelhaft hat er nicht nur alten Nationalsozialisten neue, lukrative Posten verschafft, sondern auch Schwerverbrechern und hochrangigen Nazis persönlich zur Flucht verholfen. Er weiß, er ist nicht zu halten. Nach ein paar Jahren setzt er sich zur Ruhe – oder wird abserviert, welche Variante man auch immer bevorzugt.

Der BND gelangt auf einen Image-Tiefpunkt. Dazu trägt auch das Misstrauen vieler bundesdeutscher Politiker bei: Bundeskanzler Ludwig Erhard, der für den wirtschaftlichen Aufschwung in der BRD hauptverantwortlich ist, verachtet und misstraut Nachrichtenleuten generell und Gehlen speziell. Erhard duldet die Gehlen-Mafia nicht. Er verweist den Verbindungsstab des BND sogar aus dem Kanzleramt. „Ich will mit diesen Leuten nicht unter einem Dach sitzen!", teilt er öffentlich mit.[9] Auch die SPD ist den Spionen nicht grün, weil sie selbst zu lange auf deren „Shitliste" gestanden hat.

Zudem sind Kalte-Kriegs-Mythen inzwischen kaum mehr gefragt, es droht die Entspannung. Gehlen gehört mit einem Mal zu den Ewig-Gestrigen, zu einer vergangenen Epoche. Ein paar Jährchen später wird er abserviert. Gehlen zieht sich zurück und stirbt am 8. Juni 1979. Hitlers Meisterspion, der Massenmörder, der General, der Wendehals, der Doktor, der Generaldirektor, der Präsident, der Verlierer, der Versager ist tot.

PSYCHOGRAMM

Die Nachrichtendienstler, die sich bisweilen viel darauf einbilden, zu psychologisieren und Profile zu erstellen, müssen es sich gefallen lassen, dass einmal eine ihrer eigenen Hauptfiguren entsprechend seziert wird.

Gehlen war zweifellos ein Typus, ein echter *character*, wie die Engländer sagen. Grundsätzlich besaß dieser völlig gewissenlose Karrierist keinerlei Gesinnung und keinerlei Ehre und ging über Leichen, wenn es seinem Fortkommen diente. Gehlen konnte sich winden wie ein Aal und geschmeidig in alle Richtungen hin verbiegen, sofern es seinem Aufstieg diente. Er war ein Wetterhahn, ein Wendehals und ein Chamäleon. Zugegeben, er arbeitete teilweise hocheffizient – aber die Ergebnisse seiner Arbeit waren alles andere als human oder edel: Verrat war sein Resultat. Und zugegeben, er verstand es wie kein zweiter, seine Machtposition zu erhalten, doch dafür warf er jede persönliche Integrität über Bord. Nie ging es ihm um Deutschland, stets hatte er nur und ausschließlich seinen eigenen Vorteil im Sinn.

Dabei suchte er seinen wahren Charakter stets zu verbergen. Das Versteckspiel war Gehlens ureigenstes Metier. Peinlich achtete er darauf, keine Spuren zu hinterlassen. Selbst Fotos von sich sah er ungern, Blitzlichtgewitter mied er. Gehlen war ein manischer Heimlichtuer, ja geradezu besessen von Irrwegen, falschen Fährten und Verschleierungstaktiken. In dieser Hinsicht war er ein lupenreiner Neurotiker. Er liebte alles, was hinterrücks geschah, anonym und unbemerkt. Er war ein Schleicher und krankhaft geheimniskrämerisch.

In privater Runde war er gehemmt, konnte kaum frei reden und nie für gute Stimmung sorgen. Er war regelrecht gehandicapt in seiner persönlichen Kommunikation, wie uns die Quellen versichern.[10]

Sein namenloser Hass auf die Russen war ebenfalls irrational und geisteskrank. Man darf nie vergessen, dass es „die Russen" nie gab und nicht gibt. Unter ihnen finden sich hochintelligente, integre Personen, edle Menschen, vor denen man sich nur verneigen kann – denken wir nur an Solschenizyn oder Puschkin, überhaupt an die großen russischen Schriftsteller, an russische Künstler oder an brillante russische Wissenschaftler. Aber natürlich gab es unter den Russen auch die elendeste Bagage, so etwa der mordgierige Schlächter Stalin, einige barbarische Zaren und gnadenlose Killergestalten wie Beria, der Chef der Geheimdienste unter Stalin, ein Teufel in Menschengestalt, ein Folterer und Terrorspezialist. „Den" Russen gibt es also nicht, man muss differenzieren. Das gleiche lässt sich von „den Polen" sagen, die unglaublich intelligente, ehrenwerte Menschen in ihren Reihen hatten und haben. Aber Gehlen war zu einer solchen Differenzierung nicht fähig. Im Gegenteil: Der blinde Hass gegen ein ganzes Volk beseelte ihn bis zu seinem Ende. Dabei liegt die Tragikomödie darin, dass er am Schluss genau von jenen besiegt wurde, die er ins Abseits zu rücken versucht hatte: von den Russen.

Noch einmal: Es war richtig, dem Schlächter Stalin zu misstrauen, der ganze Völkerschaften hinmeuchelte und keinen Deut besser war als Hitler, aber das gesamte russische Volk zu dämonisieren, war schlichtweg geisteskrank. Man hätte klug zwischen verschiedenen Arten von Russen differenzieren müssen und umgekehrt freiheitlichen Kräften in der DDR und in der Sowjetunion den Rücken stärken sollen. Vielleicht wäre dadurch der Kalte Krieg wenn nicht vermieden, so doch zumindest ein wenig abgemildert worden.

Aber Reinhard Gehlen war nur brennend daran interessiert, seine Karriere zu fördern. Dazu war es hilfreich, die Angst vor „den" Russen zu schüren. Die böse Saat ging auf. Seine Hetzreden wider die Russen retteten ihm zwar seine Haut, aber sie vergifteten auch die Atmosphäre im politischen Raum, in Deutschland und in Amerika. Gehlen war eine Giftspritze und ein Geisteskranker, ein Heimlichtuer und Hetzer, ein Spion und Spitzel, ein Killer und Karrierist, ein Neurotiker und Nazi, ja er war der Prototyp des ewigen Nazis.

DIE MITSCHULDIGEN

Es gehört nicht viel Urteilskraft dazu, um über Reinhard Gehlen den Stab zu brechen, die Fakten sprechen ihre eigene Sprache. Aber es muss noch einmal darauf hingewiesen werden, dass sowohl Teile der CIA als auch prominente Politiker im Nachkriegsdeutschland völlig versagten, als sie einem ausgewiesenen Nazi-Spion und Hitler-Schergen, der zumindest indirekt für die entsetzlichen Massenmorde in Polen und Russland verantwortlich war, wieder so hoch aufzusteigen erlaubten. Zugegeben, nicht alle US-amerikanischen Geheimdienstler waren mit Gehlens Beförderung zum Chef des BND einverstanden, bei einigen gab es Widerstand. Aber schließlich setzten sich die gewissenlosen Stimmen innerhalb der im Werden begriffenen CIA durch, vielleicht ohne zu ahnen, dass sie dadurch das eigene Nest beschmutzten. Wer nämlich mit Massenmördern und Figuren wie Gehlen im Gleichschritt marschiert, macht sich immer mitschuldig.

Ähnlich muss man über verschiedene bundesdeutsche Politiker urteilen, die sich nicht von Gehlen distanzierten. Kooperiert man mit Killern und Massenmördern, wird auch die eigene Weste beschmutzt. Als die entsetzlichen Morde an 6 Millionen Juden bekannt wurden sowie die Vernichtung von Abermillionen von Polen und Russen, hätte man es diesem Spionagechef nie und nimmer erlauben dürfen, nach dem Krieg wieder einen so bedeutsamen Posten zu bekleiden. Schande also auch über alle Verantwortlichen, die Gehlen nach 1945 ungeschoren davonkommen ließen, ja sich sogar noch mit ihm verbündeten. Der Pakt mit dem Teufel ist immer ein Fehler.

Wenn Geheimdienste bis heute die Kooperation mit Mörderorganisationen oder Killern gutheißen, disqualifizieren sie sich immer auch selbst. Und so wundert es nicht, warum das Image vieler Nachrichtendienste oft so angeschlagen ist.

IM URTEIL DER GESCHICHTE

Legt man eine historische Messlatte an, so muss man wie folgt urteilen: Die Furcht und Panik vor „den Russen" bis zum Siedepunkt zu schüren, leistete weltweit der um sich greifenden Angst und damit dem Hass gegen alle Kommunisten Vorschub. Und das trug zu einem gewissen Grad zu dem Kalten Krieg mit seinen entsetzlichen Opfern bei. Die Welt wurde auseinandergerissen in West und Ost, und ist es heute noch.

Den Beitrag aller Geheimdienstler für diese Spaltung auch nur ansatzweise aufzuarbeiten – an erster Stelle sind hier der KGB und die CIA zu nennen –

ist im Rahmen des vorliegenden Buches nicht zu leisten. Grundsätzlich lässt sich festhalten, dass die Russen mittlerweile nicht mehr alleine für die Schieflage auf der Welt verantwortlich gemacht werden, was gut und richtig ist.

In der Folge leistete sich der BND verschiedene Pannen, die man Gehlen nicht persönlich oder direkt anlasten darf, aber vielleicht indirekt. Denn immerhin gründete er den Bundesnachrichtendienst und bestimmte die Marschrichtung. Greifen wir die furchtbarste Panne heraus: Der BND machte weltweit von sich reden, als er den Iraker Rafi Ahmed Alwan anheuerte, R. A. Alwan tauchte 1999 in Deutschland auf und behauptete, an irakischen Programmen zur Entwicklung von Massenvernichtungswaffen beteiligt gewesen zu sein. Angeblich war er Experte für chemische und biologische Kampfstoffe. Der BND spielte diese Informationen der CIA zu, die sie wiederum George W. Bush zur Verfügung stellte. Bush benutzte diese und andere Informationen, um den Krieg gegen den Irak vom Zaun zu brechen. Alwans Zeugnis wurde als Begründung für den entsetzlichen Irak-Krieg herangezogen, der mit Millionen von Toten zu Buche schlug. Später stellte sich heraus, dass das Zeugnis des Irakers eine Ente war. Es handelte sich bei R. A. Alwan um einen Hochstapler und Kriminellen, der das Märchen nur erfunden hatte, um dem Irak zu schaden und für sich selbst Vorteile zu verschaffen. Zu spät warnte der BND die CIA und Bush vor Rafi Ahmed Alwan. Da war der Schaden bereits angerichtet und nicht mehr rückgängig zu machen. Ein Krieg welthistorischen Ausmaßes fand statt, aufgrund eines Schurken, der vom BND nicht sofort als Hochstapler und Krimineller enttarnt und demaskiert worden war.

DER BND HEUTE

Über den Bundesnachrichtendienst insgesamt zu urteilen ist unmöglich; man müsste Hunderte von Bänden verfassen und scharf differenzieren und in Zehntausende Dokumente Einblick nehmen, die alle streng geheim sind und niemals ans Licht der Öffentlichkeit kommen werden.

Das Gesicht von Nachrichtendiensten hat sich inzwischen außerdem generell verändert. Der Typus des Wissenschaftlers löste mehr und mehr den Typus des klassischen Spions ab.

Inzwischen (2018) gibt es rund 6.500 hauptamtliche Mitarbeiter im BND. Es existieren überdies etwa 20.000 freie Mitarbeiter oder Informanten, die Angaben variieren. Mit einem Jahresetat von rund 833 Millionen Euro, einige Quellen sprechen von Milliarden Euro, stehen dem BND Gelder in atemberaubender Größenordnung zur Verfügung. Der BND spioniert nach wie vor über Schein- und Tarnfirmen, operiert von Tarnwohnungen aus und sitzt in Behörden, Zeitungs- und TV-Redaktionen, in der Politik und in der Wirtschaft sowieso. Die Hauptquartiere befinden sich in München und Berlin, aber der BND ist auch in zahlreichen deutschen Großstädten vertreten. Er mischt mit in Afrika, Nahost, Südamerika und Fernost. Besonders präsent ist der BND in Israel, der Türkei, Saudi-Arabien, in osteuropäischen Ländern und im Vatikan – teilweise ein Erbe von Gehlen. Insgesamt operiert der Bundesnachrichtendienst in 90 Staaten.

Der BND versucht, terroristische Maßnahmen zu verhindern und der organisierten Kriminalität das Wasser abzugraben, ein Unterfangen, das gut und richtig ist und intensiviert werden sollte und jedenfalls besser ist, als dubiose Waffengeschäfte einzufädeln, was dem Dienst ebenfalls vorgeworfen wird.[11] Die Meister des Abhörens geraten zudem immer wieder in die Schlagzeilen, weil sie inzwischen über die technischen Möglichkeiten verfügen, die E-Mails jeder Privatperson zu lesen und in jedem Computer, jedem Handy und jeder Wohnung herumzuschnüffeln. Gegner des Nachrichtendienstes sprechen davon, dass dadurch die Rechte und die Freiheiten der Bürger eingeschränkt werden, die der BND doch umgekehrt verteidigen sollte.

Vielleicht ist es deshalb an der Zeit, einmal über Alternativen zum BND oder zumindest über eine gründliche Flurbereinigung nachzudenken. Denn der Dienst hat im Laufe der Zeit einfach zu viele Sünden auf sein Gewissen geladen – angefangen mit dem ominösen Reinhard Gehlen, dessen Geist, selbst nach Aussagen wohlmeinender Kritiker, noch immer in Pullach umgeht und nach wie vor in vielen BND-Köpfen herumspukt.

13. ENTHÜLLUNGEN ÜBER DEN KGB (1): LAWRENTI BERIA

Selbst im BND hatte der KGB also seine Finger im Spiel.

Bevor wir den KGB nun genauer untersuchen, müssen wir zunächst die Entwicklung der Geheimdienste innerhalb Russlands und der Sowjetunion begreifen, wo der KGB ja eine überragende Rolle spielte und bis heute spielt. Schließlich wurde er lediglich umbenannt.

Immer hing der Geheimdienst in Russland von dem Mann an der Spitze ab – anfangs von verschiedenen Zaren, danach von Lenin, dann von Stalin. Auf ihn folgten verschiedenen sowjetische Führer wie Chruschtschow und später Andropow. Andropow stieg vom KGB-Chef zum Generalsekretär auf, das heißt zum ersten und mächtigsten Mann der Sowjetunion, etwas, das erst Putin wieder gelang.

Fragen wir uns: Worin bestand die Operationsweise des KGB? Und auf welche Weise geriet er zu einem der gefährlichsten Geheimdienste der Welt? Und weiter: Was wird bis heute totgeschwiegen, wenn man die Sprache auf den KGB bringt?

DIE VORLÄUFER DES KGB

Drehen wir das Rad also noch einmal zurück. Schon im Zarenreich gab es in Russland einen brandgefährlichen Geheimdienst, namens Ochrana. Offiziell lautete der Name *Ochrannoje otdelenie*, was „Sicherheitsabteilung" bedeutet. Berüchtigt wurde die Ochrana unter anderem durch die Fälschung eines verheerenden Schriftstücks, das heute unter dem Namen „die Protokolle der Weisen von Zion" bekannt ist und in dem die Juden auf übelste Art geschmäht und verleumdet wurden. Man warf ihnen vor, auf verbrecherische Art und Weise nach der Weltherrschaft zu streben. In Wahrheit handelte es sich um ein Schmierenstück der Ochrana, die damit die Juden für zahlreiche Missstände in Russland verantwortlich machen und vom Versagen des Zaren ablenken wollte. Wir haben darüber bereits in früheren Büchern berichtet.[1]

Nach der Ochrana rief Lenin 1917 die furchtbare Tscheka ins Leben. Sie hieß eigentlich WeTScheKa, eine Abkürzung für „Außerordentliche Allrussische Kommission zur Bekämpfung der Konterrevolution, Spekulation und Sabotage." Den Ausdruck „Tschekisten" wandte man später auf alle Geheimdienstler des Ostblocks an. F. E. Dserschinski war der erste Chef der Tscheka, die 1917 unter anderem dazu eingesetzt wurde, den Streik zaristischer Beamten niederzuschlagen. Sie wurde zur Bekämpfung der politischen Opposition missbraucht, spionierte aber auch schon früh verschiedene Feindstaaten aus. Lenins Tscheka war für unmenschliche Grausamkeiten und Verbrechen bekannt. Sie operierte bereits mit Konzentrationslagern, in denen politische Gegner gefangengesetzt und gequält wurden.

70.000 Personen inhaftierte die Tscheka 1921. Im gleichen Jahr hatte sie schon 280.000 Mitarbeiter – man muss es sich vorstellen! – über eine Viertelmillion Geheimdienstler also, die die Bevölkerung drangsalierten und kontrollierten und andere Länder bespitzelten. Nach Schätzung einiger Wissenschaftler exekutierte die Tscheka bis zu 250.000 Menschen.[2] Massenmörder!

Wieder sehen wir Lenins wahres Gesicht, der jede Opposition umbringen ließ, ohne mit der Wimper zu zucken.

1922 wurde die Tscheka aufgelöst und ihr Archiv auf Lenins Anordnung hin vernichtet. Sicherlich fürchtete er, dass die Wahrheit eines Tages ans Licht kommen könnte. Ihre Aufgaben wurden der GPU übertragen. Das Kürzel bedeutete „Vereinigte staatliche politische Verwaltung", was sich verhältnismäßig harmlos anhört. Die GPU war die Nachfolgeorganisation der schrecklichen Tscheka und der Vorläuferin des noch schrecklicheren KGB. Dserschinski blieb zunächst ihr Chef, auch unter Stalin. Die GPU zerschlug die Opposition innerhalb Russland ebenfalls rigoros. Es änderte sich mit anderen Worten nichts, nur der Name wurde ausgetauscht, ein alter Trick, der bis heute auch bei Unternehmen gern angewendet wird, um sich von alten Sünden reinzuwaschen. Da Menschen vergesslich sind und nicht intensiv genug Geschichte studieren, glaubten die russischen Herrscher, damit die Morde der Vergangenheit beiseitewischen zu können.

Über einige bürokratische Zwischenschritte und Neubezeichnungen entstand schließlich 1953/54 der KGB, das „Komitee für Staatssicherheit".

An der Spitze des Staates hielt der Massenmörder Stalin nach wie vor die Macht in der Hand. Er hatte geholfen, Hitler niederzuringen, und hielt sich für den stärksten Mann der Welt.

Der KGB regierte die Sowjetunion von 1954 bis 1991 mit eiserner Faust und erwarb sich früh den Ruf einer brutalen Geheimdienstorganisation.

1991 löste der FSB (Föderaler Sicherheitsdienst) den KGB ab, aber wieder änderte sich lediglich der Name, die Methoden blieben. Der FSB ist allerdings nicht für die Auslandsspionage zuständig.

Bis heute ist das Kürzel KGB Synonym für den furchtbarsten Geheimdienst der Geschichte der Menschheit.

LAWRENTI BERIA

Das erste Ungeheuer, dem wir auf russischem Boden in Sachen Geheimdienste begegnen – von Lenin und Stalin immer abgesehen –, war Lawrenti Beria (1899–1953).

Ab 1938 leitete er die Geheimdienste der Sowjetunion, unter welchen Namen auch immer. Beria war ein Terror-Spezialist, dessen Morde noch heute Gänsehaut verursachen. Er liebte es besonders zu foltern, war aber auch verantwortlich für die Deportation und Verschleppung ganzer Volksgruppen. Ihn umgab ein schreckliches Geheimnis, auf das wir gleich zu sprechen kommen werden. Doch schildern wir zunächst zumindest ansatzweise Berias Charakter, um den Typus dieses Superspions besser zu verstehen.

Schon von Kindesbeinen an war Beria nach eigenem Bekunden ein Dieb und begabter Intrigant. Er bewirkte einmal sogar die Entlassung eines Klassenlehrers. Schon in der Tscheka mischte er als Spion in Georgien mit, das im Süden an die Türkei grenzt. Mehrfach wurde er verhaftet, entkam jedoch immer wieder seiner Hinrichtung.

Auf der Karriereleiter der Spione stieg er unaufhaltsam nach oben, weil er Vorgesetzte meisterhaft ausspielen konnte. Schließlich herrschte er als Geheimdienstchef über ganz Georgien. Er regierte mit Massenverhaftungen und Massenhinrichtungen. Er liebte zudem Konzentrationslager und plötzliche Terrormaßnahmen, kombiniert mit ausgesuchten Foltermethoden. Insgeheim sammelte er kompromittierende Informationen auch über Parteimitglieder, um sie im geeigneten Moment beiseiteschieben zu können. Und so wurde er schließlich auf Stalins Wunsch, der ihn wann und wo immer möglich förderte, zum Vorsitzenden der kommunistischen Partei in Georgien. Auf diese Weise stieg das Ungeheuer Beria immer höher auf.

Er war eine der Schlüsselfiguren, die unaufhaltsam am Führerkult um Stalin feilten – ein Grund, warum Stalin ihm mehr und mehr Pöstchen zuschanzte.

Das Ungeheuer lernte alles über die Macht der Regierung mittels Propaganda und operierte schließlich auch gekonnt mithilfe von Desinformationen sowie Schauprozessen. Seine besondere Zuneigung galt wie gesagt allerdings der ausgesuchten Folter. Stalin war von ihm höchst angetan, ja er nannte ihn liebevoll „unser[en] Himmler"[3] und ließ ihn immer weiter in der Hierarchie aufsteigen. Zwei schwarze Seelen waren sich hier offenbar in inniger Zuneigung zugetan.

Auf diese Weise gelangte Beria 1946 in das höchste politische Gremium – in das Politbüro. Wieder legte er sich für Stalin ins Zeug. Für ihn ließ Beria hochrangige Militärs und einflussreiche Politiker erschießen, er ermordete

Zehntausende von Kriegsgefangenen und tötete ungezählte Häftlinge in den Moskauer Gefängnissen. Verantwortlich war der Top-Spion mit Sicherheit für den Massenmord an 0,5 Millionen Tschetschenen sowie für 1,5 Millionen Zwangsdeportierte, von denen abermals rund 0,5 Millionen Menschen starben.

Nach dem Krieg 1945 betraute ihn Stalin mit der Aufsicht über den Bau der sowjetischen Atombombe (siehe unsere Ausführungen über Klaus Fuchs Seite 160ff.).

Berias Lieblingskind jedoch war wie gesagt die Folter. Der Autor Voslensky fand Folgendes heraus: „Beria verfügte in jedem Moskauer Gefängnis über ein Büro, in dem er Folterungen von Verhafteten beiwohnte. Mit Wissen Stalins gingen diese Folterungen in Berias Privathaus weiter und wurden von Beria persönlich vorgenommen. 1980 wurden in einem unterirdisch verlaufenden Gang zwischen seinem Haus und der Unterkunft seiner Leibwächter menschliche Skelette aufgefunden."[4]

TOP SECRET

Bis heute nicht ganz aufgearbeitet wurden die Stalinistischen Methoden der Psychopolitik, die Beeinflussung mittels Gehirnwäsche, bei deren Entwicklung auch Beria eine Rolle spielte.

Unter Psychopolitik versteht man die Methode, eine Person umzuerziehen, sie also gefügig zu machen, sie „umzudrehen", damit sie aufhört, selbstständig zu denken. Durch Psychopolitik lässt sich aus einem Kapitalisten ein Kommunist machen und aus einem Anhänger Mohammeds ein Christ.

Unter Stalins Geheimdiensten und unter Berias Fuchtel wurde diese Psychopolitik entwickelt, verfeinert und auf höchstes Niveau gebracht. Eine Person, die gefangen genommen worden war, durfte zunächst nicht schlafen. Sie wurde mehrere Nächte wachgehalten, mit Gewalt. Sie bekam nichts zu essen. Zum Schlaf- und Essensentzug kamen Schläge und brutale Misshandlungen. Während des Schmerzes wurden Befehle gebrüllt und eingegeben. Die Befehle wirkten hypnotisch, denn die Person war längst nicht mehr dazu in der Lage, zwischen Wirklichkeit und Wahn zu unterscheiden. Mit dieser Methode der Gehirnwäsche – hochkriminell und verbrecherisch – ließ sich eine Person brechen, geistig und seelisch fertig machen und ihr das Ich rauben. Sowjetische Psychiater spielten bei der Entwicklung dieser Methode eine verhängnisvolle Rolle, später fügten sie zusätzliche Folterungen, Drogen und Elektroschocks hinzu.

Doch auch schon am Beginn dieser „Erfindung" standen gewissenlose Seelenklempner. Der berühmte Psychiater Iwan Pawlow hielt den Menschen für ein Tier, das man abrichten kann wie einen Hund, dem das Wasser im Maul zusammenläuft, wenn die Fressglocke läutet. Pawlow stand Pate bei der Entwicklung dieser Psychopolitik, aber der willfährigste Handlanger Stalins war Beria. Sein Motto lautete: „Besser zehn Unschuldige verurteilen als einen Verräter in Freiheit entlassen."[5]

Und so folterte Beria mit einer Besessenheit, die ihresgleichen sucht und ihn als das demaskiert, was er wirklich war: ein sadistischer, machtgesessener Großverbrecher.

Ein weiteres Mittel der „Umerziehung" waren die sowjetischen Sträflingslager. Alexander Solschenizyn berichtet in seinem Buch „Der Archipel GULAG" minutiös von den Grausamkeiten, die uns noch heute die Sprache verschlagen. Selbst die Sträflingslager fielen dabei unter das Kapitel Propaganda. Wenn aus den Sträflingslagern der UdSSR verzweifelte Hilferufe nach draußen drangen, wenn unmenschliche Zustände publik zu werden drohten, putzte man rasch die Häftlinge heraus, möbelte ein Lager kurzfristig auf, ließ die Haftbedingungen milde erscheinen und lud „neutrale Beobachter" ein. Regelrechte Potemkinsche Dörfer wurden aufgebaut, Sanitätsräume sauber geschrubbt und Kranke gesund geschrieben, damit die Prüfer und Beobachter an der Nase herumgeführt werden konnten.

Ferner gab es eine Art moderne Hexenprozesse im Namen des Sozialismus. Angeklagt wurden selbst die engsten Genossen wegen Spionage oder Schädlingsarbeit, oder weil sie angeblich aufseiten des Kapitalismus standen. Viele begingen Selbstmord. Selbst die Sozialdemokraten wurden kaltgestellt. Man bezeichnete sie kurzerhand als Sozialfaschisten, als den verlängerten Arm des Kapitalismus. Mithilfe des Marxismus-Leninismus-Stalinismus, konnte man alles beweisen! Alle wichtigen Parteiorgane, das Militär und jedwede potenzielle Opposition wurden auf diese Weise auf Stalins Kurs eingeschworen. Stalin und Beria machten kurzen Prozess mit Abweichlern. Aber beide irrten sich schrecklich, was ihre eigene Zukunft anging.

DAS ENDE DES UNGEHEUERS

1949 verfügte auch die Sowjetunion über die Atombombe, wie wir bereits wissen. Beria stieg auf zum Vollmitglied des übermächtigen Politbüros. Die absolute Macht war zum Greifen nahe. Noch immer gehörte er zu Stalins engsten Freunden. Aber das Wort „Freund" hat in diesen Kreisen eine gefährliche Bedeutung.

Nach einem ausgedehnten Abendessen bei dem Diktator, zu dem auch Beria eingeladen war, erlitt Stalin einen Schlaganfall. Manche Quellen behaupten, Beria habe Stalin vergiftet, aber nichts ist sicher. Was auch wahr ist: Fest steht, dass Beria es keinem Arzt erlaubte, Stalin zu helfen. Er verhinderte aktiv, dass sich Ärzte den Diktator ansahen. Ein paar Tage später war Stalin tot. Bis heute wird Beria in der Literatur als einer seiner möglichen Mörder gehandelt.

Beria war nun die Nummer zwei in der sowjetischen Hierarchie. Er stand kurz davor, die Macht komplett an sich zu reißen. Doch Chruschtschow war schneller. Nachdem Chruschtschow die Zügel in die Hand genommen hatte, wurde Beria verhaftet. Vor dem Obersten Gericht der Sowjetunion erhob man Klage gegen ihn. Nach einem Geheimprozess verhängten die Richter das Todesurteil. Beria wurde ohne Umschweife erschossen. Seine Leiche äscherte man ein und verscharrte sie anonym. Beria, das Ungeheuer, war tot.

Der alte Geheimdienst wurde umbenannt in KGB und auf diese Weise ein „neuer" Geheimdienst aus der Taufe gehoben. Nikita Chruschtschow und der KGB beherrschten nun die gesamte Sowjetunion.

14. ENTHÜLLUNGEN ÜBER DEN KGB (2): IWAN SEROW

Unter Chruschtschow erlebte der KGB einen immensen Aufschwung, aber im Prinzip handelte es sich um die alte Stalin-/Beria-Bagage, also um wüste Folter- und Mordgesellen, für die Attentate, Massenmorde und Räubereien in größtem Stil an der Tagesordnung waren. Neben der Bespitzelung nahm die Desinformation und Propaganda einen immer größeren Raum ein.

Der erste Chef des KGB hieß Iwan Alexandrowitsch Serow. Er passte perfekt in den Reigen der Großverbrecher. Der britische Geheimdienst beschrieb Serow so: „[Er ist ein] moderater Trinker mit guten Manieren. Er verfügt über sarkastischen und antisemitischen Humor. Er [ist] ein guter Organisator mit schneller Auffassungsgabe. Serow [ist] stolz auf seine Fähigkeiten als Folterer; er [kann] einem Mann jeden Knochen im Körper brechen, ohne ihn zu töten.“[1] Schöne Komplimente!

Serows Aufgaben waren vielfältig, aber nicht neu. Er musste sich um die Spionage im In- und Ausland kümmern, jede innenpolitische Opposition ausschalten und sogar die richtige Gesinnung der sowjetischen Soldaten kontrollieren. Wie seine Vorgänger hatte Serow seine Spitzel überall: in der Verwaltung, in der Wirtschaft und in der Politik sowieso.

Die sowjetischen Botschaften im Ausland mutierten mehr und mehr zum verlängerten Arm des KGB. Der KGB überwachte Touristen und Diplomaten, die in die UdSSR einreisten, er sorgte für die Reinheit der Ideologie und bevormundete alle Russen. Minderheiten in den verschiedenen Re-

ligionsgemeinschaften und im Kulturbereich, wie etwa Schriftsteller und
Schauspieler, Maler und Musiker, wurden überwacht. Dissidenten wurden
bekämpft, Abweichler eliminiert oder in furchtbare Gefängnisse gesteckt.
Der KGB herrschte durch eine namenlose Angst. Immer stärker wurde durch
die Medien Kontrolle ausgeübt. Lenin und Hitler hatten es ja hinreichend
vorexerziert, wie man dadurch einen Staat manipuliert. Die eigene Bevölkerung wurde Reisebeschränkungen unterworfen. Die Militär- und Wirtschaftsspionage uferte immer weiter aus. Einfach jede einflussreiche Person
in der Sowjetunion wurde bespitzelt. Serow, Chruschtschows Stiefelknecht,
vernichtete schnell alle Akten, die seinen Chef hätten in Verlegenheit bringen
können.

Als 1956 in Ungarn ein Aufstand ausbrach, durch den das Volk den Kommunismus und die Sowjets zum Teufel zu jagen gedachte, mischte Serow
an vorderster Front mit. Mit diesem heroischen Freiheitskampf wollten die
mutigen, intelligenten Ungarn das Joch der sowjetischen Besatzungsmacht
abschütteln. Das Ereignis ließ alle Herzen höher schlagen, in Ost und West.
Die Frage war: Konnte das ungarische Volk die Russen zum Abzug bewegen?

Was war passiert?

Alles begann mit einer friedlichen Studenten-Demonstration in Budapest.
Immer mehr Menschen schlossen sich den Studenten an. Ein Windhauch
schwoll zu einem Orkan an. Die Menge marschierte schließlich zum Rund-
funkgebäude in Budapest, um ihre freiheitlichen Forderungen im ganzen
Land zu verkünden. Da wurde unvermittelt das Feuer auf die Demonstranten
eröffnet. Doch ungarische Soldaten, die heimlich auf der Seite der Studenten
standen, sorgten dafür, dass einige der Rebellen mit Waffen versorgt wurden. Ein wilder Kampf brach aus. Plötzlich forderten rund 200.000 Menschen Presse- und Meinungsfreiheit, freie Wahlen und die Unabhängigkeit
von der Sowjetunion. Der Ruf nach Freiheit übertönte alle Kanonenschüsse.
In Blitzgeschwindigkeit weitete sich der Aufstand aus. Ein Stalin-Denkmal
wurde umgestürzt. In verschiedenen Städten revoltierten Arbeiter. Plötzlich
streikten die Ungarn im ganzen Land. Einige Geheimdienstler und Partei-
funktionäre wurden einfach aufgehängt.

Die sowjetischen Besatzer bekamen das kalte Grausen. Schnell gaben sie
dem Volkszorn scheinbar nach. Kurzzeitig wurde die Einparteiendiktatur

aufgehoben. Die Revolutionäre und Rebellen bildeten unverzüglich eine neue Regierung. Bislang verbotene Parteien wurden zugelassen. Die Demokratie trat ihren Siegeszug an. Es erschienen sogar unabhängige Zeitungen.

Der Westen jubelte, ohne einzugreifen. Er verpasste eine welthistorische Chance. Die Sowjets spielten natürlich falsch. In Wahrheit spielten sie nur auf Zeit. Hinter den Kulissen wurde alles zum Gegenangriff vorbereitete. Nicht nur Serow arbeitete fieberhaft im Verborgenen, sondern auch der spätere KGB-Chef Juri Andropow.

Wie aus heiterem Himmel marschierte die übermächtige Sowjetarmee eines Tages in Ungarn ein und etablierte umgehend wieder ein pro-sowjetisches Regime. Trotzdem dauerten die Kämpfe gegen die Sowjets noch wochenlang lang an. Aber die Rebellen waren in puncto Waffen und Soldaten hoffnungslos unterlegen. So kam es wie es kommen musste: Mithilfe des KGB und ihres Chefs Serow wurden die Führer der freiheitlichen Kräfte ausgemacht, gefangengesetzt und hingerichtet. Es gab unmittelbar 2500 Tote. Zehntausende Ungarn verschwanden in Kerkern, Hunderttausende flüchteten in den Westen. Der Westen wurde derweil von Chruschtschow mit Erpressungen in Schach gehalten, er drohte mit einem Atomkrieg.

In Schauprozessen wurden weitere Revolutionäre in Ungarn hingerichtet. Säuberungswellen überzogen das Land. Die Kommunisten glaubten, je unnachgiebiger sie vorgingen, umso schneller könnten sie die Revolution ausbremsen. Schließlich wurde der nationale Freiheitskampf endgültig brutal niedergeschlagen. Nicht ein Verbrechen des KGB oder des sowjetischen Militärs wurde verfolgt oder gesühnt.

Doch Serow bezahlte seine Zeche. Als er 1956 in London einen Besuch Chruschtschows vorbereitete, griff ihn die britische Presse so heftig an, dass er stehenden Fußes abreisen musste. Außerdem intrigierten der Geheimdienstler Schelepin und andere hinter seinem Rücken, sodass er schließlich seinen Hut nehmen musste. Mit anderen Worten: Serow wurde als KGB-Chef absolviert. Als er zudem bei der Enttarnung eines CIA-Agenten versagte, fiel er gänzlich in Ungnade. Serow wurde degradiert und aus der Partei ausgeschlossen. Schon 1958 krähte kein Hahn mehr nach ihm.

Greifen wir ein wenig vor: 1991 beschlossen die Ungarn – nachdem sie ihre Freiheit mit rund 35-jähriger Verzögerung endlich erkämpft hatten –, die Unterdrücker des Aufstandes aus dem Jahre 1956 zur Rechenschaft zu ziehen und einige Personen doch noch vor Gericht zu stellen. Hätte Serow lange genug gelebt, wäre er in einem ungarischen Gefängnis verschimmelt. Aber er hatte sich durch seinen Tod 1990 rechtzeitig aus dem Staub gemacht.

Bis heute gebührt den Ungarn die Siegespalme dafür, als erstes Land in Osteuropa gegen die unterdrückerischen Sowjets mobil gemacht zu haben. Was die Kommunisten nie verstanden: Der Freiheitsdrang war und ist die stärkste Kraft im politischen Raum, zusammen mit dem Wunsch nach Gerechtigkeit und Recht.

15. ENTHÜLLUNGEN ÜBER DEN KGB (3): JURI ANDROPOW UND DER ZUSAMMENBRUCH

Zu Serows Nachfolger wurde Alexander Nikolajewitsch Schelepin ernannt, weil er Chruschtschow die Stange hielt und dieser ihn in seinem Schatten aufsteigen ließ. Schelepin riss in der Folge immer mehr Pöstchen und Machtbefugnisse an sich. Als er hoch genug aufgestiegen war, änderte er seine Gesinnung und seine Loyalitäten. Obwohl er ein „Freund" Chruschtschows war, beteiligte er sich aktiv an dessen Sturz, indem er innerhalb des KGB so lange gegen Chruschtschow intrigierte, bis sich der mächtige, furchtbare Geheimdienst, der längst eine Eigendynamik entwickelt hatte, auf seine Seite schlug.

Nach Chruschtschow ging Leonid Breschnews Stern auf, der in Schelepin jedoch einen Rivalen in Sachen Parteivorsitz sah. Der KGB-Mann wurde ausmanövriert und verlor seine Machtposition. Er versank sang- und klanglos in der Versenkung.

Der nächste KGB-Vorsitzende war Semitschastny. Auch er vernichtete alle möglichen Dokumente, die die Politkaste in Russland belasten konnte. Und Semitschastny intrigierte ebenfalls gegen den Generalsekretär. Er ließ ihn abhören und ersetzte den Chef seiner Leibwache durch eine ihm genehme Figur.

Unter Semitschastny wurden Dissidenten weiterhin gnadenlos verfolgt. Er selbst scheiterte an Breschnew, der umgekehrt eine Kabale gegen ihn spann, sodass er schließlich abgesetzt wurde.

ANDROPOW

Juri Wladimirowitsch Andropow gelangte daraufhin auf diesen Posten, er leitete von 1967 bis 1982 den KGB. Danach stieg er zum Staatschef auf und wurde zweitmächtigster Mann der Welt – nach dem amerikanischen Präsidenten.

Niemand in der östlichen Hemisphäre vereinte zu seiner Zeit mehr Macht auf sich. Denn wer den KGB und den russischen Staat kontrollierte, kannte alle Finessen des Komplotts und der Konspiration und konnte gleichzeitig Befehle erteilen, gegen die niemand aufzubegehren wagte.

Zum Typus: Andropow war ein Karrierist und strammer Kommunist, der seine Ausbildung an der Parteihochschule in Moskau erhalten und dabei geholfen hatte, den ungarischen Aufstand niederzuschlagen. Nachdem er zum KGB-Chef gekürt worden war, sah er seine besondere Aufgabe darin, die Sowjetunion vom Einfluss fremder Ideologien zu reinigen und der „politischen Unreife der Sowjetbürger, vor allem unter den Intellektuellen und Jugendlichen"[1] einen Riegel vorzuschieben. Im Klartext hieß das, dass er alle Hebel in Bewegung setzte, freiheitliche Bestrebungen zunichte zu machen und das selbstständige Denken zu verbieten. Andropow war gefährlicher als all seine Vorgänger, weil er die Manipulation auf ein neues Niveau zu heben versuchte. Zu seinen Methoden gleich mehr.

Grundsätzlich war Andropow besessen von der fixen Idee, dass der Westen einen Atomschlag gegen Russland ausführen könnte. Mit einem unvorstellbaren Aufwand ließ er entsprechende Indizien sammeln. Dazu gehörten „höhere Schlachtraten in den Schlachthöfen [des Gegners], … Urlaubssperren in den Ministerien [des Feindes], wie viele Fenster der Ministerien beleuchtet waren, sowie die Belegungsstärke der dazugehörigen Parkplätze. Auch der Aufruf, Blut zu spenden, konnte seiner Meinung nach ein Anzeichen für die Vorbereitung eines Atomkrieges sein."[2]

Das umfangreichste Agentenprogramm zum Ausspähen des Feindes, das die Sowjetunion je gesehen hatte, wurde von Andropow inszeniert. Reden wir Klartext: Andropow war paranoid und litt unter panischer Angst.

Ausgerechnet er veranlasste immer wieder Propaganda-Feldzüge innerhalb und außerhalb Russlands. Die Ungeheuerlichkeit: Er scheute nicht einmal davor zurück, politisch Andersdenkende in psychiatrische Anstalten einweisen und für „krank" erklären zu lassen. Und genau an diesem Punkt wird es erneut brisant.

DIE VERHEERENDE ROLLE DER PSYCHIATRIE

Schon vor und während des Ersten Weltkrieges hatte die Psychiatrie ihr wahres Gesicht gezeigt – zunächst in Deutschland, indem sie beispielsweise „Kriegszitterer" zurück in die Schützengräben trieb, also Soldaten, die aufgrund der Kriegsgräuel unter Schock standen. Benutzt wurden dazu Hypnose und Elektroschocks.

Geistig krank war man 1916 bis 1918, wenn man den Frieden liebte, aber auch Frauen und Franzosen wurden von den Psychiatern in dieser Zeit diskriminiert. Die „Herrlichkeit des Krieges" suchte man jedem mittels Elektroschock plausibel zu machen.[3]

Die Verbrechen der Psychiatrie unter Hitler waren noch furchtbarer: Die Psychiatrie definierte 1933 bis 1945 neue Krankheitsbilder: Alles Nichtarische war plötzlich minderwertig, besonders Juden oder Zigeuner, aber auch TBC-Kranke, Behinderte oder Landstreicher. Sie wurden ebenfalls als krank bezeichnet, es handelte sich um „lebensunwertes Leben", wir haben bereits davon berichtet.

In Russland ging man genauso vor, nur die Ideologie wurde ausgetauscht: Wer keine „gesunde" sozialistisch-kommunistische Einstellung besaß, wurde für „geistig krank" oder „verrückt" erklärt. Natürlich befleißigte man sich des alten Psychiatrie-Tricks, mit hochtönendem Vokabular um sich zu werfen. Vornehm sprach man von schleichender Schizophrenie, wenn man Regime-Gegner abservieren wollte. Die Herren Psychiater dienten sich den Kommunisten genauso eifrig an wie zuvor den Nazis. Schließlich waren sie schon immer bereit, sich für Unsummen Geld, das sie vom Staat abgreifen konnten, korrumpieren und missbrauchen zu lassen, tatsächlich während ihrer ganzen elenden Geschichte.

Andersdenkende und Dissidenten wurden also pathologisiert und ihrer Grundrechte beraubt. Sie wurden in psychiatrische Anstalten eingesperrt, die oft schlimmer waren als jedes Gefängnis. Dort wurden sie misshandelt und gefoltert, um ihnen die „politisch korrekte" Ideologie einzupflanzen. Der Hauptsitz der russischen Psychiatrie befand sich in Moskau. Hier wurden Dissidenten wie gesagt einfach der Schizophrenie bezichtigt. Entsetzliche Zwangsbehandlungen völlig gesunder Patienten fanden in der Folge statt.[4] Politisch (aber auch religiös) Andersdenkende verschwanden in den Hochsicherheitstrakten der Psychiatrie, die über das ganze Land verstreut waren. „Antisowjetische Agitation" war plötzlich eine Krankheit.

Der neue „Superspion" Andropow, der Herr aller sowjetischen Agenten, wirkte darauf hin, dass der Kampf gegen die ideologische Diversion in einem unvorstellbaren Ausmaß aufgenommen wurde. Der gesamte KGB wurde unter ihm umgepolt, die richtige politische Gesinnung hatte nun erste Priorität. Mit anderen Worten: Die russischen Spione wurden zunächst selbst indoktriniert, sie wurden noch intensiver mit dem Bazillus des Kommunismus infiziert. Verrückt waren in der Folge die Spione selbst, genau wie die Psychiater. Diese (eigentlich) Verrückten behandelten nun die (in Wahrheit) Gesunden. Was für eine Umkehrung von Begriffen, von Lüge und Wahrheit!

Routinemäßig wurden nun in Russland die edelsten Seelen, die mutigsten Vertreter des Menschengeschlechts von Psychiatern unterdrückt. Sie erhielten brutal hohe Dosen Antipsychotika, um ihnen ihre „Wahnvorstellungen des Reformismus" auszutreiben. Ein Doktor, der sich auflehnte und diese Verbrechen anprangerte, wurde selbst für geisteskrank erklärt. Man setzte ihn gefangen, er wurde zwangsmediziert, mit den stärksten Präparaten vollgestopft und einer Ernährungsfolter unterzogen, indem man ihm die Nahrung nasal zuführte.

Bis heute wurden all diese menschenunwürdigen Behandlungen in der ehemaligen Sowjetunion nicht aufgearbeitet, ganz abgesehen von der Tatsache, dass Psychiater dort nach Meinung von Kritikern nach wie vor ungestraft ihr Unwesen treiben und Menschenrechte verletzen.

All das war Andropows Werk.

Zudem trat Andropow im Allgemeinen für härtere Strafen ein. Er setzte sich für eine Modernisierung der Propaganda-Methoden und der Agitationstechniken ein, um weitere Staaten von innen her auszuhöhlen und zu unterminieren. Fanatisch lehnte er jede Form des Kapitalismus ab. Doch er konnte die Macht an der Spitze der Sowjetunion nicht lange genießen. Er erkrankte schwer und war schon nach 15 Monaten Regierungszeit nicht mehr fähig, Entscheidungen zu treffen. Die zahlreichen verfügbaren Ärzte konnten ihm nicht helfen. Trotz (oder wegen?) einer Nierenoperation starb er 1984, ohne zu wissen, dass zumindest einige Gräueltaten innerhalb der Sowjetunion schon bald ans Licht kämen.

DER UNTERGANG

Und so könnte man sich weiter durch das Dickicht der „Superspione" des KGB schlagen. Auf Andropow folgte Fedortschuk, der nur ein paar Monate das Zepter in der Hand hielt. Auf Fedortschuk folgte Tschebrikow, der sich dadurch auszeichnete, dass er wieder voller Panik die Angriffspläne der NATO ausspähen ließ. Aber Gorbatschow war bereits am Ruder, und die letzten KGB-Chefs (Krjutschkow, Schebarschin und Bakatin) konnten nur noch mitansehen, wie das unbesiegbare Sowjetreich Stück für Stück auseinanderfiel, weil es alle Ressourcen im militärischen Wettlauf mit der USA verpulvert hatte, statt sich um das Wohlergehen des Volkes zu kümmern.

Die übermächtige Sowjetunion, die die Welt mithilfe kommunistischer Ideen erobern wollte, fiel in sich zusammen wie ein Kartenhaus. Die Ideologie von Marx/Lenin/Stalin scheiterte an allen Fronten. Überall brodelte es: in Kasachstan, in Aserbaidschan, in der Ukraine sowie in praktisch allen osteuropäischen Staaten, die sich nach dem unvermeidlichen Zusammenbruch der UdSSR nicht schnell genug vom „großen Bruder" lösen konnten. 1990 feierte die DDR die Wiedervereinigung mit der Bundesrepublik Deutschland. Und bereits 1991 nabelten sich die baltischen Staaten ab – Litauen, Lettland und Estland. In Moskau wurde die Hammer-und Sichel-Flagge eingeholt und die weiß-blau-rote Flagge Russlands aufgezogen.

16. DIE VERDECKTEN OPERATIONEN DER CIA (1): ALLEN DULLES

In den Vereinigten Staaten von Amerika machte als Gegenstück zum KGB die CIA von sich reden.

Selbstredend ist es unmöglich, im Rahmen dieses Buches eine umfassende Geschichte der CIA zu verfassen, denn sie ist erstens zu umfangreich und zweitens nicht vollständig bekannt. Schließlich ist ja auch die CIA ein Geheimdienst. Aber die Kernpunkte der CIA-Historie lassen sich herausfiltern, sodass man zumindest einen Überblick bekommt. Ja, man kann das Thema sogar so angehen, dass völlig neue Einsichten über den geheimnisumwitterten Dienst möglich sind und sich neue Perspektiven eröffnen.

Grundsätzlich geriet die Welt etwa ab 1948 zu einer Spielwiese zwischen dem KGB und der CIA. Der Kalte Krieg begann, wie bereits erwähnt. Der Globus wurde aufgeteilt in zwei Einflusssphären völlig unterschiedlicher Polit-Philosophien. Verkürzt und schlagwortartig sprach man vom „Kapitalismus" und „Kommunismus", vom „Westen" und „Osten", von der „freien Welt" und der „unfreien Welt", doch das waren allenfalls erste oberflächliche Unterscheidungsmerkmale.

In Wahrheit kämpften die USA gegen die UdSSR, und noch genauer der KGB gegen die CIA. Diese beiden Geheimdienste versuchten nämlich, quasi jeden der 193 Staaten auf der Welt auf seine Seite zu ziehen und offen oder heimlich zu beherrschen.

Eine ganz neue, zuvor unbekannte Art des globalen Machtspiels begann.

Die Frage lautete: WER würde all diese Länder kontrollieren? Nie wurde die Machtfrage über die Welt deutlicher, brutaler und direkter gestellt. Und nie zuvor hatten Spione und Geheimdienste einen solchen Einfluss und bestimmten die Geschicke der Länder und Völker hinter und vor den Kulissen so nachhaltig. Die Historie gewann eine ganz neue Dimension.

DER BEGINN DER CIA

US-Präsident Franklin Delano Roosevelt (1882–1945) hatte bereits während des Zweiten Weltkrieges das „Büro für strategische Dienste" (Office of Strategic Services oder OSS) gegründet, einen Nachrichtendienst unter dem Oberbefehl eines Generals. Die Anfangscrew, so Insider, waren wilde Burschen, ein bunt zusammengewürfelter Haufen von Börsenmaklern, Absolventen von Elitehochschulen, Hochstaplern, Journalisten, Stuntmen, verwegenen Fallschirmspringern, Freibeutern, Piraten, Goldgräbern und anderen Abenteurern und Lebenskünstlern. Aber sie waren auch mutige Patrioten und draufgängerische Haudegen, die Hitler niederzuringen halfen.

Die unglaublichsten Ideen kursierten anfangs in dieser Mannschaft, die ebenso fantasievoll wie realitätsfern waren, wie etwa dass man Tokio zerstören könne, indem man Brandbomben auf den Rücken von Fledermäusen schnalle und sie über Tokio aussetze.[1] Als der Zweite Weltkrieg gewonnen wurde und ihr Job erledigt war, wurde der Club aufgelöst.

Aus den Trümmern der OSS ging zunächst die Central Intelligence Group (CIG) hervor und dann die Central Intelligence Agency (CIA) – auf Befehl des nächsten amerikanischen Präsidenten, Harry S. Truman (1884–1972). Der Grund war einfach: Die Briten, im 19. Jahrhundert die stärkste Macht der Welt, zogen sich überall zurück, aus allen möglichen Ländern. Und die Kommunisten suchten das Machtvakuum auszufüllen. Das Britische Empire ging seinem Ende entgegen. Die USA übernahmen die Führung der freien Welt. Die Vereinigten Staaten von Amerika waren offenbar die einzige Macht, die dem Sowjetkommunismus Paroli bieten konnte. Eine Art Wachablösung fand statt.

Die CIA wollte zu Beginn nur einen weltweiten Informationsdienst bieten, der den amerikanischen Präsidenten rundum auf dem Laufenden halten sollte. Schon bald stellte sich allerdings heraus, dass die CIA in Wahrheit dem überall vordringenden Kommunismus Einhalt gebieten wollte – mit allen Mitteln. Das bedeutete, dass vorrangig die Sowjetunion ausgespäht werden musste, die all die kommunistischen Aktivitäten in den verschiedenen Ländern koordinierte und vorantrieb. Und es bedeutete auch, den Siegeszug des Kommunismus in anderen Ländern aufzuhalten. In Griechenland, Italien, Frankreich, Deutschland und so weiter griffen die Kommunisten direkt oder indirekt nach der Macht. Sie versuchten, über Leninsche Propaganda-Techniken und umstürzlerische Aktionen die Herrschaft an sich zu reißen. Wie konnte man dieser Absicht entgegenwirken? Und wer konnte den Job erledigen?

ALLEN DULLES

Der nächste amerikanische Präsident, Dwight D. Eisenhower, berief 1953 Allen Dulles (1893–1969) zum Chef der CIA. Dulles wurde in der Folge einer der mächtigsten Männer in Washington, zumal sein Bruder, John Foster Dulles, der Außenminister der USA war. Die Brüder spielten sich geschickt die Bälle zu und griffen ohne zu zögern nach der Macht – in ganz Amerika. Eisenhower hatte nämlich übersehen, dass Allen Dulles keine Skrupel hatte.

Allen Dulles argumentierte zunächst überzeugend, in puncto Kommunismus müsse man Feuer mit Feuer bekämpfen, was sich auch sehr rational anhörte. Es bedeutete im Klartext, dass er die Kommunisten mit ihren eigenen Waffen schlagen wollte – mit all dem schwarzen politischen Know-how, das Lenin etabliert hatte. Entsprechend modelte er die CIA um: Er setzte gleichfalls auf irreführende Propaganda, auf Mord, Krieg und verdeckte Aktionen. Schurken konnte man seiner Ansicht nach nur besiegen, indem man ihnen ihre eigenen Schurkenstücke um die Ohren schlug.

Doch das Ergebnis dieser Politik war ernüchternd: Dulles belog sogar die amerikanische Bevölkerungen nach Strich und Faden. Er besaß weder Respekt vor dem Amt des Präsidenten noch vor dem Kongress. Beiden gegenüber war er nicht aufrichtig. Allen Dulles, der Meister der Irreführung, liebte neben der Propaganda vor allem verdeckte militärische Aktionen, die nun zum Hauptbetätigungsfeld der CIA gerieten.

Maßgeblich war Dulles an verschiedenen Regierungsumstürzen beteiligt, so im Iran und in Guatemala. Das erhob die CIA in den Rang einer Kaste, die die eigentliche (Außen-)Politik bestimmte. Nun entschied nicht mehr das Volk auf demokratische Art und Weise darüber, was vor sich gehen durfte und was nicht, sondern Allen Dulles – gemeinsam mit seinem Bruder und natürlich dem Präsidenten.

Die Rechtfertigungen waren zahlreich: Man könne Geheimaktionen schließlich nicht der Öffentlichkeit preisgeben. Außerdem besitze die Bevölkerung in Sachen Weltpolitik nicht genügend Urteilskraft. Und zu guter Letzt müsse die Ausbreitung des Kommunismus verhindert werden.

Doch das waren billige Ausreden. Reden wir Klartext: Die Demokratie wurde ausgehebelt. Geschichte schrieben nun die Dulles-Brüder mit dem Präsidenten, nicht mehr der Kongress, die gewählten Abgeordneten oder der Senat in den Vereinigten Staaten. Es wurde bis heute nicht hinreichend betont, dass von diesem Zeitpunkt an die Demokratie in den USA zu lahmen und zu hinken begann.

Doch tun wir etwas Fleisch auf die Knochen und werden wir konkret.

DIE FRAGWÜRDIGEN AKTIONEN DES ALLEN DULLES

• Die CIA, schon früh mit horrenden Geldern ausgestattet, sorgte dafür, dass in Frankreich heimlich die (teilweise kommunistisch orientierte) Gewerkschaft gespalten wurde. Dulles stellte sicher, dass Bestechungsgelder in die „richtigen" Hände flossen, sodass die Gewerkschaft auseinanderfiel. Sein Motto und seine Strategie lautete: *Divide et impera* – teile und herrsche. **Dulles bediente sich der Korruption und warf mit Geld nur so um sich.**

   • „In Italien protegierte Dulles [die] ... Mafia."[2] Er förderte die Christdemokraten und die Mafia – natürlich erneut nur, „um den

Kommunismus zu verhindern." Katholiken und der Vatikan wurden unterstützt. Koffer voller Bargeld wechselten den Besitzer. Mit Schmiergeldern beeinflusste Dulles politische Wahlen. Und so kamen die Christdemokraten in Italien viele Male an die Regierung. Die Praxis, mit riesigen Geldsummen Wahlen zu beeinflussen und Politiker zu kaufen, war geboren. Sie ist nach Meinung vieler Kritiker noch immer in Mode. **Dulles arbeitete mit der organisierten Kriminalität zusammen und beeinflusste mit Schmiergeldern Wahlen.**

• 1953 salbte Dulles die Hände zahlreiche Iraner, die für ihn Volksaufstände inszenieren mussten. Scheinbar demonstrierte das Volk zugunsten des Schahs, dessen Thron gerettet werden sollte. In Wahrheit war der Schah nur eine Marionette der CIA. Auch hier ging es nach außen hin darum, den Kommunismus zu verhindern. Bei diesen (getürkten, falschen) Aufständen kamen zahlreiche Menschen ums Leben. Doch bei all diesen „spontanen" Aufständen wurde penetrant verschwiegen, was nicht hätte brisanter sein können: Der Schah war einer der Mandanten von Dulles, der zuvor eine Rechtsanwaltspraxis betrieben hatte![3] Es wundert nicht, dass die Iraner später alle Amerikaner zum Teufel jagten. Der bis heute andauernde Hass vieler Iraner auf die USA ist leicht verständlich, wenn man um dieses Stückchen Geschichte weiß. Wiederholen wir, es ist zu explosiv: Offiziell wurde der Schah unterstützt, um den Kommunismus zu verhindern. In Wahrheit war der Schah ein früherer Mandant des CIA-Direktors Allen Dulles, ein Klient aus alten Tagen. Es gehört nicht viel Fantasie dazu, sich vorzustellen, dass der Schah Allen Dulles in der Folge reich belohnte. Vorgeschoben wurden demnach zwar politische Ziele (= „Der Kommunismus muss verhindert werden!"), in Wahrheit allerdings ging es um den persönlichen, finanziellen Vorteil des CIA-Direktors Allen Dulles. **Dulles inszenierte falsche, getürkte Aufstände, die er selbst (oder die CIA) finanzierten. Dass dabei Menschen ums Leben kamen, wurde in Kauf genommen.**

• Im zentralamerikanischen Guatemala befahl Dulles, den demokratisch gewählten Präsidenten des Landes Jacobo Árbenz Guzmán zu stürzen. Danach verhalf die CIA einem Diktator zur Macht. Das Kabinettstückchen nahm sich wie folgt aus: Guzmán, ab 1951 Guatemalas Präsident, hatte im Zuge einer Reform ein Unternehmen namens

United Fruit Company (= die UFC, später umgetauft in Chiquita Brands International) ordentlich in die Mangel genommen: Ein Teil der riesigen UFC-Ländereien war von ihm (oder dem Staat) beschlagnahmt worden; dafür hatte man das Unternehmen finanziell entschädigt. Der Grund? Es gab viele Ungerechtigkeiten und Vorwürfe gegen die UFC. Folgendes wurde dem Unternehmen angekreidet: Ausbeutung der Arbeiter auf den Bananen-plantagen, Kinderarbeit, Einsatz von gefährlichen Pflanzengiften, fehlender Arbeitsschutz, sexueller Missbrauch, Menschenrechtsverletzungen wie Folter und Hunderttausende Morde.[4] Das Wort „Hunderttausende" ist kein Druck-fehler. Also war es nur richtig, dass Guzmán der Gier des Unternehmens UFC einen Riegel vorschob. Er wies die UFC in ihre Schranken, die sich nebenbei bemerkt ins eigene Fleisch geschnitten hatte. Die Entschädigung für einen Teil ihres Landes betrug nämlich nur rund 600.000 Dollar, weil die Besitzer/ Manager des Unternehmens den Wert des Landes zuvor selbst absichtlich zu niedrig angesetzt hatten, um Steuern zu sparen. Guzmán wirkte jedenfalls darauf hin, dass die UFC einige Ländereien in Guatemala abgeben musste. Die Besitzer/Manager des Unternehmens schäumten. Rasch sahen sie sich nach Verbündeten um. Um ihre Interessen zu wahren, überzeugten sie ge-meinsam mit einigen Top-Bankern schließlich die CIA, also A. Dulles, dass Guzmán ein Kommunist sei – was eine glatte Lüge war. Aber genau solch ein Argument brauchte Dulles. Und so schlug er erbarmungslos mit seiner CIA zu: Guzmán wurde in einem Staatsstreich weggeputscht, für ihn setzte Dulles einen der USA genehmen Diktator auf den guatemaltekischen Thron. Dabei ist das nicht einmal die ganze Geschichte. Das Ganovenstück liest sich in vollständiger Ausführlichkeit folgendermaßen: Dulles, der diesen Regie-rungswechsel eingefädelt hatte, besaß Aktien der Firma UFC, die wie gesagt heute Chiquita Brands International heißt, und hatte für dieses Unternehmen zuvor als Lobbyist und Rechtsanwalt gearbeitet. Dulles ging es also mit die-ser Aktion abermals auch darum, sich selbst die Taschen zu füllen. Abermals standen seine persönlichen Finanzen im Vordergrund. Nach außen hin recht-fertigte Dulles den Coup damit, dass etwas gegen den Kommunismus unter-nommen werden müsse. Dass er jedoch vorher die United Fruit Company als Anwalt und Lobbyist vertreten hatte, ging während des Putsches völlig unter. Wie lief der Putsch genau ab? Die CIA bildete im (mehr oder weniger benachbarten) Nicaragua eine „Befreiungsarmee" aus, die in Guatemala blitzschnell zuschlug und einen Staatsstreich, einen Coup d`État, vollführte. Als Folge kam in Guatemala eine Militärdiktatur nach der anderen ans Ruder – die freilich alle von den USA gebilligt und toleriert wurden. Bis 1996 töteten Militärs und andere Todesschwadronen dieser Diktaturen rund 150.000 Einwohner des Landes. Dazu verschwanden ungefähr eine Viertelmillion Guatemalteken in irgendwelchen Gefängnissen oder Lagern auf Nimmerwiedersehen. Schlimmer als dieser Putsch war, dass diese verdeckte Operation als Vorbild für zahlreiche ähnliche Operationen in Südamerika und in anderen Ländern rund um den Globus diente! Lange erfuhren das amerikanische Volk und die Welt von den Vorkommnissen in Guatemala – nichts. **Dulles nutzte die Techniken des Staatsstreichs, um die Regierungen bestimmter Länder zu stürzen und Diktatoren zur Macht zu verhelfen. Die Folge in all diesen Ländern: Millionen von Toten und eine namenlose Unterdrückung.**

• Selbst den Kubanern lieferte Dulles Waffen, wie auch vielen anderen Staaten in Mittel- und Südamerika. Dulles stattete bei „Revolutionen" stets beide Seiten mit Waffen aus. Der Vorteil: Die CIA und Dulles standen immer auf der Seite des Siegers. Und: Es wurde kräftig verdient. **Dulles (und die CIA) betätigten sich als Waffenhändler.**

• Dulles betrieb ferner die „Operation Mockingbird". Hinter diesem Codewort verbarg sich die Absicht, die Medien nicht nur in den Vereinigten Staaten zu manipulieren. Bei diesem Geheimprojekt wurden zahlreiche neue Medien aus der Taufe gehoben und finanziert. Später wurden im Zuge dessen auch bereits bestehende Medienunternehmen dafür gewonnen, ins selbe Horn zu blasen. Offiziell ging es um Information und Weiterbildung. In der Bundesrepublik Deutschland wurden 41 „Information Centers" eingerichtet, zur reeducation, das heißt zur Umerziehung, der bundesdeutschen Bevölkerung im Sinne der CIA und Allen Dulles.[5] Schiere Unsummen flossen in diese staatlich gelenkte Propaganda. Schon 1953 gab es über 10.000 Mitarbeiter. In der BRD wurde unter anderem die Springer-Presse beschuldigt, der Stiefelknecht der CIA zu sein und in dieselbe Kerbe zu schlagen.

Desinformation war für Dulles alles. Er arbeitete mit falschen Hoheitszeichen, die er auf von der CIA eingesetzte Flugzeuge lackieren ließ, mit schnell aus dem Boden gestampften Radiosendern, deren Sprecher die Modulation und Sprechweise bekannter Nachrichtensprecher kopieren mussten, und mit Täuschungen aller Art. Obwohl gesetzwidrig manipulierte er auch die Presse in den Vereinigten Staaten, selbst die Informationen in den Kinos wurden von ihm heimlich beeinflusst. Er machte gegen Chruschtschow mobil, indem er seine (verfälschten) Reden der „New York Times" zuspielte, sodass die Russen weiter als Buhmänner aufgebaut werden konnten. **Dulles arbeitete gezielt daran, die Bevölkerungen in zahlreichen Staaten und in US-Amerika propagandistisch zu manipulieren.**

• Weiter schmiedete der CIA-Direktor intensiv Pläne, Fidel Castro auf Kuba zu beseitigen. Es gelang ihm nie. Aber der Mord an Patrice Lumumba, dem ersten demokratisch gewählten Regierungschef des Kongo, ging auf das Konto seiner CIA sowie des MI6. Einigen Quellen zufolge wurde Lumumba zuvor massiv gefoltert. Um die Tat zu vertuschen, wurde seine Leiche später ausgegraben, zerteilt, in Säure aufgelöst und verbrannt, während man gleichzeitig einigen Dorfbewohnern die Schuld für den Mord in die Schuhe schob.[6] Auch König Baudouin von Belgien und Dwight D. Eisenhower trifft eine Teilschuld, aber offenbar waren die CIA und der MI6 die ausführenden Organe. Für Dulles, der bereits Attentate auf Hitler geplant hatte, war der politische Mord an ausländischen Staatsoberhäuptern eine Selbstverständlichkeit. Er wollte auch Stalin liquidieren und erwog sogar, den chinesischen Premier umzubringen.[7] Während man im Falle von Bestien wie Hitler oder Stalin kaum etwas anderes erwarten kann, gehört der Mord an demokratisch gewählten Staatsmännern in eine andere Kategorie. **Attentate auf missliebige, demokratisch gewählte Politiker wurden von Dulles gebilligt und von seiner CIA ausgeführt.**

• Der kriminelle Einsatz von Psychodrogen zur Manipulation von Menschen, die ohne ihr Wissen als Testpersonen benutzt wurden, gehörte ebenfalls zu Dulles' Repertoire. Entsprechende Programme wurden unter ihm abgesegnet und in die Wege geleitet. **Dulles ließ Psychodrogen an unwissenden Menschen testen, um Menschen manipulieren zu können.**

Man könnte viele weitere Sünden hinzufügen, aber belassen wir es bei diesen Beispielen. Gönnen wir uns ein vorläufiges Urteil.

ALLEN DULLES VOR GERICHT

Es ist zu selten darauf aufmerksam gemacht worden, dass die Aktionen des ersten CIA-Chefs nur einem Verbrecherhirn entspringen konnten. Dulles war eine vollkommen destruktive Persönlichkeit, der die Kommunistenfurcht systematisch und gezielt schürte. Dadurch konnte er die übelsten Schandtaten rechtfertigen.

Weiter wurde zu selten gesagt, dass Allen Dulles offenbar Lenin und den KGB kopierte. Als CIA-Chef kannte er das schwarze politische Know-how der Kommunisten. Er versuchte, sie mit ihren eigenen Waffen zu schlagen und sie sogar noch an Bestialität und Grausamkeit zu übertreffen. Aber er vergaß, dass er sich mit diesen Aktionen auf deren Niveau hinabließ und nicht nur die Demokratie, sondern auch die eigene Regierung befleckte.

Allen Dulles, der die CIA rund zehn Jahre leitete, gab sich dabei stets leutselig, er hatte einen gefährlichen Charme. Ihm lag ständig ein Witz oder ein Bonmot auf den Lippen, er lächelte unablässig, manchmal lachte er dröhnend. Aber selbst seine Freunde und Bekannten gaben zu, dass er verschlagen war und doppelzüngig. Er hinterging seine Frau regelmäßig, war manisch promiskuitiv und auch privat ein Lügner und Betrüger.

Als John F. Kennedy (ein Demokrat), ermordet wurde, blockierte Dulles (ein Republikaner) jede Untersuchung, in der versucht wurde, der CIA die Schuld dafür in die Schuhe zu schieben. Das gibt bis heute Anlass zu den abenteuerlichsten Gerüchten.

Er war der erste CIA-Chef, der Tests mit gefährlichen Psychodrogen anordnete, um Personen mental zu brechen. Tausende Menschenversuche gehen auf sein Konto. Gefängnisinsassen, Staatsbeamte und Krankenhauspatienten wurden ohne ihr Wissen unter Drogen wie LSD gesetzt. Dabei gab es zahlreiche Todesfälle, die allerdings schnell vertuscht wurden. 1972 wurden die entsprechenden CIA-Akten fast vollständig vernichtet. Das geheime Psycho-Forschungsprogramm der CIA, hieß Ultra. Auch Dulles war besessen davon, Möglichkeiten der Bewusstseinskontrolle zu entwickeln, genau wie sein Gegenspieler, der Chef des KGB. Ein Wahrheitsserum für Spione sollte gefunden werden, damit gefasste Spitzel während eines Verhörs nicht mehr lügen konnten.

Die CIA war unter der Führung einer so elenden Person in Sachen Moral natürlich von vorneherein zum Scheitern verurteilt. Man kann nicht auf der einen Seite die Russen schlimmster Menschenrechtsverletzungen anklagen und auf der anderen Seite selbst Massenmord, Mord und verlogene Propaganda gutheißen. Während es innerhalb der CIA zweifellos auch Personen gab, die von patriotischen Gefühlen geleitet wurden, während einige Agenten ihr Leben riskierten, um tatsächlich etwas Gutes zu bewirken, stand an der Spitze der Organisation einer, dem man selbst in den schlimmsten Horrorkrimis nicht begegnet.

Und so erkennt man, dass die Geschichte der CIA deshalb so verpfuscht ist, weil ihr zu Beginn ein gewissenloser Mensch Leben einhauchte. Ein US-Geheimdienst, der über die Absichten anderer destruktiver Persönlichkeiten im politischen Raum aufklärte, war zwar richtig und notwendig, aber es war falsch, moralisch verkommene Figuren wie Allen Dulles mit dieser Aufgabe zu betrauen, die sich schon dadurch disqualifizierten, dass sie noch tiefer sanken als die widerlichsten Figuren des KGB.

Mit Nicht-Ethik, wie man das nennen könnte, lässt sich nicht Ethik etablieren, mit Lüge nicht Wahrheit und mit Verbrechen nicht Gerechtigkeit.

Nur der Vollständigkeit halber sei festgehalten, dass Allen Dulles enge Beziehungen zur Chase Bank der Familie Rockefeller unterhielt. Skrupellos betrieb er politischen Lobbyismus und kassierte dabei selbst kräftig ab. Zwischen den Weltkriegen kooperierte er mit zweifelhaften deutschen Bankiers wie Hjalmar Schacht und setzte sich zu Beginn lange für deutsche Interessen ein, obwohl auf der anderen Seite Hitler den Ton angab, bevor er umschwenkte und Hitler verdammte. Er war Präsident des umstrittenen Council on Foreign Relations, in dem laut Kritikern (zu viele) Fäden bis heute zusammenlaufen und mit harten und härtesten Bandagen gekämpft wird, wenn es um die Außenpolitik der USA geht.[8]

Dabei haben wir noch nicht einmal alles berichtet. Leuchten wir also auch in die finstersten Ecken.

17. DIE VERDECKTEN
OPERATIONEN DER CIA (2):
RICHARD HELMS

Nach einem kleinen Zwischenspiel wurde Richard Helms CIA-Director (1966–1973). Aber er war schon unter Allen Dulles höchst aktiv in der „Firma" und spielte eine sehr zweifelhafte Rolle. Helms diente unter fünf amerikanischen Präsidenten – Truman, Eisenhower, Kennedy, Johnson und Nixon. Hieran erkennt man: Präsidenten kommen und gehen, aber die CIA bleibt.

Auch Helms setzte auf Propaganda, auch er verschwieg dem US-Kongress unangenehme Wahrheiten. Doch besonders berüchtigt wurde Helms für das Mind Control Program (= Ultra oder auch Project MKUltra genannt), das freilich schon unter Dulles seinen Anfang genommen hatte und von diesem abgesegnet worden war.

NOCH EINMAL: ULTRA

Innerhalb dieses Programms wurden spezielle Drogen getestet, um einen Spion während einer Befragung zum Verrat zu verleiten. Beteiligt an diesem Programm war auch das Militär. Alle Experimente fanden unter größter Geheimhaltung statt, und zwar im Rahmen der U.S. Biological Warfare Laboratories, die in Maryland an der Ostküste der Vereinigten Staaten liegen. Sie wiederum standen unter der Kontrolle der U.S. Army Chemical Corps Research and Development Command. Hier wurden chemische und biologische Waffen entwickelt – eine schrecklicher als die andere.[1]

Doch uns interessiert in diesem Zusammenhang nur das Mind Control Program. Zahlreiche illegale Aktivitäten waren Teil dieses Programms. Am schändlichsten waren die Tests an kanadischen und US-amerikanischen Bürgern, die nicht einmal ahnten, was vor sich ging. Das heißt, die meisten Testpersonen wussten nicht, dass sie als Versuchskaninchen missbraucht wurden. Das Ziel bestand darin, den mentalen Zustand eines Menschen zu manipulieren und seine Gehirnfunktionen zu verändern. Unter anderem testete man auch LSD. LSD verursacht optische und akustische Wahrnehmungsveränderungen und Halluzinationen. Die Person verliert die Kontrolle über ihre eigenen Handlungen. Ängste und Depressionen können einen Horrortrip hervorrufen. Die Schäden sind gigantisch: Psychosen und Wahrnehmungsstörungen können folgen. Chemiker, Spione, Psychologen und Psychiater experimentierten völlig verantwortungslos mit LSD im Rahmen der CIA-Geheimaktion Ultra.

Darüber hinaus wurden auch andere schädliche Chemikalien getestet, und die amerikanischen Superspione arbeiteten mit Hypnose, psychologischer Folter und verbalen Beschimpfungen. 80 Institutionen, einschließlich 44 Colleges und Universitäten, waren mit von der Partie, sowie Gefängnisse, Krankenhäuser und pharmazeutische Firmen.[2] Es handelte sich um eines der inhumansten Experimente, das je in der Geschichte angestellt wurde. Chemisches, biologisches und radiologisches Material wurde ausgetestet, wie gesagt gewöhnlich ohne Wissen der Opfer. 185 private „Forscher" partizipierten an diesem Programm.[3] Aber hinter allem stand die CIA. Die Frage aller Fragen lautete: Wie kann man das menschliche Verhalten nach Gutdünken manipulieren?

Als Einzelheiten durchsickerten, die Öffentlichkeit aufschrie und Untersuchungen eingefordert und angestellt wurden, vernichtete CIA-Director Richard Helms die Ultra-Akten. Nur wenige Zeugen konnten vernommen werden, außerdem entdeckte man lediglich eine verhältnismäßige kleine Zahl von Dokumenten. Aber auch die verrieten mehr als genug. Einen besonders schlechten Ruf bekamen verschiedene pharmazeutischen Firmen wie

Eli Lilly, die mit psychotropischen Drogen Milliarden verdient hatten (und verdienen), ferner einige Krankenhäuser und immer wieder Psychologen und Psychiater, die bereitwillig den Stiefelknecht für die CIA gespielt hatten.

Immerhin wurde so viel bekannt: Sydney Gottlieb (Geburtsname Joseph Scheider), ein Chemiker und Top-Spion, war der Giftexperte und Kopf der chemischen Abteilung innerhalb der CIA. Seine beiden Spitznamen lauteten Black Sorcerer (Schwarzer Magier) und Dirty Trickser (Schmutziger Trickbetrüger).[4] Seine Spezialität waren tödliche Gifte und Drogenexperimente. Der Einsatz von LSD und anderen psychoaktiven Drogen ging auch auf sein Konto. Er marschierte im Gleichschritt vor allem mit der Psychiatrie und bestimmten Doktoren, die er zu den unglaublichsten Experimenten verleitete. Gottlieb schlug unter anderem vor, Fidel Castros Fernsehstudio mit LSD einzusprühen, seine Schuhe oder seine Zigarre mit einem bestimmten Gift zu versetzen, ihm einen (vergifteten) Taucheranzug zur Verfügung zu stellen oder ihm ein (vergiftetes) Schreibgerät zuzuspielen. Gottlieb war besessen von Giften, fast krank in dieser Beziehung, er konnte nur an tödliche Substanzen denken.

Gottlieb spielte auch eine Rolle bei Lumumbas Ermordung im Kongo, worüber wir bereits berichtet haben. Er transportierte persönlich eine vergiftete Zahnbürste in den Kongo. All seine Fantasien drehten sich nur um Gifte. Die Rechtfertigung? Angeblich wollten die Mind-Control-Experten ein Gegengewicht schaffen zu den sowjetischen, chinesischen und nordkoreanischen Kommunisten. Die alte Ausrede. Gleichzeitig dachte er ernsthaft darüber nach, Staatsmänner anderer Ländern mit bestimmten Substanzen zu manipulieren.

Darüber hinaus ging es stets um Gegenspionage. Innerhalb der CIA waren einige Agenten wie hypnotisiert von der Vorstellung einer Wahrheitsdroge, die im Fall gefasster sowjetischer Spione eingesetzt werden sollte. Und es ging auch darum, das Gedächtnis einer Person auszuradieren oder ein Individuum völlig „umzudrehen". Millionen von Dollars wurden verpulvert.

Eine Schlüsselrolle kommt ferner Donald Ewen Cameron (1901–1967) zu, Psychiater und ehemals Präsident der American Psychiatric Association (APA) und der World Psychiatric Assocation. Er experimentierte skrupellos mit dem furchtbaren Elektroschock, der Menschen zum Zombie degradieren kann, und mit noch schlimmeren Drogen als LSD. Auch ihm ging es darum, die Psyche zu reprogrammieren. Er induzierte Drogen und spielte immer wieder hypnotische Kommandos auf Tonband ab. Viele seiner „Patienten" trugen nach einer solchen Behandlung dauerhafte Schäden davon. Einige konnten danach nicht mehr sprechen, andere vergaßen, wer ihre Eltern waren, wieder andere dachten, die Verhörspezialisten seien ihre Eltern.[5] Cameron war ein Teufel in Menschengestalt.

Auch der Psychiater William Sargant verursachte Schäden bei seinen Opfern, die kaum mehr rückgängig zu machen waren.[6]

DIE VERBRECHEN DER PSYCHIATRIE

Bis heute genießt die Psychiatrie deshalb einen äußerst schlechten Ruf. Sie hatte Hitler ohne zu zögern gedient, später Stalin und dem KGB und wieder später der CIA, wo sie die furchtbarsten Experimente anstellte. Immer dienten sich hochrangige Seelenklempner der jeweils herrschenden Clique an und entwickelten die schrecklichsten Methoden, wir haben bereits ansatzweise darüber berichtet. Gleichzeitig verdienten Psychiater ein Vermögen und besetzten allerhöchste Posten.

Die Zielsetzungen innerhalb des Projektes Ultra waren ausnahmslos inhuman. Mithilfe von Psychiatern entwickelte man neue psychologische Foltermethoden und fahndete nach Substanzen, die das Denken verwirrten und Wahrnehmungsschwierigkeiten hervorriefen. Ferner suchte man künstlich furchtbare Krankheiten hervorzurufen, arbeitete daran, Gedächtnisverlust auf Befehl zu induzieren, und forschte nach Drogen, die eine Lähmung der Beine und eine Verschlechterung des Augenlichts bewirkten. Es ging darum, die Persönlichkeit willentlich zu verändern, Knock-out-Pillen zu entwickeln, die eine Person von einem Augenblick auf den anderen schachmatt setzte und die man Drinks, der Nahrung oder Zigaretten beimischen konnte.

Nur kranke Köpfe vermochten sich solchen Zielen zu verschreiben, die mit dem Kampf gegen den Kommunismus gerechtfertigt wurden.

Aber wie gesagt, zu viel sickerte durch, sodass ein Aufschrei durch die Öffentlichkeit wider diese barbarischen Methoden ging.

Offiziell wurden die Programme deshalb 1973 eingestellt. Aber die Teufel, die sie ausgebrütet hatten, kamen davon – weil Richard Helms die Akten vernichtet hatte.

HELMS UND KEIN ENDE

All das war nur ein Teil von Richard Helms Aufgaben. Er war anfänglich auf die Spionage in Europa und Russland spezialisiert. Man wollte vorrangig die Sowjetunion ausspähen. Gleichzeitig war Helms aber auch zuständig für die Spionage in Deutschland, in Österreich, in der Schweiz, in Polen, in der Tschechoslowakei und in Ungarn. Ihm allein ist es zu verdanken, dass der Schwerverbrecher Gehlen, über den wir bereits berichtet haben, von den Amerikanern in den Reihen der US-Geheimdienstler willkommen geheißen wurde, obwohl sich viele ehrenhafte CIA-Offiziere dagegen sträubten – anfänglich sogar Helms selbst, bis er sein OK gab.

Helms und die CIA hatten ihre Finger aber auch in den schrecklichen Kriegen in Vietnam und Laos.

In den Militärputsch 1973 in Chile war Helms ebenfalls verwickelt. Der demokratisch gewählte Präsident Salvador Allende wurde weggeputscht, die USA und die CIA unterstützten politisch und finanziell den Massenmörder Augusto Pinochet. Der neue Diktator Pinochet machte sich in der Folge zahlreicher Menschenrechtsverletzungen schuldig. Tausende wurden unter ihm ermordet, Zehntausende gefoltert. Noch mehr Chilenen verschwanden in Lagern und Geheimgefängnissen. Noch bevor Pinochet angeklagt und verurteilt werden konnte, starb er.

Klage wurde stattdessen gegen Richard Helms und Henry Kissinger erhoben. Doch die Klage wurde nach altbewährter Manier abgewiesen, Helms kam ungeschoren davon. Er konnte lediglich der Falschaussage gegenüber dem Kongress überführt werden, wofür man ihn zu zwei Jahren Haft auf Bewährung verurteilte.

Das Urteil über Helms muss dennoch vernichtend ausfallen: Die CIA schlitterte mit ihm in ihre skandalöseste Zeit, wodurch ihr Ruf litt.

18. DIE VERDECKTEN OPERATIONEN DER CIA (3) WELTWEITE AKTIONEN

Grundsätzlich mischte sich die CIA weltweit in nahezu alle Staatsgeschäfte ein. Die Agency war an so vielen Umstürzen, Attentaten und Propaganda-Aktionen beteiligt, dass man nur staunen kann. Zahlreiche Staatsmänner standen auf der Gehaltsliste der CIA, selbst der japanische Premierminister Kishi Nobusuke oder der deutsche Bundeskanzler Willy Brandt.[1]

Die Geschichte des 20. Jahrhunderts muss im Prinzip völlig neu geschrieben werden, denn bislang wurden sehr wichtige Informationen weitgehend unter den Teppich gekehrt. Offiziell bekämpften sich in Deutschland die Konservativen und die Sozis, die CDU/CSU und die SPD, in Wahrheit jedoch führte die CIA beide am Gängelband.

Nicht anders sah es in den USA aus: Hier bekämpften die Republikaner die Demokraten bis aufs Messer, also die „Rechten" die „Linken", während unter der Decke die CIA, das Militär und die anderen Geheimdienste das Zepter fest in der Hand hielten.

Diese Art der Täuschung war besonders raffiniert, da sie dem Bürger suggerierte, er besitze eine echte Alternative zwischen zumindest zwei (oder mehr) verschiedenen Polit-Philosophien. Aber bei Licht betrachtet traf dies gar nicht zu. In Wahrheit wurden die Strippen an anderer Stelle gezogen.

Vermutlich werden sich Historiker erst in den kommenden Jahrzehnten daran wagen, die wahre Geschichte des 20. Jahrhunderts zu schreiben – sobald zahlreiche Geheimdokumente zugänglich gemacht und freigegeben worden sind und die Drahtzieher längst gestorben sind und gerichtlich nicht mehr belangt werden können. Dann müssen Geschichtswissenschaftler auch keinen negativen Rückstoßeffekt vonseiten der Geheimdienste mehr zu befürchten. Man könnte für nahezu jedes Land der Erde ein eigenes Buch über seine wahre Geschichte schreiben.

Wir sollten zumindest noch auf einige weitere ungeheuerliche Sachverhalte aufmerksam machen.

RUSSLAND, POLEN, RUMÄNIEN, UKRAINE, BALTISCHE STAATEN

CIA-Agenten wurden in alle Herren Länder eingeschleust, in Russland, Polen und Rumänien, in die Ukraine und die baltischen Staaten. Die meisten Spione wurden rasch enttarnt und noch rascher eliminiert. Oder sie wurden zurückgeschickt, nachdem sie mit gezielten Desinformationen und der Bitte versorgt worden waren, mehr Waffen und noch mehr Geld zu schicken.

In Russland und in den osteuropäischen Staaten war die CIA relativ erfolglos. Obwohl man unaufhörlich versuchte, Agenten einzuschleusen oder Spione in diesen Ländern anzuheuern, gelang das nur ganz selten. Zwar schmuggelten CIA-Agenten immer wieder Flugblätter in sowjetische Kasernen, warfen Ballons (mit Flugblättern gefüllt) ab und ließen Fallschirmspringer in diesen Ländern landen, doch in der überwiegenden Zahl der Fälle wurden sie gejagt und schnell getötet. Man versuchte zudem, diese Länder von innen her „aufzuweichen" und zu unterminieren, doch auch diese Anstrengungen schlugen fast immer fehl. Erst als das Sowjetreich zusammenbrach, konnten wirksame Schritte in Richtung Freiheit unternommen werden.

KOREA

Im schrecklichen Koreakrieg (1950–1953) bekleckerte sich die CIA ebenfalls nicht mit Ruhm. Auf der einen Seite kämpften Nordkorea (mit China und der Sowjetunion), auf der anderen Seite Südkorea (mit der USA sowie zahlreichen UN-Ländern). Rund 940.000 Soldaten sowie etwa 3 Millionen Zivilisten starben in diesem Krieg. 1953 wurde zwar ein Waffenstillstands-Abkommen geschlossen, doch bis heute (2018) ist dieser Krieg immer noch nicht offiziell beendet.

Tausende US-Amerikaner starben genau wie ihre asiatischen Verbündeten unnütz – Kritiker monieren: auch aufgrund von wenig intelligenten Operationen der CIA.

DEUTSCHLAND, FRANKREICH, ITALIEN, GRIECHENLAND, SKANDINAVIEN

In zahlreichen Geschichtsbüchern schwärmen Autoren vom (nach dem US-Außenminister George C. Marshall benannten) Marshall-Plan, also von den Geldern, die Deutschland und generell Europa nach dem Zweiten Weltkrieg von den großzügigen Amerikanern bekamen. Die Information ist nicht ganz falsch, aber auch nicht ganz richtig.

Der Marshall-Plan, offiziell „European Recovery Program" (kurz ERP) genannt, war ein Wiederaufbau-Programm, das der Wirtschaft in verschiedenen Ländern auf die Beine helfen sollte. Unterschlagen wird dabei jedoch in der Regel, dass der Marshall-Plan auch dafür Verwendung fand, Absatzmärkte für US-Waren zu schaffen und den Kommunismus einzudämmen.

Im Klartext: Aus dem 12,4-Milliarden-Dollar-Programm wurden beträchtliche Summen für die CIA abgezweigt. Unsummen flossen in Rüstungsverträge, wodurch in einige US-Firmen immense Beträge gespült wurden. In der Folge versenkten CIA-Agenten in den Bergen und Wäldern Skandinaviens, Frankreichs, Deutschlands, Italiens und Griechenlands Goldbarren in Seen, auf die man im Falle eines Falles zurückgreifen konnte. Waffen wurden in Sümpfen versteckt und Funkgeräte, Kameras und andere Geräte in Höhlen verborgen.

Besonders wild trieb man es in Italien. Hier kaufte man gerne Spitzenpolitiker ein. Die Schmiergelder liefen über Mailand, Neapel oder Rom. Selbst die Veröffentlichung von bestimmten (politisch einflussreichen) Büchern, ganze Radio- und Fernsehprogramme sowie Zeitungen wurden finanziert. Bestimmten Journalisten salbte man die Hände.

Überdies richtete man Geheimgefängnisse ein – in Deutschland, Japan und am Rande des Panamakanals. Dort war alles erlaubt: Folter, Gehirnwäsche und der Einsatz verschiedener Psychodrogen.

Je stärker die Angst vor dem Kommunismus um sich griff, umso mehr Gelder konnte man bekommen.

Viele von der CIA initiierte, politische Ränkespiele in Frankreich, Deutschland, Italien und Griechenland sind bis heute der breiten Öffentlichkeit nicht bekannt.

NOCH EINMAL: DEUTSCHLAND

Weltweit richtete die CIA nach dem Zweiten Weltkrieg mehr als 50 Übersee-Büros ein, denn die Agency verfügte über Milliarden von Dollars an Geheimgeldern. Systematisch erweiterte sie ihre verdeckten Aktionen.

Die Bundesrepublik Deutschland stand an vorderster Front. Man finanzierte hier wie schon beschrieben zahlreiche neue Printmedien. Auch Rundfunksender wurden aus dem Boden gestampft und ein Dutzend Verlagshäuser gegründet – alles mit den Geldern der CIA. Die propagandistischen Anstrengungen überstiegen jedes Vorstellungsvermögen. Gestandene Medienunternehmer wie Axel Springer leisteten bereitwillig Schützenhilfe.

Gleichzeitig wurden Politiker in zahlreichen Ländern eingekauft, am intensivsten in Italien, aber auch in Deutschland, wie schon angedeutet. Dieser

Umstand ist in den deutschen Geschichtsbüchern bis heute nicht vollständig aufgearbeitet. Noch einmal: „Rechts" und „links" waren nur Vokabeln, sie hatten keinerlei Bedeutung.

Die ungeheuerlichste Manipulation fand jedoch in Japan statt.

JAPAN

Zugleich mit Deutschland verlor Japan den Zweiten Weltkrieg, die Atombomben der Amerikaner entschieden alles. Der Inselstaat wurde komplett durcheinandergerüttelt. Auch hier griffen die Amerikaner bedenkenlos nach der Macht. Japanische Politiker wurden von der CIA eingekauft, ohne Wissen der Bevölkerung. Der spektakulärste Fall in Japan war der von Kishi Nobusuke (1896–1987), der es bis zum japanischen Premierminister brachte und von 1957 bis 1960 regierte. Selbst er stand auf der Gehaltsliste der CIA. Kishi Nobusuke hatte bei der Gründung des Marionettenstaates Mandschukuo seine Finger im Spiel – ein Kapitel, das wir bereits kennen. 1940 diente er als Vizeminister für Handel und Industrie in Japan. Nach dem Krieg inhaftierte man ihn als Kriegsverbrecher. 1948 wurde er freigelassen und von der CIA entsprechend umgepolt. Als Drahtzieher wirkte er darauf hin, dass sich die beiden großen japanischen Parteien zusammenschlossen und es eine Zeit lang nur eine Einparteien-Herrschaft in dem fernöstlichen Inselstaat gab. Und schließlich stieg er wie gesagt bis zum Premierminister auf.

Bis heute, so behaupten Insider, werde Japan am Gängelband der CIA geführt.

Mehr als einen Kriegsverbrecher holten die CIA-Agenten aus Tokios Gefängnissen. Laufende Zahlungen der CIA an japanische Schlüsselpolitiker stellten sicher, dass Japan den Amerikanern nicht mehr entglitt.[2]

ÄGYPTEN, JORDANIEN, IRAK

Ägypten war (und ist bis heute) ein Paradebeispiel für den geheimen Einfluss der CIA. Dort halten CIA-Agenten die Zügel fest in der Hand. Die Ägypter zahlten Milliarden von Dollars für Waffenlieferungen aus den Vereinigten Staaten von Amerika.

Aber auch der König von Jordanien stand und steht auf der Gehaltsliste der CIA.

US-Amerika versuchte alle und alles zu kaufen: Staatsmänner, Parteivorsitzende und sogar Monarchen. Wenn Bestechungen nicht funktionierten, kam das Militär zum Einsatz, und mit ihm die CIA. Hunderte von verdeckten Großoperationen fanden zwischen 1950 und 2000 statt. Unter US-Präsident Eisenhower gab es in acht Jahren 170 umfangreichere Geheimoperationen der CIA, unter Präsident Kennedy in drei Jahren 163 geheime Großeinsätze.[3]

Ministerpräsidenten oder Premierminister wurden von der CIA nahezu nach Gutdünken abgesetzt/weggeputscht oder ins Amt gehoben. Mit Geld und dem Militär war alles möglich.

Selbst der Irak mit Saddam Hussein war zunächst ein Verbündeter der USA und stand auf der Gehaltsliste der CIA. Saddam Hussein erhielt vom CIA große Mengen Geld und Waffen, schließlich sollte er den Krieg gegen den Iran gewinnen. Als er aufmuckte, geriet der Irak zum Feind Nr. 1 der Vereinigten Staaten.

Im Zusammenhang mit dem Irak machte sich die CIA einen besonders schlechten Namen. Sie behauptete, dass sich im Irak *weapons of mass destructions*, also Massenvernichtungswaffen, befänden. Aufgeregt berichteten die Medien über atomare, biologische und chemische Waffen im Irak – angestachelt von der CIA. Auf diese Weise verkaufte man der eigenen Bevölkerung und der halben Weltbevölkerung den Krieg gegen Saddam Hussein. Massenvernichtungswaffen wurden jedoch nie entdeckt.

KUBA

Niemanden hasste die CIA inbrünstiger als Fidel Castro, auch weil die meisten Agenten, die für die Sowjetunion spionierten, Kubaner waren. Sowjetrussland stattete die Kubaner mit immensen Geldern aus, die dann ihrerseits für die Russen spionierten.

Hinter den Kulissen wurde deshalb intensiv Castros Sturz betrieben: Die CIA mobilisierte die katholische Kirche auf Kuba, ja spannte sogar die kubanische Unterwelt mit ein, um Castro das Leben schwer zu machen. Hart arbeiteten CIA-Agenten daran, das Regime an vielen Punkten zu schwächen. Sabotage-Akte gegen die kubanische Wirtschaft waren an der Tagesordnung, zudem untergrub man die kubanische Geheimpolizei. Ernten wurden zerstört und biologische und chemische Waffen gegen die Kubaner eingesetzt. Besondere Bedeutung kam der Mafia zu, mit der die CIA schon früher erfolgreich kooperiert hatte und die auf Kuba besonders stark vertreten war. Vor Castro war Kuba geradezu ein Mafia-Paradies. Aber es gelang der Agency nie, Castro zu ermorden.

THAILAND, SÜDVIETNAM, LAOS, INDONESIEN, KAMBODSCHA

Am laufenden Band gab es verdeckte Aktionen in Vietnam, Laos oder Thailand. Die CIA arbeitete mit allen (schmutzigen) Tricks. In Nordvietnam fanden regelrechte Sabotage-Missionen statt. Die Agency zerstörte Eisenbahnen und Busse, sie verseuchte Treibstoffe und Erdöl. Überall vergrub sie Waffen.

Und in Südvietnam? „Die Agency stampfte in Südvietnam politische Parteien aus dem Boden, bildete die Geheimpolizei aus, drehte in Eigenregie populäre Filmstreifen für das Land, besorgte Druck und Vertrieb einer astrologischen Zeitschrift, in der geweissagt wurde, dass die Sterne Diem wohlgesonnen seien. [Diem war der von der CIA favorisierte politische Führer.] Die CIA betrieb den grundlegenden Aufbau eines ganzen Landes."[4]

In Laos sorgte die Agency für Gewehre, Funkgeräte und Flugzeuge.

In Thailand gab es Unmengen verdeckter CIA-Operationen. Hier arbeitete die Agency Hand in Hand mit Opiumdealern, Bordellbesitzern und Inhabern der Spirituosenindustrie.

Und sie mischte sich auch in Indonesien ein, wo Blutbäder mit Hunderttausenden von Toten angerichtet wurden und es über 1 Million politische Gefangene gab (Weiner). Auch hier wurde im Namen des Antikommunismus gemordet und getötet. Die CIA befand sich mitten in diesem Gemetzel und unterstützte die Militärdiktatoren.

MITTEL- UND SÜDAMERIKA:

In Mittel- und Südamerika trieb die CIA ebenfalls ihr Unwesen. In Brasilien stürzte sie Präsident Goulart. Mit 8 Millionen Dollar wurden die Wahlen beeinflusst. João Belchior Marques Goulart (1919–1976), Spitzname Jango, trat 1961 das Amt des Präsidenten an. Aufgrund seiner Umverteilungspläne und seiner Absicht, für mehr Gerechtigkeit zu sorgen und das Analphabetentum einzudämmen, wurde er von der CIA bekämpft. 1964 wurde er weggeputscht. Angeblich starb er 1976 eines natürlichen Todes, doch es gibt Anzeichen dafür, dass er vergiftet oder ein Opfer der „Operation Condor" wurde.

„Operation Condor"? Hinter diesem Codenamen verbirgt sich Folgendes: Die Geheimdienste von sechs lateinamerikanischen Ländern (Argentinien, Bolivien, Brasilien, Chile, Paraguay, Uruguay) plus der CIA brachten im Rahmen dieser Operation systematisch missliebige „linke" Politiker um. Immer galt es vorgeblich, den Kommunismus zurückzudrängen. An seine Stelle traten Militärdiktaturen, echte Demokratien entstanden erst in den 1980er und 1990er Jahren wieder. Die Aufarbeitung der Verbrechen der „Operation Condor" dauert immer noch an.

Neben dem Attentat wurden Entführungen probates politisches Mittel.

„Linke" Oppositionelle wurden überfallen und in Geheimgefängnisse gesteckt, dort gefoltert, erniedrigt und meist ermordet. Die unmittelbare Strafverfolgung wurde zeitweise durch Amnestiegesetze verhindert, in den letzten Jahren hob man diese Gesetze allerdings zum Teil wieder auf. Wir wissen also nicht einmal heute, was damals in Mittel- und Südamerika alles geschah.

Auch der Premierminister von Britisch-Guyana wurde gestürzt. Systematisch zettelte man nach bewährter Manier in seinem Land Aufstände an. Hunderte Menschen kamen dabei ums Leben. Das Geld und die Aktionen der CIA veränderten insgesamt die politische Landschaft.

Darüber hinaus gab es ständig verdeckte Aktionen in Bolivien, Kolumbien, der Dominikanischen Republik, Ecuador und Venezuela.

Das Budget der CIA wuchs unaufhörlich – beinahe ins Uferlose –, genau wie die Mitarbeiterzahl.

Sobald eine Regierung gestürzt war, setzte die Agency gewöhnlich einen rechtsgerichteten Militärdiktator auf den Thron. Natürlich musste daraufhin das Sicherheitssystem des neuen Machthabers neu definiert und etabliert werden. Und wer wurde damit beauftragt? Selbstverständlich die CIA.

War erst einmal eine amerikafreundliche Regierung am Ruder, baute die CIA den Auslandsnachrichtendienst für sie auf – oder lieferte selbst dem neuen Chef ein allwöchentliches Bild des Weltgeschehens, das die Sicht der USA wiederspiegelte. Die CIA besorgte dem neuen Machthaber zudem Waffen und kümmerte sich um die Ausbildung seiner Geheimdienstler und Spitzenoffiziere. Die notwendigen elektronischen Geräte und die technische Ausrüstung beschaffte ebenfalls die CIA – die natürlich in der Folge die neue Mannschaft wunderbar abhören und kontrollieren konnte. Denn die elektronischen Geräte waren so präpariert, dass die Agency alles mitbekam. So konnten die Tops, einschließlich des neuen Machthabers, herrlich belauscht werden. Die höchsten Offiziere der neuen Staatsgewalt wurden in die USA eingeladen, wo sie nicht nur Know-how erhielten, sondern auch andere Vergünstigungen.

Und so wurden in den wichtigsten Süd- und mittelamerikanischen Ländern mittels rechter Militärjuntas Recht und Ordnung aufrechterhalten – unter der Kontrolle der CIA. Auf der Strecke blieben Demokratie und freiheitliche Bestrebungen.

Genauso wurde die Wirtschaft kontrolliert. Speziell das internationale Bankenwesen, das ebenfalls von den USA gelenkt wurde, stand unter vollkommener Kontrolle.[5] Und wer die Wirtschaft, die Geldflüsse, das Militär und die Geheimdienste kontrolliert, beherrscht ein Land.

Auf der Gehaltsliste der CIA standen (und stehen) Regierungen, aber auch Oppositionen. Schließlich will man im Zweifelsfall immer mit von der Partie sein. Bezahlt wurden (und werden) hohe Militärs, Zeitungszaren und Medienkönige, Studentenorganisationen, Stiftungen, Rundfunksender, Scheinfirmen, Tarn-Organisationen und selbst politische Splitterparteien. Das System ist perfekt, selten wird es in seiner Vollkommenheit durchschaut.

In Panama kooperierte man mit der internationalen Polizeiakademie[6], in anderen Ländern wollte man das gesamte Innenministerium unter seine Kontrolle bringen. In Bolivien unterstützte die CIA den rechtslastige General René Barrientos. In Chile manipulierte sie die Wahlen. In Mexiko verständigte sich der Präsident nicht etwa mit dem US-Botschafter, wenn es Probleme mit den USA gab, sondern mit dem Chef des CIA-Büros.

Noch einmal: Die Geschichte des 20. Jahrhunderts muss komplett neu geschrieben werden. Und dabei ist auch das noch längst nicht alles.

19. DIE VERDECKTEN OPERATIONEN DER CIA (4): AL-GADDAFI UND HENRY KISSINGER

Die CIA mischte sich in die Belange zahlreicher Länder ein, in Asien, Afrika, Europa und Amerika – immer mit der Begründung, dass der Kommunismus eingedämmt werden müsse. In der Sowjetunion wurde sie freilich ihrem Spionage-Auftrag selten gerecht, manchmal konnten ihr die eigenen Verbündeten jedoch bedeutungsvolle Nachrichten zuspielen.

Die engsten Freunde der USA waren im Nahen Osten Israel und Jordanien, in Europa Großbritannien mit seinem MI6, der oft Hand in Hand mit der Agency arbeitete, aber auch Deutschland und Italien, in Afrika Ägypten und Südafrika und im Fernen Osten Japan.

Die Einsätze der CIA hingen zugegebenermaßen nicht nur von den Direktoren der Agency ab, sondern auch vom jeweiligen Präsidenten der Vereinigten Staaten, also von Truman, Eisenhower, Kennedy, Johnson, Nixon und Ford. Auf Ford folgte Carter, Reagan, Bush I., Clinton und Bush II. Bush I. war zuvor selbst Direktor der CIA gewesen, was beweist, wie mächtig die CIA inzwischen geworden war. Alle machten sie von der Möglichkeit geheimer Aktionen Gebrauch. Aber selbst Henry Kissinger, obwohl „nur" Außenminister, maßte sich zeitweilig so viel Macht an, dass er später als Drahtzieher hinter vielen CIA-Aktionen ausgemacht wurde. Das schwarze politische Know-how, das mit Attentaten und Umstürzen, mit Regierungswechseln und Coup d' États zu tun hatte und von Lenin entwickelt worden war, war längst „Standard Operating Procedure" der CIA.

Lediglich Präsident Jimmy Carter (geboren 1924, Präsident von 1977 bis 1981) fand die Vorgehensweise der CIA verwerflich. Er bezeichnete die CIA in aller Öffentlichkeit „als eine Schande für das ganze Land."[1] Und so räumte er zumindest ein wenig auf. Zwar gestattete auch er verdeckte Operationen, doch er führte seinen Kreuzzug nun im Namen der Menschenrechte. Dadurch kam es zu einer neuen politischen Perspektive. Nun wurde nicht mehr nur der Kommunismus als Beelzebub gebrandmarkt. Carter änderte die Regeln des Kalten Krieges und erzielte damit einige Fortschritte. Erstmals begann der Sowjetkommunismus zu wanken.

Unter seinem Nachfolger Ronald Reagan (1911–2004, Präsident von 1981 bis 1989) verlor die Sowjetunion endgültig das Wettrüsten gegen den Westen. Reagan versuchte allerdings mithilfe seines CIA-Direktors William Casey Nicaragua (in Mittelamerika) ordentlich aufzumischen, das der USA entglitten war. In Honduras (ebenfalls in Mittelamerika) wurden Nicaraguaner von der CIA bewaffnet und ausgebildet. Mithilfe dieser „Contras" sollte die Macht in Nicaragua zurückerobert werden. Die CIA sprengte Brücken, sorgte für Aufruhr und investierte Milliarden Dollar. Selbst nach privaten Geldgebern wurde Ausschau gehalten. Man suchte und fand spendierfreudige ausländische Potentaten und umging damit das Gesetz. Man verkaufte auf der einen Seite dem Iran Waffen – und nutzte auf der anderen Seite das Geld dafür, um gegen Nicaragua mobil zu machen. Überhaupt bürgerte sich die (Un-)Sitte ein, von reichen Staaten oder von milliardenschweren Privatleuten Gelder anzunehmen, um in bestimmten Staaten das Ruder an sich zu reißen. Saudi-Arabien etwa sponserte ungesehen hinter den Kulissen mehrere geheime Aktionen der CIA. Und so ist es nicht verwunderlich, dass Saudi-Arabien bis heute von den USA so geliebt wird.

Auch der Sultan von Brunei, einem kleinen Ölstaat auf der Insel Borneo, und andere Staatschefs traten als Finanziers auf. Aber die Saudis standen stets an erster Stelle. Bob Woodward, der Top-Journalist der Watergate-Enthüllungen, die Präsident Nixon zu Fall brachten, schrieb: „Man konnte die Saudis um militärische oder wirtschaftliche Unterstützung bitten, wenn man etwas vorhatte, das der Kongress ablehnte. Wenn die Operationen mit der saudischen Außenpolitik in Einklang standen, wurde diese Unterstützung oft gewährt."[2]

LYBIEN UND DER FALL AL-GADDAFI

Muammar al-Gaddafi (1942–2011) stand ebenfalls längst auf der „Shitliste" der CIA, wie sie intern manchmal bezeichnet wurde. Gaddafi hatte genug Erdöl und Erdgas, um radikale Bewegungen in Europa, Asien und Afrika mit Waffen zu beliefern. Er unterstützte Terrorgruppen in Bangladesch, in Chile, in der Dominikanischen Republik, in El Salvador, in Guatemala, im Irak, im Libanon, in Namibia, Nigeria, Pakistan, auf den philippinischen Inseln, in Spanien, im Sudan, in Thailand, im Tschad und in der Türkei. Er hatte seine schmutzigen Finger auch in Australien, Costa Rica, in Dominica sogar in Großbritannien und in Österreich, wo er nachweislich linkslastige Politiker unterstützte (Woodward).

Also hielt die CIA nach Verbündeten in der Region Ausschau und wurde auf Hissène Habré (geboren 1942) aufmerksam, der im Tschad von sich reden machte – einem Binnenstaat in Zentralafrika. Von hier aus konnte die CIA gegen Gaddafi vorgehen.

Doch Habré war ein ganz besonderes Früchtchen: Er machte vor allem durch Menschenrechtsverletzungen und Gewalt von sich reden. Rund 40.000 politisch motivierte Morde gehen (bis heute) auf sein Konto. Als Rebell, Erpresser, Folterer, Kriegsverbrecher und Vergewaltiger war er nicht gerade ein idealer Partner. Doch das störte die CIA wenig. Gaddafi wurde vom Tschad aus mithilfe Habrés in die Zange genommen, der wiederum von der CIA unterstützt wurde. Die Agency bildete nämlich im Tschad Soldaten aus, um eine Streitmacht gegen Gaddafi aufzustellen.

Und das war nur die eine Front, an der man sich engagierte. Um das Repertoire und die Vorgehensweise der CIA vollständig zu verstehen, muss man auch andere wichtige Aktivitäten kennen. Nachdem die Entscheidung einmal getroffen war, Gaddafi zu beseitigen, leitete man eine ganze Reihe aufeinander abgestimmter Aktionen in die Wege – diplomatische, psychologische, militärische und propagandistische Operationen. Präziser ausgedrückt muss man von Aktionen und Scheinaktionen sprechen: Zunächst wurde Gaddafi mental völlig aus dem Gleichgewicht gebracht, was nicht allzu kompliziert war. Schließlich hatte er sich vieler Morde schuldig gemacht und das führt immer zu einer Art Verfolgungswahn. Scheinbare Geheimdienstquellen suggerierten ihm, sein Militär plane einen Komplott gegen ihn. Zudem wurde ihm weisgemacht, die Sowjets hätten sich gegen ihn verschworen. Dann spielte man ihm geschickt Informationen zu, derenzufolge sich bestimmte Bevölkerungsteile gegen ihn erhoben hätten. Wenig später stieß er auf Geheimquellen, die scheinbar bewiesen, dass die Nachbarstaaten einen Schlag gegen ihn planten. Zusätzlich zu den Geheiminformationen rollte eine Medienkampagne nach der anderen gegen Gaddafi an. Man denke längst über seinen Nachfolger nach, hieß es in einigen Publikationsorganen. Dann wieder las er, man würde ihn wegen seiner Unterdrückungen in Lybien zur Rechenschaft ziehen.

Gaddafi, ohnehin geistig nicht gerade gesund, wurde systematisch in den Wahnsinn getrieben.

Anderen Desinformationen zufolge bereiteten Frankreich und die USA einen Schlag gegen ihn vor. Fingierte Funksignale wurden ausgesandt, die scheinbar bestätigten, dass sich US-Flugzeuge Lybien näherten. Marinefunksprüche suggerierten, die gewaltigen Flugzeugträger der US seien in Bewegung gesetzt worden und bewegten sich auf seine Küste zu. Ausländische Zeitungen ließen Artikel über Dissidenten innerhalb Libyens erscheinen. Journalisten faselten etwas von einer Untergrundbewegung in Lybien, und Putschpläne der USA kamen ans Licht der Öffentlichkeit. Freunde, die angeblich die Seiten gewechselt hatten, und Feinde Gaddafis wurden aus der Mottenkiste geholt. Alles schien auf einen Staatstreich hinzudeuten. Gefälschte Geheimdienstberichte legten immer wieder nahe, dass die Sowjets einen Schlag gegen Gaddafi planten. Es gab Täuschungsmanöver in ungeheurem Ausmaß – sowohl im militärischen als auch im propagandistischen Bereich. Scheinbar wurden Flugzeuge und U-Boote an Lybiens Küste gesichtet, die offenbar militärische Ausrüstungsgegenstände und Waffen an Land brachten. Das erweckte den Eindruck, ein Putsch stehe unmittelbar bevor.

Jeder weiß, wie der Politkrimi schließlich ausging: Gaddafi verlor die Kontrolle über das Land, echte Luftangriffe auf Libyen im Jahre 2011 besiegelten sein Schicksal. Gaddafi wurde getötet. Die genauen Todesumstände sind bis heute ungeklärt.

Aber richten wir die Aufmerksamkeit noch einmal auf den entscheidenden Punkt. Neu war die Methode, Gaddafi mit weltweit organisierten Desinformationen und Psychotricks systematisch in den Wahnsinn zu treiben. Die gesamte Weltpresse wurde eingesetzt, um die unterschiedlichsten „Nachrichten" zu lancieren. Die Medien hingen am Tropf der CIA. Es fehlt eine Doktorarbeit, die die Methoden beschreibt, wie heutzutage bestimmte Nachrichten (falsch oder richtig) gezielt in die Köpfe der Bevölkerungen rund um den Globus gehämmert werden.

Und erneut wurde der Einsatz der CIA bei diesem Coup unterschätzt oder absichtlich heruntergespielt. CIA-Flugzeuge beförderten Waffen en masse nach Nordafrika. Die Unterstützung Habrés [durch die Agency] kostete „eine halbe Milliarde Dollars, [um] ihn an die Macht zu bringen und acht Jahre lang dort zu halten".[3]

Und so erkennen wir sehr rasch, dass auch die Geschichte Afrikas neu geschrieben werden muss.

Doch gehen wir chronologisch noch einmal einen Schritt zurück.

DER FALL KISSINGER

Kein Außenminister der Vereinigten Staaten von Amerika war so aktiv in die Aktionen der CIA verwickelt wie Henry Kissinger, der speziell zwischen 1969 und 1977 weltweit für die CIA bedeutsame Entscheidungen herbeiführte.

Schon 1945 schnupperte der Deutschamerikaner Kissinger beim Counter Intelligence Corps erstmalig Spionageluft. Er war an der Entnazifizierung Deutschlands beteiligt. Danach unterrichtete er an der European Command Intelligence School in Oberursel (Hessen) angehende Agenten – erneut war der Kontakt zum Thema Spionage gegeben. Über den Umweg einer akademischer Karriere avancierte Kissinger schließlich zum Berater der US-Agentur für Waffenkontrolle und Abrüstungsfragen. Er galt als Vertrauter Nelson Rockefellers, beriet aber auch Kennedy und Johnson. Das Jahr 1968 sah ihn als offiziellen Berater für die Außen- und Sicherheitspolitik der USA unter dem Großbetrüger Nixon.

Grundsätzlich stellte Kissinger machtpolitische US-Interessen über Menschenrechte. „Globalisierung ist nur ein anderes Wort für US-Herrschaft"[4], tönte er. Später beriet er auch George W. Bush. Er war jahrzehntelang eine Art graue Eminenz der amerikanischen Außenpolitik. Als Mitglied der ominösen Bilderberger-Gruppe, als zeitweiliger Direktor des Council of Foreign Relations und als Freimaurer war er bestens vernetzt. Ihm wurden zahlreiche Menschenrechtsverletzungen zur Last gelegt – durch die CIA oder das Militär begangen.

Beim Putsch in Chile im Jahre 1973 hatte er ebenso seine Finger im Spiel wie bei der Operation Condor, in deren Rahmen missliebige linkslastige Politiker einfach ermordet wurden, wie schon ausgeführt. Dies führte zu zahlreichen gerichtlichen Vorladungen in verschiedenen Ländern, die Kissinger jedoch allesamt ignorierte. Viele Ankläger sahen in ihm einen Kriegsverbrecher. Unzweifelhaft segnete er Militärputsche ab und förderte und hofierte Diktatoren, die Menschenrechte mit Füßen traten. Sein Sündenregister ist lang. Er war für die Bombardierung Kambodschas in der Endphase des Vietnamkrieges verantwortlich. Mehr als 100.000 Vietnamesen und über 25.000 amerikanische Soldaten starben in der Zeit, da er die Zügel in der Hand hielt. In Argentinien unterstützte er das Militär, das bis zu 30.000 Menschen hinschlachtete. In Indonesien zog er ebenfalls die Fäden, wo es während der Unruhen in den 1980er Jahren 183.000 Tote gab.[5] Als er und Nixon öffentlich angeklagt wurden, reagierten die beiden mit Telefon-Abhöraktionen. Selbst Kissingers engste Mitarbeiter wurden ausspioniert, um herauszufinden, wer über ihre Missetaten und Massenmorde redete und wer den Mund hielt.

Kissinger hatte ja einschlägige Erfahrungen in unerlaubten Abhör-Aktionen. Denn als Teile der US-Bevölkerung gegen den furchtbaren Vietnamkrieg demonstrierten, ordnete Präsident Johnson an, die Antikriegsbewegung auszuspähen. Unter dem Codenamen „Chaos" wurde sieben Jahre lang das eigene Volk bespitzelt. Friedensgruppen in den USA und Europa wurden infiltriert. Kissinger leitete diese und andere verdeckte Operationen, er beaufsichtigte sie nicht nur. Er maßte sich in einem gewissen Sinn die Kontrolle über die CIA an. Kissinger beherrschte während seiner Amtszeit den CIA-Direktor, den Justizminister und die Beamten in der zweiten Reihe des

Außenministeriums, ja sogar einflussreiche Persönlichkeiten im Pentagon (Weiner).

Bis heute wurde Henry Kissinger für seine Untaten und Verbrechen gerichtlich nicht zur Rechenschaft gezogen, obwohl viele CIA-Befehle ohne Wenn und Aber direkt auf ihn zurückgehen.

DIE GEHEIMEN GESCHÄFTE DER CIA

Und so könnte man jeden CIA-Direktor und jeden Präsidenten der USA durchleuchten und käme doch immer nur zum selben Ergebnis: Die verdeckten Aktionen waren zahlreich. Die CIA lieferte nicht nur nach Afghanistan Waffen, sondern auch – pikant! –in den Iran und in den Irak, als sich diese beiden Länder bekriegten. In allen Teilen der Welt standen geheime Heere unter dem Befehl des CIA-Direktors. Die Zahl der CIA-Beamten nahm dabei ständig zu. Milliarden von Dollars wurden für Spionage-Satelliten und elektronische Ausrüstung ausgegeben. Und immer ging es gegen den Kommunismus.

Die Sowjetunion war den Vereinigten Staaten von Amerika dabei nie wirklich gewachsen, weder in wirtschaftlicher noch in technologischer Hinsicht. Hinzu kam, dass eine freie Gesellschaft (wie sie in den USA anzutreffen ist) einer unterdrückten Gesellschaft (wie in der ehemaligen UdSSR) immer überlegen ist.

DIE KRISE DER CIA

Als 1990/1991 das Sowjetreich auseinanderbrach, markierte das den Beginn einer neuen Ära innerhalb der CIA. Mit Blitzgeschwindigkeit fasste sie in den Ländern Fuß, die bislang unter der Knute des KGB gestanden hatten. In den ehemaligen Ostblockländern griffen Politiker nach der Macht, die nicht moskauhörig waren – ein Umstand, der sofort ausgenutzt wurde. Das Sicherheitspersonal der neuen Staatschefs wurde nun von der CIA ausgebildet. Das bedeutete ungeahnte Kontroll-Möglichkeiten.

Bei allem Jubel stellte der Fall der Sowjetunion die Agency jedoch auch vor ein entsetzliches Problem: Mit einem Mal gab es keinen Gegner mehr, den man für alle Übel der Welt verantwortlich machen konnte. Die Mission des Geheimdienstes war mit dem Fall der Sowjetunion gewissermaßen beendet. Tatsächlich kündigten damals Tausende von CIA-Mitarbeitern, was erneut beweist, wie wichtig ein Ziel und eine Sinngebung für eine Gruppe ist. Hochkaräter verließen das Boot, Analysten, Wissenschaftler und Technologen.

Fast panisch suchte man nach einem neuen Selbstverständnis. Der Klimawandel, die Cyberkriminalität, Drogen und ABC-Waffen gerieten ins Visier, aber auch der internationale Terrorismus und der islamische Fundamentalismus. Bush II. machte sich auf die Suche nach einer neuen CIA-Identität. Die Agency musste rundum überholt werden, so viel stand fest. Schließlich schoss man sich auf den Terrorismus ein. Fieberhaft fahndete man nach neuen Mitarbeitern, die koreanisch oder arabisch sprachen, um der neuen Zielsetzung gerecht zu werden. Osama Bin Laden half dann der CIA aus der Patsche, ironisch gesprochen. Endlich hatte man wieder einen Feind: den Terrorismus. Endlich konnte die Agency wieder tätig werden und ohne Skrupel Unsummen Geldes für sich nehmen.

Noch immer gab es geheime Verhörzentren in Deutschland, Japan und Panama, aber auch in Ägypten, Lybien und Syrien. Die CIA fuhr fort, Menschen zu entführen, zu verhören und zu foltern. Die Agency geriet unter Bush II. zu einer Art global agierender Militärpolizei. Geheimgefängnisse existierten nach wie vor in Afghanistan, Thailand und Polen. Guantánamo auf der Insel Kuba wurde legendär.

Die neue Devise, das Motto, das Ziel lautete: Kampf gegen den Terrorismus!

Ins Visier der CIA gerieten, wie schon beschrieben, der Irak und Saddam Hussein. ABC-Waffen gerieten zu Schreckgespenstern, die angeblich im Irak vorzufinden seien. Aufgrund der falschen Hinweise der CIA erklärten die USA am 20. März 2003 dem Irak den Krieg. Nach dem Sieg der Vereinigten Staaten von Amerika untersuchten rund 1400 Spezialisten 946 Orte im Irak, um Massenvernichtungswaffen aufzuspüren. Das Ergebnis: nichts – wir haben bereits darauf hingewiesen.

Nach der Kapitulation des Irak strömte die CIA nach Bagdad und versuchte, einen neuen irakischen Geheimdienst aufzubauen – selbstverständlich unter ihrem Regiment. Aber die Ereignisse holten die Agency ein. Durch das Versagen im Fall des Irak, also durch die falschen Voraussagen und Behauptungen, sank die Moral innerhalb der Agency auf einen neuen Tiefpunkt. Ungeschminkt gesprochen: Die CIA hatte sich vor den Augen der ganzen Welt unsterblich blamiert. CIA-Direktor George Tenet musste 2004 seinen Hut nehmen. Bush II. und Cheney versuchten zwar, ihm die Verantwortung an dem Irak-Krieg in die Schuhe zu schieben, doch das misslang.

Nun übernahm der militärische Geheimdienst zunehmend Aufgaben der CIA. FBI-Agenten, die schon immer im Wettstreit mit der Agency gelegen hatten, durchforschten die CIA-Zentrale, um weiteren Ungereimtheiten der CIA zu entdecken.

In Deutschland geriet die Agency ebenfalls ins Zwielicht, weil deutsche Bürger widerrechtlich entführt worden waren.

Auch die Zustände in den CIA-Gefängnissen drangen an die Öffentlichkeit und wurden weltweit angeprangert – und mit ihnen die Foltermethoden.

Privatfirmen übernahmen Jobs der Agency. Die Privatwirtschaft warb viele Spione ab, was nicht schwer war, da man hier sehr viel besser verdiente. Es entstand eine ganz neue Industrie um das Thema „Nachrichten" und den Faktor „Sicherheit". Sicherheitsfirmen und Wachdienste schossen wie Pilze aus dem Boden. Sie alle wollten Staatsaufträge bekommen. Heerscharen von CIA-Spionen verließen ihre Posten, sie nahmen ihr Geheimdienst-Wissen und ihre Netzwerke mit.

DIE CIA AUF DER ANKLAGEBANK

Nichtsdestotrotz machte die CIA weiter wie bisher. Doch der Wind hatte sich gedreht. Die Lügen konnten nicht ewig unter den Teppich gekehrt werden. Die Agency holten ihre Verbrechen ein. Immer mehr Fälle wurden publik, in denen Menschen unschuldig verhaftet und gefoltert worden waren. Da die CIA offiziell nicht foltern durfte, brachten ihre Mitarbeiter die Opfer in befreundete Länder, sie flogen sie aus, wo sie in die Fänge von sadistischen „Verhörspezialisten" gerieten – wie in Syrien, Ägypten, Rumänien oder Polen. All das wurde nun bekannt. Plötzlich wurden verschiedene CIA-Angestellte selbst per Haftbefehl gesucht. Der Oberste Gerichtshof der USA wendete sich gegen die eigenen Agenten.

Es verbreitete sich zunehmend das Wissen, dass die CIA in den Drogenhandel verstrickt war, zum Teil um ihre Kriege und ihre verdeckten Operationen zu finanzieren. In Vietnam hatten ihre Agenten Heroin geschmuggelt und verkauft und in Nicaragua mit dem Kokain-Handel den Widerstand gegen die Feinde überhaupt erst ermöglicht. Kriege kosten bekanntlich Geld. Innerhalb des Geheimdienstes hielt man den Atem an, als die volle Wahrheit ans Licht kam. Wiederholen wir: Paramilitärische Einheiten, unter dem Kommando der CIA, waren mit Drogengeldern finanziert worden. Ein Teil des Kokains war dabei in die USA zurückgeschmuggelt worden, unter anderem nach Los Angeles, wo es in der eigenen Bevölkerung eine verheerende Wirkung entfaltet hatte. Mit anderen Worten: Gerade das, was die CIA bekämpfen sollte, nämlich das Verbrechen, wurde von ihr unterstützt.

Dass die CIA mit Drogen gehandelt hatte, wurde von verschiedenen offiziellen Stellen ohne Wenn und Aber dokumentiert und kritisiert – unter anderem von honorigen Wissenschaftlern und dem ehemaligen Außenminister der USA John Kerry.[6] Über einen Zeitraum von 40 Jahren finanzierte die CIA mit dem Verkauf von Heroin und Kokain einen Teil ihrer verdeckten Aktionen, wie gesagt in Vietnam, aber auch in Afghanistan und verschiedenen mittel- und südamerikanischen Ländern. Das heißt, die USA gab einerseits für die Bekämpfung der Drogensucht Milliarden von Dollars aus und bezahlte andererseits hinter dem Rücken der Bevölkerung mit Drogengeldern ihre schmutzigen Kriege.

Außerdem wurde der Agency das Verbrechen der Geldwäsche unzweifelhaft nachgewiesen. Spektakulär war der Fall rund um die Großbank Bank of Credit and Commerce International (BCCI), eine lupenreine Kreation der CIA. Ein Staatsanwalt in New York bezeichnete die BCCI als „eine der größten kriminellen Unternehmungen der Weltgeschichte."[7]

Der Folterreport im Jahre 2014/2015 setzte schließlich dem Ganzen die Krone auf. Auf 6300 Seiten hielt der Senat nun einen vertraulichen Bericht in Händen, der die systematischen Verbrechen und Menschenrechtsverletzungen der CIA bestätigte. Weiter bezeichnete es dieser Report als zutreffend, dass CIA-Beamte den Präsidenten, das Justizministerium und den Kongress regelmäßig belogen hatten. So lautete jedenfalls das Resümee der „New York Times".[8] Zu den Menschenrechtsverletzungen gehörten Foltermethoden, in deren Rahmen unter anderem Folgendes praktiziert wurde: Einsatz von Insekten, Schein-Begräbnisse, Sippenhaft und Erpressung, Schlafentzug, Scheinhinrichtungen, Waterboarding (Ertränkungsfolter), rektale Foltermethoden, sexuelle Demütigungen, Vergewaltigungen und Eisduschen. Abgenickt hatten diese Programme George W. Bush und Dick Cheney, Condoleezza Rice hatte ebenfalls ihren Segen gegeben, CIA-Direktor George Tenet ohnehin, zudem sein Assistent (und späterer CIA-Direktor) John O. Brennan. Wieder spielten Psychologen und Seelenklempner bei diesen Foltermethoden eine dubiose Rolle. Später wurden die entsprechenden Videobänder zerstört und damit abermals Beweismaterial vernichtet.

2006 wurde Bush II. jedoch gezwungen, die Existenz von CIA-Geheimgefängnissen öffentlich zuzugeben. Zu viel war bereits an die Öffentlichkeit gedrungen. Niemand konnte diese Kriegsverbrechen in Abrede stellen. Internationale Rechtsnormen, aber auch US-Rechtsgrundsätze und Gesetze waren mit Füßen getreten worden.

All das aber führt uns zu den hoch interessanten Fragen: Wie sollen wir insgesamt über die CIA urteilen? Wie und in welchem Rahmen darf ein Geheimdienst in einer demokratischen Gesellschaft überhaupt operieren?

20. DIE CIA IM URTEIL DER GESCHICHTE

Versucht man die CIA ohne Scheuklappen zu bewerten, muss man zugeben, dass es sich um eine wenig ehrenwerte Organisation handelt. Der fantastisch gute Ruf, den sie mitunter genießt, ist selbst geschaffen und darauf zurückzuführen, dass die „Firma" unvorstellbar viel positive Eigen-PR zu lancieren vermag. Vergessen wir nie, wie viele Publikationsorgane die CIA direkt oder indirekt beeinflussen kann. Die CIA ist auch ein Mammut-Propaganda-Apparat und die gezielte Beeinflussung gehört zu ihrem Repertoire. Außerdem ist der Beruf des Spions untrennbar mit dem Image eines Abenteurers verbunden, eines mutigen, hochintelligenten und smarten Draufgängers, dem die schönsten Frauen nicht widerstehen können. James Bond lässt grüßen.

Doch die Realität sieht anders aus. Die Wirklichkeit ist schmutzig, abstoßend, brutal und hinterhältig. Deshalb wundert es nicht, dass sogar viele Präsidenten ein vernichtendes Urteil über die Agency fällten. Und so viel stimmt: Wer kann sich schon dafür einsetzen, dass am laufenden Band Morde und Massenmorde begangen, mit Drogen Kriege finanziert und Gelder gewaschen werden? Wer kann sich für perverse, sadistische Folterpraktiken begeistern oder für Erpressung, Nötigung, fortwährende Täuschung, für systematische Desinformation und Waffenhandel? Und wer könnte Entschuldigungen für die widerwärtigen Psychiater erfinden, deren Hirne selbst so verdreht sind, dass sich ihre abartigen, krankhaften Anlagen nicht beschreiben lassen? Das Sündenregister der CIA ist so lang, dass sich einfach jeder nur mit Abscheu davon abwenden kann, sofern sein eigenes moralisch-ethische Empfinden nicht völlig verkommen ist.

Dennoch wurde bislang versäumt, auf einen wichtigen Punkt aufmerksam zu machen.

DIE DESTRUKTIVE PERSÖNLICHKEIT

Legen wir den Finger sofort in die Wunde. Die CIA – zu Beginn ein „normaler" Auslandsgeheimdienst – wurde von konkret identifizierbaren Persönlichkeiten zu der Gesellschaft geformt, die sie heute ist. Der Historiker kann sie genau ausmachen.

Während anfänglich eine wilde Bande von Abenteurern Leib und Leben riskierte, um Hitler niederringen zu helfen, Glücksritter, Börsenmakler, Fallschirmspringer und so fort, geriet die CIA später zunehmend auf eine schiefe Bahn. Dafür tragen einige Präsidenten die Verantwortung, zu denen mit Gewissheit Eisenhower zählt, aber auch Kennedy, Nixon oder Bush II. Sie traten die Agency in den Schmutz und benutzten sie dazu, die Drecksarbeit zu erledigen. Sie alle segneten die abscheulichsten Verbrechen nicht nur ab, sondern forderten sie regelrecht ein.

Dazu müssten verschiedene CIA-Direktoren, wie etwa Allen Dulles oder Richard Helms, dafür verantwortlich gemacht werden, dass die CIA auf so ein niedriges Niveau sank. Auch Kissinger muss noch einmal erwähnt werden.

Während die meisten CIA-Agenten zumindest am Anfang ihrer Karriere wahrscheinlich von den besten Absichten beseelt waren, weil ihnen die Vokabeln „Vaterlandsliebe" oder „Patriotismus" tatsächlich etwas bedeuteten, während sie voller Enthusiasmus waren, wurden sie in der Folge in moralisch tiefste Tiefen gestoßen, wurden hineingetreten in den Dreck. Viele Spione waren nach kurzer Zeit völlig desillusioniert. Sie wurden ihrer Integrität beraubt.

Deshalb muss auch die Geschichte der CIA komplett umgeschrieben werden. Die erste Pflicht wird dabei darin bestehen, ohne Rücksicht auf eine Partei auf die Bestien hinzuweisen, die diesen Geheimdienst im Laufe seiner Geschichte korrumpierten und pervertierten.

Die meisten Agenten versuchten lediglich, ihrem CIA-Direktor sowie dem Präsidenten und den Vereinigten Staaten von Amerika zu dienen. Doch sie vergaßen, dass Gehorsam dort enden muss, wo Gesetze mit Füßen getreten und Menschenrechte verletzt werden. Sobald ein Geheimdienst mit Drogenhandel, Folter, Geldwäsche, Mord und Massenmord in Verbindung gebracht werden kann, muss man ihn bzw. die Personen, die das einfordern, scharf kritisieren. Man sollte also nie die Drahtzieher vergessen, die die Agenten auf diese Verbrechen einschworen. Sie sind von den ehrenwerten Agenten zu unterscheiden, die es zweifellos ebenfalls gibt.

DER RÜCKSTOSS-EFFEKT

Es ist nicht auszuschließen, dass sich der Wind eines Tages dreht und die wahren Schurken innerhalb der CIA vor dem Kadi landen werden – genau wie es heute (2018) mit all den perversen, sexbesessenen Führungspersönlichkeiten in verschiedenen Branchen, mit einigen Spitzenjournalisten und Politkern bereits geschieht, die jahrzehntelang Frauen degradierten – und die von einem Tag auf den anderen ihres Postens enthoben wurden und sich vor Gericht wiederfanden.

Sobald das Gewissen eines Menschen erwacht, kann man ihn nicht davon abhalten, bohrende Fragen zu stellen und nach den Verantwortlichen zu suchen. Zum Teil geschieht das schon heute, selbst im Fall der CIA. Immerhin ermittelten bereits Gerichte in Argentinien, Chile, Frankreich und Spanien gegen Henry Kissinger.

Bis heute wurde es jedoch versäumt, die antisozialen Persönlichkeiten konkret herauszufiltern, zu benennen und Konsequenzen einzufordern. Es ist bemerkenswert, dass einige diese destruktiven Persönlichkeiten sogar ein sagenhaft gutes Image hatten. Präsidenten wie Eisenhower oder Kennedy waren regelrechte Genies in der Kunst der Öffentlichkeitsarbeit.

Aber auch das kann sich schlagartig ändern, wenn der Wind plötzlich aus einer anderen Richtung weht. Das beweist der Fall Harvey Weinsteins – des unantastbaren Hollywood-Moguls. 2017 wurde er beschuldigt, zahlreiche

Frauen vergewaltigt oder sexuell belästigt zu haben. Jahrzehntelang war das ein offenes Geheimnis in der Filmbranche. Aber Weinstein, ein Freund der Clintons, befand sich scheinbar „zu weit oben". Doch mit einem Schlag änderte sich alles. Weinstein setzte zu seiner Verteidigung sogar frühere Mossad-Agenten, also Spione, auf seine mutmaßlichen Opfer an, um sich reinzuwaschen, hatte allerdings keine Chance. Eine israelische Sicherheitsfirma entschuldigte sich später sogar für ihre Arbeit.[1] Weinstein wurde aller Verbindungen beraubt und seine Karriere vollständig zerstört. Er ist heute eine verachteter Mann, in allen Kreisen.

Sollte sich das Scheinwerferlicht eines Tages auf die Agency richten, kann Volkes Zorn ebenfalls urplötzlich ein Ventil suchen. Bestimmte Persönlichkeiten fallen dann womöglich sehr rasch in Ungnade, die heute noch hoch in der Gunst des Publikums stehen.

Im Falle Weinsteins handelte es sich „nur" um die Vergewaltigung und Degradierung von ein paar Dutzend Frauen. Im Falle der CIA sprechen wir dagegen von Millionen von Toten.

Auch die Geschichte der Vereinigten Staaten von Amerika wird im Zuge derartiger Erkenntnisse neu geschrieben werden müssen. Schon jetzt beginnt man zaghaft, beispielsweise den strahlenden John F. Kennedy anders zu beurteilen als bisher, weil er zwanghaft Frauen ins Bett zerrte, weil er manisch promiskuitiv war und weil er vor allem zahlreiche verdeckte Aktionen absegnete. Das Standbild bröckelt, er wird demontiert.

Über den Großverbrecher Nixon hat man längst den Stab gebrochen. Bush II. wird seine Reputation angesichts der Geschichte ebenfalls nicht wahren können, geschweige denn Dick Cheney.

Die scharf geschliffenen Public-Relations-Waffen, über die bis heute alle US-amerikanischen Präsidenten verfügen und zu denen Heerscharen von Zeitungs-, Radio- und Fernsehjournalisten gehören, werden eines Tages stumpf und nutzlos sein.

Und so können wir uns über kurz oder lang auf eine ganz neue Bewertung der Geschichte des 20. und 21. Jahrhunderts gefasst machen.

DIE MACHTPOLITISCHE SEITE

Höchst bemerkenswert ist es auch, dass ausgerechnet der sanfte, friedlieben-
de Jimmy Carter der Sowjetunion am meisten schadete, als er begann, die
Menschenrechte einzufordern.

Zu glauben, man müsse sich auf das Niveau des KGB herablassen, um
dem Sowjetgeheimdienst Paroli zu bieten, war dagegen ein Denkfehler, den
die meisten Präsidenten und mit ihnen viele CIA-Direktoren begingen. Innerhalb des KGB war der Umsturz und der Staatsstreich zu einer eigenen
Kunstform erhoben worden. In Russland wurde gewissenlos gefoltert und
gemordet. Scheinbar gab es dazu keine Alternative, man musste die Kommunisten mit ihren eigenen Waffen schlagen – argumentierte man. Aber die
Agency und mit ihr viele Präsidenten vergaßen, dass eben diese brutalen,
verbrecherischen Aktivitäten eines Tages ans Licht kämen. Sie fielen auf die
eigene Person, die CIA und die USA furchtbar zurück. Obwohl es durchaus
kurzfristige Erfolge zu verbuchen gab, verlor man durch so eine Politik mit-
tel- und langfristig die Zustimmung der Bevölkerungen. Die eigene Glaub-
würdigkeit blieb auf der Strecke. Die Wahrheit sickerte doch durch, und alle
PR-Anstrengungen und Lügen der Welt konnten sie nicht mehr aus der Welt
schaffen.

Und das hatte zur Folge, dass sich viele Länder angewidert von den USA
abwandten, da sie offenbar genauso agierten wie die Sowjetunion. Immer
ging es nur um die brutale Macht. Das Gerede von Freiheit und Demokratie
war nur ein Feigenblatt, mit dem die mörderischsten Aktionen abgesegnet
wurden.

Zugegeben, man konnte von den Kommunisten kein Stück trockenes Brot
annehmen, aber von den Kapitalisten ebenso wenig. Das Geschwätz von einer besseren, gerechteren politischen Ordnung wurde nur benutzt, um selbst
an die Schalthebel der Macht zu kommen. Und so legte sich die CIA mit ihren verbrecherischen Aktionen selbst ein Kuckucksei ins Netz. Noch einmal:
Mit Nicht-Ethik kann man nicht Ethik etablieren und mit Verbrechen nicht
Gerechtigkeit.

Die wahre Macht, das heißt die Anziehungskraft und die Attraktivität der USA, bestand ursprünglich in ihrer freiheitlichen Verfassung und in einer höheren Gerechtigkeit. Doch gerade diese Ursprungspostulate der amerikanischen Gründungsväter wurden mit Füßen getreten, spätestens seit dem Jahre 1950. Die CIA putschte in vielen Ländern demokratisch gewählte Staatsmänner aus dem Amt und hob ungerechte, brutale Diktatoren auf den Thron. Darüber hinaus beuteten die Vereinigten Staaten von Amerika viele Länder in wirtschaftlicher Hinsicht gnadenlos aus. Das Gerede vom bösen Kommunismus trug man wie eine Flagge gut sichtbar vor sich her, um möglichst viele Menschen auf die eigene Seite zu ziehen.

Hätten die USA weiter auf Freiheit und Gerechtigkeit, auf Toleranz und Hilfeleistung, auf Menschenwürde und Anstand gesetzt, wären den Amerikaner alle Völker der Welt nachgelaufen.

Schon Gorbatschow erkannte, dass eine freiheitliche Gesellschaft einer unterdrückten, gegängelten Gesellschaft immer überlegen ist, ein Grund, warum er die Kehrtwende in der Sowjetunion einleitete.

Hätten die USA darüber hinaus die Ausbildungsmöglichkeiten intensiver gefördert und wären sie ihrem ursprünglich konstruktiven, ethischen Regierungssystem treu geblieben, wäre ihnen der Sieg in vielen Ländern in den Schoß gefallen. So aber begaben sich Teile der US-Politclique und der CIA hinab auf das Niveau von Mördern und Massenmördern, auf das Niveau des KGB und von Lenin. Die Folge: In gewissem Sinn verschmolz die CIA mit dem KGB, philosophisch ausgedrückt, wurde sie zu dem, was sie bekämpfte. Eine ethische, überlegene Polit-Philosophie hätte den Kommunismus in Nullkommanichts hinweggefegt – ohne größere Anstrengungen.

Das ist die wahre (verfehlte und versäumte) Geschichte der Vereinigten Staaten von Amerika und der CIA in der zweiten Hälfte des 20. und des beginnenden 21. Jahrhunderts.

Doch wie soll man eigentlich die andere Seite endgültig beurteilen, konkret Wladimir Putin, der bis heute jede Menge Rätsel aufgibt?

21. DIE GESCHÄFTE DES WLADIMIR WLADIMIROWITSCH PUTIN

Für viele Beobachter ist Wladimir Putin bis heute nicht einzuordnen. Auf der einen Seite bekannte er sich viele Male zur Demokratie, zur Freiheit, zur Gleichheit vor dem Gesetz und zur Kultur des „Westens". Der ehemalige Bundeskanzler Gerhard Schröder setzte sich für ihn ein, genau wie Ex-Bundeskanzler Helmut Schmidt. Auf der anderen Seite wurde er angeklagt, zahlreiche Morde veranlasst und Regimekritiker beseitigt zu haben. Man warf ihm vor, mit KGB-Agenten unter einer Decke zu stecken, ja sogar Vertreter des organisierten Verbrechens für seine politischen Ambitionen zu nutzen. Er wurde für den nicht enden wollenden Krieg in Syrien verantwortlich gemacht, für die Kämpfe in der Ukraine, die unrechtmäßige Besetzung der Krim und für die Unterstützung des Iran-Regimes, das nachgewiesenermaßen den Terror in vielen Länder finanziert und am Leben hält.

Die Presse in Deutschland und in anderen Ländern berichtete ganz unterschiedlich über Putin. In verschiedenen Publikationen wurde er in den Himmel gelobt[1], in anderen verdammt und als Teufel dargestellt.[2]

Auch sein ungeheuerer Reichtum wurde ihm vorgeworfen. Die „Welt" berichtete 2007, dass er rund 40 Milliarden US-Dollar besitze – vorwiegend in Öl- und Gas-Aktien. Ein paar Jahre später nannte die „Sunday Times" einen Betrag von 130 Milliarden Dollar, als es Putin finanziell einzuschätzen galt. Und der Investmentprofi Bill Browder sprach 2017 von 200 Milliarden Dollar als Putins unmittelbares Vermögen, zu dem man noch weiteren umfangreichen Besitz hinzurechnen müsse, den er indirekt kontrolliere und der sich in Zahlen kaum mehr bemessen lasse.[3] Nicht wenige halten Putin für den reichsten Mann der Welt.

Was ist hier Wahrheit, was Legende? Mit dem Hintergrundwissen, das wir mittlerweile haben, ist die Antwort verhältnismäßig einfach. Lassen wir die Fakten sprechen.

ৎৣ৶

DIE USA, TSCHETSCHENIEN UND GEORGIEN

Putin boxt sich mit Charme, Intelligenz, Brutalität und Chuzpe zunächst bis an die Spitze des Staates. Anfänglich benimmt er sich auf dem internationalen Parkett ein wenig linkisch; er ist verunsichert. Vorerst sondiert er das Gelände. Nach dem Fall der Sowjetunion sind die USA die einzig verbliebene Weltmacht. Diese Wunde schwärt, schmerzt und brennt.

Aber Putin kann beobachten wie ein Luchs. Er lernt blitzschnell. Innerhalb seines eigenen, selbst gesetzten Rahmens, in dem alles – jedes Verbrechen – erlaubt ist, sofern es dem Machterhalt und der Machterweiterung dient, geht er logisch und folgerichtig vor. Staatenlenker, so seine Philosophie, stehen über der Moral. Man kann eine Weltmacht wie Russland nicht führen, ohne ein paar notwendige Morde in die Wege zu leiten oder gelegentlich einen kleinen Krieg zu inszenieren. Es ist unmöglich. Man darf ihn nicht mit normalen Maßstäben messen. In den Vereinigten Staaten von Amerika denkt man an der Spitze genauso. Die gezielten Morde der CIA, über die Putin nur allzu gut Bescheid weiß, sprechen ihre eigene Sprache. Aber auch im Pentagon, in US-Militärkreisen weiß man, was Machtpolitik bedeutet. Die USA verraten ihm, dass er mit seiner Einstellung recht hat. Skrupel kann sich Putin in seiner Position nicht leisten.

Zunächst versucht er, Bush junior einzuseifen. Mit Erfolg: George W. Bush bezeichnet ihn vor laufenden Kameras als „trustworthy guy", als eine Person, der man vertrauen kann. [4] Bush lobt Putin. Und er hat allen Grund dazu. Denn nach 9/11 hilft Russland den Vereinigten Staaten von Amerika zurückzuschlagen. Das ist unerhört und neu. Die USA revanchieren sich, indem sie bei dem Konflikt zwischen den Tschetschenen und den Russen Ruhe halten und keine Partei ergreifen. Die Illusion der Beendigung des Kalten Krieges spukt eine Weile in den Köpfen herum, Hoffnung macht sich breit – zu früh.

Schon der Konflikt in Georgien – einem zwischen Russland und der Türkei gelegenem Land – beweist, dass die USA aus Putins Sicht ein doppeltes Spiel spielen. Die Amerikaner schlagen sich auf die Seite der Georgier, die sich von den Russen abnabeln wollen. Putin ärgert sich schwarz und schlägt hart zurück. Am Ende kommt es zu einer Art Patt zwischen Georgien und Russland.

Aber unversehens steht die Krise in der Ukraine vor der Tür.

DIE UKRAINE UND DIE KRIM

Putin sitzt noch nicht fest im Sattel, da plädieren die Ukrainer schon für staatliche Unabhängigkeit. Sie wollen sich am Westen orientieren, in Richtung Europäischer Union. Von der Unterdrückung durch die Sowjetunion und dem Kommunismus haben sie die Nase voll.

Die Präsidentschaftswahl im eigenen Land soll im Jahre 2004 alles entscheiden. Das Land fiebert vor Aufregung. Der prowestliche Wiktor Juschtschenko tritt an gegen den von Russland favorisierten Wiktor Janukowytsch. Die Wahlen in der Ukraine werden von beiden Seiten manipuliert. Es kommt zu Neuwahlen. Die Emotionen schlagen hoch wie nie, schließlich geht es um die Zukunft des Landes.

Da passiert es. Juschtschenko, der wie gesagt dem Westen zuneigt und Putins Diktat entgehen will, erkrankt schwer. Sein Gesicht ist kaum mehr zu erkennen, es schwillt an. Er übergibt sich ständig. Seine Organe arbeiten kaum noch. Sofort wird er ins Krankenhaus eingeliefert – allerdings im österreichischem Wien, weit weg. Und das aus gutem Grund. Er leidet auch an heftigen Unterleibs- und Rückenschmerzen. Eine Lähmung der Gesichtsmuskeln tritt ein. Eilends lässt er sich von oben bis unten untersuchen. Die österreichischen Ärzte vermuten eine Vergiftung. Da erhalten diese Ärzte aufgrund ihrer Diagnose Morddrohungen. Eingeschüchtert beschließen sie, sich nicht zu weit aus dem Fenster zu lehnen und künftig den Mund zu halten.

Juschtschenko jedoch ist außer Gefecht gesetzt. Und das ausgerechnet in der heißesten Phase des Wahlkampfes. Wieder lässt er sich untersuchen und behandeln – von verschiedenen unabhängigen Ärzten in mehreren Ländern. Von allen Seiten wird die Diagnose Vergiftung bestätigt. Es handelt sich um eine schwere Dioxin-Vergiftung, mit der man ein Pferd umbringen könnte.

Juschtschenko stirbt nur deshalb nicht, weil er sich nach der Vergiftung ständig übergeben musste. Aber schreckliche Gesichtsnarben bleiben. 26 Operationen muss er über sich ergehen lassen, um die schlimmsten Folgen zu beseitigen. Denn er will nicht für den Rest seines Lebens so entstellt bleiben.

Trotzdem gewinnt er die Wahl. Innerlich schwört er bittere Rache. Er verfolgt die Spuren der Attentäter, die er des versuchten Giftmordes bezichtigt. Die Fährte führt nach Moskau. Öffentlich klagt Juschtschenko die Russen und mit ihnen Putin an. Aber die Spur ist erkaltet. Die mutmaßlichen Täter sind längst über alle Berge und in der Russischen Föderation untergetaucht. Putin und seine Behörden rühren für Juschtschenko keinen Finger, als er um Hilfe bittet. Im Gegenteil: Er wird bei seinen Nachforschungen ständig behindert; man versucht, den Vorfall totzuschweigen.

Putins Image jedoch ist gelinde gesagt angekratzt. Jeder Kommissar fragt bei einem Mord oder einem Attentat zuerst nach einem Motiv. Und niemand hat ein besseres Motiv als Putin …

Bis heute ist die Ukraine heiß umkämpft. 2014 wird die Krim, die zur Ukraine gehörende Halbinsel im nördlichen Schwarzen Meer, von Russland einfach annektiert. Die propagandistische Rechtfertigung: Die ansässigen Russen auf der Krim müssten beschützt werden, lassen Putins Sprecher verlauten. Das ist jedoch eine Lüge. Heute befindet sich die Krim vollständig unter russischem Einfluss – trotz aller Proteste des Westens.

Innenpolitisch zahlt sich der Krim-Diebstahl für Putin aus. Nun kann er die „Rückeroberung" dieser Halbinsel als Pluspunkt bei der gerade anstehenden Wahl in Russland anführen. Er lässt sich als „glänzender Feldherr" und

„außenpolitisches Genie" feiern. Putin hat längst verstanden, wie man die Massen gewinnt: Man schlägt nationalistische und patriotische Töne an und verweist zusätzlich stolz auf einen gewonnenen Krieg.

Und genau aus diesem Grund lässt Putin bis heute in Sachen Ukraine nicht locker. Es ist ein Image-Problem. Er würde sein Gesicht verlieren, gäbe er klein bei. Also unterstützt er bis heute heimlich oder offen die Separatistenbewegung in der Ost-Ukraine, also die russischstämmige Bevölkerung, die sich von der (westlich orientierten) Ukraine distanzieren will. Putin sorgt für Geld, Waffen und militärische Unterstützung. Dem Westen lügt er bezüglich dieser Unterstützung die Hucke voll, obwohl sie einwandfrei von unabhängigen Journalisten dokumentiert wird. Aber das spielt alles keine Rolle. Schließlich muss Putin das Image des starken Mannes verteidigen. Die objektiven Fakten? Nicht einmal ein Fünftel der ukrainischen Bevölkerung ist russischstämmig. Die Mehrzahl der Ukrainer sieht die Russen lieber von hinten. Entgegen allen Absprachen mit dem Westen und den USA hält Putin den Ukraine-Konflikt also ständig am Kochen, obwohl er damit gegen international geltendes Recht verstößt.

DER FALL LITWINENKO

Drehen wird das Rad in chronologischer Hinsicht zurück und richten wir den Blick auf die Innenpolitik.

Bis heute kochen die Emotionen hoch, wenn die Sprache auf den Fall Litwinenko kommt. Alexander Walterowitsch Litwinenko (1962–2006) ist ein russischer Nachrichtenmann und Offizier – zuerst des KGB und später, nach der Umbenennung, des FSB. Kurz gesagt ist er deshalb eine Ausnahmeerscheinung, weil er sich nach einer Weile mit Putins Täuschungsmanövern und Verbrechen nicht mehr einverstanden erklärt. Er muckt auf, er zeigt dem neuen Präsidenten die Zähne. Er weiß um so manches Geheimnis des verschwiegenen russischen Geheimdienstes. Seine Spezialgebiete sind der internationale Terror und die organisierte Kriminalität. Ihm kann man kein X für ein U vormachen. Er ist entjungfert, was die Arbeit innerhalb des KGB/FSB angeht. Niemand ist besser über die zweifelhaften Aktionen des KGB/FSB informiert, er ist ja ein Insider.

Und so geht er eines Tages an die Öffentlichkeit. Auf einer Pressekonferenz in Moskau enthüllt er – zusammen mit einigen anderen Geheimdienstlern, die alle eine Maske tragen und ihre Identität verbergen – dass der KGB für Mord zuständig ist. Er weiß, dass er sich auf sehr dünnem Eis bewegt. Der KGB/FSB ist kein Tischtennisverein. Litwinenko verrät der Presse, dass der KGB/FSB in einem konkreten Fall des Mordes oder zumindest der Anstiftung zum Mord schuldig ist. Er beklagt einen speziellen Mordauftrag an einem Russen, den der FSB im Auftrag des Staates erledigen soll.

Ein Aufschrei folgt. Im KGB/FSB bebt man vor Wut. Putin schäumt. Ein Nestbeschmutzer! Ein Verräter! Ein Exempel muss statuiert werden – und zwar schnell. Nichts ist gefährlicher, als dass ein bestens informierter und mit allen Wassern gewaschener FSB-Offizier auspackt. Litwinenko wird verhaftet. Dann zerrt man ihn vor Gericht. An den Haaren herbeigezogene Anwürfe werden gegen ihn erhoben. Die Richter sprechen ihn jedoch zunächst frei.

Wenig später wird er erneut verhaftet. Man beschließt, ihn weichzukochen. Litwinenko wehrt sich. Er behauptet, alle Anwürfe gegen ihn seien fingiert. Er gibt ein weiteres Geheimnis preis und verrät, dass (getürkte, falsche) Anwürfe die standardisierte, normale Vorgehensweise innerhalb des KGB/FSB seien, um eine Person zu diskreditieren. Erneut wird ein Strafverfahren gegen ihn eröffnet. Parallel dazu bedroht man ihn.

Litwinenko jedoch kennt die Tricks. Schnell zieht er die Konsequenzen. Illegal reist er mitsamt seiner Familie aus Russland aus. Denn üblicherweise vergehen sich FSB-Schergen auch an Familienmitgliedern, sie sind ja fabelhaftes Erpressungsmaterial. Litwinenko flieht nach England und beantragt dort politisches Asyl. Wenig später erhält er die britische Staatsbürgerschaft. Er akklimatisiert sich und verdient in der Folge seinen Lebensunterhalt als Buchautor. Außerdem bietet er sich dem MI6, dem britischen Geheimdienst, als Agent an.

Und er packt weiter aus. Er bringt die Wahrheit rund um den Krieg der Russen mit den Tschetschenen ans Licht: Bislang glaubte die Öffentlichkeit, bestimmte Sprengstoffanschläge in Moskau und in anderen Städten seien von tschetschenischen Terroristen verübt worden. Litwinenko gibt preis, dass die Sprengstoffanschläge in Moskau, durch die viele Menschen den Tod fanden, *nicht* von tschetschenischen Terroristen, sondern vom KGB/FSB verübt wurden. Sie waren „notwendig", um eine Rechtfertigung für den Tschetschenienkrieg zu haben. Schließlich musste die Öffentlichkeit emotional aufgewühlt werden. Ursache und Wirkung wurden einfach vertauscht – eine typische Geheimdienstmasche, wir kennen sie längst.

Wieder ist die Öffentlichkeit aufgebracht. Wie bitte? Es waren nicht die Tschetschenen? Eine Kommission wird extra eingerichtet, um diesen ungeheuerlichen Vorwürfen auf den Grund zu gehen. Wurde der (angeblich tschetschenische) Terror tatsächlich vom KGB/FSB inszeniert? Wie sieht die Wahrheit rund um den Krieg mit den Tschetschenen aus? Sind sie vielleicht gar keine Terroristen? Wurde mit den Sprengstoffanschlägen wirklich nur ein Vorwand geschaffen?

Innerhalb des KGB/FSB rotiert man. Putin zerreißt es fast vor Zorn. Das sind echte Geheimnisse! Das kann er keinesfalls auf sich sitzen lassen.

Was passiert dann? Der Vorsitzende der Kommission, die die Wahrheit herausfinden soll, wird eines Tages einfach erschossen. Der Ermittler dieser Kommission wird überraschend verhaftet, angeklagt und ebenfalls aus dem Verkehr gezogen. Die Vorwürfe lauten: Verrat von Staatsgeheimnissen und illegaler Besitz von Munition. Natürlich handelt es sich erneut um konstruierte Anklagen, die (verbotene) Munition wurde heimlich eingeschmuggelt und zu seinem Besitz erklärt. Trotzdem wird er zu Lagerhaft verurteilt. Auch er wird also mundtot gemacht. Ein drittes Kommissionsmitglied stirbt ebenfalls überraschend, es wird vergiftet. Kurz und gut, alle Zeugen und Ankläger dieser Kommission, die Litwinenkos Behauptungen fair und unparteiisch untersuchen könnten, werden ausgeschaltet.

Bleibt nur noch Litwinenko. Lässt er sich einschüchtern? Im Gegenteil. Litwinenko wiederholt sogar noch einmal seine Vorwürfe. Im KGB/FSB-Lager bricht die Hölle los. Putin rast vor Zorn.

Litwinenko ist nicht zu bremsen. Auch andere angeblichen Angriffe der Tschetschenen führt der abtrünnige Agent eindeutig auf den KGB/FSB/Putin zurück. Die russische Öffentlichkeit sollte mit all diesen „Angriffen" zu einem regelrechten Hass gegen die Tschetschenen aufgehetzt werden. Es wurde alles getan, um die Tschetschenen ins Abseits zu rücken. Ein Krieg musste herbeigeredet und gerechtfertigt werden. Und selbst damit ist Litwinenko noch nicht am Ende seiner Enthüllungen angekommen. Er verrät überdies, dass der KGB/FSB sogar hochrangige Al-Qaida-Führer trainierte, um dem Westen eins auszuwischen und das Terrorismusproblem bis zum Siedepunkt hochzukochen.

Das schlägt dem Fass den Boden aus! Putin weiß nicht mehr ein noch aus. Das darf wirklich niemand im Westen erfahren. Nach außen hin lässt er stets verlauten, er sei gegen *jeden* Terror. Und nun sieht es so aus, als ob er sich vergnügt die Hände reibe, wenn der Westen scheinbar unlösbare Probleme hat. In Putins Lager kennt der Hass auf den Nestbeschmutzer und Verräter inzwischen keine Grenzen. Putins Adern platzten fast vor Zorn. Seine geheimsten Geheimnisse fliegen auf.

Und Litwinenko ist immer noch nicht fertig. Er verrät, dass der italienische Ministerpräsident Romano Prodi einst mit dem KGB/FSB unter einer Decke steckte und dass das Unternehmen des Oligarchen Chodorkowski, den Putin so übel abserviert hat, regelrecht ausgeweidet wurde. Nachdem Chodorkowski ausgeschaltet war, fanden weitere Morde in der Führungsriege seines Unternehmens statt, die alle der russischen Regierung, also Putin, angelastet werden müssten – so Litwinenko. Ferner gehe, so Litwenenko, der Mord an einer Journalistin (Polikowskaja), die gegen Putin anschrieb, auf das Konto des FSB/Putin. Schließlich droht Litwinenko, über die Beziehungen der russischen Regierung zur Mafia auszupacken.

Der Schaden ist fast nicht wiedergutzumachen. Der FSB (und mit ihm Putin) muss in atemberaubender Geschwindigkeit handeln. In den Augen des FSB ist Litwinenko ein ganz übler Verräter. Der FSB darf unmöglich vor den ganzen Welt als Mörderclub bezeichnet werden. Das würde dem Image des Geheimdienstes schaden sowie der russischen Regierung und Putin selbst. Innerhalb des KGB/FSB wetzt man die Messer. Fest steht, Litwinenko muss verschwinden.

Und so kommt es, wie es kommen muss: 2006 erkrankt Litwinenko schwer, kurz nachdem er mit zwei Russen in einer Hotelbar grünen Tee getrunken hat. Wie aus heiterem Himmel muss er sich ständig übergeben. Bauchschmerzen sowie Atembeschwerden kommen hinzu. Umgehend wird er in ein Krankenhaus eingeliefert. Sein Zustand verschlechtert sich zunehmend. Die Ärzte sind ratlos. Sie stellen Hunderte Untersuchungen an. Etwas ist faul im Staate Dänemark, nur was? Alle Tests bleiben ohne Ergebnis. Litwinenko verfällt immer mehr. Er siecht dahin, während seine Schmerzen schier unerträglich sind. Die Haare fallen ihm aus. Er blutet aus Mund, Nase und Rektum. Fieberhaft gehen die Untersuchungen weiter. Der Patient geht dem sicheren Tod entgegen, sofern nicht schnell etwas geschieht.

Schließlich entdecken die Ärzte eine gewaltige Menge radioaktiven Materials in seinem Urin, Polonium-210. Polonium ist ein Element, das für den menschlichen Körper mörderisch ist, wenn es in ihn eindringt. Denn seine Strahlen zerstören und schädigen den gesamten Organismus. Die Ärzte wissen, über den Blutstrom erreicht Polonium-210 die Organe und schädigt sogar die DNA, besonders die Knochenmarks- und Darmzellen.

Litwinenko sieht inzwischen aus wie der leibhaftige Tod. Die Schmerzen und die Übelkeit sind kaum mehr auszuhalten. Der Kreislauf ist dabei zu versagen.

Die Ärzte sind bestürzt. Sie wissen, dass schon geringe Dosen Polonium-210 zu Leber- oder Darmkrebs führen können. Und ihrem Patienten wurde eine riesige Dosis verabreicht. 0,1 Mikrogramm, sprich ein Millionstel Gramm Polonium-210, reichen bereits für einen tödlichen Giftanschlag aus – eine Menge, die mit dem Auge kaum wahrnehmbar und nicht einmal so groß wie ein Staubkorn ist. Polonium-210 kann nur aus einem militärischen oder wissenschaftlichen Labor stammen – aber woher genau? Ihnen bleibt nicht mehr viel Zeit. Innerhalb von Tagen könnte ihr Patient sterben.

Litwinenko kämpft buchstäblich um sein Leben. Kommt die Diagnose zu spät? Der Tod greift mit beiden Händen nach ihm. Kurz vor seinem Ableben will Litwinenko ein öffentliches Statement im Krankenbett abgeben. In einem Interview mit der „New York Times" sagt er, er sei vom Kreml zum Schweigen gebracht worden. „Die Bastarde haben mich gekriegt"[5], titelt später der Spiegel. Litwinenko belastet den KGB/FSB und vor allem den früheren FSB-Chef Wladimir Putin. Er kann kaum mehr richtig atmen, doch kurz vor seinem Tod schrieb er noch Folgendes: „Während ich hier liege, höre ich in aller Deutlichkeit die Flügel des Todesengels. Möglicherweise kann ich ihm noch einmal entkommen, aber ich muss sagen, meine Beine sind nicht so schnell, wie ich es gerne hätte. Ich denke deshalb, dass es an der Zeit ist, ein oder zwei Dinge dem Menschen zu sagen, der für meinen jetzigen Zustand verantwortlich ist. Sie [Putin] werden es vielleicht schaffen, mich zum Schweigen zu bringen, aber dieses Schweigen hat einen Preis. Sie haben sich als so barbarisch und rücksichtslos erwiesen, wie Ihre ärgsten Feinde es behauptet haben. Sie haben gezeigt, dass Sie keine Achtung vor dem Leben, vor der Freiheit oder irgendeinem Wert der Zivilisation haben. Sie haben sich als Ihres Amtes unwürdig erwiesen, als unwürdig des Vertrauens der zivilisierten Männer und Frauen. Sie werden es vielleicht schaffen, einen Mann zum Schweigen zu bringen. Aber der Protest aus aller Welt, Herr Putin, wird für den Rest des Lebens in Ihren Ohren nachhallen. Möge Gott Ihnen vergeben, was Sie getan haben, nicht nur mir angetan haben, sondern dem geliebten Russland und seinem Volk."[6]

Wenig später stirbt Litwinenko qualvoll. Er weiß nicht, dass der Krimi gerade erst begonnen hat.

SCOTLAND YARD

Der berühmte Scotland Yard schaltet sich ein, vielleicht die beste Polizeiorganisation der Welt. Litwinenkos Tod wird als Mord eingestuft. Auch die Tatsache, dass er durch Polonium-210 umgebracht wurde, also der Tatbestand der Vergiftung, steht fest. Laut stellen die Kriminalisten die Frage, wer Litwinenko aus dem Leben befördert hat. Alle Spuren führen nach Russland und zu Putin. Doch Putin weist alle Anschuldigungen zurück. Nein, man müsse ihm glauben: Er habe die Ermordung Litwinenkos nicht angeordnet.

Niemand glaubt ihm. Scotland Yard stellt nun die umfangreichsten Ermittlungen an, die man sich vorstellen kann. 100 Kriminalbeamte und 100 Polizisten werden aufgeboten, um den Mördern auf die Spur zu kommen.

Litwinenkos Treffen mit den beiden Russen wird in jedem Detail rekonstruiert. Es stellt sich heraus, dass die beiden Russen zwei KGB/FSB-Mitarbeiter waren. Sie sind die Hauptverdächtigen. Ihre Namen lauten: Lugowoi und Kowtun.

Die britischen Kriminalbeamten sind einfallsreich. Sie bringen Geräte zum Einsatz, mit deren Hilfe man Spuren des radioaktiven Materials Polonium-210 mit hundertprozentiger Sicherheit nachweisen kann. Den Mördern ist offenbar ein Fehler unterlaufen. Sie infizierten sich vor ihrer Tat selbst mit Polonium-210, wenn auch nur in ungefährlichen, winzigen Mengen außerhalb des Körpers. Scotland Yard findet Spuren des radioaktiven Materials in der Bar, in der das Treffen zwischen Litwinenko und den beiden KGBlern stattfand. Die Zeiger der Messgeräte schlagen aus! Das bringt die Kriminalbeamten auf die Idee, auch andernorts nachzuforschen. Sie machen das Flugzeug ausfindig, in denen die beiden mutmaßlichen Mörder saßen. Volltreffer! Auch hier weisen die Geräte mit Sicherheit Polonium-210 nach. Umgehend fordern die Beamten die russische Regierung auf, weitere Flugzeuge untersuchen zu dürfen, die mit den beiden Hauptverdächtigen in Zusammenhang stehen.

Doch in Russland winkt man ab. Das seien doch alles nur Hirngespinste, behauptet man. Stattdessen wird in Russland eine eigene „Untersuchung" anberaumt. Das Ergebnis? Natürlich wird nichts gefunden, angeblich können keinerlei Spuren des Giftes festgestellt werden. Wer hätte etwas anderes von Putins Regierungsbeamten erwartet?

Scotland Yard gibt keine Ruhe. Die Kriminalbeamten forschen weiter. Jeder Aufenthaltsort der beiden Verdächtigen wird untersucht – auch das Hotel, in dem sie logierten. Jeder Zentimeter wird unter die Lupe genommen. Das Bad, der Abfalleimer, der Wäscheraum des Hotels – einfach alles wird genauestens untersucht und gemessen. Und bingo! Erneut finden sich überall Spuren des Giftes, das sich noch immer nachweisen lässt, weil es die Täter wahrscheinlich in winzigsten Mengen verschütteten.[7]

Die Beweise sind erdrückend. Kein Kriminalroman von Agatha Christie könnte spannender sein. Die Untersuchungsergebnisse sprechen eine eindeutige Sprache. Videoüberwachungs-Bänder werden angeschaut, Telefonverbindungen geprüft. Jeder einzelne Schritt der beiden KGB/FSB-Agenten wird nun nachvollzogen. Überall finden sich die radioaktiven Spuren – in Restaurants, in Taxis, die die beiden Verdächtigen benutzten, an Lichtschaltern, Banknoten, Quittungen von Kreditkarten und selbst an Flugtickets. Sogar Personen, mit denen die Mörder in Kontakt kamen, werden gemessen: Winzige Polonium-Spuren finden sich auch bei ihnen. Die gescheiten Briten können schließlich sogar den russischen Reaktor identifizieren, aus dem das

Polonium-210 stammt. Nach einer Weile steht das Ergebnis fest. Ein Verfahren wird eingeleitet, unter dem Vorsitz des renommierten Richters Sir Robert Owen. Er bittet um die Auslieferung der beiden Hauptverdächtigen.

Natürlich kommt Russland dem Ansinnen nicht nach.

Daraufhin verfasst Sir Robert Owen auch ohne die Zeugenaussagen der Hauptverdächtigen, die offenbar gedeckt werden, seinen Bericht. Aufgrund der überwältigenden Anzahl von Beweisen kommt er zu dem Ergebnis, dass der russische Geheimdienst den Mord in Auftrag gegeben hat. Und er schreibt, dass die Operation „wahrscheinlich" von Präsident Putin gebilligt wurde: „Unter Berücksichtigung aller mir zur Verfügung stehenden Beweise und Analysen stelle ich fest, dass die Operation des FSB, Herrn Litvinenko zu ermorden, wahrscheinlich … auch von Präsident Putin gebilligt wurde."[8]

Putin steht nackt da, ein Kaiser ohne Kleider. Er ist enttarnt als das, was er ist: ein gewissenloser Mörder.

Die Briten weisen umgehend vier russische Diplomaten aus. Die Russen antworten prompt und ordnen an, dass vier britische Diplomaten Moskau unverzüglich verlassen müssen.

Haftbefehle, die von den Briten gegen die mutmaßlichen Mörder ausgestellt werden, verlaufen im Sande.

Die Russen und Putin geraten in Panik. Dann schlägt man nach altbewährter Manier zurück. Putin lässt über einen Sprecher verlautbaren „Ich denke, wir haben es mit einer gut organisierten Kampagne oder einem konsequenten Plan zur Diskreditierung Russlands und seiner Führung zu tun."[9] Aber das ist natürlich nur Propaganda. Es ist eine lahme und dumme Ausrede, die nur dann bemüht wird, wenn man im Kreml nicht mehr weiterweiß. Jedem Insider ist klar, dass Putin furchtbare Rache genommen hat. Der Verrat am KGB/FSB und an ihm selbst musste mit einem entsetzlichen Mord beantwortet werden, um eine abschreckende Wirkung zu erzielen. Putin will eine namenlose Furcht verbreiten.

Nur mit Mühe gerät der Fall aus den Schlagzeilen.

WAHL UND WIEDERWAHL

Verzichten wir darauf, die Winkelzüge in allen Einzelheiten zu beschreiben, die Putin nun auf innenpolitischem Gebiet unternimmt. Prinzipiell spielt er sich ab einem bestimmten Zeitpunkt mit Medwedew die Bälle zu.

Dmitri Medwedew (geb. 1965) ist ein liberaler, wirtschaftsorientierter Technokrat und erheblich weltoffener und umgänglicher als Putin. Aber er steht trotzdem in Putins Bann. Er weiß, Putin fackelt nicht lange, wenn man sich ihm entgegenstellt. Außerdem verdankt Medwedew Putin alles: Die Präsidentschaft von 2008 bis 2012 und den Vorsitz über die Partei „Einiges Russland". Medwedew ist eine alte Seilschaft aus Putins St. Petersburger Tagen. Putin holt ihn nach Moskau und zieht den kleinen Medwedew dort groß. Er darf auch als Vorsitzender des Aufsichtsrats des Erdgaskonzerns Gazprom fungieren. Medwedew weiß nur zu genau: Ohne Putin läuft im Lande nichts.

Putin hält also selbst während seiner Präsidenten-Pause in Russland die Zügel fest in der Hand. 2012 lässt er sich dann wieder zum Präsidenten küren, die Gesetze erlauben es. Nach wie vor kontrolliert er die Fernsehkanäle. Er vergibt bedeutsame Posten und Pöstchen wie in alten Zeiten, wie ein absolutistischer Herrscher. Alles und jeden hat Putin fest im Griff: die Geheimdienstler und die Oligarchen, die jetzt ausnahmslos nach Putins Pfeife tanzen. Die alten KGB-Schergen haben inzwischen die Justiz und den Strafvollzug noch weiter unterwandert. Kein Urteil zuungunsten Putins wird gefällt. Der Militärkomplex und die Rüstungsindustrie stehen ebenfalls unter seinem Diktat.

Aber immer noch gibt es lästige Gegenstimmen, selbst als Putin bereits wieder auf dem Präsidentensessel sitzt. Oppositionelle behaupten, seine Partei (Einiges Russland) sei eine „Partei von Gaunern und Dieben" und er selbst repräsentiere nur einen „korrupten, kleptokratischen Petrostaat".[10] Sie werfen Putin Wahlmanipulation und Wahlfälschung vor, als er 2012 wieder offiziell die Macht ergreift. Protestler marschieren auf Moskaus Straßen und in anderen Städten, in einem Fall 100.000 Menschen. Sie haben das „System Putin" durchschaut.

Putin spielt die Proteste in der Öffentlichkeit herunter. Falls das nicht ausreicht, helfen seine Geheimdienste und das Militär nach. Trotzdem zittert er innerlich – die Furcht vor dem Volk ist seine einzige wirkliche Angst. Putin weiß, dass er nicht Hunderttausende Menschen zusammenschießen lassen kann. Mit innerem Entsetzen erinnert er sich an die letzten Tage der DDR, als Millionen von Deutschen auf die Straße gingen, ohne Furcht vor den Panzern. Das korrupte kommunistische ostdeutsche Regime konnte gegen die schiere Masse nichts mehr ausrichten und musste klein beigeben. Putin weiß, wenn Menschen rigoros ihre Freiheiten einfordern, hat sein letztes Stündlein geschlagen. Wie ein Damoklesschwert hängt diese Erinnerung über ihm. Dieses Schicksal könnte auch ihm blühen. Deshalb wird die staatliche Propaganda angeheizt wie nie zuvor.

Doch auch Putin kann trotz staatlich gelenkter TV-Berichterstattung nicht verhindern, dass der Ruf nach Freiheit und Gerechtigkeit immer lauter wird. Als die Punkgruppe Pussy Riots versucht, gegen Putin mobil zu machen, werden die Mitglieder der Gruppe schnell verhaftet, mundtot gemacht und in Untersuchungshaft gesteckt. Sie werden zu zwei Jahren Straflager verurteilt. Die Anklage lautet: „Anstiftung religiösen Hasses", weil ihr Protest in einer Kirche stattfand. Doch das ist lediglich ein billiger Vorwand.

Die Straflager in Russland sind noch immer furchtbar – genau wie zu kommunistischen Zeiten. Die Gefängnisse in Deutschland nehmen sich im Vergleich dazu aus wie Luxussuiten im Hilton. Jeder Russe überlegt es sich deshalb zweimal, bevor er es wagt, den Mund aufzumachen. Wer nicht enorm mutig ist und die persönliche Freiheit sowie Gerechtigkeit über alles stellt, duckt sich weg.

Doch auf einmal bläst Putin der Gegenwind immer stärker ins Gesicht.

DER FALL BILL BROWDER

Putin wird der Fall Bill Browder immer lästiger.

William Felix „Bill" Browder (geb. 1964) ist ein US-Amerikaner und Chef einer Fondsgesellschaft, eine Art Finanzgenie oder auch Finanzhai, je nachdem welche Lesart man bevorzugt. Seine Fondsgesellschaft investiert gezielt in Russland. Die Umwälzungen dort ermöglichen hochlukrative Geschäfte. Browders Spezialität besteht darin, in unterbewertete Firmen zu investieren, denn er kann Zahlen lesen. Er kauft in großem Stil russische Aktien und gründet dafür in Moskau mehrere Firmen.

2005 jedoch wird Bill Browder aus heiterem Himmel die Wiedereinreise nach Russland verweigert. 2007 liquidiert man sogar seine russischen Firmen. Er ist wie vor den Kopf gestoßen. Außerdem klagen ihn die russischen Finanzbehörden der Steuerhinterziehung an und werfen ihm vor, sich auf gesetzwidrige Weise Aktien des Unternehmens Gazprom angeeignet zu haben.

Gazprom? Bei der *gasowaja promyschlennost,* was übersetzt „Gasindustrie" heißt, handelt es sich um das größte Erdgasförderunternehmen der Welt. Es hat über 400.000 Mitarbeiter, einen Umsatz von knapp 70 Milliarden Dollar und ist in der Öl- und Gasbranche tätig. Der russische Staat (und damit indirekt Putin) besitzen über 50 Prozent der Unternehmensaktien. Rund 500 Milliarden Kubikmeter Gas werden jedes Jahr der Erde abgerungen. Da Gazprom überdies allein über das russische Erdgas-Pipeline-Netz herrscht, hat das Unternehmen praktisch das Export-Monopol inne. Der mutige Autor Jürgen Roth behauptet, Gazprom stehe „für Korruption, für eine gigantische Selbstbereicherung der früheren sowjetischen [Machthaber], der neuen russischen Business-Elite und kriminelle Strukturen."[11] Der investigative Journalist Hans-Martin Tillack verrät, dass es sich bei Gazprom um „ineinander verschachtelte Firmen und Unterfirmen [handelt], die vor allem eins bewirken: Sie verbergen Geldflüsse."[12]

Es ist also nicht ganz ungefährlich, wenn ein US-Amerikaner an diesem Gazprom-Kuchen mitverdienen will. Das ruft Neider auf den Plan. Bill Browder verliert mit einem Schlag ein Vermögen. Offenbar soll er ausgespielt werden. Aber er ist nicht bereit, klein beizugeben. Er ist ein anderes Kaliber als ein russischer Oligarch, der von Putin abhängig ist. Bill schaltet seinen Anwalt ein: Sergei Magnitski, der den Ruf eines Kämpfers genießt. Der Anwalt ist außerdem bekannt dafür, rigoros gegen Ungerechtigkeiten und Korruption vorzugehen. Aber genau das ist in Russland brandgefährlich. Und so wird Sergei Magnitski von den Russen verhaftet – im Jahre 2008. Was ist passiert? Wem sind Bill und Serjei auf die Zehen getreten?

Nun, Magnitski vertritt nicht nur Bill Browders Seite, er stößt zudem auf einen Korruptionsfall, der alle Dimensionen sprengt. Er bekommt Unterlagen in die Hände, die verraten, dass Beamte des russischen Innenministeriums klammheimlich 230 Millionen Dollar aus der Staatskasse für sich abgezweigt haben.

Die Wogen schlagen hoch. Solche Enthüllungen passen Putin und seinen „Freunden" wenig. Also wird Magnitski einfach festgenommen. Jetzt befindet sich der mutige Anwalt in den Klauen des KGB/FSB, er ist den Geheimdienstlern auf Gedeih und Verderb ausgeliefert. Er wird in verschiedene Gefängnisse in Moskau gesteckt, eines ist schlimmer als das andere. Offiziell jedoch befindet sich Magnitski „nur" in Untersuchungshaft. Schnell werden verschiedene Vorwürfe gegen ihn konstruiert, nach altbewährter Manier. Er wird seinerseits der Steuerhinterziehung angeklagt – eine auffallend häufige Behauptung der Putin-Schergen. Man dreht den Spieß einfach um.

Magnitski erkrankt im Gefängnis schwer, doch man verweigert ihm medizinische Hilfe. Magnitskis Verteidiger belegen ohne Wenn und Aber, dass die Vorwürfe der Steuerhinterziehung fingiert sind und keinerlei Substanz haben. Derweil kämpft Magnitski wie ein Löwe um seine Gesundheit, bekommt aber weiterhin keine medizinische Unterstützung. Er wird trotz seiner geschwächten Konstitution in eine Isolationszelle verlegt und mit Handschellen an ein Bett gekettet. Am Ende wird er zu zu Tode geprügelt. Magnitski stirbt 2009 im Gefängnis, offiziell unter „ungeklärten Umständen".

Aber der russische Staat (ein Synonym für Putin) kann natürlich nicht zugeben, dass die Richter schuld sind. Deshalb wird im Jahre 2012 ein Strafverfahren gegen Magnitski angestrengt – gegen einen Toten! Im selben Prozess klagt man Bill Browder an. 2013 wird Browder von einem russischen Gericht in Abwesenheit wegen Steuerhinterziehung zu neun Jahren Haft verurteilt. Auch Magnitski wird verurteilt, obwohl er längst unter der Erde liegt.

Es wäre eine Farce, eine Komödie, wären die Urheber nicht Mörder.

Bill schlägt zurück. Als Milliardär hat er einige publizistische Möglichkeiten. Nicht nur in den USA macht er TV-Anstalten und Zeitungen auf den Fall aufmerksam, sondern er prangert das System Putin überall an.

Die Russen (also Putin) schlagen erneut zurück. Sie schalten Interpol ein und sorgen dafür, dass Bill auf die internationale Fahndungsliste gesetzt wird. Interpol soll Bill Browder jagen und gefangensetzen. Aber Interpol steht nicht unter dem Diktat der Russen und auch nicht auf ihrer Gehaltsliste. Interpol prüft den Fall. Die Kriminalisten stellen fest, dass die Vorwürfe gegen Bill Browder haltlos, nur politisch motiviert und an den Haaren herbeigezogen sind. Sowohl in Deutschland als auch in den USA gibt man dem Fondsmanager recht. Umgehend streicht Interpol Bill Browder von der Fahndungsliste.

Doch Browder will das schreiende Unrecht und den Mord an Magnitski nicht auf sich beruhen lassen. Er macht weiter gegen Putin mobil und klagt die russischen Behörden abermals an. Das Resultat ist der sogenannte Magnitsky Act aus dem Jahr 2012: Dadurch dürfen 60 russische Beamte von einem Tag auf den anderen nicht mehr in die Vereinigten Staaten von Amerika einreisen. Das Europäische Parlament schließt sich dem Verdikt an.

Die Elite Russlands ist betroffen: Superreiche, hohe Beamte und Richter.

Putin tobt. Als Antwort auf den Magnitsky Act, dürfen US-Amerikaner künftig keine russischen Kinder mehr adoptieren. Und Putin gibt seinerseits eine offizielle Liste von US-Eliten heraus, die in Zukunft keinen russischen Boden mehr betreten dürfen. Hohen US-Militärs ist es fortan untersagt, in Russland einzureisen, genau wie US-Politikern, Richtern, FBI-Agenten und Agenten der DEA, der **D**rug **E**nforcement **A**dministration. Ferner wird eine PR-Kampagne gegen den Magnitsky Act lanciert und US-Bürgern und generell Ausländern verboten, im russischen Fernsehen aufzutreten, sofern sie gegen den Staat Stellung beziehen. Eine regelrechte Fernseh-Diktatur wird in Russland etabliert.

Bill Browder weiß, dass er inzwischen als Putins Staatsfeind Nr. 1 gehandelt wird, und gibt trotzdem keine Ruhe. Er absolviert weitere öffentliche Auftritte und greift Putin an, wann und wo immer es geht. Doch er fürchtet inzwischen um sein Leben. Stets ist er von zahlreichen Bodyguards umgeben.

Noch im Jahre 2018 läuft der internationale Krimi weiter – mit ungewissem Ausgang.

GNADENLOSE MACHTPOLITIK

Innerhalb Russlands zieht Putin die Zügel noch fester an. Es hagelt Vorwürfe und Proteste von allen Seiten – im In- und Ausland. Die Anschuldigungen sind immer dieselben: Der russische Staat (angeführt von Putin) sei längst ein mafiaähnliches Gebilde. Und so viel stimmt: Die Korruption blüht. Die richterliche Unabhängigkeit ist längst nicht mehr gegeben. Und Verbrechen werden systematisch vertuscht.

Putins Umfragewerte sinken 2016 in den Keller. Deshalb richtet er sein Augenmerk erneut auf die Ukraine. Er erinnert sich: Als er die Krim kassierte und sich bei der Ukraine unnachgiebig zeigte, verbesserten sich seine Werte schlagartig. Putin reibt sich die Augen. Er erkennt, was er in puncto Public Relations und Propaganda ändern muss: Er muss noch intensiver an das russische Nationalgefühl appellieren. Also lässt er entsprechende Feiern inszenieren und beschwört den Patriotismus. Die Russen müssen eingeseift werden. Der Pomp von Militärparaden wird bemüht. Auch die anti-amerikanische Rhetorik sorgt für gute Stimmung im eigenen Land – und für bessere Umfragewerte. Es ist fabelhaft, einen Feind zu haben, den man beschimpfen kann, ganz wie zu kommunistischen Zeiten. Aber Putin begreift mit Schrecken, dass er zur politischen Legitimierung zusätzlich militärische Siege braucht. Außerdem darf er in der eigenen (positiven) Berichterstattung nicht nachlassen.

Also feilt er weiter an seinem Image. Die Propaganda in Russland überschlägt sich. Putin erscheint nun überall im russischen Fernsehen als der willensstarke Herrscher und der charismatische Retter. Der „Führerkult" erreicht neue Höhen. Selbst der gottesfürchtige Landesvater entsteht als Bildnis, öffentlich erweist er gar dem Patriarchen der orthodox-russischen Kirche Respekt. Die Christen müssen um den Finger gewickelt werden. Gleichzeitig ersinnen seine Polit-Propagandisten die Vorstellung vom heldenhaften Sportler und Naturburschen, ja sogar vom Künstler, der malen, singen und Klavier spielen kann. Putin ist sich nicht zu schade, sich sogar als Sexsymbol aufbauen zu lassen.

Seine engsten Berater jedoch sind die Chefs des Inlands- und Auslands-Geheimdienstes sowie der Verteidigungs- und Innenminister, also unverblümt gesprochen die Mörder vom Dienst. Putin weiß, es geht um die blanken Macht. Er stampft 2016 sogar wie aus dem Nichts eine neue Nationalgarde mit rund 400.000 Nationalgardisten aus dem Boden, die angeblich für die öffentliche Ordnung sorgen sollen. In Wahrheit sind sie eine Art persönliches Heer von Putin. Allein die Existenz der Nationalgarde verrät, dass Putin längst unter Angstzuständen leidet.

Dazu werden über kremelnahe Geschäftsleute mithilfe von Scheinfirmen Milliarden Dollars außer Landes geschleust – sicherheitshalber! Man kann schließlich nie wissen! Einige dieser illegalen Geldverschiebungen fliegen auf, wie beispielsweise eine Aktion in Panama, hier „verwaltet" ein Musiker die Putin-Gelder.[13]

Nach altbewährter Manier wird die Opposition in Russland weiter unterdrückt. Parallel dazu wird die Symbiose von Wirtschaft und Politiker noch massiver vorangetrieben. Nur Geheimdienstler oder Putin treu ergebene Lakaien werden auf wichtige Posten gehievt.

Außenpolitisch kann Putin jetzt nur noch durch Kriege ablenken. Es gilt, unter allen Umständen das Image des starken Mannes auszubauen. Nur das sichert ihm die Macht. Also unterstützt er den Iran, einen Unrechtsstaat, den größten Sponsor des internationalen Terrorismus. Und er schaltet sich in den Syrien-Konflikt ein.

In Syrien knirscht es innerhalb des Machtgefüges. Das syrische Volk protestiert, ja es erhebt sich. Es will den Großverbrecher Baschar al-Assad verjagen und fordert Demokratie. Ein Bürgerkrieg von unvorstellbaren Ausmaßen greift in Syrien um sich. Assad antwortet mit brutalen Morden durch seine verschiedenen Geheimdienste und durch das Militär. Er lässt buchstäblich Hunderttausende von Syrern liquidieren.

Putin eilt dem größten Verbrecher in dieser Region zu Hilfe. Seine Russen kämpfen jetzt Seite an der Seite mit dem Massenmörder Assad, der seine Landsleute gewissenlos hinschlachten lässt.

Offiziell werden religiöse Differenzen beschworen, doch das ist nur eine Verwirrtechnik. In Wahrheit handelt es sich um einen Stellvertreterkrieg zwischen Russland und den USA, die ebenfalls in den Konflikt eingreifen.

Die USA wollen den Massenmörder Assad vom Thron stoßen, aber Putin unterstützt ihn mit Geld, Geheimdienstlern und Militärs.

Das Ergebnis ist furchtbar: Abgesehen von zerbombten Städten und verwüsteten Landstrichen werden 400.000 Menschen getötet, selbst Kinder kommen durch biologische Waffen, durch entsetzliche Giftgase ums Leben. Rund 12 Millionen Syrer befinden sich auf der Flucht. Das ist eine der größten Flüchtlingskrisen aller Zeiten, die für Europa und speziell für Deutschland auch Negatives mit sich bringen.

Der Krieg wäre längst entschieden und für Assad verloren, gäbe es Putin nicht. Beide sind aus dem gleichen Holz geschnitzt: Assads Onkel war der Chef des sadistischsten Geheimdienstes, den Syrien je sah – Putin ist ebenfalls ein alter Geheimdienstler und mit allen KGB-Methoden bewandert. Er *muss* aus seiner Sicht in diesem Krieg mitmischen. Nur so kann er den starken Mann markieren, nur so ist er sich der Zustimmung der Russen sicher. Niemand sieht, dass Putins außenpolitisches Engagement innenpolitische Gründe hat. Putin bedient sich des ältesten Polit-Tricks der Welt – er lenkt das eigene Volk durch einen Krieg ab. Ohne zu fragen, wie viele Menschen dabei sterben.

Der Ausgang des Syrien-Krieges ist selbst heute (2018) noch nicht entschieden.

FAKTEN, FAKTEN, FAKTEN

Man kann dem Arbeiterkind Putin, das sich bis an die Spitze des zweitmächtigsten Staates der Welt emporgekämpft hat, ein gewisses Genie nicht absprechen. Und niemand ist bis heute einfallsreicher darin, sich fotogen, telegen und sympathisch darzustellen.

Aber er hat zwei Gesichter. John McCain, der Senator aus Arizona, nannte Russlands Regierungssystem immer wieder eine Kleptokratie und warnte davor, sich von Putin einwickeln zu lassen. Ee enthüllte, dass sich Putin längst in europäischen und US-amerikanischen Publikationsorganen eingenistet habe. Er bezeichnete Putin als „murderer and a thug who seeks to undermine

American national security interests at every turn."[14] – „einen Mörder und einen Verbrecher, der die amerikanischen Sicherheitsinteressen bei jeder Gelegenheit zu unterminieren sucht."

Robert Gates, der frühere Verteidigungsminister und zuvor Chef der CIA, verurteilte Putin ebenfalls öffentlich: „Putin is trying to reassert Russia as a great power player in the world. ... If he can do it politically, he will. If he needs to do it militarily, he will."[15] – „Putin will Russland wieder zu einer Weltmacht machen. Wenn ihm dies mit politischen Werkzeugen gelingt, fein. Wenn er dazu das Militär einsetzen muss, wird er auch das tun."

Leo Penetta, ein anderer früherer CIA-Direktor, urteilte über Putin ähnlich vernichtend: „He can do whatever he wants. In his eyes you can read three words: KGB, KGB, KGB."[16] – „Er [= Putin] kann tun was auch immer er will. In seinen Augen kannst du drei Wörter lesen: KGB, KGB, KGB."

Selbst Gorbatschow kritisierte, dass in Russland weder das Parlament noch die Justiz unabhängig seien. Gorbatschow, der wohl anständigste russische Politiker, ist ein erklärter Gegner des Putin-Syndikats.

Tatsächlich sind Putins Sünden zu zahlreich, als dass man sie propagandistisch wegreden könnte. Erinnern wir uns noch einmal: Der Investmentprofi Bill Browder wurde von Putin um Hunderte Millionen Dollar betrogen; seinen Anwalt ermordete man im Gefängnis. Auf Juschtschenko, den früheren Staatschef der Ukraine, verübten Putins Schergen einen Giftmordanschlag, er entkam nur knapp dem Tod. Litwinenko, ein abtrünniger KGB-Offizier, wurde ebenfalls von Putins Männern vergiftet. Im Gegensatz zu Juschtschenko starb er. Sein Fall ist der interessanteste, denn er beweist, dass es sogar innerhalb des KGB/FSB Stimmen gibt, die mit Putin nicht einverstanden sind. Sogar innerhalb dieses furchtbaren Geheimdienstes gibt es mutige Menschen, die sich gegen Korruption, Mord und Totschlag auflehnen.

Dass die Justiz zum Büttel der Exekutive degradiert wurde und Russland inzwischen ein Unrechtsstaat ist, in dem Eigentum nicht geschützt wird, kritische Journalisten umgebracht und Schauprozesse und Morde an der Tagesordnung sind, wurde ebenfalls hieb- und stichfest bewiesen.

Auch dass Putin unanständig reich ist, entspricht der Wahrheit, wobei es im Prinzip gleichgültig ist, ob er reicher ist als Bill Gates und 40, 90 oder 200 Milliarden Dollar besitzt.

Desgleichen ist der innenpolitische Terror eine Tatsache, keine Vermutung. „Oppositionelle in Russland sind vogelfrei."[17] Putins Gegner werden einfach als Vaterlandsverräter bezeichnet und auf die eine oder andere Art beiseitegeschafft.

Das ist Putin ohne Maske.

DIE RELATIVE GEGENWART

Theoretisch könnte man urteilen, dass Putins Zukunft golden aussieht. Doch wer so urteilt, kennt die Geschichte nicht.

Längst ist die Situation in Russland für ihn mehr als problematisch. Die zahlreichen Massenkundgebungen reißen nicht ab. Außerdem sind die wirtschaftlichen Sanktionen des Westens ein Problem – wenn Putin sie offiziell auch lässig abtut. Als der Westen aufgrund der Ereignisse in der Ukraine und auf der Krim Sanktionen verhängte, operierte Putin zunächst mit Durchhalteparolen, die anfänglich eine gewisse Wirkung zeigten. Inzwischen sind sie ineffizient.

Was alle Propaganda nicht verhindern kann, ist der Umstand, dass heute in Russland die Inflation galoppiert, die Preise steigen und die Rentenbezüge sinken. Im Jahre 2015 glaubte nur noch ein Viertel aller Russen, dass durch Putin herbeigeführte Veränderungen positiv zu bewerten seien. Die Bereitschaft der Bevölkerung, Einschränkungen im täglichen Leben hinzunehmen, nur damit Putin seinen anti-westlichen Kurs fortführen kann, sinkt zunehmend.

Im März, Mai und Juni 2017 protestierten erneut Zehntausende Menschen gegen die Korruption im eigenen Land.[18] Die eigenen Bürger gehen immer häufiger auf die Straße. Für die Anführer der Protestler erfindet man nach wie vor Anklagen, die man sich aus den Fingern saugt. Danach werden sie in Haft genommen und als „Staatsfeinde" behandelt.

Putin versucht, sich aus der Klammer zu lösen, die er selbst geschaffen hat. Er unterstützt systematisch rechtsextreme und rechtspopulistische Parteien und Kandidaten in aller Herren Länder, in Deutschland beispielsweise die

NPD, die Neonazis. Diese sorgen für Chaos. Daraufhin kann Putin lächelnd auf dieses Chaos hinweisen. Es zahlt sich für ihn also in doppelter Weise aus: Zum einen schwächt er damit seine Feinde, zum andern kann er der russischen Bevölkerung den Bären aufbinden, in anderen Ländern gehe es schlimmer zu als im eigenen Land.

Aber die russischen Wirtschaftsleistungen sprechen ihre eigene Sprache. Statistiken kann man nicht ewig fälschen. Und von Parolen wird niemand satt.

Fast verzweifelt versucht Putin, sein Versagen durch nationalistische Appelle auszubalancieren. Selbst für Geschichtsfälschungen ist er sich nicht zu schade. So wies er etwa darauf hin, dass die Russen im Alleingang ehemals die Nazis niedergerungen hätten. Er erwähnte nicht, dass ohne die Amerikaner und ohne die Engländer ein Sieg gegen die Nazis im Zweiten Weltkrieg völlig unmöglich gewesen wäre.[19] Es reicht jedoch nicht aus, ständig das Imperium Russland zu beschwören oder der Bevölkerung durch falsche Siegermythen Sand in die Augen zu streuen. Diese Technik nutzt sich ab. Mit der Zeit erkennt jeder, dass es sich nur um Propaganda handelt.

Putin finanziert inzwischen ganze Netzwerke von jungen Bloggern, um seine Lügen in die ganze Welt hinauszuposaunen. Und so ist das Internet – in verschiedenen Sprachen – übervoll mit Pro-Putin-Propaganda. Diese Propaganda sei schlimmer als zu Zeiten der Sowjetunion, urteilen Kritiker. Sie sprechen von systematisierter Massendesinformation.

Die Gegenstimmen werden zwar immer lauter, aber Putin geht nach wie vor mit Gewalt gegen Journalisten vor, die kritisch über ihn berichten. Zeitungen, die nicht nach seiner Pfeife tanzen, belegt er mit so hohen Geldstrafen, dass sie gezwungen sind, ihre Publikationen einzustellen. Aber genau diese Journalisten und Zeitungsmacher setzen den Kampf mit anderen Mitteln fort. Und so macht sich Putin fortlaufend Feinde. Er bemerkt nicht, dass er gerade dabei ist, seine Zukunft zu verspielen.

LEHREN DER GESCHICHTE

Der Historiker beurteilt die Situation noch härter. Er weiß, dass Putin bei seinen Täuschungsmanövern die Lehren der Geschichte ignoriert. Die Sowjetunion, vergessen wir das nie, verlor einst den Wettlauf mit dem Westen. Der Grund? Der weitaus größte Teil aller staatlichen Einnahmen – Gas und Öl spielten die entscheidende Rolle – wurden in Waffensysteme, in Rüstung und in Geheimdienste gesteckt. Während die Menschen nichts zu essen hatten, stand dem KGB und den Militärs alles Geld der Welt zur Verfügung. Und so brach die Sowjetunion einfach eines Tages zusammen. Das Sowjetsystem vernichtete sich selbst.

Der wahre Grund für den Zusammenbruch liegt allerdings tiefer: Die wichtigste Lehre der Geschichte lautet: Menschen lieben die Freiheit, sie stellen sie über alles. Sie hassen es, gegängelt und bevormundet zu werden. Eine Bevölkerung lässt sich eine Weile mit gnadenloser Propaganda für dumm verkaufen, aber nicht unaufhörlich. Stärker als alle Propaganda-Techniken ist der Freiheitsdrang. Diese Freiheitsliebe brachte im Laufe der Geschichte viele Reiche zu Fall. Insofern ist die politische Philosophie des Westens, die Freiheit großschreibt, der politischen Philosophie Russlands einfach weit überlegen.

Zudem hassen die Menschen insgesamt Ungerechtigkeiten. Auch hierüber stolperte in der Geschichte mehr als ein Herrscher. Schreiende Ungerechtigkeiten sind in Russland jedoch an der Tagesordnung. Menschen können und wollen sich nicht mit Unrecht abfinden, solange sie auch nur einen Funken Ehre und Anstand im Leib haben.

Wenn drittens nur Putin-Schergen die wichtigsten Schaltstellen der Wirtschaft besetzen dürfen, also KGB/FSB-Geheimdienstler, hat das einen verheerenden Einfluss auf die Ökonomie. Die Wirtschaft lahmt. Ein Geheimagent verfügt ja selten oder nie über das entsprechende und notwendige Management- und Ökonomie-Know-how, um ein Unternehmen nach oben zu bringen. Ist er dazu noch korrupt bis unter die Halskrause, verliert er gleich zweimal. Die besten und die intelligentesten Kräfte, die

Wirtschaftsgenies, werden allerdings im System Putin ausgebremst, nur die Putin-Ja-Sager werden gefördert. Das führt dazu, dass die Statistiken überall zusammenbrechen.

Freiheit, Gerechtigkeit und eine prosperierende Wirtschaft sind jedoch die drei wichtigsten Voraussetzung für ein blühendes Staatswesen. Russlands Niedergang ist deshalb unter dem gegenwärtigen System absehbar. Es gehört nur wenig Geschichtswissen dazu, dies mit Gewissheit vorherzusagen.

Vergessen sollte man darüber hinaus niemals die unbestechlichen Zahlen: Russland erwirtschaftet momentan nur 1,5 Prozent des weltweiten Bruttoinlandsprodukts (BIP), die USA und Europa dagegen 40 Prozent. Russland kann den Kampf also nicht gewinnen, selbst wenn es ein wenig zulegen würde.

Was wird also passieren?

RUSSLANDS ZUKUNFT

Wenn die Russen, die immerhin den verführerischen Duft der Freiheit gerochen haben, eines Tages aufwachen, wenn Millionen von Menschen auf die Straße gehen und protestieren, wird das der Anfang vom Ende des Putin-Syndikats sein. Falls sich nicht erneut ein Gorbatschow findet, der zur Vernunft mahnt und vernünftige Reformen einleitet, wird das Land in einem blutigen Bürgerkrieg versinken. Gnade dann allen Spionen und Agenten! Die klügeren Geheimdienstler werden sich frühzeitig auf die richtige Seite schlagen oder sich jetzt schon ein Hintertürchen offen lassen, um ihren Hals zu retten. Viele werden voller Panik ins Ausland fliehen. Darüber hinaus wissen längst manche Agenten, dass das System korrupt und dabei ist zu verfaulen, da es jeder Menschlichkeit spottet. Nicht jeder KGB-/FSB-Mann ist nämlich ein Schurke, wie das Beispiel Litwinenko zeigt. Deshalb muss man, nicht anders als bei der CIA, auch innerhalb des KGB/FSB differenzieren: Wir glauben, dass es sogar in dieser furchtbaren Organisation durchaus einige gibt, die nie zur Gänze verdrängen konnten, was Integrität und Ethik bedeuten. Vielleicht erwächst Putin selbst aus diesem Pool Widerstand, denn einige

Geheimdienstler wissen sehr wohl, dass das Spiel nicht endlos weitergehen kann.

Putin wird in der Niedergangsphase, die schon längst eingesetzt hat, noch hektischer versuchen, mit Kriegen abzulenken, genau wie er es jetzt schon tut. Doch Kriege als Lösung oder Trick, die öffentliche Stimmung in eine andere Richtung zu lenken, ist eine Methode, die bestenfalls vorübergehend funktioniert.

Die Weiter- und Höherentwicklung der politischen Philosophie, die momentan auf der Welt im Gange ist, zielt in Richtung Freiheit. Politische Systeme wandern deshalb in Richtung Demokratie und Meritokratie, wo nur der Verdienst zählt. Die Vorstellung der Freiheit mobilisiert ungeheure Kräfte und bildet die Basis für Erfindungen, Engagement und Spitzenerfolge. Unterdrückung lähmt die Kräfte. Mit Sklaven ist kein Staat zu machen. Nur ehrlicher Wettbewerb funktioniert, der es dem Besten, Anständigsten und Fähigsten erlaubt, an der Spitze zu stehen.

Deshalb ist Putins Versagen vorprogrammiert und unausweichlich. Es reicht nicht, den Weltfeldherrn zu spielen und den Nationalstolz immer weiter anzuheizen. Zur Legitimierung dieser Art von Herrschaft braucht man außerdem ständig neue Kriege sowie militärische Siege. Diese Siege aber sind angesichts des wirtschaftlichen und technologischen Vorsprungs des Westens irreal.

All diese Fakten ignoriert Putin völlig. Noch hofft er darauf, dass seine Geheimdienstler alles in ihrem eisernen Griff behalten und er das Land aussaugen und ausbluten lassen kann – zu seinem persönlichen Vorteil. Aber sobald das nicht mehr funktioniert, geht es den Dieben, Langfingern, Mördern und Massenmördern in Russland an den Kragen – und damit ihm selbst.

Das und nichts anderes ist die Perspektive, der sich Putin gegenübersieht, auch wenn er es im Augenblick bei all seinem Reichtum und seiner Allmacht nicht erkennt und im Moment noch ganz Russland und den halben Westen mit seiner Propaganda gezielt und gekonnt in Verwirrung stürzt.

22. DAS WAHRE GESICHT DER GEHEIMDIENSTE ODER ELF ERKENNTNISSE

Damit schließt sich der Kreis, wie es so schön heißt. Natürlich konnten wir nicht alle aktuellen Entwicklungen innerhalb der verschiedenen Geheimdienste aufzeigen. Beispielsweise sind die technischen Möglichkeiten inzwischen atemberaubend. Immerhin zu diesem Thema in aller Kürze so viel:

CYBERKRIEGE UND SATELLITEN, TECHNIK UND TECHNOLOGIE

Die Spionage machte im 20. und 21. Jahrhundert Quantensprünge, ihr Aussehen änderte sich völlig. Alles ging in Richtung Technik, die Möglichkeiten überschlugen sich förmlich.

Die schon 1952 gegründete NSA, die National Security Agency, entwickelte sich zum inzwischen größten Auslandsgeheimdienst der Vereinigten Staaten von Amerika. Sie überwacht elektronische Kommunikationen, entschlüsselt sie und wertet sie aus. Dieser gigantische Abhörapparat sprengt jedes Vorstellungsvermögen. Die NSA verfügt mittlerweile über 40.000 Mitarbeiter und verschlingt jährlich über 10 Milliarden Dollar. Längst hat sie der CIA den Rang abgelaufen. Sie untersteht direkt dem amerikanischen

Verteidigungsministerium. Ansässig ist sie im Bundesstaat Maryland, an der Ostküste der USA.

Innerhalb der 17 Geheimdienste, die es heute in den USA gibt, schießt die NSA den Vogel ab. Sie überwacht alles, die Wirtschaft, das Militär und selbstverständlich das politische Führungspersonal – in zahlreichen Ländern. Die Lauschtätigkeiten haben ein ganz neues Ausmaß erreicht und lassen sich nicht einmal ansatzweise mit früheren Zeiten vergleichen.

1960 gab es bereits den ersten Spionage-Satelliten, der zur Überwachung der Sowjets eingesetzt wurde. Inzwischen werden nahezu regelmäßig neue Satelliten in den Weltraum geschossen. Stets handelt es sich um milliardenschwere Projekte.

Die NSA arbeitet auch mit anderen Ländern zusammen, beispielsweise im Rahmen der „Operation Echelon". Dieses weltweit operierende Spionagenetz wurde 1970 gemeinsam von der USA, Großbritannien, Australien, Neuseeland und Kanada gegründet und wird bis heute zusammen betrieben. Per Satellit werden private und geschäftliche Telefongespräche abgehört, Faxe gelesen sowie Internet-Daten rund um den Globus abgegriffen. Per Computer werden die gewonnen Daten vollautomatisch ausgewertet.

Die Dominanz der Technologie zeigte sich spätestens, als es den Amerikaner in den 1980er Jahren gelang, elektronische Aufnahme- und Abhörgeräte auf sowjetische Unterseekabel zu pflanzen. Per U-Boot wurden diese Geräte in hochgeheimen Aktionen auf die Kabel aufgesetzt. Plötzlich waren die USA glänzend darüber informiert, was innerhalb der Sowjetunion vorging, nachdem sie zuvor fast ständig den Kürzeren gezogen hatten.

Grundsätzlich sind die CIA und die NSA dem „Feind" technologisch weit überlegen, was allerdings nicht heißt, dass China oder Russland nicht nach wie vor bestimmte Cyberkriege gewinnen können oder Genies darin sind, technologisches Know-how zu stehlen oder ihrerseits Kommunikationen zu belauschen.

Die Abhörmethoden verbesserten sich jedenfalls dramatisch. Technische Geräte erlauben heute Abhörwunder. Wortgetreue Protokolle von Gesprächen auf höchster Ebene in Russland oder in anderen Ländern standen in den 1990er Jahren unversehens zur Verfügung. Die Gespräche zwischen Staatsoberhäuptern konnten belauscht werden und vieles mehr.

Die Physiker übertrafen sich selbst und jeden James-Bond- oder Tom-Cruise-Film. Nur ein optisches Beispiel: Einige elektronische Abhörvorrichtungen wurden so konstruiert und getarnt, dass sie „wie ein Ast mit Rinde [aussahen]. Sie wurden neben einem sowjetischen Luftwaffenstützpunkt in Osteuropa auf einen Baum gepfropft."[1] Und das geschah noch vor dem Zusammenbruch der UdSSR.

Im Rahmen der NSA entstanden Horchposten rund um den Globus, teilweise mit einem unerhörten Einfallsreichtum.

Versteckte Mikrofone erlaubten es der CIA beispielsweise, in ägyptischen Politikergehirnen wie in einem offenen Buch zu lesen. An normale Überlands-Telefonleitungen oder an Erdkabel wurden technische Hochleistungsgeräte angebracht, die es gestatteten, alles abzuhören und mitzuschneiden, was von Bedeutung war.

Gespräche können heute innerhalb eines Raumes auch ohne die klassischen Wanzen abgehört werden. Wie? Gesprochene Worte erzeugen Töne und Schwingungen, die sich auch auf Fensterscheiben übertragen. Diese Schwingungen des Glases können mit einem unsichtbaren Strahl gemessen und gespeichert werden. „Er [= Der Strahl] wird von einem mehrere hundert Meter entfernten Sender abgeschickt, … von dem Fenster zurückgeworfen und von einem ebenfalls einige hundert Meter entfernten Empfänger aufgenommen und verstärkt."[2] Danach werden die Schwingungen entschlüsselt und wieder in Töne und Worte umgewandelt.

Ganze Telefonleitungen können inzwischen ohne Umwege direkt angezapft werden. Allein der Zugang zu diesen Telefonleitungen – bespielsweise abseits auf einer einsamen Straße – erlaubt es mittels hochentwickelter Ausrüstung, die Gespräche innerhalb eines Raumes aufzufangen, selbst wenn sie weit entfernt geführt werden. Die eingebauten Mikrophone in den Telefonen werden dabei als Wanzen benutzt. Mit anderen Worten: Die Mikrophone werden umfunktioniert, man braucht keine neuen Wanzen in den Hörmuscheln zu verstecken. Man begibt sich einfach zur nächsten, einsamen Straße, steigt in die Tiefe und findet den Zugang zu den Telefonleitungen.

Als US-Spione zudem das internationale Bankensystem elektronisch infiltrierten, ermöglichte das einen unvorstellbaren Informationsvorsprung. Plötzlich wussten sie über geheime Buchführungen Bescheid, ja sogar über die versteckte Investitionstätigkeit der Sowjetunion.[3] Wir sollten demnach keinen Augenblick lang glauben, dass nicht auch unsere privaten Finanzen bekannt sind, besonders wenn wir ein paar Cents mehr verdienen als der Durchschnitt. Nun konnte man auch die Finanzströme feindlicher Mächte mit Computerviren behindern und fremde Computer manipulieren. E-Mails und Faxe zu knacken ist ebenfalls längst eine Selbstverständlichkeit.

Technik und Technologie bleiben dabei nie stehen. Das gilt für viele Gebiete. Wenn ein neuer Staatschef etwas zu seinem Schutz unternehmen will, heuert er natürlich die besten Experten an – die CIA also. Die Agency stellt daraufhin die fortschrittlichsten Handfeuerwaffen sowie die neuesten Generationen der Nachtsicht- und Funksprechgeräte zur Verfügung. Hubschrauber, Alarmsirenen, kugelsichere Westen, wie sie der Präsident der USA zu seinem Schutz trägt, Geräte zur Verteidigung – all das besorgt die CIA im Handumdrehen. Immer befindet man sich mit ihr auf dem neuesten Stand der Technik, denn bei jeder Waffengattung gibt es kontinuierliche Verbesserungen.

Von Marokko bis zur Tschechei, von Pakistan bis Liberia, von Thailand bis hin zu den Philippen, dem Sudan, Libanon oder El Salvador überall ist die CIA auf diese Weise präsent. Der ganze Globus ist für die Spione der CIA und die Nachfolger des KGB ein Spielplatz, eine Spielwiese.

Sobald ein Geheimdienst damit beauftragt wird, für die Sicherheit eines Staatschef zu sorgen, erfährt dieser zugleich alles über den Staatschef selbst – angefangen von seinem Terminkalender bis hin zu seinen Freunden, von seinen Schrullen und Schwachstellen bis hin zu seinen Sünden. Wir haben bereits darauf hingewiesen. Überall werden Abhöreinrichtungen installiert, seine Telefone sind angezapft und auch der Zugang zu seinen Privaträumen ist möglich – aus Gründen der Sicherheit.

Und so befinden sich speziell die befreundeten Länder Amerikas oder Russlands unter ständiger Kontrolle. Der Spieß wird umgedreht. Niemand ist sicher vor dem Sicherheitspersonal.

Agenten haben eine ungeheure Macht, insbesondere wenn sie gleichzeitig mit propagandistischen Aufgaben betraut werden.

SPIONE, DIE DIE WELT VERÄNDERTEN

Selbstredend konnten wir nicht alle Agenten in diesen Band aufnehmen, die Einfluss auf die Geschichte im 20. und 21. Jahrhundert nahmen, wir mussten uns aus Gründen des Umfangs bescheiden.

Für viele mag es unverständlich erscheinen, warum wir uns beispielsweise nicht intensiver mit dem Kanzleramtsspion und DDR-Agenten Günter Guillaume beschäftigten, einem typischen Karriere-Spion, der bis in die unmittelbare Nähe des deutschen Bundeskanzlers Willy Brandt kam. Aber ausgezeichnete Untersuchungen, wie die des Autors Eckard Michels, haben schon längst bewiesen, dass der „Fall Guillaume" völlig überschätzt wurde und Willy Brandt tatsächlich nie hätte zurücktreten müssen.[4] Der ganze Fall wurde überbewertet, Guillaume veränderte nie die grundlegenden Positionen oder Machtverhältnisse zwischen den beiden deutschen Staaten oder gar der Welt. Möglicherweise trat Brandt nur deshalb zurück, weil er fürchtete, aufgrund seiner sexuellen Fehltritte in ein schlechtes Licht zu geraten.

Auch die Eskapaden Kim Philbys nahmen wir nicht genauer aufs Korn, des berühmten britischen Spions, der den Russen zusammen mit einigen anderen Engländern jahrelang brisantes Material in die Hände spielte. Es gab verschiedene Spione, Doppelspione und Verräter – einmal aufseiten der Russen, ein anderes Mal aufseiten US-Amerikas –, die zeitweilig das Gleichgewicht zugunsten einer der beiden Großmächte verschoben, aber an der grundlegende Konstellation änderten sie alle nichts.

Ferner verzichteten wir darauf, das Attentat auf Papst Johannes Paul II. genauer zu beschreiben, der die Gewerkschaft Solidarność ideell und materiell unterstützte und damit die antisowjetische Bewegung in Polen. Der Drahtzieher des Attentates blieb lange Zeit unbekannt. Schließlich stellte sich heraus, dass der Auftraggeber der KGB gewesen war, der freilich den bulgarischen Geheimdienst vorgeschoben hatte, um die eigenen Spuren zu verwischen – ein klassischer Fall von Desinformation. Wir haben diese Fakten immerhin bereits erwähnt.

Desgleichen durchleuchteten wir nicht die Agententätigkeiten der Chinesen, die heute in einem ungeheuren Ausmaß Wirtschafts-Spionage betreiben, und wir schwiegen über den Mossad, den israelischen Geheimdienst, den viele für den intelligentesten und effektivsten Geheimdienst heutzutage halten.

DIE ELF WICHTIGSTEN ERKENNTNISSE DER SPIONAGE

Doch verzichten wir nicht darauf, noch einmal die elf wichtigsten Erkenntnisse zur Spionage in den letzten hundert Jahren festzuhalten.

ERKENNTNIS NR. 1

Geschichtsschreibung des 20. Jahrhunderts (und des beginnenden 21. Jahrhunderts) ist vollkommen unzulänglich, ja irreführend, wenn nicht die Aktionen bestimmter Agenten berücksichtigt werden; denn Folgendes ist wahr: Das 20. Jahrhundert war ein Zeitalter der Spionage (und der kalten und heißen) Kriege. Agenten spielten die wichtigste Rolle, ob sie nun Lenin oder Hitler hießen, Bush oder Andropow. Die „normale" Geschichtsschreibung schenkt dem Umfang und dem Einfluss der Spionage zu selten die gebührende Aufmerksamkeit.

ERKENNTNIS NR. 2

Lenin mischte die Karten für die Aufgaben eines Agenten völlig neu, er fügte dem Coup d'État neue Techniken hinzu. Hitler lernte von ihm und vom Kommunismus generell. Vor beiden wiederum verbeugte sich der KGB, dessen Methoden später selbst von der CIA nachgeahmt und übernommen wurden. Es entstand eine ganz neue Definition von „Agent" und „Spionage".

Damit stehen heute Spione unwillentlich und unwissentlich in den Fußstapfen von Lenin und Hitler.

ERKENNTNIS NR. 3

Beinahe die ganze Welt teilte sich im 20. Jahrhundert in zwei Einflusssphären auf. Auf der einen Seite standen die USA, auf der anderen Seite die UdSSR. Nahezu jedes Land neigte entweder der einen oder der anderen Seite zu, öffentlich und/oder insgeheim. Viele Staaten verloren ihre Autonomie in vielen Bereichen und mutierten zu Stiefelknechten der amerikanischen Geheimdienste oder des KGB (oder dessen Nachfolger und Partner). Geheimdienstler wurden teilweise wichtiger als Spitzenpolitiker.

ERKENNTNIS NR. 4

Destruktive Persönlichkeiten veränderten das Gesicht der großen Geheimdienste völlig. Zu ihnen gehörten auch Psychiater, die sich sowohl
1. im Ersten Weltkrieg entsetzlicher Verbrechen schuldig machten, als auch
2. unter Hitler, später
3. innerhalb des KGB, besonders unter Andropow und
4. im Rahmen der CIA, speziell unter Helms.
Die komplette inhumane Geschichte der Psychiatrie ist bis heute nicht vollständig aufgearbeitet, weder in Deutschland noch in den USA, geschweige denn in Russland oder China.

ERKENNTNIS NR. 5

Das Gesicht der Geheimdienste veränderte sich durch die Zunahme der Propaganda-Möglichkeiten und der Desinformations-Aktionen zur Gänze. Betroffen waren und sind Zeitungen und Zeitschriften, das Radio, das Fernsehen und das Internet. Ungesehen von den Bevölkerungen wurden zahlreiche Medien von den Geheimdiensten neu gegründet, unterwandert, okkupiert und/oder kontrolliert – und sind es bis heute. Deshalb leben wir inzwischen nicht in einem Informations-, sondern in einem Desinformations-Zeitalter.

ERKENNTNIS NR. 6

Studiert man systematisch das Leben zahlreicher Spione und Agenten, dann lassen sich vier Gemeinsamkeiten feststellen:

1. Geldgier steht bei den meisten Agenten als Motivation an erster Stelle.

2. Ein Hang zum Intrigenspiel, zur Lüge, zur Unwahrheit, zur Verstellung und zur Schauspielerei ist ebenfalls fast immer anzutreffen; er ist Voraussetzung für diese Aktivität. Spione müssen gerissen sein und in andere Identitäten schlüpfen können.

Virginia Hall (1906–1982), die im Zweiten Weltkrieg für die Amerikaner im besetzten Frankreich spionierte, ging so weit, dass sie nicht nur ihre Haare grau färbte und sie zu einem Dutt aufsteckte, sie polsterte sich überdies die Hüften mit Geldscheinbündeln aus, die sie in Frankreich brauchte und ließ sich sogar ihre Zahnfüllungen nach französischer Art erneuern. Zusätzlich lernte sie zu schlurfen wie eine alte Frau (Maucher).

3. Eigenwichtigkeit, ja eine Art Größenwahn oder zumindest ein ungeheurer Ehrgeiz, ist eine weitere gemeinsame Charakteristik vieler Agenten. Die Vorstellung, etwas überaus Bedeutendes zu tun, ist ebenfalls eine häufige Motivation.

4. Die Missachtung normaler ethischer und moralischer Normen ist bei Spionen üblich. Das ist besonders leicht bei Sexspioninnen zu beobachten, bei „Schwalben" oder „Honigfallen". Aber auch der Auftrag, eine oder mehrere Personen zu töten, muss im Falle eines Falles ausgeführt werden. Da innerhalb der Geheimdienste gesetzlose Operationen systematisch gelehrt werden, fühlt sich ein bestimmter Menschenschlag besonders davon angezogen, Spionage-Arbeit zu leisten.

Insgesamt sind Agenten gewöhnlich skrupellose Zeitgenossen. Sie müssen imstande sein, ihre „Freunde" regelmäßig zu betrügen und zu töten, und manchmal sogar bereit sein, eine Welt in Flammen aufgehen zu lassen. Innerhalb der verschiedenen Geheimdienste findet man deshalb wenig edle Seelen, Ausnahmen bestätigen die Regel.

Selbst Eisenhower urteilte vernichtend über Spione, obwohl er geholfen hatte, die CIA aus der Taufe zu heben. Er hielt die Spionage für „ein widerwärtiges Geschäft", das freilich notwendig sei.[5] Die Präsidenten Johnson, Ford und Carter verachteten die CIA offen (Woodword). Auch deutsche Bundeskanzler, wie Ludwig Erhardt oder Willy Brandt, distanzierten sich von ihren Geheimdiensten.

ERKENNTNIS NR. 7

95 Prozent aller Spione werden nie enttarnt, nur 5 Prozent entdeckt.[6] Aber das heißt nicht, dass der Preis, den ein Agent persönlich zahlt, nicht ungewöhnlich hoch ist. Obwohl sich das Geschäft mitunter spannend und abenteuerlich zeigt, zerstört es auf Dauer die Persönlichkeit.

Der Historiker Guido Knopp urteilte über Spione: „Es bleiben Wunden, die sie sich und anderen schlagen: zerstörte Ehen, das frustrierende Exil, mitunter gar die quälende Erinnerung an Menschen, die man in den Tod trieb … Für Staaten mag sich Spionage lohnen, für Spione nicht."[7]

Spione werden gewöhnlich einfach benutzt, ausgebrannt, missbraucht und schließlich „weggeworfen" und wie Müll entsorgt. Es ist nicht sehr klug, sich auf diesen Job einzulassen.

ERKENNTNIS NR. 8

Natürlich sollten amerikanische Geheimdienste immer russischen Spionage-Organisationen vorgezogen werden, weil sie immerhin für eine freiheitliche politische Ordnung kämpfen. Noch einmal bleibt festzuhalten, dass es auch innerhalb der Geheimdienste Agenten gibt, die ursprünglich von den besten Absichten beseelt waren und es noch sind. Staaten brauchen Geheimdienste, wie schon Sun Tsu feststellte. Aber grundsätzlich fehlen bei den (demokratisch legitimierten) Geheimdiensten rigorose, effektive Kontrollinstanzen und Ethikcodices.

Notwendig wären

- weit niedrigere Budgets für Geheimdienste;
- der systematischer Abbau von Geheimdienst-Personal, speziell von radikalen Killern;
- klar umrissene Aufgaben, die von einer demokratisch gewählten Institution formuliert und überwacht werden und nicht willkürlich von Geheimdienstchefs oder Kanzlern/Präsidenten aus dem Hut gezaubert werden können;
- die Ächtung jeder Form der Psychiatrie sowie Gerichtsverfahren gegen Psychiater, die sich Menschenrechtsverletzungen schuldig gemacht haben;
- ein Verbot jeder Art von Menschenversuchen, sei es mit Straßendrogen oder psychiatrischen Drogen, mit Giften oder Krankheitserregern;
- ein Verbot jeder Form von Drogenhandel und Geldwäsche;
- ein Verbot jeder Art der Folter, speziell aller sadistischer Methoden, wie sie die Gestapo nutzte, die manchen Opfern die Fingernägel ausriss, die Zähne bis auf den Nerv abfeilte, die Fußsohlen aufschlitzte und sie über Salz laufen ließ oder Brüste und Genitalien mit Stromschlägen traktierte;
- ein Verbot aller Foltergefängnisse, sei es in Jordanien, Syrien, Ägypten oder in anderen Ländern;
- ein Verbot paramilitärischer Aktionen, Massenmorden und Versuchen, ganze Staaten zu unterwandern oder zu unterminieren;
- ein Verbot der Kooperation mit der organisierten Kriminalität sowie mit anderen unterdrückerischen Gruppen – wie mit den Nazis oder ihren Nachfolgeorganisationen oder mit Diktatoren;
- eine Neuformulierung der Geheimdienstziele sowie eine Gewichtung der Aufgaben, zu denen

1. der unnachgiebige Kampf gegen Drogen,

2. der Kampf gegen die organisierte Kriminalität und

3. die Spionage-Abwehr gehören sollte.

4. Auch Maßnahmen gegen den Terrorismus sind sinnvoll.

In diesem Zusammenhang ein paar Zahlen: 37 Prozent des Geldes, mit dem heutzutage Terroristen finanziert werden, stammen aus dem Drogenhandel. 75 Prozent des Heroins, das weltweit in Umlauf ist, kommen aus Afghanistan.[8] Bemerkenswert ist ferner, dass der Terrorismus weltweit im Vergleich von 2016 zu 2017 sinkt, insgesamt um 13 Prozent – sowohl in Syrien und Nigeria als auch in Afghanistan und Pakistan, den Ländern also, die gemeinsam mit dem Irak am schlimmsten vom Terrorismus betroffen sind. Es gibt also auch „good news". Man sollte das Problem des Terrorismus nicht mehr aufbauschen als nötig.[9]

ERKENNTNIS NR. 9

Es ist höchst bemerkenswert, dass sich Spionage-Organisationen wechselseitig hochschaukeln und ihre Bedeutung maßlos übertreiben, indem sie auf die Gefahren hinweisen, die von der Gegenseite ausgehen. Systematisch und gewissenlos manipulieren Geheimdienste die Öffentlichkeit mit dem Faktor Angst. So können Gelder in unvorstellbaren Größenordnungen eingestrichen werden und sich Agentenorganisationen zu riesigen Gebilden aufblähen.

Man denke in diesem Zusammenhang nur noch einmal an den Kommunismus. Die UdSSR wurde in ihrer Endphase von ein paar Tattergreisen regiert, die ihre Macht nur durch verlogene Propaganda aufrechterhalten konnten. „Die Gefahr des Kommunismus" wurde maßlos übertrieben und gleichzeitig als Schlagwort benutzt, um Geheimdiensten Gelder in Milliardenhöhe zuzuschanzen.

Heute ist es der „Terrorismus", der den Geldbeutel öffnet. Obwohl er bekämpft werden muss, sollten wir jeder Form der Angstmache eine Absage erteilen und uns immer fragen: Wem dient sie?

ERKENNTNIS NR. 10

Wir haben gelernt, wie nichtssagend Vokabeln wie „Kapitalismus" und „Kommunismus" in Wahrheit sind. Sie werden auch als propagandistische Allgemeinplätze missbraucht. Als der Kommunismus Bankrott anmeldete und die UdSSR auseinanderfiel, wurde er blitzschnell über Bord geworfen, während der KGB seinen Platz behauptete, beziehungsweise rasch Nachfolge-Organisationen aus der Taufe gehoben wurden. Es änderte sich – nichts. Nach wie vor versucht Russland, der USA und dem Westen mit seinen Militärs und Geheimorganisationen Einflusssphären streitig zu machen, und es ist völlig gleichgültig, im Namen welcher Polit-Philosophie das geschieht. In Wahrheit geht es um die bloße Macht.

In den USA beschwört man die Demokratie, doch nichts ist undemokratischer als der (unbekannte) Einfluss der eigenen Geheimdienste und vieler Medien, die hinter den Kulissen am Gängelband geführt werden. Auch im Westen geht es oft nur um die brutale Macht. Trotzdem ist das relativ freiheitliche System dem Kommunismus bei weitem vorzuziehen.

In aller Klarheit: Die Ideale der amerikanischen Gründungsväter und die Demokratien in England und Frankreich verdienen höchsten Respekt, sie stellen den größten Fortschritt dar, den es je in der politischen Arena gab. Doch sogar solche Tatsachen können zur Manipulation benutzt werden.

ERKENNTNIS NR. 11

Systematisch aufgearbeitet werden muss das Know-how, wie und auf welche Weise heutzutage Bevölkerungen für dumm verkauft werden – im TV, im Internet und in anderen Medien. Theoretisch müsste man darauf dringen, schon Schülern beizubringen, Propaganda- und Desinformations-Techniken zu durchschauen, um kommende Generationen darauf vorzubereiten, öffentlichen Lügen eine Absage zu erteilen. Nur so können wir dem verheerenden Einfluss der Geheimdienste und der systemtischen Desinformation Einhalt gebieten.

Einige Anmerkungen dazu:

Die plumpe, direkte Falschinformation ist die beliebteste Methode, die Öffentlichkeit hinters Licht zu führen. Hierzu gehören vor allem die falsche Urheberschaft und der falsche, veränderte Ablauf eines Geschehens.

Das gezielte Ablenkungsmanöver innerhalb der Medien ist eine weitere, oft benutzte Desinformations-Technik. Um ein (unangenehmes) Thema aus den Medien zu bekommen, jagt man schnell beispielsweise eine neue (Horror- oder Sex-)Nachricht über die Kanäle. Schon wird die Aufmerksamkeit von einem wirklich wichtigen Thema abgelenkt.

Schmeicheleien/Einflüsterungen/Bestechungen von Geheimdiensten in Richtung bestimmter Meinungsführer ist eine weitere Methode, die öffentliche Aufmerksamkeit zu manipulieren. Sie fällt unter das Kapitel „verdeckte Propaganda".

Internationale Organisationen wie beispielsweise die UNO werden von Geheimdiensten bewusst mit falschen Informationen versorgt.

Selbst NGOs gerieten bereits in die Kritik. NGOs sind **N**on-**G**overnmental **O**rganizations, also Organisationen, die nicht von Regierungen abhängen und sich gewöhnlich humanitären, gesundheitspolitischen oder sozialen Zielen wie Menschenrechten oder Frieden verschrieben haben. Es handelt sich im Normalfall um edle Unternehmen, denen man nur applaudieren kann. Doch auch sie wurden bereits von Geheimdiensten unterwandert. Diese benutzten sie dafür, dem Volk ihre propagandistischen Ziele schmackhaft zu machen. Man klagte beispielsweise den umstrittenen Milliardär George Soros an, sich schamlos einiger NGOs zu bedienen, weil sie so objektiv daherkommen und scheinbar unbeeinflusst sind.[10]

Den Medien absichtlich die gleiche Fehlinformation aus scheinbar verschiedenen Quellen zuzuspielen, gehört ebenfalls zur hohen Schule der Desinformation. Das suggeriert Objektivität.

Soweit nur einige dürre Anmerkungen zu dem schwarzen Know-how der Propaganda- und Desinformations-Abteilungen der Geheimdienste.

SCHWARZES UND WEISSES POLITISCHES KNOW-HOW

Es ist von Bedeutung, dem schwarzen politischen Know-how weißes politisches Know-how entgegenzusetzen.

Nehmen wir also nochmals Lenins Techniken unter die Lupe, mit dem die unglaubliche Abwärtsspirale im Spionage-Sektor begann. Und versuchen wir, Lenin mit seinen eigenen Waffen zu schlagen.

23. WIE MAN EINEN PUTSCH VERHINDERT ODER WEISSES POLITISCHES KNOW-HOW

Im 20. Jahrhundert galten die zehn Techniken Lenins, die beschreiben, wie man sich einen Staat in die Tasche steckt, als das Non-Plus-Ultra politischer Raffinesse. Es schien so schwierig nicht zu sein, die alten Gewalten beiseitezuschieben und sich selbst an die Spitze zu setzen. Man musste scheinbar nur genug Geld haben und diese zehn Schritte systematisch gehen – schon war der Fall erledigt.

Buchstäblich Hunderte Male kam dieses schwarze politische Know-how zur Anwendung, es wurde immer weiter vervollkommnet, speziell während des Kalten Krieges. Die Kunst der irreführenden Propaganda erreichte fantastische Höhen. Die teuflischen Genies, die hierfür die Vorarbeit geleistet hatten und die man in einem „verdrehten" Sinne fast dafür bewundern kann, waren Lenin, Stalin und Hitler. Später bemächtigten sich der KGB und die CIA dieser Methoden.

Doch mittlerweile kann man diesem schwarzen politischen Know-how einen Gegenpol entgegensetzen, den man weißes politisches Know-how nennen könnte. Es schlägt die Methoden all dieser Gangster und Ganoven tatsächlich um Längen.

DER GEGENSCHLAG ZU TECHNIK NR. 1 –
MORD UND ATTENTATE

Erinnern wir uns: Technik Nr. 1 besteht darin, den Präsidenten oder den Regierungschef eines Landes durch Mord auszuschalten.

Was lässt sich dagegen unternehmen?

Natürlich ist es vernünftig, Vorsichtsmaßnahmen zu treffen, damit der erste Mann der Regierung nicht durch ein Attentat aus dem Weg geräumt wird. Die (geheimdienstlichen) Methoden, sich effizient vor Attentaten zu schützen, sind zahlreich und bekannt, sie müssen an dieser Stelle nicht wiederholt werden.

Eine weitere hochintelligente Methode, einem Mordanschlag zu entgehen, besteht darin, über ein gutes Orga-Board zu verfügen. Das meint, dass der aktuelle Regierungschef einen bekannten und fähigen Stellvertreter sowie weitere Spitzenleute hat, die augenblicklich für ihn einspringen und seine Arbeit unmittelbar weiterführen können, sollte man ihn ausschalten. Dem Attentäter signalisiert man damit, dass die Regierungstätigkeit ungehindert weitergehen wird, selbst wenn der Mann (oder die Frau) an der Spitze beseitigt worden ist. Ein Attentat ändert in diesem Fall – gar nichts.

Eine Organisation ist immer stärker als eine Einzelperson.

Ein Regierungschef kann sogar so klug sein, in Notsituationen drei, vier oder fünf andere Personen gezielt vorzuschieben, während er selbst offiziell (zunächst) zurücktritt. Dadurch wird die Aufmerksamkeit der Revolutionäre abgelenkt. Der Regierungschef tritt auf diese Weise einfach einen Schritt zur Seite und entzieht sich dem Zielfernrohr des Attentäters.

Darüber hinaus muss man möglichst schnell publizistisch auf das schwarze politische Know-how des Gegners aufmerksam machen. Man geht zum Gegenangriff über. So eine Enthüllung bringt den Schlachtplan der Revolutionäre völlig durcheinander. Die Kenntnis dieser Techniken allein rüttelt das Volk wach. Es verliert jede Naivität und Blauäugigkeit und versteht unmittelbar, was vor sich geht. Mit dem Effekt, dass sich die Revolutionäre bereits zu einem gewissen Maß demaskiert fühlen und sich zu verstecken und den Kopf einzuziehen beginnen.

Zudem gilt es, so rasch wie möglich die Hintermänner und Drahtzieher ausfindig zu machen und ihre Namen und Schandtaten der Öffentlichkeit preiszugeben.

Es ist äußerst schwer, einen Umsturz herbeizuführen, wenn sowohl die konkreten Methoden als auch die Identitäten der Revolutionäre und Umstürzler bekannt sind. Steckt hinter einem Umsturzversuch gar noch eine in einem Land verhasste Gruppierung sinken die Chancen für einen erfolgreichen Umsturz auf null.

Die Achillesferse jedes Staatstreiches oder Putsches ist die Entlarvung.

Keiner Waffe ist schärfer als der Dolch der Wahrheit.

WIE MAN TECHNIK NR. 2 AUSHEBELT: DIE SABOTAGE

In diesem Fall versucht der Revolutionär, Unruhen zu schüren, indem er Gebäude, Brücken oder Transportwege in die Luft sprengt oder die Infrastruktur, die Strom- und Wasserversorgung zerstört. Je mehr Aufmerksamkeit das Spektakel erregt, umso besser für den Agent provocateur, denn damit schürt er Ängste.

Wie wirkt man dem entgegen?

Es ist wichtig, nicht mit ungesetzlichen Mitteln zurückzuschlagen oder mit willkürlichen Verhaftungen, Folterungen oder Erschießungen zu reagieren. Das ist der erste Schritt ins eigene Grab. Man begibt sich in diesem Fall hinab auf das Niveau des Gewaltverbrechers und Gesetzesbrechers. Dann kann das Volk nicht mehr entscheiden, WER der größere Gangster ist und wendet sich von beiden Seiten angewidert ab. Umgekehrt gilt:

Nicht ist überzeugender und wird mit mehr Beifall begrüßt als Ethik und persönliche Integrität.

Der aktuelle Regierungschef muss also darauf achten, selbst eine weiße Weste zu behalten.

Auf der anderen Seite gilt es, der Sabotage und anderen ungesetzlichen Aktionen so schnell wie möglich einen Riegel vorzuschieben. Eine kleine Elitetruppe, die sich durch Kompetenz, Mut und unmittelbare Aktion/Höchstgeschwindigkeit auszeichnet, muss sich des Problems annehmen.

Eine geordnete, trainierte und eingespielte Elitetruppe ist einem wilden, ungeordneten (Rebellen-)Haufen immer überlegen.

Effizient ist es auch, in die Reihen der Saboteure und Putschisten einen oder mehrere Spione einzuschleusen oder einen Helfershelfer der Verschwörer „umzudrehen". Daraufhin können gezielt Verhaftungen angeordnet werden. Es gibt hochbegabte Verhörspezialisten, die mit legalen Methoden operieren, weiter sind öffentliche Prozesse ein legitimes Mittel, den Gegner zu demoralisieren. Im Extremfall mag es richtig sein, mit Notstandsgesetzen zu operieren, die schnelle Aburteilungen ermöglichen. Abschiebungen und Gefängnisstrafen bewegen sich ebenfalls im Rahmen des Gesetzes.

WIE MAN SCHWARZER PROPAGANDA ENTGEGENWIRKT (TECHNIK NR. 3)

Der Revolutionär oder Putschist wird sich immer darauf spezialisieren, Gerüchte zu verbreiten und seine Gegner mit Schmutz zu bewerfen. Er wird stets versuchen, die öffentliche Meinung zu manipulieren.

Nur wenn der Agent die öffentliche Meinung in seinem Sinne beeinflussen kann, ist er in der Lage, Unruhe zu stiften. Er muss sich also verschiedener Journalisten der freien Presse bedienen, die manchmal sogar auf seiner Gehaltsliste stehen. Aus diesem Grund ist es wichtig, über eigene Kommunikationsschienen zu verfügen. Es ist nicht damit getan, nur exzellente Beziehungen zur freien Presse zu haben, vielmehr ist die vollständige Verfügungsgewalt über bestimmte Publikationsorgane von Bedeutung. Dies kann in vollkommener Offenheit geschehen. Im Radio, TV und Internet kann es hauseigene Plattformen geben, die man zur Verteidigung und zum Gegenangriff benutzt. Eigene Magazine und Zeitungen sind ein Muss.

Die mächtigste Waffe gegen Schwarze Propaganda besteht darin, über eigene Kommunikations-Plattformen die Wahrheit zu veröffentlichen.

Systematisch muss man Lügen zerpflücken – mit genauen Zeit- und Ortsangaben, mit der Enthüllung der Drahtzieher, mit Zeugen, Dokumenten und Bildern. Gleichzeitig weist man auf die eigenen Errungenschaften und positiven Ergebnisse hin sowie auf künftige, konstruktive Aktionen.

Nichts ist einem Umsturz oder Revolution abträglicher als ein blühendes Gemeinwesen, eine florierende Wirtschaft, Recht und Gerechtigkeit und Frieden. Nur ein Staat, in dem die Korruption blüht, die Wirtschaft lahmt und ständig das Recht gebrochen wird, ist überhaupt anfällig für eine Revolution.

Wieder darf man nicht vergessen, auch publizistisch zum Gegenangriff zu blasen. Denn Angriff ist immer die beste Verteidigung.

WIE MAN MIT BESTECHUNG UND EPRESSUNG UMGEHT (TECHNIKEN NR. 4 UND 5)

Auch in diesem Fall gilt: Man darf sich nicht auf das Niveau der Verschwörer begeben. Operiert der Putschist selbst mit Bestechung und Erpressung, dann sollte man alle Hebel in Bewegung setzen, um dies nachzuweisen. Danach macht man diesen Umstand öffentlich.

WIE MAN TURBULENZEN, CHAOS UND EINEM DROHENDEN BÜRGERKRIEG ENTGEGENWIRKT (TECHNIK NR. 6)

Erinnern wir uns zunächst noch einmal: Mit den Mitteln der Schwarzen Propaganda, dem gezielten Attentat und der Sabotage zettelt ein Putschist Tumulte an. Besonders ein kleiner Bürgerkrieg kommt dem Verschwörer sehr gelegen. Je heftiger und häufiger einen Staat Turbulenzen erschüttern, umso effektiver ist der Agent provocateur. Nichts ist für ihn kontraproduktiver, als dass der Staat zur Ruhe kommt und Gesetz und Ordnung herrschen. Systematisch sorgt der Verschwörer auf diese Weise für Chaos. Das Ergebnis: Der Ruf nach dem starken Mann wird laut. Die Lösung besteht darin, solche Unruhestifter blitzschnell aus dem Verkehr zu ziehen.

Schon in der Weimarer Republik war es ein ungeheuerlicher Fehler, Nazis und Kommunisten zu erlauben, im politischen Raum überhaupt tätig zu werden. Auch heute ist es falsch, Gruppierungen, die sich offen zu Mord und Totschlag bekennen und nichts als Unruhe stiften, in einer Demokratie ein Forum zu geben. Es ist unbegreiflich, warum es Umstürzlern und Agenten erlaubt wird, sich in Demokratien in der politischen Arena und Parteien zu betätigen. Man lädt diesen Typus förmlich dazu ein, Unruhe zu verbreiten. Genauso gut könnte man einen Dieb einladen, auf den hauseigenen Tresor aufzupassen. Das Ziel der Verschwörer besteht doch nur darin, den Staat zu unterhöhlen und die Konfusion für einen Staatsstreich zu benutzen.

Richtig dagegen ist es, solche Aktivitäten gesetzlich ins Abseits zu rücken und mit hohen Strafen zu bedrohen. Auf diese Weise werden Chaoshändler, Aufrührer und Unruhestifter sofort behindert. Man steckt sie umgehend ins Gefängnis und zieht sie so aus dem Verkehr. Man lässt ein Gewitter an Prozessen auf sie niederprasseln, sodass die daraus folgenden Gefängnisstrafen jedermann abschrecken.

Wenn sich der Unruhestifter oder Demagoge außerhalb des Rechtsrahmens bewegt und blitzschnell ausgeschaltet wird, ist er gelähmt.

Todesstrafen dagegen sind nicht empfehlenswert, ja sie schaffen sogar bisweilen Märtyrer, sodass sich die öffentliche Meinung gegen eine Regierung wendet.

AUF WELCHE WEISE MAN TECHNIK NR. 7 UNWIRKSAM MACHT – DIE KOOPERATION MIT GANGSTERN UND GANOVEN

Es ist eine etablierte Tatsache, dass sich Verschwörer und Putschisten gern mit ihrer Unterwelt verbünden. Gangster, Ganoven und kriminelle Vereinigungen sorgen in so einem Fall gezielt für weitere Morde, für Überfälle und Räubereien.

Dabei wird Folgendes vergessen: Zum einen lassen sich Gangster und Ganoven leicht kaufen. Es ist nicht sehr sicher, sie zu Verbündeten zu haben. Meistbietend verhökern sie gewöhnlich ihre Dienste. Zum anderen bekommt ein Putschist, der sich mit so einer Bagage einlässt, ein miserables Image – falls der Umstand auffliegt und man beweisen kann, dass er sich mit zwielichtigen Gesellen eingelassen hat.

Sobald die Wahrheit etabliert ist, publiziert man sie.

Die Kooperation mit Kriminellen entwickelt sich dann zu einem Rohrkrepierer.

WIE MAN VORGEHT, WENN DER PUTSCHIST ÜBER SOLDATEN UND PARAMILITÄRISCHE EINHEITEN VERFÜGT (TECHNIK NR. 8)

Bilden Verschwörer Soldaten und paramilitärische Einheiten aus, dann weiß man sofort, dass ein anderer Staat, gewöhnlich eine Großmacht, hinter einem geplanten Putsch steht, denn Militärs und Waffen kosten viel Geld.

Die erste Aktion muss darin bestehen, für die Loyalität der eigenen Truppen zu sorgen. Dabei man muss realisieren, dass man jetzt in einer ganz anderen Größenordnung denken und operieren muss.

Als zweite Aktion muss man sich mächtige Verbündete außerhalb des eigenen Staates schaffen. Bündnisse und Verträge, Pakte und Vereinbarungen, mit öffentlichem Pomp gefeiert, signalisieren dem wahren Gegner, dass man ihn durchschaut und Vorsorge getroffen hat.

Der mächtige Verbündete hat in der Geschichte zahlreiche Staaten vor dem Untergang bewahrt.

GEGENMASSNAHMEN IM FALLE VON REVOLUTIONEN (TECHNIKEN NR. 9 UND 10)

Normalerweise ist in diesem Stadium das Kind bereits in den Brunnen gefallen. Man hat es versäumt, die Zeichen der Zeit zu lesen und Indikatoren ignoriert.

Doch selbst jetzt gibt es noch die Möglichkeit, das Steuer herumzureißen. Zunächst gilt es, die Situation einzuschätzen. Es gab genügend Putsche in der Geschichte, die so jämmerlich organisiert waren, dass sie zurückgeschlagen werden konnten. Tugenden wie Kampfeswille, Hartnäckigkeit, Durchsetzungsvermögen und Mut sind jetzt gefragt.

Nie falsch ist es, Truppen und/oder loyale Anhänger zu haben, von deren Existenz der Putschist nicht Bescheid weiß und die man im letzten Moment einsetzen kann.

WEISSES POLITISCHES KNOW-HOW

Und so erkennen wir sehr rasch, dass wir bei schwarzem politischen Knowhow nicht notgedrungen ohnmächtig sein müssen. Grundsätzlich ist weißes Know-how schwarzen Techniken immer überlegen, denn hier operiert man mit Methoden, mit denen sich die Bevölkerung identifizieren kann.

Letztlich ist es jedoch eben die Bevölkerung, die einer Regierung zustimmt oder sie ablehnt.

Wiederholen wir: Ein Land, dessen Bevölkerung mit seiner Regierung zufrieden ist, weil die Wirtschaft brummt, die Steuern niedrig sind und ein gutes (Über-)Leben gewährleistet ist, und ein Land, in dem Gerechtigkeit großgeschrieben wird und Frieden herrscht, ist schwer zu unterminieren.

Also gilt der Satz: Für jede Waffe gibt es einen Schutzpanzer, für jeden Angriff eine Verteidigungsmöglichkeit und jeder destruktiven Aktion kann man eine konstruktive entgegensetzen.

ANMERKUNGEN UND LITERATUR-VERZEICHNIS

1. Geschichte und Geheimdienste

1 Frank Fabian: Die mächtigsten Geheimbünde, München, 2017
2 Frank Fabian: Die internationale Banken-Mafia, Suhl, 2017

2. Vertraulich

1 Sun Tsu: Die Kunst des Krieges, Hamburg, 2008, S. 150
2 Vgl. die Ausführungen von Udo Ulfkotte: Der Krieg im Dunkeln, Frankfurt, 2005
3 Georg Erwin Thaller: Von der Tscheka zum KGB, E-Book, ohne Orts- und Jahresangabe
4 Vgl. Eckard Michels: Guillaume, der Spion, Berlin, 2013
5 Sun Tsu: a. a. O., S. 150f
6 John Barron: KGB, Bern, 1974, S. 248 und S. 390
7 Vgl. Robert Baer: Der Niedergang der CIA, München, 2002 (Imperfekt-Zitat aus stilistischen Gründen ins Präsens gesetzt)
8 Sun Tsu: a. a. O., S. 152f
9 Sun Tsu: a. a. O., S. 153
10 Sun Tsu: a. a. O., S. 153f
11 John Barron: a. a. O., S. 211
12 John Baron: a. a. O., S. 42
13 Vgl. Udo Ulfkotte: Der Krieg im Dunklen, a. a. O.

3. Spionage gestern und heute

1 A. L. Basham: The Wonder What Was India, London, 1954, S. 133
2 Siehe der persisch-griechische Krieg
3 Johann Davies: Spionage bei den Römern, ohne Zeit- und Ortsangabe
4 Johann Davies: a. a. O.
5 Vgl. Heinz von Sauter: Der wirkliche Casanova, Engelhorn, 1987 sowie Marita Slavuljica: Giacomo Casanova, Die Geschichte seines Lebens, Lang, 2006
6 Frank Fabian: Die mächtigsten Geheimbünde in Geschichte und Gegenwart, Suhl, 2017, S. 107
7 Jan von Flocken: Diese Sexfalle trieb Napoleon III. in den Krieg, ohne Ortsangabe, 2017
8 David Duff, Eugénie und Napoleon III., E-Book bei Amazon, 1978
9 Vgl. Wikipedia, Stichwort Castiglione
10 Vgl. Jan von Flocken: 99 Geschichten zur Geschichte, Werder (Havel), 2009

4. Lenin

1 Oleh S. Fedyshyn: Germany's Drive to the East and the Ukrainian Revolution 1917–1918, New Brunswick, 1971, S. 47
2 Vgl. Wikipedia, Stichwort Oktoberrevolution

5. Mata Hari

1 Marijke Huisman: Mata Hari, De levende Legende, ohne Ortsangabe, 1998, S. 10. Auch als E-Book erhältlich: https://www.download-geek.com/download/Mata%20Hari%20 18761917%20De%20Levende%20Legende.html?aff.id=8890&aff.subid=6
2 Marijke Huisman: a. a. O., S. 10
3 Der Spiegel, Zeitgeschichte, Kalenderblatt vom 15. Okt. 1917
4 Marcel Lami im „Courrier français", zitiert nach Fred Kupfermann: Mata Hari, Songes et mensonges, ohne Ortsangabe, 2005 und 2011 publiziert, S. 23
5 Fred Kupfermann: a. a. O., S. 23
6 Vgl. Wikipedia, Stichwort Mata Hari
7 Ute Maucher, Gabi Pfeiffer: Codewort: Seidenstrumpf, Cadolzburg, 2010, S. 40
8 Ute Maucher: a. a. O., S. 42
9 Vgl. Wikipedia, Stichwort Mata Hari
10 Siehe Spiegel online, http://www.spiegel.de/einestages/spionagetechnik-aus-dem-ersten-weltkrieg-a-947189.html sowie miLitera.Lit.mayerclub. ru
11 Siehe Spiegel online, http://www.spiegel.de/einestages/spionagetechnik-aus-dem-ersten-weltkrieg-a-947189.html

6. Hitler, der Agent

1 David Clay Large: Hitlers München, München, 2001, S. 159
2 Ian Kershaw: Hitler 1889–1936, Stuttgart, 1998, S. 168; vgl. auch Autor Ernst Deuerlein
3 Ian Kershaw: a. a. O., S. 135f
4 Ian Kershaw: a. a. O., S. 360

7. Hitlers Spione 1: Wilhelm Canaris

1 Heinz Höhne: Canaris, Gütersloh, 1976, S. 243
2 Vgl. Wikipedia, Stichwort Canaris
3 Vgl. Wikipedia, Stichwort Canaris
4 Höhne: a. a. O., S. 569

8. Hitlers Spione 2: Heinrich Himmler

1 Guido Knopp: Hitlers Helfer, München, 1996, S. 146
2 Guido Knopp: a. a. O., S. 148f
3 Vgl. Bernadotte Wisborg: Das Ende – meine Verhandlungen in Deutschland, Zürich, New York, 1945 sowie Ernst Günther Schenck: Sterben ohne Würde, München, 1995; siehe auch Alan Wykes: Reichsführer SS Himmler, Rastatt, 1982
4 Hans Booms: Der Ursprung des Zweiten Weltkrieges, in: Gottfried Niedhart (Hrsg.): Kriegsbeginn 1939, Entfesselung oder Ausbruch des Zweiten Weltkriegs?, Darmstadt 1976, S. 93
5 Frank Fabian: Die geheim gehaltene Geschichte Deutschlands, München, 20173, S. 379f

9. Die schöne Mandschu-Prinzessin

1 Frank Fabian: Die geheim gehaltene Geschichte Deutschlands, München, 20173, S. 139ff
2 Vgl. Wikipedia, Stichworte Qing, Mandschurei, Nurhaci

3 Frank Fabian: Die Größten Fälschungen der Geschichte, München, 2014, S. 179ff
4 Ute Maucher, Gabi Pfeiffer: Codewort: Seidenstrumpf, Cadolzburg, 2010, S. 76
5 Vgl. Wikipedia, Stichwort Kenji Doihara; dort zitiert nach den Autoren Richard Deacon und Jamie Bisher
6 Ute Maucher: a. a. O., S. 79
7 Ute Maucher: a. a. O., S. 79
8 Vgl. Phyllis Birnbaum: Manchu Princess, Japanese Spy, New York, E-Book, ohne Jahresangabe, Seitenzahl nicht feststellbar
9 Vgl. die Zahlen der Historiker Rummel, Heinsohns und das „Schwarzbuch des Kommunismus", zu finden in Wikipedia, Stichworte Mao, Kommunismus
10 Frank Fabian: Die Größten Fälschungen der Geschichte, München, 20173, S. 157ff
11 Vgl. Phyillis Birnbaum: a. a. O., Seitenzahl nicht feststellbar
12 Lindley Maureen: The Private Papers of Eastern Jewel, London, 2008

10. Der Spion, der den Zweiten Weltkrieg entschied

1 Frank Fabian: Die geheim gehaltene Geschichte Deutschlands, München, 20173
2 Frederick William Winterbotham: The Ultra Secret, Orion, 2000, S. 16f
3 David Kahn: The Significance of Codebreaking and Intelligence in Allied Strategy and Tactics, Philadelphia, 1977, S. 221
4 Ute Maucher: a. a. O., S. 65ff
5 Vgl. Wikipedia, Stichwort Kryptologie
6 Stephen Pincock und Mark Frary: Geheime Codes – Die berühmtesten Verschlüsselungstechniken und ihre Geschichte, München, 2007, S. 109

11. Klaus Fuchs

1 Vgl. George Forty: The armies of George S. Patton, London, 1966
2 Vgl. Stanley P. Hirshson: General Patton, New York, 2002 sowie eine TV-Sendung von CNN über Patton im Jahre 2016
3 Vgl. Wikipedia, Stichwort Oppenheimer
4 TV-Sendung vom 1. Okt. 2017, USA, Sender: Explorer, National Geographic
5 Guido Knopp: Top Spione, München, 1994, S. 119
6 Guido Knopp: a. a. O., S. 124
7 Vgl. Wikipedia, Stichwort Atombombe
8 Vgl. Wikipedia, Stichwort Wasserstoffbombe
9 Guido Knopp: a. a. O., S. 112
10 Vgl. Frank Fabian: Die geheim gehaltenen Geschichte Deutschlands, München, 20173 sowie Frank Fabian: Die Kunst des Friedens, Suhl, 2015

12. Reinhard Gehlen

1 Vgl. Dr. Thomas Röder: Die Männer hinter Hitler, Malters, 1994
2 Zitiert nach: Hermann Zolling, Heinz Höhne: General Gehlen und die Geschichte des Bundesnachrichtendienstes, Pullach intern, Hamburg, ohne Jahresangabe, S. 16
3 Mark Mazower, Martin Richter: Hitlers Imperium, München, 2009, S. 71
4 Richard C. Lukas: The Forgotten Holocaust – The Poles under German Occupation

1939–1944, New York, 1997, S. 3

5 Ilja Altman: Opfer des Hasses. Der Holocaust in der UdSSR 1941–1945, Gleichen, 2008, S. 7

6 Christian Streit: Keine Kameraden. Die Wehrmacht und die sowjetischen Kriegsgefangenen 1941–1945, Bonn, 1991, S. 128

7 Hermann Zolling: a. a. O., S. 243

8 Vgl. Wikipedia, Stichwort Heinz Felfe

9 Hermann Zolling: a. a. O., S. 245

10 Hermann Zolling: a. a. O., S. 16ff

11 Vgl. Udo Ulfkotte: Der Krieg im Dunkeln, Frankfurt, 2005

13. KGB 1: Lawrenti Beria

1 Frank Fabian: Die größten Fälschungen der Geschichte, München, 2013, S. 195ff

2 Vgl. Wikipedia, Stichwort Tscheka

3 Vgl. Wikipedia, Stichwort Beria; vgl. auch Christopher Andrew and Vasili Mitrokhin: The Sword and the Shield, ohne Ortsangabe, 1999, S. 28

4 Siehe Michael S. Voslensky: Sterbliche Götter. Die Lehrmeister der Nomenklatura, Frankfurt/Berlin, 1991

5 Frank Fabian: Die größten Fälschungen der Geschichte, a. a. O., S. 179ff, zum Teil im wörtlichen Zitat

14. KGB 2: Iwan Serow

1 Siehe U.S. News & World Report, The Bone Breaker. The Mystery of General Serov's Demotion, (Memento vom 31. März 2014 im Internet Archive) Tribune, 18. Dez. 1958

15. KGB 3: Juri Andropow

1 Der Spiegel 46/1982, Sowjet-Union – von Breschnew zu Andropow

2 Vgl. Wikipedia, Stichwort Andropow

3 Thomas Röder: Die Männer hinter Hitler, Malters, 1994, S. 43ff

4 Siehe Arutyunov Heinrich: Schleichende Schizophrenie und KGB, ohne Ortsangabe, veröffentlicht im globalen Internet am 9. März 2017

16. CIA 1: Allen Dulles

1 Tim Weiner: CIA, die ganze Geschichte, Frankfurt am Main, 20085, S. 29

2 Vgl. Wikipedia, Stichwort Allen Dulles

3 Vgl. Wikipedia, Stichwort Allen Dulles

4 Vgl. Wikipedia, Stichworte Chiquita Banana und UFC

5 Thomas C. Reeves: The Life and Times of Joe McCarthy, veröffentlicht bei Amazon, 1997

6 Vgl. Mord im Kolonialstil, TV-Dokumentation von Thomas Giefer, 3sat, 2000; sowie Reymer Klüver: Die letzten Tage des Patrice Lumumba, in: GeoEpoche, Afrika 1415–1960, Nr. 66, 2014, S. 140ff

7 Vgl. Wikipedia, Stichwort Allen Dulles

8 Vgl. Gary Allen: Non Dare it conspiracy, Niemand wagt es, von einer Verschwörung zu sprechen; sowie die Rockefeller-Papiere, Wiesbaden 1988

17. CIA 2: Richard Helms

1 Siehe Martin, James W., George W. Christopher and Edward M. Eitzen: History of Biological Weapons: From Poisoned Darts to Intentional Epidemics. In: Dembek, Zygmunt F., 2007, in: Medical Aspects of Biological Warfare (Series: Textbooks of Military Medicine), Washington, DC: The Borden Institute, S. 5

2 Vgl. Nicholas M. Horrock: 80 Institutions Used in C.I.A. Mind Studies: Admiral Turner Tells Senators of Behavior Control Research Bars Drug Testing Now. In: New York Times, 4. Aug. 1977

3 Vgl. Wikipedia, Stichworte Ultra, Mind Control, Brain Washing etc.

4 Siehe Kris Hollington: The Black Sorcerer, Wolves, Jackals, and Foxes: The Assassins Who Changed History. In: St. Martin's Press, New York, 2013, S. 34

5 Vgl. Wikipedia, Stichwort Donald Ewen Cameron

6 Matt Shudel: Doktor looked after the sick, and looked around for the CIA, Washington Post vom 31. Aug. 2008

18. CIA 3: Weltweite Aktionen

1 Tim Weiner: a. a. O., S. 401

2 Vgl. Wikipedia, Stichwort Kishi Nobusuke; sowie Tim Weiner

3 Tim Weiner: a. a. O., S. 249

4 Tim Weiner: a. a. O., S. 333

5 Frank Fabian: Die internationale Banken-Mafia, Suhl, 2017, S. 183

6 Tim Weiner: a. a. O., S. 378

19. CIA 4: Al-Gaddafi und Henry Kissinger

1 Tim Weiner: a. a. O., S. 466

2 Bob Woodward: Reagan und die geheimen Kriege der CIA, München, 1987, S. 610ff; zur Finanzierung der CIA siehe S. 454

3 Weiner: a. a. O., S. 506

4 Henry Kissinger, in: Werner Biermann/Arno Klönne: Globale Spiele. Imperialismus heute – Das letzte Stadium des Kapitalismus?, Köln, 2001

5 Vgl. Wikipedia, Stichwort Henry Kissinger

6 Vgl. Prof. Christopher Simpson, American University, Washington D. C. oder „Crack the CIA, Kurz-Dokumentarfilm über CIA-Drogenaktivitäten von Guerillanewsnetwork.com, 2001; auch Außenminister John Kerry wies 1987 während einer Senats-Anhörung in einer offiziellen Stellungnahme darauf hin

7 Siehe David Sirota and Jonathan Baskin, Washington Monthly, Sept. 2004

8 Jeremy Ashkenas, Hannah Fairfield, Josh Keller, Paul Volpe: 7 Key Points from the CIA Torture Report, in: New York Times, 9. Dez. 2014

20. Die CIA im Urteil

1 Ronan Farrow: Harvey Weinstein's Army of Spies, In: The New Yorker, 6. Nov. 2017

21. Wladimir Putin

1 Stephan Berndt: Was will Putin?, Rottenburg, 20162

2 Margareta Mommsen: Das Putin-Syndikat, München, 2017

3 Vgl. Wikipedia, Stichworte Putin und Bill Browder

4 Vgl. die TV-Sendung in den USA von National Geographic mit dem Titel „Russia and the World. Putin takes Control.", 1. Nov. 2017

5 Die Bastarde haben mich gekriegt, Siehe Spiegel Online vom 24. Nov. 2006

6 Abschiedsbrief Litwinenkos, übersetzt von der AFP – der Agence France-Press, der ältesten Nachrichtenagentur der Welt

7 Litvinenko Inquiry (unabhängige Untersuchung), 33. Tag der Anhörungen, S. 29

8 Sir Robert Owen: Report into the death of Alexander Litvinenko, ohne Zeit- und Orts-angabe, S. 244ff

9 Необъяснимая смерть *(Ein seltsamer Tod)* – Memento vom 28. Nov. 2006 im Internet Archive), siehe vesti.ru vom 24. Nov. 2006

10 Vgl. Wikipedia, Stichwort Putin

11 Jürgen Roth: Gasprom ist ein Synonym für Korruption, in: Spiegel Online, 22. Dez. 2005

12 Hans-Martin Tillack: Die Gazoviki, das Geld und die Gier. In: Stern, 22. Sept. 2007

13 Margareta Mommsen: a. a. O., S. 145

14 Vgl. http://thehill.com/policy/cybersecurity/336973-vladimir-putin-i-like-senator-mccain

15 VGL. CBS NEWS VOM 17. AUG. 2016

16 Verschiedene Fernsehsendungen in den USA (wie CNN und andere Kanäle) im Sept. 2017

17 Oppositionelle in Russland sind vogelfrei, DW, 1. März 2015

18 Siehe Bloomberg: Putin is culling his inner circle, 3. Aug. 2017

19 Vgl. Die offizielle Seite des „Präsidenten der russischen Föderation", New Year reception at the Kremlin, 26. Dez. 2014

22. Das wahre Gesicht der Geheimdienste

1 Bob Woodward: Reagan und die geheimen Kriege der CIA, München, 1987, S. 29

2 Bob Woodward: a. a. O., S. 403

3 Bob Woodward: a. a. O., S. 500

4 Eckard Michels: Guillaume, der Spion, Berlin, 2013, S. 257ff

5 Bob Woodward: a. a. O., S. 17 und S. 19

6 Vgl. CNN Fidel`s Personal Spies: The Myers. Ep. 5 Declassified: Untold Stories of Ameri-can Spies, Sendung vom 26. April 2017

7 Guido Knopp: Top Spione, München, 1997, S. 32

8 CNN, Heroin Godfather, 23. Sept. 2017

9 Fareed Zakaria, GPS, CNN, Sendung vom 10. Dez. 2017 (Terrorismus in Syrien = minus 24 %, Nigeria = minus 63 %, Afghanistan = minus 14 %, Pakistan = minus 12 %)

10 Vgl. Robert Slater: Soros – The Unauthorized Biography, ohne Ortsangabe, 1996

ÜBER DEN AUTOR

FRANK FABIAN, Jahrgang 1952, lebt in Florida, USA. Fabian studierte Geschichte und Philosophie in Deutschland, England und in den USA. Der in neun Ländern publizierte Bestsellerautor wurde mit vielen Preisen ausgezeichnet. Eine seiner Ausgaben wurde in Deutschland zum Einsatz als ergänzende Literatur empfohlen für die Fächer Wirtschaft, Ethik, Geschichte und Sozialkunde der Klassenstufen 9 bis 12 sowie für Studenten, Ausbilder und Lehrer.

ERFOLGSTITEL

- Die größten Lügen der Geschichte. Wie „historische Wahrheiten" gefälscht wurden
- Die größten Fälschungen der Geschichte. Was so nicht in unseren Schulbüchern steht
- Die geheim gehaltene Geschichte Deutschlands. Was von Historikern bis heute verschwiegen wird
- Was wir aus 10.000 Jahren Geschichte lernen können. Kompakt-Wissen: 10.000 Jahre Wissen auf einen Blick, Elite-Wissen: Wie der Code der Historie lautet, Geheim-Wissen: Wie die Gesetze der Macht heißen
- Unterdrückte Informationen über Jesus Christus. Was bis heute über Jesus Christus verschwiegen wird
- Sehr geehrte Frau Bundeskanzlerin. Was faul ist im Staate Deutschland
- Die Kunst des Regierens. Auf der Suche nach politischen Erfolgsgeheimnissen
- Die Steuer-Tyrannei. Auf welche Weise die Deutschen mit astronomischen Steuern unterdrückt werden. Mit welcher Methode Sie persönlich der Steuerfalle entgehen können
- Die Kunst des Friedens. Wie Frieden aktiv herbeigeführt und aufrechterhalten werden kann
- Macht und Magie der Public Relations. Insider-Informationen und Spitzen-Techniken rund um die Öffentlichkeitsarbeit

- Ungewöhnliches politisches Wörterbuch. Die wichtigsten politischen Grundbegriffe. Rasch und unkompliziert politische Zusammenhänge einordnen und verstehen
- Die Mätresse von Mailand. Historischer Roman
- Die Geheimmission des Tempelritters (Band I). Historischer Roman
- Der falsche Pharao. Roman
- Die Nonne und der Tempelritter (Band II)
- Die mächtigsten Geheimbünde in Geschichte und Gegenwart (Band II der Serie „Die größten Lügen der Geschichte")
- Die mächtigsten Geheimbünde

Website: www.frankfabian.org
Kontakt: frankfabian11@yahoo.com